정태인의
협동의 경제학

사회적 경제, 협동조합 시대의 경제학 원론

'사랑하는 가족에게'

이 책의 북펀딩에 참여해 주신 분들

강석여, 강영미, 강종은, 강주한, 기영윤, 김기남, 김도형, 김선태, 김용하, 김윤숙, 김은철, 김이슬, 김종철, 김준열, 김지언, 김지영, 김희곤, 나준영, 남기포, 민동섭, 박명준, 박무자, 박종호, 박혜미, 설진철, 성현석, 손주화, 신동선, 신정훈, 심만석, 양지연, 우성훈, 원승환, 유성재, 이상덕, 이수연, 이승훈, 이원영, 이은영, 이인선, 이창행, 이하나, 임경지, 임성진, 임창민, 장경훈, 장선희, 장여진, 전훈철, 정담이, 정대영, 정미영, 정민수, 정율이, 정종권, 정진우, 정태균, 정해승, 정형기, 정효정, 조미연, 신병화, 채내광, 최경호, 최정은, 최현주, 한상윤, 한성구, 허창수, 현웅선, 홍정연

정태인의
협동의 경제학
사회적 경제, 협동조합 시대의 경제학 원론

초판 1쇄 펴낸날 2013년 4월 10일
초판 8쇄 펴낸날 2025년 4월 10일

지은이 정태인 · 이수연
펴낸이 이광호
펴낸곳 도서출판 레디앙
편집 김숙진
본문 디자인 이모나
표지 디자인 Annd
인쇄 천일문화사

등록 2014년 6월 2일 제25100-2022-000017호
주소 서울시 구로구 구로중앙로 19길 28 3층
전화 02-3663-1521 팩스 02-6442-1524
전자우편 redianbook@gmail.com

ⓒ 정태인 · 이수연, 2013

ISBN 978-89-94340-15-9 03300

책값은 뒤표지에 있습니다.

이 책의 내용 일부 또는 전부를 인용, 재사용하실 경우 반드시 위 저작권자들과
출판사의 동의를 얻으셔야 합니다.

정태인의
협동의 경제학

사회적 경제, 협동조합 시대의 경제학 원론

정태인 · 이수연 지음

레디앙

> 추천의 글

'협동의 경제학', 우리 사회의 운영 원리가 될 수 있을까?

정태인 '새로운 사회를 여는 연구원' 원장은 예전에 저와 일을 함께할 뻔했던 적이 있습니다. 2006년 초 저는 '희망제작소'를 설립했습니다. 그동안 국내외를 발로 뛴 경험과 아이디어를 정리해서 아래로부터 풀뿌리 경제를 만들고, 밑으로부터 사회 혁신을 이루려는 구상이었습니다. 아마도 한신대 정건화 교수, 아니면 동국대 박순성 교수를 통해서였던 것 같은데, 그즈음 청와대 비서관을 그만둔 정태인 원장을 인사동 찻집에서 만났습니다.

그는 마을과 하나가 된 기업 형태, 요즘 용어로 하면 '사회적 경제'를 잘 이해하는 것 같지는 않았고 다만 자신의 대학원 시절 전공이었던 '클러스터'와 유사하다고 말했습니다. 의기투합까지는 아니더라도 흔쾌히 같이 일하기로 하고 사무실에 그의 자리도 마련했습니다. 하지만 우리가 같은 곳에서 함께 일을 하지는 못했습니다. 때를 맞춘 듯, 참여정부가 한미 FTA 협상 개시를 선언했고 그는 전국을 돌아다니며 반대 운동을 했습니다.

　이 책을 보니 2008년 세계 금융 위기 이후 그는 본격적으로 '사회적 경제'를 연구하기 시작한 듯합니다. 지금의 위기는 시장의 원리로 사회 전체를 조직하려는 시장만능주의 실험의 실패입니다. 또 20년 전 우리는 국가의 원리로만 전체 사회를 조직하려던 국가사회주의 실험도 실패로 끝난 것을 목격했습니다. 이 책은 사회의 원리로 우리 삶 전부를 조직하자는 얘기를 하는 것은 아닙니다. 사람들에게 내재돼 있는 이기성(시장경제), 공공성(공공경제), 상호성(사회적 경제), 그리고 자연과의 공존(생태경제)이 조화를 이뤄야 한다고 주장합니다.

　정태인 원장은 지난 30여 년 동안의 진화생물학과 행동경제학, 그리고 진화심리학이나 사회학 연구 성과를 추적하여 인간은 원래 서로 신뢰하고 협동할 능력을 지니고 있다고 주장합니다. 아니 전 인류의 역사를 돌이켜 보면 약 100만 년에 걸친 수렵, 채취의 시대에 인간의 유전자에는 상호성과 협동이 몸에 박혔고, 이기성과 경쟁을 강조한 건 지난 300년에 불과했으며, 협동이야말로 인간이 사회적 딜레마를 해결해 온 비결이라는 것입니다.

　다음으로 그는 사회적 경제의 운영 원리를 찾아 나섰습니다. 오스트롬이나 퍼트넘 등의 연구에서 공유 자원의 딜레마를 해결하고 사회적 자본을 쌓는 방법을 찾아냈습니다. 그리고 게임이론과 같은 추상적 모델에서 도출한 규칙들이 공유 자원을 잘 관리해 온 역사적 경험이나 협동조합의 7원칙과 동일하며, 또한 제가 국내외의 마을들에서 발견한 원리와도 일맥상통한다는 것을 확인해냅니다. 몬드라곤이나 에밀리아로마냐, 퀘벡의 경험 또한 현실에서 이런 원리를 확인해 주는 증거입니다. 나아가서 이 책은 공공성은 시장 실패를 메우는 것이 아니라 사회적 합의에 의해 우리 스스로 구성하는 것이며, 국제적 차원의 신뢰와 협동 없이는 지금 우리가 맞고 있는 생태 위기도 극복할 수 없다고 주장합니다.

   이 책은 굉장히 광범위한 주제를 다루고 있습니다. 그러므로 그가 스스로 서문에서 고백했듯이 각 부문의 전문가가 보면 여기저기 허술한 구석이 있을 수도 있습니다. 하지만 정책을 만드는 사람들은 완벽한 이론과 실증을 기다리기엔 시간이 많지 않습니다. 그보다는 학자와 연구자들의 주장과 학설을 검토하고, 거기에 정책의 경험을 더해 살을 붙이고, 현실화해 내는 것이 필요합니다. 저는 이 책을 많은 사람들이 읽고 자신의 경험과 논리에 비춰 가차 없이 비판해야 한다고 생각합니다. 그래서 우리의 경험과 열정이 이 책의 빈 곳, 엉성한 곳을 촘촘히 메울 수 있을 때, '협동조합 도시 서울' 뿐 아니라 사회 혁신과 희망이 가득 찬 대한민국을 이룰 수 있을 거라고 믿습니다.

서울시 공무원을 비롯한 정책 입안자들, 오늘도 여기저기서 협동조합의 들불을 지피고 있는 사회 혁신가들, 그리고 사회 구성의 원리를 고민하는 학자들, 또 우리가 맞닥뜨린 생태 위기를 극복하기 위해 동분서주하는 운동가들, 무엇보다도 올바른 사회를 만들기 위해 내가 해야 할 일이 뭔가를 고민하는 일반 시민들에게 이 책을 추천합니다.

서울시장 박 원 순

프롤로그

변명

1.

나는 정책 만드는 걸 업으로 삼은 '정책가'다. 영어로 표현하자면 polician일 텐데, 혹시나 해서 네이버 영어사전을 검색했더니 본문은 없고 이 낱말이 등장하는 예문이 나열되어 있는 걸 보면 쓰기는 쓰는 말인가 보다.

1980년대 말 사회과학계 전체가 사회 구성체 논쟁으로 들먹일 때 나는 구체적인 현실 분석과 정책 만들기를 해야 한다는 쪽을 택했다. 1988년 고 박현채 선생을 이사장으로, 고 정윤형 교수를 소장으로 모시고 한국 사회연구소한사연, 이후 한국 사회과학연구소로 바뀜가 탄생된 배경이다. 수십 명의 젊은 대학원생이 거의 매일 모여 현상 분석을 하고 설익은 정책도 만들었다. 그래선지 한사연 출신들은 문민정부 이래 역대 정부에 모두 참모로 들어갔고 일부는 국회의원이 되기도 했다.

나 역시 참여정부 시절 청와대에서 일했다. 하지만 이 경험은 쓰디쓴 추억만 남겼다. 동북아위원회의 일은 몇 가지 아이디어로 할 수 있는 일이 아니었다. 기본적으로 외교가 걸린 문제였으니, 마흔을 갓 넘긴 백면서생이 얼마나 많은 일을 할 수 있었을까? 결국 나는 원대한 동북아 구상과는 달리 국내 산업 경쟁력의 향상과 관련된 몇 가지 정책을 만들었을 뿐이다. 청와대에 들어가려면 구체적 실행 계획까지 만들었어야 했다. 정작 더 큰 문제는 비서관을 그만 둔 뒤에 일어났다. 내가 모신 대통령이 한미 FTA라는 어마어마한 정책을 별 준비도 없이 시작한 것이다. 2006년 전국을 돌아다니면서 고3때보다도 더 열심히 공부했다. 대통령의 참모는 모든 가능성에 대해 준비가 된 사람이 하는 것이었다. 즉, 모든 사안에 구체적인 정책을 갖추어야 했다는 얘기인데, 그게 과연 가능한 얘기일까?

　이렇게 30년도 더 된 옛 이야기를 뜬금없이 끄집어낸 것은 이 책의 부실함에 대한 부끄러움을 변명하기 위해서다. 대통령의 참모 역할을 하는 정책가는 거의 모든 분야를 다 알아야 한다. 하여 이 책이 포괄하고 있는 범위가 대단히 넓을 수밖에 없었는데, 설상가상으로 논의 수준은 대단히 추상적이다. '네 박자 경제'라는 이름으로 네 영역을 나눴지만 네 부분은 지극히 불균형하다. 공공경제를 다룬 제4부의 추상성은 내가 아직도 공공성을 완전히 이해하지 못하고 있다는 증거이며, 생태경제 부분은 빼버리는 게 독자에 대한 예의일 정도로 엉성하다. 더구나 각 경제의 원리를 밝힌 뒤에는 그들 간의 관계, 그리고 그것을 종합하는 원리까지 나아가야 하는데 이제 몇 가지 사례를 중심으로 생각을 시작했을 뿐이다. 그런데도 책까지 펴낸 건 일단 모두

다 다른 큰 그림이 있어야 한다는 강박이 가져온 결과이며, 나이가 꽤 들었는데도 '이제 시작일 뿐'이라는 만용을 부린 결과라고 생각해 주시면 고맙겠다. 이렇게 추상적인 차원의 얘기로 어떻게 정책을 만들까, 의심스러운 분은 작년에 새로운 사회를 여는 연구원이 펴낸 《리셋 코리아》를 보면 조금 이해가 될지도 모르겠다.

2.

이 책은 80년대 말 쯤 탄생해서 지금 한창 각광을 받고 있는 행동경제학/실험경제학을 이론적 자원으로 삼았다. 한국에서는 최정규 교수의 《이타적 인간의 출현》(2004)이 효시라고 할 수 있을 텐데, 그 책에서도 드러나듯이 행동경제학은 생물학, 심리학, 사회학, 정치학, 물리학 등 온갖 학문과의 공동연구와 교류가 활발한 분야다. 이런 광범위한 분야를 소개하려는 욕심을 부렸으니 내 천박한 지식으로 인해 이 책이 난삽하게 느껴질지도 모르겠다.

행동경제학은 방법론적 개인주의에 입각해서 논의를 시작한다. 이는 젊은 시절 내가 전공했던 마르크스주의 역사나, 구조와 역사를 중요하게 여기는 제도주의 경제학 등 온갖 이단 경제학과 대립하는 지점이다. 다행히 개인과 사회를 연결하는 실마리를 최근에 찾기는 했다. 이 책에는 거의 언급하지 않았지만 복잡네트워크이론은 개별 행위자의 상호작용에서 어떻게 구조가 탄생하고, 또 구조 안에서 개별 행위자의 창발성emergence이 발휘되고 반복적인 되먹임 과정feedback을 통해 구조 자체가 어떻게 국면 변화를 하는지 해명하는 학문이다. 앞으로 내가 평생 연구할 주제가 될 것이다.

　이 엉성한 책은 걸맞지 않게 전사를 가지고 있다. 작년에 출간된《착한 것이 살아남는 경제의 숨겨진 법칙》이 그것이다. 출판사는 딱 네 시간의 강연을 책으로 엮는 놀라운 능력을 발휘했다. 그 책을 읽은 독자라면 이 책에서 그보다는 훨씬 더 친절한 해설을 만나게 될 것이다. 불행히도 강연에서는 생략했던 추상적 이론이 섞여서 더 어려워졌겠지만….

3.

　이 책은 무려 5년 전에 기획되었다. 원래는《딸을 위한 경제학》으로 시장경제 부분만 다룰 예정이었다. 당시 둘째 딸이 고3이었는데 사회 분야 선택을 경제학으로 바꾸도록 했다. 내가 직접 경제학을 가르치고 딸아이의 질문과 내 답변까지 넣는다면 그럴듯한 수능 참고서가 될 수도 있지 않겠는가? 출판사로부터 사회과학 출판계에는 어울리지 않는 거액의 선인세까지 받았는데 아뿔싸, 2008년 5월에 거대한 촛불집회가 시작되었고 나는 서울광장에서

석 달을 살다시피 했다. 학교에선 가르치지도 않는 경제학을 선택한 둘째는 단 한 번도 나에게 배운 바 없이 거의 독학으로 시험을 치러야 했다. 결국 형편없는 경제학 점수를 받아야 했던 그 딸이 지금 대학교 4학년이다. 해서 이젠 급하게 고등학교용 참고서를 쓸 필요가 없어진 것도 이 책의 범위가 터무니없이 넓어진 이유가 되었다.

  공저자인 이수연 연구원이 없었으면 출판사에 죄스러운 상태가 몇 년 더 지속됐을지도 모른다. 이 책의 초고는 내가 그동안 한 강연과 잡지나 신문에 쓴 짧은 글들, 그리고 논문의 발제문이나 메모를 기초로 이수연 연구원이 만들어 냈다. 해서 쪽 글을 일부 옮기거나 메모를 글로 만든 곳에는 인용표기를 일일이 하지 않았다. 그 뒤에 출판사의 요구에 따라 부족한 부분을 채워 넣고 지나치게 간략한 부분을 보충한 것, 지루하기 짝이 없었을 주석과 참고 문헌 달기를 한 것도 이수연이다. 그 과정에 들어간 땀과 짜증은 스스로 책을 한 권 쓴 것보다 더 많았을 것이다. 심지어 초고가 수정되고 책의 꼴이 잡힌 뒤에도 내가 본격적으로 읽은 것은 6개월이나 지나서였다. 저자의 순서를 이수연, 정태인으로 바꾸는 것이 온당한 일일지도 모른다. 물론 그렇다 해도 책 내용을 구성한 아이디어나 해석은 나로부터 시작됐으니 책의 오류에 대한 책임은 전적으로 나에게 있다. 마지막으로 몇 가지 기본적인 기술에서 치명적인 오류를 바로잡아 준 최정규 교수와 허준석 박사에게 감사를 드린다. 두 사람은 생물학적으로는 내 후배지만 학문적으로는 존경해 마땅한 스승들이다. 선배가 쓴 수준 낮은 글을 보고 예의를 갖춘 지적을 하는 게 얼마나 괴로웠을까? 그런 수고를 마다하지 않고 보내준 코멘트에 진심으로 감사한다.

 이 책은 학술 구글이 없었으면 쓰지 못했을 것이다. 그 잡다한 주제에 관해서 학술 구글은, 10분의 1도 채 읽지 못한 채 내 책상 위에 쌓여만 가는 산더미 같은 논문을 검색해 주었다. 그래서 난 주제별로 수천 개의 논문 목록을 가지게 되었는데, 이 책을 읽는 분들이 필요하면 검색할 수 있도록 참고도서 목록을 블로그 '모지리의 경제방' mojiry.khan.kr에 파일로 올릴 예정이다. 아무쪼록 책이 많이 팔려서 이 엉성한 책을 조금 더 단단하게 채워 넣을 기회도 얻고 출판사에 진 빚도 일부나마 갚을 수 있기를 바란다. 출판사와 상의해서 이 책을 산 독자들이 값싸게 수정본과 자료를 볼 수 있도록 하겠다는 약속을 미리 드린다.

공저자를 대표하여, 정 태 인

차례

추천의 글 – '협동의 경제학', 우리 사회의 운영 원리가 될 수 있을까? (서울시장 박원순) ···004
프롤로그 – 변명 ···008

1 시장경제와 사회적 딜레마
인간은 이기적이지 않고, 시장은 완전하지 않다

1장 우리에게는 다른 경제학이 필요하다 ···023
자네는 경제학을 모르네 023 | 아이는 냉장고다! 028 | 실업도 금융 위기도 존재하지 않는 주류경제학 029 | 경제에는 시장만 존재하는 것이 아니다 035

2장 인간은 이기적인가? ···037
하늘에서 만 원이 떨어지면 037 | 매우 상식적인 상호적 인간 039 | 행동경제학 공부1-주류경제학의 완전합리성에 도전하다 042 | 행동경제학 공부2-주류경제학을 뛰어 넘을 수 있을까? 045

3장 시장실패는 숙명이다 ···048
보이지 않는 손과 시장의 효율성 048 | 가격이 그리도 중요한가? 051 | '경쟁의 종말'과 '선택의 자유' 053 | 시장의 실패 054 | 효율적 시장도 해결할 수 없는 문제들 064 | 거시경제학은 모두 시장실패? 역설의 경제학 067

4장 개인과 전체의 충돌, 사회적 딜레마 ···069
우리는 사회적 딜레마 속에 살고 있다 069 | 사회적 딜레마 1 : 죄수의 딜레마 070 | 사회적 딜레마 2 : 공유지의 비극 071 | 사회적 딜레마 3 : 공공재게임 072 | 사회적 딜레마 4 : 집단행동의 문제 074

5장 사슴사냥게임, 딜레마 탈출의 실마리 ···077
게임이론을 이용한 사회적 딜레마게임 077 | 사회적 딜레마게임 1 : 죄수의 딜레마 078 | 사회적 딜레마게임 2 : 사슴사냥게임 086 | 사회적 딜레마게임 3 : 치킨게임 091

2 협동의 경제학
협동, 신뢰, 그리고 사회적 자본

6장 인간 협동의 다섯 가지 조건 ···101
착하게 살면 다 해결할 수 있다 101 | 인간은 언제 협동하는가? 105 | 인간 협동의 조건 1 : 피는 물보다 진하다 107 | 인간 협동의 조건 2 : 눈에는 눈, 이에는 이 108 | 인간 협동의 조건 3 : 평판이 중요하다 111 | 인간 협동의 조건 4 : 유유상종, 끼리끼리 논다 113 | 인간 협동의 조건 5 : 착한 애들이 뭉치면 세다 114

7장 협동을 택하게 하는 방법 ···118
올바른 사회적 가치의 확산 118 | 소통을 통한 정보 교환과 설득 123 | 양면의 칼날, 집단 정체성의 강화 124 | 로버 동굴 실험의 충격적인 결과 126 | 전략으로서의 상호성 128 | 좋은 상대를 선택하라 129 | 무자비한 보복 130 | 협동에 높은 보수를 주어라 130 | 내가 세상을 바꿀 수 있다는 믿음 131 | 집단의 크기 조절 132 | 경계를 명확하게 133 | 응징과 보상의 제도화 136

8장 협동의 선순환을 가져오는 신뢰 ···139
협동의 시작, 신뢰 139 | 신뢰란 무엇인가? 140 | 박근혜, 참 나쁜 대통령? 142 | 신뢰는 어떻게 만들어지는가? 145 | 소득 불평등은 신뢰를 떨어뜨린다 147 | 물질적 인센티브와 사회적 규범은 어떤 관계일까? 151 | 정부에 대한 신뢰가 무엇보다도 중요하다 155

9장 신뢰의 네트워크, 사회적 자본 ···157
사회적 자본이란 무엇인가? 157 | 신뢰를 촉진하는 조건들 159 | 상호 애정과 친사회적 태도, 외적 강제 160 | 사회적 자본의 핵심은 상호 강제 163 | 신뢰의 네트워크가 경제 성장을 가져온다 167 | 네트워크의 문제점 : 배제성과 불평등 169 | 네트워크와 시장 170 | 사회적 자본을 형성하기 위한 제도가 필요하다 172

10장 네 박자로 굴러가는 경제 ···174
시장경제, 사회적 경제, 공공경제, 생태경제 174

3 사회적 경제
밀과 마르크스가 예찬한 협동조합

- **11장** 사회적 경제란 무엇인가? ⋯184

  인간 본성의 표현, 사회적 경제 184 | 사회적 경제에 관한 2009년 2월 19일 유럽 의회 결의문 185 | 퀘벡의 사회적 경제연대회의가 정의한 사회적 경제 187 | 사회적 경제의 구성요소 188 | 사회적 경제 형성을 위한 과제 191

- **12장** 협동조합은 대안이 될 수 있는가? ⋯193

  협동조합의 7가지 원칙 193 | 협동조합이 대세가 되지 못한 이유 196 | 협동조합의 특징을 장점으로 199 | 발전하는 협동조합 201

- **13장** 협동조합의 도시, 에밀리아로마냐 ⋯204

  에밀리아로마냐라는 동네 204 | 볼로냐의 다양한 협동조합들 207

- **14장** 에밀리아로마냐의 성공 요인 ⋯210

  시민인본주의와 빨치산의 전통 210 | 중소기업의 네트워크, 산업 지구 212 | 풍성한 사회적 자본과 기업가 정신 215 | 지역정부의 지원과 법제화 216 | 네트워크 안팎에서 오는 위기 218

- **15장** 차별과 위기를 극복한 퀘벡의 사회적 경제 ⋯221

  프랑스계의 역사를 간직한 퀘벡 221 | 사회적 경제가 만든 '태양의 서커스'의 기적 222 | 경제위기 앞에 뭉친 샹티에 224 | 사회적 경제를 지원하는 전방위 네트워크 226 | 퀘백 사회적 경제의 노동자 연대 투자 기금 228

- **16장** 퀘벡의 협동조합들 ⋯230

  퀘벡 사회적 경제의 기둥, 데자르댕 230 | 농산물 판매에서 주유소까지, 라꿉 페데레 234 | 즐거운 일터를 통해 사회에 기여하는 세탐 234 | 협동조합을 통한 지역개발, CDR 236 | 경제의 모든 곳에 자리 잡은 협동조합 237

4 공공경제
보편적 복지국가와 평등의 달성

17장 공공성과 정의의 경제학 ···243
공공성이란 무엇인가? 243 | 정의란 무엇인가? 245 | 경제학의 가치는 오로지 효율 249 | 파레토 효율은 정당한가? 251 | 파레토 효율과 정의론 253 | 공공선택이론과 사회선택이론 254 | 공공성을 갖는 재화의 종류 257 | 의료공공성 – '건강보험 하나로의 경제학' 264 | 방송의 공공성 – 방송, 광고, 민주주의의 삼각함수 267

18장 보편적 복지국가의 길 ···273
복지국가, 공공성의 실현 – 스웨덴 모델의 경우 273 | 적극적 노동시장과 임노동자 기금 276 | 스웨덴 모델의 붕괴 278 | 스웨덴은 어떻게 부활했나? 282

19장 한국은 복지국가가 될 수 있을까? ···287
거시경제 정책 없이 복지국가도 없다 287 | 수출 중심에서 내수 중심으로 전환 290 | 토빈세와 지급준비금 예치제 292 | 자본 통제와 재산세를 통한 자산 가격 안정화 294 | 보편 복지를 가능하게 하는 원칙 296

5 생태경제
우리의 최종 목표, 지속 가능한 사회를 위하여

20장 경제도 결국 자연 속에 존재한다 ···306
생태 문제를 포용하지 못하는 경제학 306 | 환경경제학, 생태 문제도 외부성의 하나로 취급 308 | 생태경제학, 엔트로피 증가의 법칙과 세대 간 정의론 313 | 성장 친화, 성장 무시, 탈성장 322 | 행복경제학과 '국민행복시대' 325 | 저탄소 경제로의 이행 경로 328 | 예방 우선의 원칙과 다중심적 접근 331 | 당장 무엇을 실천할 것인가? 333 | 복잡네트워크의 경제학을 향하여 336 | 녹색혁명당 선언 338

에필로그 – 협동조합을 꿈꾸는 그대들에게 ···345
후주 ···350

1 시장경제와 사회적 딜레마

인간은 이기적이지 않고,
시장은 완전하지 않다.

"현실과 상식에 맞지 않는 이야기들이 경제학이라는 이름을 내걸고 세상을 지배하면 우리 사회는 어떻게 되겠는가? 금융 위기를 유발한 약탈적 대출, 전 인류의 절멸을 가져올 지구 온난화, 아이들을 사지로 내모는 사교육 경쟁 앞에서도 여전히 모두가 이기적으로 행동하면 시장이 다 알아서 해줄 것이라고 주장하는데도, 똑똑한 경제학자들 대다수가 그렇게 주장하니 올바른 얘기일 거라고 믿어야 할까? 내 보기에 경제학은 이미 사망했다. 경제학의 아름다운 수학 체계는 현실에서 너무 멀어졌다. 하늘의 유토피아 한 구석을 헤매고 있을 뿐, 자신이 디디고 있는 땅은 완전히 잊었다. 지금 우리에게는 다른 경제학이 필요하다."

1부에서는 시장경제의 원리와 한계에 대해서 알아본다. 시장경제가 기반하고 있는 주류경제학의 논리에 따르면 선진국의 오염 물질은 후진국으로 옮기는 것이 적절하며, 아이를 낳는 것은 냉장고를 구매하는 행위와 크게 다르지 않다. 뭔가 부도덕한 냄새를 풍기는 이런 결론은 어떻게 나왔을까? 주류경제학의 두 가지 기본 전제인 "인간은 이기적이다."와 "시장은 효율적이다."라는 명제에 문제가 있다. 실제로 인간은 이기적일까? 시장은 효율적일까?[1] 우연히 주어진 1만 원을 두 사람이 어떻게 나눠 가지는지를 관찰하는 최후통첩게임을 통해 바라본 인간은 이기적인 존재가 아니라 상호적인 존재였다. 상호적 인간이란 남을 배려하고, 불공정한 결과에 대해서는 응징하는 사람을 뜻한다. 인간은 이기적인 존재만은 아니다.

공공재, 외부성, 독점, 정보의 불완전성이라는 네 가지의 시장실패 상황을 통해서 시장이 언제나 만능의 해결책은 아니라는 사실을 확인할 수 있다. 이와 더불어 시장은 돈 있는 사람들의 수요만 고려할 뿐, 돈 없는 사람들의 필요는 무시한다는 근본적 한계, 그리고 시장의 속성인 시행착오 때문에 생명이 관련된 일에 시장을 도입해서는 안 된다는 점도 지적할 것이다. 인간의 이기심과 시장의 효율성 가정 하에서 주류경제학은 개인의 이익 추구가 사회 전체의 이익 극대화로 이어진다고 믿는다. 하지만 현실은 그렇지 않다. 사교육 경쟁, 부동산 투기 열풍, 한미 FTA 등 다양한 문제 속에서 우리는 사회적 딜레마에 직면한다. 사회적 딜레마란 개인의 이익과 사회적 이익이 일치하지 않는 경우, 이기적인 인간은 도저히 해결할 수 없는 문제를 의미한다. 구체적으로 죄수의 딜레마, 공유지의 비극, 공공재게임, 집단행동의 문제라는 네 가지 사회적 딜레마를 들여다볼 것이다. 그리고 이를 해결하는 방법을 죄수의 딜레마, 사슴사냥게임, 치킨게임이라는 세 가지 사회적 딜레마게임을 통해 찾아본다. 탐욕과 공포로 이루어진 죄수의 딜레마, 미친놈과 바보의 놀이인 치킨게임에서 벗어나기 위해서는 일단 이들 게임을, 협동해解에 이를 수 있는 사슴사냥게임으로 바꿔야 한다는 사실을 깨닫게 될 것이다.

1장
우리에게는 다른 경제학이 필요하다

"자네는 경제학을 모르네"

나는 경제학이 싫다. 사람에 따라 다르겠지만 경제학자들 역시 그다지 매력적이지 않다. 나는 젊은 사람들에게 경제학이나 경영학을 전공한 이와는 결혼하지 말라고 충고한다. 요즘은 사위나 며느리를 고르는 사람들에게도 이런 말을 한다. 단 전공 학점이 나쁜 경우는 괜찮을 수도 있으므로 성적 증명서를 볼 필요가 있다는 말을 덧붙인다. 대부분의 경제학자들은 '호모 에코노미쿠스'에 입각해서 사고하도록 훈련을 받는다. 아래 메모를 읽어 보면 그들이 어떤 훈련을 받았는지 짐작할 수 있다.

우리 사이니까 하는 말이지만, 세계은행은 대기오염 산업을 후진국들로 더 많이 이주하도록 장려해야 하는 거 아냐? 왜냐고? 경제적으로 그게 맞는 이유

세 가지만 얘기해주지.

첫째, 대기오염으로 어떤 사람의 건강이 손상되었을 때 발생하는 비용은 그 사람의 손실된 소득수준으로 측정할 수 있지. 그렇다면 대기오염이 발생해도 소득 손실이 가장 적은 나라는 자국 노동자들에게 최저임금을 지불하는 나라겠지. 결국 독성 폐기물을 저임금 국가로 떠넘길수록 대기오염으로 발생하는 비용은 줄어드는 거야. 경제적으로 보면 나무랄 데 없는 완벽한 논리지. 우리는 그 사실을 직시해야 해.

둘째, 아프리카의 나라들은 인구가 매우 적어. 그런데 공기의 오염은 덜하단 말이지. 로스앤젤레스나 멕시코시티 같이 인구가 많은 지역에 비해 쓸모없이 공기가 너무 깨끗해. 안타까운 건 오염 물질을 그런 나라로 옮기는 데 비용이 너무 많이 들어서 세계적 차원에서 보면 복지가 저해되고 있다는 사실이지.

셋째, 전립선암을 유발할 가능성을 1백만분의 1 정도 가지고 있는 오염 물질이 있다고 가정해 보자고. 이 오염 물질을 무서워하는 사람들은 전립선암에 걸릴 정도로 오래 사는 선진국 국민들일 거야. 5세 이하의 사망률이 1천 명 당 2백 명에 달하는 후진국은 전립선암보다 더 절박한 문제들이 많다고. 같은 논리로 대기오염의 개선에 대한 요구는 후진국보다 선진국이 높다는 거지. 건강상의 이유뿐 아니라 주변 환경의 미적인 측면에서도 깨끗한 시야를 원하는 정도는 후진국보다 선진국이 높을 거야. 따라서 오염 물질을 후진국으로 옮길수록 사람들의 요구를 더 많이 충족시킬 수 있지.[2]

이건 지어낸 얘기가 아니다. 세계적으로 유명한 경제학자가 '경제적으로 완벽한 논리'를 구사하면 나오는 결론이다. 불행하게도 생명의 가치, 인류 보편의 권리 같은 것은 끼어들 자리가 없다. 이 메모는 1991년 12월 당시 세계은행The World Bank의 수석 경제학자였던 로렌스 서머스Lawrence H. Summers

가 자신의 동료들에게 보낸 것이다. 실제로 쓰레기를 후진국으로 보낸다든가, 오염 물질 자체는 아닐지라도 선진국에서 문제가 된 설비들이 후진국으로 이전되는 사례는 얼마든지 있다.

서머스는 1982년 28세에 하버드 대학교 역대 최연소로 종신 교수직을 받았고, 1993년에는 40세 미만의 경제학자 중 학문적 성취가 뛰어난 이에게 수여하는 존 베이츠 클락John Bates Clark 메달을 수상했다. 2001년에는 47세의 나이로 최연소 하버드 대학교 총장이 되었다. 세계은행을 거쳐 클린턴 대통령 시절 재무장관을 지냈으며, 오바마 대통령의 대통령 직속 국가경제위원회National Economic Council 의장을 지냈다. 그는 이처럼 미국 정부와 세계은행에서 영향력을 행사하며, 학문적 성과로도 인정받은 뛰어난 경제학자다. 그의 부모는 모두 경제학자이며 그의 삼촌은 유명한 폴 새뮤얼슨Paul A. Samuelson, 외삼촌은 존경스러운 케네스 애로우Kenneth Arrow다. 애로우라면 농담으로라도 저런 메모를 보낼 리 없지만, 서머스는 그야말로 '순수한' 공리주의자로 진화한 셈이다. 문제는 이런 경제학을 전 세계 모든 곳에서 배우고 또 위 예문처럼 대답해야 A+를 받는다는 사실이다.

그저 메모 하나를 가지고 너무 심한 얘기를 한다고 생각하는가? 그렇다면 이 사례를 보자. 한국에서 100만 부 이상 팔린 마이클 샌델Michael J. Sandel의 《정의란 무엇인가Justice》 제1강에 맨 처음 나오는 예화다.

2004년 여름, 플로리다 주는 허리케인 찰리로 극심한 피해를 입었다. 주유소는 평소에 비해 다섯 배의 기름 값을 요구했고 건설업자는 지붕을 덮친 나무 두 그루를 치우는 데 약 2,500만 원을 달라고 했다. 샌델은 이게 정의로운 일이냐고 묻는다. 경제학자 토머스 소웰Thomas Sowell이 〈탬파 트리뷴Tampa Tribune〉이라는 신문에 답을 썼다. "'어쩌다 익숙해진 (평상시의) 가격 수준'은 도덕적으로 대단히 신성한 것이 아니다. 그 가격은 허리케인 습격을 비롯해서 다양한 시장 상황에 따라 다른 가격보다 '더 특별하거나 공정한 가격'은 아니다."3) 그에 따르면 오히려 이런 가격 폭등은 플로리다의 문제를 해결하는 데 도움이 된다. 가격이 오르면 많은 공급자들이 앞 다퉈서 필수품들을 플로리다로 보낼 것이기 때문이다. 이것이 경제학자들의 전형적 사고방식이다. 샌델은 이런 사고방식을 도저히 수긍할 수 없어 첫 번째의 딜레마 사례로 내 놓은 모양인데 뒤에 보겠지만 경제학에는 '정의'와 같은 가치는 발 디딜 틈이 없다. 그건 규범, 즉 철학적 문제이고 실증적 과학을 하는 공리주의적 대상이 아니라는 것이다.

 미국에서만 그런 게 아니다. 지금 '석학' 소리를 듣는, 하버드 출신 서울대 경제학과 교수가 1979년 수업 시간에 퀴즈를 냈다. 예나 지금이나 추석 때는 귀성 전쟁을 겪는다. 이 문제를 해결할 방도를 내 보라는 것이다. 얼마간의 시간 동안 몇 개의 답변이 나온 뒤, 미래의 석학이 내 놓은 답은 가격 차별화였다. 즉, 추석 하루 전날을 기준으로 해서 여기서 멀어지면 멀어질수록 낮은 가격을 매기면 된다는 것이다. 예컨대 추석 하루 전날에 부산을 갈 때는 10만 원을 받고, 이틀 전에는 8만 원, 사흘 전에는 6만 원….

 이런 식으로 요금을 책정하면 귀성객이 분산되니 교통지옥의 문제를 간단하게 해결할 수 있다. 요즘처럼 자가용 귀성객이 많다면 고속도로 이용료를 그렇게 책정할 수도 있을 것이다. 그럴듯한가? 1978년 서울대 수석 입학을 한 친구가 손을 들었다.

 "추석에 닥쳐서 귀성을 하는 사람들은 대부분 가난한 노동자들입니다. 추석 휴가라 해도 2~3일이 고작이니까요. 그런 사람들한테 높은 요금을 매기는 건 문제가 있다고 생각합니다."

 교수의 대답은 어땠을까?

 "자네는 경제학을 모르네."

그래선지 그 친구는 행정학과 교수가 되었다.

소웰처럼 용감하게 '경제적으로 완벽한 논리'를 절박한 일상에 적용해서 대놓고 주장하는 한국경제학자는 드물다. 그러나 1979년에 그랬듯 지금도 강의 시간에는 그렇게 가르칠 것이다. 물론 현명한 교수라면 경제 논리가 그렇다는 것뿐이고 정의와 같은 규범적인 문제는 추가로 논의해야 할 것이라고 덧붙일 것이다. 그러나 어떻게 해야 그 경제 논리와 규범이 조화를 이루는가는 가르치지 않는다. 다만 "자네는 경제학을 모르네."라는 한 마디로 묵살할 뿐이다.

간단한 사례에서도 이럴진대 커다란 민생 문제, 예컨대 의료 민영화에 관련해서 경제학자들은 어떤 얘기를 할까? 어느덧 규범적인 사고는 정치적인 것, 비효율을 야기하는 방해물, 즉 규제로 치부된다. 이런 규제를 없애자는 게 지난 30년 동안의 '시장만능론'이 아닌가? 불행하게도 여러분 주위의 경제학자들 대부분은 이런 훈련을 받았다.

경제학자들은 인간을 이기적인 동물로 생각하도록 훈련 받았다. 그러므로 결혼 생활에서도 이기적인 행동이 불쑥 튀어나올 가능성이 높다. 또 경제학자들은 시장이 완벽하게 움직이는 수학 모형을 머릿속에 담고 언제나 현실 상황을 그 모형과 비교하도록 훈련 받았다. 그러므로 아주 뛰어난 경제학자를 빼곤 정확한 해법을 잘 모르는 경우 그저 시장에 맡기는 게 최선이라고 생각할 가능성이 높다.

아이는 냉장고다!

경제학은 스스로를 실증과학이라고 자부한다. 때론 사회과학 중에 유일하게 과학의 경지에 올랐다고 믿는다. 경제학은 과거엔 규범이나 도덕의 대상이라고 생각했던 주제들도 침범하기 시작했다. 지난 30년은 경제학이 다른 분과 학문을 지배한 '경제학 제국주의' 시대였다.

1992년 범죄, 결혼, 출산 등 이전까지 경제학의 대상이 아니었던 주제까지 다루면서 경제학의 지평을 넓힌 공로로 게리 베커Gary S. Becker가 노벨 경제학상을 받았다. 그는 밀턴 프리드먼Milton Friedman, 조지 스티글러George J. Stigler로 대표되는 시카고학파의 한 사람이다. 시카고학파는 시카고 대학을 중심으로 모인 경제학자들을 지칭하는데, '합리적' 인간으로 이뤄진 시장은 완벽하다고 믿으며 정부의 개입을 반대한다. 1970년대 이후 시카고학파는 역대 노벨 경제학상 수상자의 3분의 1가량을 차지했다.

베커는 사람들이 범죄를 저지르는 이유는 범죄를 통해 얻게 되는 이익이 처벌을 받을 때 치러야 할 비용보다 많기 때문이라고 주장한다. 인간은 합리적이기 때문에 범죄를 저지르기 전에도 이익과 비용을 계산해서 행동을 결정한다는 것이다. 그러므로 베커에 따르면 우리가 해야 할 일은 범죄의 한계편익(범죄를 추가로 저질러서 얻을 이익)만 계산하면 된다. 그보다 아주 약간 많은 한계비용(처벌)을 치르게 하면 되기 때문이다.

결혼도 마찬가지다. 결혼은 심리적 안정감, 소속감과 같은 정신적 이익을 가져다준다. 뿐만 아니라 분업과 규모의 경제[4]를 통한 비용 감소라는 경제적 이익도 얻을 수 있으니 결혼은 여러모로 남는 장사다. 하지만 모든 일이 그렇듯 공동생활의 불편함, 독립성 훼손, 자유로운 연애의 종료로 비용도 발생한다. 사람들은 이러한 결혼의 이익과 비용을 고려한 후, 비용보다 이익이 크다고 판단될 때 결혼을 한다는 것이다. 물론 결혼이 사랑만으로 가능한 건 아니다. 그랬다면 그 수많은 드라마가 왜 계속 만들어질까? 뿐만 아니라 점점 더 결혼이 베커의 주장대로 성사되는 것도 사실이다. 그런데 베커의 수학 모형에서 가정하는 것처럼 결혼에 따른 온갖 비용과 이익을 계산할 수 있을까? 예컨대 사랑의 효용을 계산할 수 있는 사람이 존재할까? 더 정교한 모형이라면 시간이 지남에 따라 사랑이 식는 속도까지 계산해야 할 텐데, 세계 최고의 수학자도 비혼을 택하는 게 나을 것이다.

출산도 마찬가지다. 베커는 사람들이 아이를 낳고 기르는 데 들어가는 비용과 아이가 주는 이익을 비교하여 출산을 결정한다고 분석한다. 육아의 비용은 대략 짐작이 간다. 아이가 먹고 입고 교육받는 비용일 것이다. 그러면 육아의 이익은 무엇일까? 아이가 주는 정신적 기쁨, 그리고 노후에 자신을 부양해 줄 것이라는 기대 등으로 설명된다. 그래서 베커는 "아기는 냉장고와 같다"라는 유명한 말을 남겼다. 아이가 부모에게 주는 효용은 내구재인 냉장고와 같다는 것이다. 그렇다면 헌 냉장고를 새 냉장고로 교체할 시기도 우리는 계산해야 하는 게 아닐까? 물론 "아기는 냉장고다"라는 명제는 경제학적 사고를 명확히 하기 위한 비유지만 그런 훈련에 익숙해져서 부지불식간에 그런 계산을 하고 있는 사람과 굳이 일생을 약속할 이유가 있을까?

실업도 금융 위기도 존재하지 않는 주류경제학

베커와 서머스, 그리고 한국경제 석학의 주장은 과학적이고 객관적인 척하는 주류경제학의 속살을 그대로 보여준다. 대학 경제학 입문 강의의 대표적 교과서인 《맨큐의 경제학》을 비롯하여 대부분의 경제학 교과서는 주류경제학의 내용을 담고 있다. 대학뿐 아니라 고등학교나 중학교 경제 교과서 역시 주류경제학을 기반으로 쓰여 있다. 한국 사회에서도 주류경제학이 아닌 경제학을 배우기란 힘들다.

보통 1776년에 출간된 애덤 스미스Adam Smith의 《국부론An Inquiry into the Nature and Causes of the Wealth of Nation》에서 경제학이 시작됐다고 본다. 스미스는 그 유명한 '보이지 않는 손'을 이야기하면서 인간의 이기심이 사회 전체에 이득이 될 수 있다는 추정을 제공했다.5) 이후 현재의 신고전학파 경제학은 라이오넬 로빈스Lionel Robbins에 의해 '선택의 학문'으로 정의되었다. 그는 1935년 《경제학의 본질과 의의에 관한 소론Essay on the Nature and Significance of Economic Science》에서 경제학을 목적과 희소한 수단들 사이에서 인간의 행동을 연구하는 과학이라 정의했다. 희소한 자원의 효율적 배분이라는 정의는 지금까지도 경제학에 대한 대표적 설명이자 경제학 교과서의 가장 첫머리에 나오는 문장으로 남아 있다. 그리고 프리드먼은 이 주장을 '선택의 자유'로 연결시켰다. 경제학은 선택과 자유의 학문이 되었다.

이제 경제학에서 인간은 선택의 주체가 되었는데, 특히 모든 개인은 합리적 선택rational choice을 한다고 가정한다. 이를 합리적 선택이론Rational Choice Theory이라 한다. 합리적 선택을 해야 하는 우리는 이런 존재다. 첫째, 사람들은 자신이 원하는 바, 경제학적 용어로 선호preference를 정확히 알고 있으며 둘째, 사람들은 완벽한 정보를 갖고 있다. 예를 들어 경제학에서는 점심 메뉴를 고를 때, 모든 사람이 스스로 짜장면과 짬뽕 중 어느 것을 더 좋아하는지 매우 정확히 알고 있으며, 주변 식당의 짜장면과 짬뽕의 가격과 품질 및 식당의 서비스 정도에 대해서도 잘 알고 있다고 가정한다. 따라서 가장 합리적 선택을 내릴 수 있기 때문에 짜장면을 시켜놓고 짬뽕을 시킬 걸 그랬다고 후회하는 일 따위는 일어나지 않는다. 경제학 교과서 속에서 인간은 아주 복잡한 문제도 즉각 계산해낼 수 있는 초능력을 지니고 있다.

그렇다면 합리적 선택이란 어떤 선택일까? 경제학에서는 어떤 목적을 이루기 위해 가장 효율적인 수단을 선택하는 것을 합리적이라 말한다. 어떤 선택을 했을 때 얻을 수 있는 이익편익 benefit과 비용을 비교해서 자신의 물질적 이익즉 편익-비용을 극대화하는 선택이 합리적 선택이다.

편익은 개인이 느끼는 효용utility에서 나온다. 경제학에서 효용과 편익은 별 구분 없이 사용되는 경우가 많으며, 혼용해도 그다지 큰 문제를 가져오는 개념은 아니다. 하지만 엄밀히 구분하자면 효용은 개인이 어떤 상품을 소비하여 느끼는 만족감을 수치화한 것이며, 편익은 효용을 금전적으로 표시한 것이다. 더 선호하는 상품을 소비할수록 효용은 커진다. 예를 들어 내가 떡볶이보다 순대를 더 좋아한다면 떡볶이의 효용보다 순대의 효용이 크다. 이를 숫자로 떡볶이의 효용은 100, 순대의 효용은 200이라고 표현할 수 있다(이런 표현을 기수적 효용이라고 한다). 그러나 숫자 자체에 의미가 있는 것은 아니며 다만 상대적으로 어떤 것이 더 큰지를 나타낼 뿐이다. 따라서 떡볶이의 효용을 100, 순대의 효용을 101이라고 표현해도 상관없다(이런 표현을 서수적 효용이라고 한다).

로빈스 이후로 경제학자들은 서로 다른 개인의 효용은 비교할 수 없다는 데 합의했다. 다시 떡볶이와 순대를 예로 들어보자. 나에게는 순대보다 떡볶이가 주는 효용이 높지만, 다른 이에게는 순대가 주는 효용이 더 높다고 하자. 두 사람이 서로 "나는 한 달 내내 삼시 세 끼를 떡볶이로 먹을 수 있을 만큼 좋아해!", "나는 석 달 동안 순대만 먹을 수 있어!"라고 주장해도 경제학적으로는 무의미한 진술일 따름이다. 두 사람의 효용에 정확한 수치를 매겨서 측정할 수 없기 때문에 비교 자체가 불가능하다. 사실 떡볶이와 순대 사이의 우열을 굳이 가릴 필요는 없을 것이다.

그런데 이런 경우를 생각해보자. 좀 극단적이지만 어떤 이에게는 평화보다 전쟁이 주는 효용이 높다고 치자. 군수업자의 경우에는 실제로 그럴 수도 있다. 반면 대다수 사람에게는 전쟁보다 평화가 주는 효용이 높을 것이다. 제대로 된 사회라면 대다수 사람에게 이익이 되는 평화를 선택해야 한다. 굳이 다수와 소수를 따지지 않아도 전쟁보다 평화를 택하는 것이 인간으로서 올바르며 도덕적인 선택이다. 그러나 경제학에서는 그런 식의 가치 판단 자체가 성립되지 않는다. 군수업자가 전쟁을 통해 얻는 효용이 대다수 사람이 평화를 통해 얻는 효용보다 못한 것이라고 판단할 수 없다. 개인 간의 효용은 아예 비교 자체가 불가능한 것이라고 전제하기 때문이다. 서머스가 후진국으로 오염 물질을 이전해야 한다는 말을 서슴없이 할 수 있었던 이유도 여기에 있다.[6]

주류경제학자들은 경제학이 '가치중립적'이라고 말하며 이에 대해 무한한 자부심을 가진다. 우리는 과학적인 판단을 할 뿐이며(실증 학문) 그게 좋은지 나쁜지는 정치학이나 철학과 같은 다른 학문(규범 학문)이 판단하면 된다는 것이다.

어쨌든 주류경제학에서 개인은 합리적 선택을 한다. 수많은 개인들이 내리는 합리적 선택이 결합하여 시장에서 거래되는 물건의 가격과 수량을 결정한다. 수요와 공급이 일치하는 가장 효율적인 균형점이 탄생하는 것이다. 이때의 가격을 균형가격, 또는 청산가격이라고 부른다. 이 가격에서는 사과를 더 사려고 하는 사람도, 더 팔려고 하는 사람도 없고 시장에는 사과 하나도 남지 않는다. 즉, 시장이 청산된 것이다. 이 균형점에서 모든 사람들은 만족한다. 사과 시장이 그렇다면 컴퓨터 시장이나 노동 시장도 마찬가지일 것이다.

이런 다양한 시장은 서로 영향을 주고받을 것이다. 예를 들어 컴퓨터 시장에서의 수요가 늘어나면, 컴퓨터 가격이 올라갈 것이고 컴퓨터 회사는 더 많은 컴퓨터를 생산하려 할 것이다. 이에 따라 컴퓨터 공장에서 더 많은 노동자를 고용하고 컴퓨터 노동자의 임금은 올라가게 될 것이다. 그렇다면 이렇게 영향을 주고받는 모든 상품 시장이 동시에 균형점에 이르는 상태가 있지 않을까? 이것이 일반균형General Equilibrium이다. 다시 말해 일반균형 상태에서 모든 시장은 가장 효율적인 자원 배분을 하게 되고, 이는 모든 사람의 효용을 극대화시킨다. 따라서 시장에 규제를 가하거나 개입하는 것은 비효율적인 행위가 된다. 시장의 효율성은 개인의 합리적 선택과 함께 주류경제학의 기본 전제가 된다.

예컨대 주류경제학에서는 실업이 문제가 되지 않는다. 노동자들은 여가와 노동 사이에서 자신의 효용을 극대화시켜 줄 '합리적' 선택을 한다. 만약 실업자가 존재한다면 그는 노동보다 여가를 선택한 자발적 실업자다. 그가 정말 일자리를 원한다면, 다시 말해 노동에 대한 선호가 매우 높다면, 또는 노동을 통한 효용이 충분히 높다면, 아무리 임금이 낮고 노동환경이 열악한 일자리라고 해도 선택해야 한다. 만일 그가 지금 일자리를 선택하지 않는다면 그가 노동을 별로 좋아하지 않거나 임금이 너무 낮아서 차라리 노는 게 낫다고 생각하기 때문이다. 그는 합리적 선택을 하고 있다. 지금도 도서관에서 스펙을 쌓으며, 아르바이트를 전전하며 취직 준비에 매달리고 있는 청년 실업 당사자들이 들으면 어이없어 할 얘기겠지만 이렇게 생각하는 경제학자들은 의외로 많다.

노벨 경제학상을 받은 시카고 대학의 에드워드 프레스콧Edward Prescott이 대표적이다. 그의 실질경기순환이론Real Business Cycle에 따르면 경기순환은 오직 기술 변화에 의해서 일어나며 따라서 정부가 쓸데없이 총수요를 관리하려든다면 인플레이션과 같은 골치 아픈 문제만 발생시킨다.

금융시장도 마찬가지다. 역시 시카고 대학의 유진 파마Eugene Fama가 박사 논문에서 처음 제시한 '효율시장가설Efficient Market Hypothesis'에 의하면 금융 자본시장의 가격에는 이미 모든 정보가 반영되어 있다. 즉, 합리적인 시장 참여자들은 금융상품의 가치를 언제나 정확하게 측정할 수 있으므로 거품 따위는 존재할 수 없다.

놀랍게도 2008년 금융 위기 때까지 미국의 핵심 경제학자들, 그리고 연방준비제도 이사회FRB는 "거품은 존재할 수 없고 존재하더라도 알 수 없으며, 알더라도 사전에 통제할 방법은 없다."는 신화를 굳게 믿고 있었다. 2008년에 시작되어 적어도 향후 10년간은 세계를 침체에 빠뜨릴 것으로 보이는 금융 위기의 원인은 과도한 부동산 대출로 인한 거품과 위험을 숨긴 채 거래된 파생 상품 때문이었다. 또한 위기 이후 수습에 나선 것은 시장이 아니라 국가였다.

금융 위기 이후에는 이런 생각이 바뀌었을까? 천만의 말씀이다. 이들은 2008년 금융 위기도 정부실패 때문에 초래됐다고 주장한다. 예컨대 하이에크와 미제스의 이론을 추종하는 미제스 연구소는 엉뚱하게도 위기의 원인을 지역재투자법(미국의 은행은 대출의 일정 비율을 은행이 있는 지역에 해야 한다)에서 찾는다. 심지어 로버트 루카스Robert Lucas Jr.나 토머스 사전트Thomas J. Sargent와 같은 시카고학파의 대부들은 "이론은 완벽하다. 다만 시장에서 인간들이 비합리적으로 행동했을 뿐"이라고 강변한다. 인간의 비합리성을 일부 인정했으니 그나마 발전한 거라고 자위해야 할까? 많은 독자는 '설마' 싶겠지만 이것이 현실이다. 이들처럼 용감하지 못해 침묵하고 있을 뿐, 미국에서 학위를 받은 한국의 경제학자 대부분은 속으로 현재의 아파트값에 거품이 끼어 있다고 생각하지 않는다. 거품이란 개념은 언제나 즉각 균형 상태에 도달하기 마련인 시장경제에 존재할 수 없기 때문이다.

경제에는 시장만 존재하는 것이 아니다

인간은 합리적이고 시장은 효율적이라는 주류경제학의 가정은 비현실적이다. 물론 복잡한 현실을 분석하기 위해서 핵심을 뽑아 단순화시켜야 하므로 이론이 현실을 완벽히 반영할 수만은 없다. 그리고 사실 주류경제학의 가정과 그에 기반을 둔 분석틀이 경제 현상을 설명하고, 예측하는 데 많은 기여를 해온 것도 인정해야 한다. 베커의 경우도 인종차별이 비용을 발생시켜서 사회적으로 이롭지 않다는 상식적인 결론을 말한다. 그러나 이런 문제에 국가나 사회가 개입할 이유는 없다. 인종차별을 하는 기업은 아주 뛰어난 흑인을 고용하지 않은 결과, 결국 시장에서 도태될 것이기 때문이다.

"시장은 효율적이다. 그러므로 비합리적 인간을 도태시킬 것이다. 그러므로 언제나 시장은 효율적이다." 이건 정확히 동어반복인데 경제학 논문에는 이런 논법이 도처에 등장한다. "시장은 효율적이므로 거품을 믿고 투자하는 바보를 도태시킬 것이다. 그러므로 거품은 존재할 수 없다." 조지프 스티글리츠Joseph Stiglitz는 자신의 노벨상 수상 강연에서 자신이 대학생일 때 베커의 주장에 의문을 가지면서 '정보의 경제학Economics of Information'에 눈을 뜨기 시작했다고 말했다. 스티글리츠라는 걸출한 경제학자를 배출시킨 것이야말로 베커의 공헌이 아닐까?

현실과 상식에 맞지 않는 이야기들이 경제학이라는 이름을 내걸고 세상을 지배하면 우리 사회는 어떻게 되겠는가? 금융 위기를 유발한 약탈적 대출, 전 인류의 절멸을 가져올 지구온난화, 아이들을 사지로 내모는 사교육 경쟁 앞에서도 여전히 모두가 이기적으로 행동하면 시장이 다 알아서 해줄 것이라고 주장하는데도 똑똑한 경제학자들 대다수가 그렇게 주장하니 올바른 얘기일 거라고 믿어야 할까?

내 보기에 경제학은 이미 사망했다. 경제학의 아름다운 수학 체계는 현실에서 너무 멀어졌다. 지나치게 정교해져서 머리 좋다는 학자들이 아주 조그만 현상의 수학적 증명에만 매달리고 있다. 하늘의 유토피아 한 구석을 헤매고 있을 뿐, 자신이 디디고 있는 땅은 완전히 잊었다. 하여 누리엘 루비니 Nouriel Rubini와 같은 몇몇 학자를 제외하곤 2008년 금융 위기를 예측하지도, 설명하지도 못한다. 오죽했으면 영국 여왕이 "그 많은 경제학자들은 다 어디로 갔을까?"라며 한탄했을 때 아무도 입을 열지 못했을까? 쿤이 얘기한 "과학 혁명"이 일어나야 할 시기다.

지금 우리에게는 다른 경제학이 필요하다. 시장 중심의 주류경제학을 적용했을 때 설명되지 않고 해결되지 않는 문제들이 있다면 이제는 그와 다른 원리로 접근해야 한다. 경제는 시장이 아니다. 경제학에는 시장경제만 있는 것도 아니다. 인간의 이기심과 시장의 효율성이라는 주류경제학의 가정을 벗어나서 존재하는 경제가 있다. 먼저 주류경제학의 가정들을 조금 더 구체적으로 비판한 후 '협동의 경제학'이 가능할지 짚어보자.

2장

인간은
이기적인가?

하늘에서 만 원이 떨어지면

주류경제학은 인간이 이기적[7]이라고 가정한다. 주류경제학에서 인간은 호모 에코노미쿠스Homo economicus, 즉 경제적 인간이다. 호모 에코노미쿠스는 자신의 물질적 이익 추구를 최우선 목표로 둔다. 또한 뛰어난 정보력과 판단력을 가지고 있어서 언제 어디서나 자신의 물질적 이익을 최대화하는 선택이 무엇인지 알고 있다. 정말 그럴까?

여기 인간이 이기적이지 않다는 사실을 보여주는 유명한 실험이 있다. 이름하여 최후통첩게임Ultimatum Game이다. 두 사람이 있다. 편의를 위해 A와 B로 칭하자. 이제 A에게 1만 원을 주고, B와 나눠 가지도록 했다. 둘이 같이 걷는데, 갑자기 하늘에서 1만 원이 떨어졌다고 생각해도 좋다. A가 일을 해서 번 돈이 아니고 B도 그 사실을 알고 있다. A는 B에게 1,000원이든, 5,000원이든 주고 싶은 만큼 금액을 제시할 수 있다. B는 A가 제시한 금액을 받아들이거나 혹은 거절할 수 있다. B가 받아들일 경우 두 사람은 A의 제안대로 돈을 나눠 가지지만, B가 거절할 경우에는 두 사람 모두 빈털터리가 된다. 1만 원이 하늘로 날아가 버린다.

당신이 A라면 얼마를 제시하겠는가? 당신이 B라면 A가 얼마를 제시했을 때 제안을 수용하겠는가? 만약 경제학에서 말하듯이 인간이 이기적이라면 이미 답은 나온 셈이다. A는 최소한의 금액 1원을 제시할 것이고, B는 그 제안을 받아들일 것이다. B의 입장에서는 1원의 제안을 받아들이는 것이 무일푼보다는 이익이기 때문이다. 얼마나 쿨한가? 이를 알고 있는 A는 1원 이상을 제안하지 않을 것이다. 즉, A는 1원을 제시하고 B가 수용하는 것이 A, B 모두의 합리적인 선택이다.

```
                    1만 원을 A에게 준다.
                            ↓
        A는 1만 원 중 얼마를 B에게 나눠 줄 것인지 결정한다.
                    예)B에게 4,000원을 주겠다.
                            ↓
            B는 A의 제안을 수용할지 거절할지 결정한다.
                        ↙           ↘
           B가 A의 제안 수용          B가 A의 제안 거절
    예)A는 6,000원, B는 4,000원을 갖는다.   예)A와 B 모두 한 푼도 갖지 못한다.
```

〔그림 1〕 최후통첩게임 진행 과정

전 세계의 많은 경제학자, 사회학자, 심리학자, 인류학자들이 동일한 실험을 여러 차례 진행했다. 처음에는 주로 대학원생을 대상으로 실험했지만 이후 일반인에게도 하고 원시 상태로 사는 부족들도 대상으로 삼았다. 대체

적인 결과를 종합해보면 A는 4,000원에서 5,000원 정도의 금액을 B에게 제시한다. 물론 B는 이 제안을 수용한다. 그리고 A가 2,000원 이하의 금액을 제시할 경우 B는 이를 거절하고 한 푼도 받지 않는 쪽을 선택했다. 시장경제의 예측에서 한참 벗어난 결과다. 1982년 독일 쾰른 대학에서 학생 42명을 대상으로 하여 진행된 같은 실험에서 제안자(A)들은 평균적으로 37퍼센트에 해당하는 몫을 응답자(B)에게 주었으며, 21명의 제안자 중 7명은 50퍼센트를 제안하기도 했다. 응답자들은 자신에게 제안된 몫이 30퍼센트를 넘지 않으면 제안을 거부했다.8) 스탠포드나 하버드의 경제학과 대학원생들도 1원을 제시하지 않았다. 다만 경제학과나 경영학과 학생들은 일반인에 비해 상당히 낮은 액수를 제안하고 또 받아들였다. 이들은 이기적으로 행동하도록 훈련받은 것이다.

매우 상식적인 상호적 인간

이 실험에서 우리는 인간의 두 가지 속성을 발견할 수 있다. 첫째, 인간은 언제나 남을 생각한다other regarding. 이기적인 인간이라면 남을 의식하지 않고 단지 자신의 물질적 이익만 생각할 것이다. 하지만 대부분의 사람은 우연히 1만 원이 생겼을 때, 자신이 모두 가지지 않고 옆의 사람에게 얼마를 주는 것이 좋을지 배려한다. 그래서 전체 금액의 40퍼센트 이상을 나눠 주고 있다. 둘째, 인간은 불공정한unfair 행위에 대해서 응징한다. 차라리 한 푼도 갖지 않겠다고 선언한 B들에게 이유를 물어본 결과 대부분은 불공정하기 때문에 손해를 감수했다고 대답했다. 즉, 사람들은 불공정한 행위에 대해 손해를 보면서까지 상대를 응징하는 성향을 가지고 있다. 실제로 우린 언제나 남을 의식하고 종종 불공정한 행위를 응징하지 않는가? 저 유명한 《정의론A Theory of Justice》의 저자 존 롤스John Rawls가 말년에 자신의 정의론 강의집을 출판했을 때, 그 제목이 《공정으로서의 정의Justice as a fairness》인 것도 이와 무관하지 않다.9)

　남을 생각하고, 불공정한 행위를 응징하는 인간의 속성을 상호성reciprocity이라고 한다. 상호성의 핵심은 남이 해주는 대로 나도 행동한다는 것이다. 남이 나한테 잘해주면 나도 잘해주고, 남이 나한테 잘못하면 나도 잘못하는 것이다. 사무엘 보울스Samuel Bowles와 허버트 긴티스Herbert Gintis는 이러한 인간을 상호적 인간, 호모 리시프로칸Homo reciprocan이라고 부른다.

　경제학자들은 이런 결과에 대해 반박했다. 경제학자들은 A가 4,000원이나 5,000원이라는 높은 금액을 제시한 까닭은 혹시 B가 그 제안을 거절해서 한 푼도 받지 못하게 되는 상황을 우려했기 때문이라고 주장했다. 따라서 자신의 이익을 지키기 위한 A의 결정은 이기적이라는 것이다.

　그래서 이를 확인하기 위해 또 하나의 실험을 했다. 독재자게임Dictator Game이다. 앞서 진행한 최후통첩게임과 똑같이 진행하되, 다만 B에게서 제안을 거절할 수 있는 권리를 박탈했다. 즉, A가 어떤 금액을 제시하더라도 B는 그것을 받아들여야 하는 것이다. 이건 너무나 쉽다. 만약 A가 이기적인 인간이라면 한 푼도 주지 않을 것이다. 하지만 이번에도 실험 결과는 예상과 다르게 나왔다. 역시 전 세계에서 이루어진 여러 차례의 실험 결과를 종합해보면 대체로 A는 2,000원에서 3,000원을 B에게 나눠 주었다. 앞의 최후통첩게임 결과와 비교해 보면 나눠 주는 금액이 2,000원 정도 줄어들었다. 줄어든 2,000원은 경제학자들의 반박처럼 자신의 이익을 확보하려는 마음의 크기일 것이다. 그러나 여전히 2,000원에서 3,000원의 금액을 결정권이 없는 사람에게 제시하고 있다는 것은 남을 생각한 행동으로 보아야 할 것이다.

```
1만 원을 A에게 준다.
        ↓
A는 1만 원 중 얼마를 B에게 나눠 줄 것인지 결정한다.
        예) B에게 4,000원을 주겠다.
        ↓
B는 A의 제안을 받아들인다.
        예) A는 6,000원, B는 4,000원을 갖는다.
```

〔그림 2〕 독재자게임의 진행 과정

인간은 이기적이지 않다. 인간에게 이기적인 면이 분명 있지만, 언제나 그런 것은 아니다. 오히려 대체로 이기적이지 않다는 것을 확인할 수 있다. 경제학이 300년 역사 동안 절대적인 가정으로 삼은 "인간은 이기적"이라는 명제는 절대적이지 않다. 그리고 이 명제를 기반으로 세워진 경제학 역시 절대적이지 않다.

앞으로 우리가 이야기할 경제학에서는 이기적 인간이 아닌 상호적 인간을 기본으로 할 것이다. 남이 하는 만큼 나도 베푼다는 가장 상식적이고도 현실적인 인간. 생각해보면 이미 인류의 오랜 고전인 성경과 논어에서도 이를 황금률이라 하여 언급하고 있다. 이런 언급은 거의 모든 나라의 종교나 도덕에서 찾을 수 있다. 함무라비 법전의 "눈에는 눈, 이에는 이" 역시 상호성을 표현하고 있다.

그러므로 무엇이든지 남에게 대접을 받고자 하는 대로 너희도 남을 대접하라. 이것이 율법이요, 선지자니라. -《성경》마태복음 7장 12절

기소불욕 물시어인己所不欲 勿施於人 - 내가 원하지 않는 바를 남에게 하지 마라. -《논어》12편

성경은 '양의 상호성'을 이야기하고 있다. '네가 협동을 원한다면 너도 협동하라.'는 것이다. 이를 흔히 '호혜성'이라고 표현한다. 반면 공자는 '음의 상호성'을 천명했다. '네가 배반을 원하지 않는다면 너도 배반하지 마라.'는 것이다. 진화생물학자들은 이런 상호성이 인간의 유전자에 박혀 있다고 설명한다. 하버드 대학 수학 및 생물학과 교수인 마틴 노박Martin A. Nowak[10]이 주장한 '초협력자'는 너무나 강력해서 전 세계 생물학계를 발칵 뒤집어 놓고 있다. 인간은 태어 나면서부터 상호적이고 따라서 협동은 진화의 산물이라는 것이다. 몇 백만 년에 이를 것으로 추정되는 인간의 역사 대부분을 인간은 상호적으로 행동했다. 다만 최근 300년 동안만 인간은 이기적이라고 주장하는 학문이 세상을 지배했을 뿐이다. 그리고 그런 학문이 다른 모든 목소리를 압도했을 때 세상은 파탄이 났다. 1929년 대공황을 분석한 폴라니Karl Polanyi가 "사회를 시장원리로 조직하면 그 사회는 붕괴한다."고 주장한 것이 현실에서 다시 한 번 입증되고 있다.

행동경제학 공부1
주류경제학의 완전합리성에 도전하다

주류경제학은 인간의 합리성을 가정한다. 하지만 최근 행동경제학은 인간이 합리적 존재라는 주류경제학의 주장을 반박하는 실험 사례를 무수히 내놓고 있다. 기본적으로 행동경제학은 인간이 준거의존적 Reference dependent이라는 사실을 밝히고 있다.[11] 준거의존적이란 초기에 설정된 상태나 주변 환경, 주변 사람의 영향을 받는다는 뜻이다. 예를 들어 어제 날씨가 어땠느냐에 따라 오늘 날씨는 춥게 느껴질 수도 있고,

덥게 느껴질 수도 있다. 사람들은 어제 날씨와 비교해서 오늘 날씨를 판단하기 때문이다. 가게에서 상품을 선택할 때도 주변에 어떤 상품이 놓여 있느냐에 따라서 다른 선택을 하게 된다. 임금에 대한 만족도에서도 중요한 기준이 되는 것은 비슷한 일을 하는 동료의 임금이다. 주류경제학은 주변 상황에 관계없이 자신의 선호를 정확히 파악하여 일관성 있는 선택을 내리는 합리적 인간을 상정하지만, 실제 인간의 모습은 그렇지 않다. 세상의 어떤 기업도 자신의 생산함수를 알아서 노동의 한계생산성을 계산하고 거기에 맞춰서 임금을 제시하지 않는다. 물론 취업자들도 마찬가지다.

이와 관련하여 아이오와 대학교 심리학 및 마케팅학 교수인 어윈 레빈Irwin P. Levin과 그의 동료들이 진행한 재미있는 실험을 소개한다.[12] 실험 참가자들은 피자를 주문하는데, 주문 방법에 따라 두 그룹으로 나눠서 진행한다. 첫 번째 그룹은 모든 토핑을 올린 상태에서 원치 않는 토핑을 제외하는 방식으로 주문을 하고, 두 번째 그룹은 토핑이 하나도 없는 상태에서 원하는 토핑을 추가하는 방식으로 주문한다. 전자를 제외하는 방식, 후자를 추가하는 방식이라 부르자. 피자의 토핑은 버섯, 고추, 파인애플, 페퍼로니, 소시지 등 총 12가지가 있다. 한 가지 토핑이 추가될 때마다 50센트씩 피자 가격이 추가된다. 아무것도 올리지 않은 피자의 가격은 5달러이며, 12개 토핑을 모두 올린 피자의 가격은 11달러다.

아이오와 대학교 경영학과 학부생 115명을 대상으로 실험한 결과 제외하는 방식으로 주문한 경우 피자의 토핑 수는 5.29개였으나 추가하는 방식으로 주문한 경우 토핑 수는 2.71개에 그쳤다. 약 2배 정도의 차이가 발생했다. 피자 가격은 제외하는 방식의 경우가 1.29달러 더 비쌌다. 이는 통계적으로 유의미한 차이였다. 소비자의 선택은 초기의 피자 상태에 따라 다르게 나타났다. 결국 초기 상태가 사람의 선택에 큰 영향을 미친다는 것을 보여준다. 똑똑한 피자 가게 주인이라면 당연히 토핑을 제외하는 방식으로 주문을 받아야 할 것이다.

이러한 준거의존적 행태에 대해서 행동경제학은 손실 회피Loss aversion, 초기 부존 효과Endowment effect, 현상 유지 편향Status quo bias 등의 개념을 통해 설명한다. 어려운 개념처럼 보이지만 알고 보면 아주 쉽고 상식적인 내용이다.

손실 회피란 어떤 대상을 획득함으로써 얻게 되는 효용 증대보다 그 대상을 잃게 됨으로써 느끼게 되는 효용 감소가 훨씬 크다는 것을 의미한다. 즉, 사람들은 이득을 얻는 것보다는 손실을 피하려는 욕구가 더 크다. 예를 들어 1억 원에 당첨될 확률이 90퍼센트인 복권과 현금 9,000만 원 중 하나를 선택하라고 하면 사람들은 후자를 선택한다. 주류경제학에서 사용하는 기대 효용으로 계산했을 때는 전자나 후자 모두 9,000만 원의 동일한 기대 효용을 갖고 있음에도 불구하고 말이다.[13]

초기 부존 효과도 비슷한 개념으로, 자신이 갖고 있던 재화를 남에게 팔 때는 자신이 그 재화를 사려고 할 때보다 더 높은 가격을 요구하는 현상을 말한다. 그 재화를 갖고 있지 않을 때보다 갖고 있을 때 더 높은 가치를 부여한다는 것이다. 갖고 있던 재화를 포기하지 않으려는 성향으로 볼 수 있다. 현상 유지 편향도 같은 맥락이다. 손실을 보거나 갖고 있던 재화를 포기하는 것을 기피하기 때문에 현상 유지의 결과가 나타난다.

이와 관련된 유명한 실험이 1990년 미국 코넬 대학교에서 경제학 과목 수강생을 대상으로 한 머그잔 교환 실험이다. 수강생들은 두 집단으로 나뉘었는데 한 집단에게만 머그잔을 선물했다. 학교 매점에서 6달러에 판매하는 머그잔이었다. 이후 머그잔을 갖고 있는 학생들에게는 머그잔을 얼마에 팔 생각이 있는지를 물었고, 머그잔을 갖고 있지 않은 학생들에게는 얼마에 살 생각이 있는지를 물었다. 머그잔을 갖고 있는 학생들이 제시한 금액의 중위 값은 5.25달러, 그렇지 않은 학생들이 제시한 금액의 중위 값은 2.25달러와 2.75달러 사이로 나왔다. 머그잔을 보유한 학생들이 그렇지 않은 학생들보다 머그잔의 가치를 2배가량 높게 측정하고 있는 것을 알 수 있다.[14]

행동경제학 공부2
주류경제학을 뛰어넘을 수 있을까?

행동경제학은 견고해보였던 주류경제학의 기본 가정을 부정했다는 점에서 인기를 끌고 있다. 한 달에도 수천 개의 관련 논문이 쏟아지고 있으며, 최근 국내에도 행동경제학 관련 서적이 많이 출판되었다. 경북대 최정규 교수의 《이타적 인간의 출현》, 리차드 세일러Richard H. Thaler[15]의 《승자의 저주The Winner's Curse ; Paradoxes and Anomalies of Economic Life》, 세일러와 캐스 선스타인Cass Sunstein의 《넛지Nudge》, 그리고 거시경제 쪽에서 조지 애컬로프George Ackerlof와 로버트 실러Robert Shiller의 《야성적 충동Animal spirits》 등이 행동경제학에 기초한 책들이다. 한마디로 경제학계의 첨단 이론 중 하나다. 최근에는 심리학이나 사회학은 물론 생물학, 진화학, 뇌신경학 등과도 결합하고 있다.

하지만 행동경제학이 주류경제학을 대체할 수 있을까? 주류경제학을 뛰어넘을 만큼 체계화되려면 굉장히 많은 시간이 걸릴 것은 확실하며, 과거의 제도 이론이 그랬듯이 주류경제학에 흡수될지도 모른다. 행동경제학의 선구자이며 2002년 노벨 경제학상을 받은 미국의 다니엘 카네만Daniel Kahneman은 인간은 합리적이지 않으며, 주기적인 경제 불황도 이런 인간의 비합리성에서 유래된다고 주장했다. 그런데 그래서 어떻게 해야 하느냐는 기자들의 질문에 그는 "조금 더 합리적으로 판단하세요."라고만 말했다.

한편 행동경제학과 마르크스주의 경제학을 연결시키는 작업도 가능할 것으로 보인다. 실제 마르크스주의자들 중 행동경제학에 관심을 갖고 있는 이들이 있다. 과거에 민주적 기업이론을 주장했고 현재는 행동경제학 연구를 많이 하고 있는 사무엘 보울스가 대표적인데, 아쉽게도 과거의 주장과 행동경제학을 연결하지는 않는다. 뒤에 보겠지만 집단선택은 마르크스 이론이나 다른 사회학 이론과 연결될 소지를 충분히 가지고 있다. 행동경제학이 방법론적 개인주의를 사용하고 있기 때문에 이를 마르크스주의 경제학이 갖고 있는 구조적, 역사적 사고와 연결시키고 통합시켜야 한다. 최근에 활발하게 전개되고 있는 복잡네트워크이론complex network theory은 이질적 개인의 상호작용이 어떻게 구조적 현상을 만들어내는가를 설명해줄 수 있을지도 모른다. 또한 기존의 구조 속에서 개인의 창발성emergence이 어떻게 나타나서 그 구조가 파국에 이르거나 안정화하는가를 그려낼 수도 있다. 즉, 복잡네트워크이론은 개인(경제학)과 사회(사회학) 사이의 오랜 불협화를 이어줄 도구가 될지도 모른다. 더 넓은 범주로 말해서 복잡성 경제학을 도입하는 것은 '균형' 개념을 버리고 동질적 인간이 아닌 이질적 인간을 상정하는 것을 말한다.

또한 행동경제학 이론은 협동조합과 같은 사회적 경제의 기본 원리도 설명할 수 있다. 나는 2010년의 글16)에서 그 가능성을 짚었는데 최근에 협동조합 이론의 대가인 볼로냐 대학의 스테파노 자마니Stefano Zamagni 교수도 자신의 책 《협동조합으로 기업하라La cooperazione》 말미에 행동경제학을 소개하고 있다. 협동조합은 최근 자본주의 위기를 헤쳐갈 수 있다는 대안으로 등장하고 있다. 인간에게는 원래 협동의 본성이 존재하며, 심지어 그것이 더 본질적이라고 주장하는 행동경제학, 또는 진화경제학은 협동조합의 가능성을 이론적으로 뒷받침해준다. 물론 인간의 본성이 '협동적'이라면 이는 시장경제에도 적용되어야 한다. 실제로 현실에서는 기업도 이익만 추구하지는 않는다. 예컨대 짐 콜린스Jim Collins의 '위대한 기업' 이론은 자본주의적 기업이라도 사회적 목표를 추구하고 노동자를 착취하지 않을 때 더 성공할 수 있다고 주장한다. 그러나 인간은 일정한 틀frame 안에서 사고한다. 똑같은 게임이라도 그 이름에 '시장'을 집어넣으면 사람들은 더 이기적으로 행동한다. 시장을 둘러싼 제도들은 이기적 인간을 상정하고 있으며 따라서 이기적인 인간이 더 유리하도록 설계되어 있다. 이런 환경에서 협동하는 인간은 바보 취급당하기 십상이다. 따라서 '협동의 경제학'은 사회적 경제나 공공경제에 더 잘 들어맞을 것이다.

무엇보다도 행동경제학의 "인간은 이기적이지 않다.", "인간의 인식에는 한계가 있다."는 명제들은 대안적 사회를 건설하는 과정에서 중요하게 여겨야 할 지점이다. 특히 인간의 사고와 행동에 영향을 주는 제도나 정책을 만드는 과정에서 이 같은 측면은 반드시 그리고 충분히 반영되어야 한다.

3장

시장실패는
숙명이다

보이지 않는 손과 시장의 효율성

　인간이 이기적이라는 경제학의 핵심 가정이 절대적으로 옳은 것이 아니라는 점은 충분히 확인되었을 것이다. 그렇다면 시장이 효율적이라는 주장은 어떨까?
　시장경제는 단 하나의 그림으로 모든 것을 설명한다. 바로 수요곡선과 공급곡선이 만나는 그림이다. 수요곡선은 각각의 가격에서 수요자, 즉 소비자들이 얼마만큼 재화를 구매하고자 하는지를 나타낸다. 공급곡선은 각각의 가격에서 공급자, 즉 생산자들이 얼마만큼 재화를 판매하고자 하는지를 나타낸다. 수요곡선은 우하향하고, 공급곡선은 우상향한다. 왜 그러한지는 직관적으로 이해할 수 있다. 값이 비싸지면 소비자는 덜 사려고 하므로 수요곡선은 우하향하고, 반대로 생산자는 더 팔려고 하므로 공급곡선은 우상

향한다.

　예를 들어 사과 시장이 있다고 하자. 사과 가격이 매우 비쌀 경우를 생각해보자. 사과 하나에 1만 원일 경우 사과를 팔려는 사람은 많지만 사려고 하는 사람은 적을 것이다. 그러면 사과가 남아돌게 되고 사과의 가격은 떨어진다. 반대로 사과 가격이 매우 쌀 경우를 생각해보자. 사과 하나에 100원일 경우 사과를 사려는 사람은 많지만 팔려고 하는 사람은 적을 것이다. 그러면 사과는 부족하게 되고 사과의 가격은 오른다. 이런 식으로 가격에 따라 수요량과 공급량이 변화하면서 수요량과 공급량이 딱 맞아떨어지는 균형점을 찾아가게 된다.

　두 곡선이 만나는 곳, 즉 수요와 공급이 맞아 떨어지는 곳을 시장균형점이라 한다. 이때의 가격을 균형가격이라 한다. 그리고 모든 재화가 시장에서 이와 같이 균형 상태에 있는 것을 일반균형이라고 한다. 수요곡선은 소비자의 효용이 극대화되는 점을 모아 놓은 것이며, 공급곡선은 생산자의 이윤이 극대화되는 점을 모아 놓은 것이다. 따라서 이 둘이 만나는 점은 소비자와 생산자가 모두 자신의 이익을 극대화하는 점이 된다. 수요곡선은 사과를 샀을 때 그 사과가 나, 또는 가족에게 줄 만족감과 가격을 비교한 점들의 집합이다. 한편 공급곡선은 기업가가 오로지 이익을 보기 위해 사고한 결과다. 즉, 모두 이기적으로 행동한 결과이므로 "모든 이가 자기 이익을 추구할 때 사회적으로 바람직한 상태에 도달한다."고 말한 애덤 스미스의 직관을 잘 보여주는 설명이다.

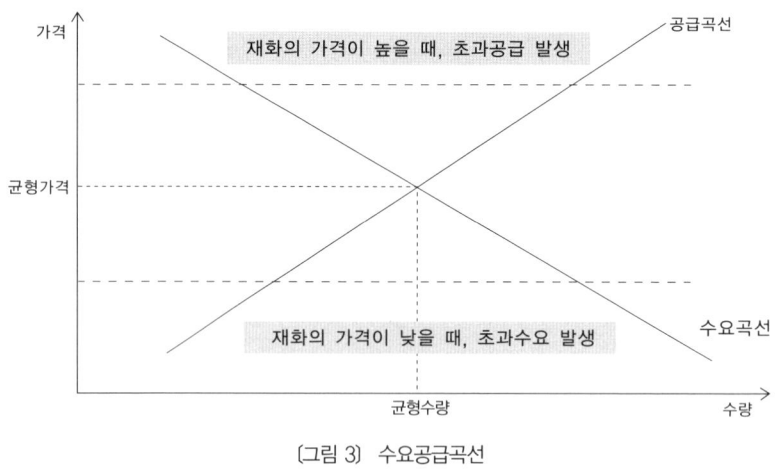

〔그림 3〕 수요공급곡선

　누가 나서서 수요량과 공급량을 조정하지 않아도 저마다 자신의 효용과 이익을 추구하면, 가격 변동에 의해서 적정량이 정해지고, 그 점에서 사회 전체의 효용이 극대화된다는 것이다. 이것이 시장이 가장 효율적이라고 주장하는 근거다. 그리고 이를 표현한 말이 바로 애덤 스미스의 '보이지 않는 손'이다.

　"개인들은 자신의 이득을 위해서 그렇게 하는데, 이들의 행동은 보이지 않는 손에 인도되어 그의 의도와는 상관없이 공공의 이익에 봉사하게 된다. 이들이 행동할 때 공공의 이익을 고려하지 않았다고 해서 사회에 항상 해가 되는 것은 아니다. 자신의 이익을 추구함으로써 그가 공공의 이익을 의식적으로 추구했을 때보다 더 효과적으로 사회의 이익 증진에 기여하게 된다." – 애덤 스미스,《국부론》

가격이 그리도 중요한가?

경제학이 사회현상에 관해 새롭게 조명한 것이 있다면 그것은 가격의 발견이다. 위 (그림 3)에서 보듯이 경쟁시장에서는 가격이 수량을 결정한다. 즉, 가격이 독립변수의 역할을 하는데 묘하게도 가격을 Y축에 설정해 놓아서 학생들을 어리둥절하게 만든다. 알프레드 마샬Alfred Marshall이 그렇게 그렸기 때문이라는데 그런 이상한 습관을 계속 지키는 것도 그리 이해하기 쉬운 일은 아니다. 어쨌든 경제학자들은 이 단순한 그림을 통해서만 세상을 바라본다.

그런데 우리 삶에서 가격이 그렇게도 중요할까? 학생들에게 무엇이 자신의 소비를 결정하는 데 결정적으로 중요한지 물으면 대부분 돈, 즉 소득이라고 말한다. 실로 그렇다. 가격은 그냥 주어져 있는 것이고 무엇을 살 것인가는 내가 지니고 있는 돈일 경우가 많다. 그렇다면 Y축에 가격 대신 소득을 넣으면 어떨까? 아무런 문제없이 수요곡선과 공급곡선을 도출할 수 있다는 것을 사실은 금방 알 수 있다. 놀라지 마시라. 그 소득에 따른 수요공급곡선을 국민경제 차원에서 생각하면 그것이 곧 케인스 단순모형이다.((그림 4)을 참조하라.)

경제학자들은 종종 가격 시스템 바깥에서 일어나는 일(이것이 외부성의 정의다.)을 시장 안으로 끌어들여서 해결하려고 한다(내부화). 최근까지 경제의 주체인 기업도 경제학자의 머릿속에서는 생산함수로, 즉 기술로 존재했을 뿐이다. 경제학이 생긴 지 200년이 지날 때까지 기업은 그저 '암흑 상자'였다. 1930년이 되어서야 한 경제학도가 "기업은 왜 존재하는가?"라는 질문을 한다. 그 젊은이는 바로 맨 눈으로 세상을 바라봄으로써 기업이론과 사회적 비용이론을 개발한 로널드 코즈Ronald

H. Coase이다. 기업 내부를 들여다 본 최초의 경제학자는 불세출의 천재, 칼 마르크스Karl Marx였지만….

[그림 4] 소득을 중심으로 한 케인스의 국민소득 단순모형

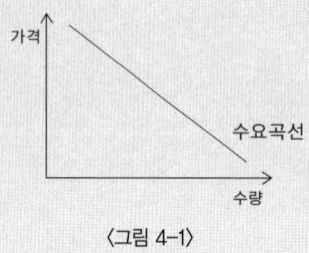

〈그림 4-1〉

그림은 미시경제학에서 사용되는 수요곡선으로 가격이 y축에 놓여 있다. 가격이 증가하면 수요는 감소하는 것을 보여준다.

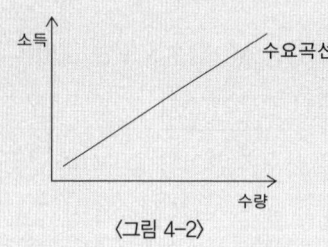

〈그림 4-2〉

그림은 가격 대신 소득을 y축에 놓고 그린 수요곡선이다. 소득이 증가하면 수요도 증가하는 것을 보여준다.

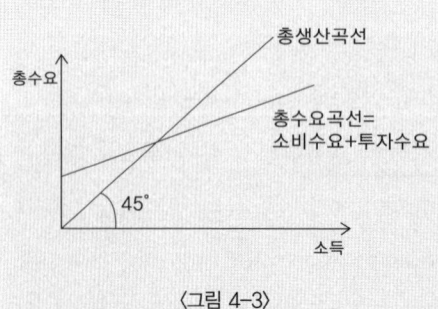

〈그림 4-3〉

그림은 케인스의 단순모형으로 그림 [4-2]의 x축과 y축을 바꾼 후 전체 국민경제에 관해 그린 것이다. 총수요는 소득에 비례하여 결정된다. 총생산은 45° 선으로 그려지는데, 결국 총수요만큼 총생산이 일어난다고 보기 때문이다. 총수요와 총생산이 만나는 점에서 균형이 이루어지고 한 국가의 국민소득이 결정된다. 즉, 케인스의 모형에서는 모든 변수의 기본 요인으로 소득이 작동하고 있음을 알 수 있다.

'경쟁의 종말'과 '선택의 자유'

　시장경제를 움직이는 핵심적인 인간 행위는 경쟁이다. 찰스 다윈Charles Robert Darwin에 따르면 생물의 삶 자체가 '생존경쟁'이니 어쩌면 시장은 인간의 본성을 반영한 것인지도 모른다. 그렇다 해도 인류의 경쟁은, 특히 자본주의 사회의 경쟁은 유별나다. 생산에 관한 모든 그래프, 예컨대 인구의 숫자라든가 1인당 섭취하는 칼로리, 에너지 소비량 등은 인류 역사 대부분 기간에 거의 수평선을 그리다가 16세기에서 18세기 사이에 한결같이 수직 상승한다. 이런 경이로운 발전에 관한 극찬을 가장 많이 담은 책 한 권을 고른다면 마르크스의 《자본Das Kapital》 1권이 꼽힐 것이다.

　경쟁은 인간의 물질적 삶을 풍요로 이끌었다. 그러나 언제나 경쟁이 괜찮은 결과를 낳는 것은 아니다. 최근 번역된 《경쟁의 종말The Darwin Economy》에서 코넬 대학의 로버트 프랭크Robert H. Frank 교수는 사회 전체의 파멸을 불러오는 경쟁에 관해 얘기하고 있다. 예컨대 화려하고 큰 수컷 공작의 꼬리, 수컷 코끼리물범의 엄청난 체중, 수컷 말코손바닥사슴의 큰 뿔이 그러하다. 이런 육체의 진화는 생산력 높은 암컷을 차지하는 데 결정적으로 중요하다. 하지만 그 진화 경쟁의 결과, 종 전체가 사자와 같은 맹수에게 잡아먹히기 딱 좋아졌다. 경쟁의 결과가 멸종에 이르는 것이다.

　이런 종류의 경쟁이란 아주 거칠게 요약하자면 정해진 끝이 있을 수 없는 상대적 지위 경쟁, 그리고 그 결과(등수)에 따라 보상의 차이가 어마어마한 경쟁이다. 우리 아이들이 지금 치르는 경쟁이 딱 그렇지 않은가? 아이들은 우리 때에 비해 훨씬 더 많은 시간을, 훨씬 많은 스트레스

속에서 옆자리 아이와 경쟁하고 있다. 그 결과는 아이들의 창의력 고갈, 교육에 의한 세습 귀족의 탄생, 그리고 출산율 저하다. 한국 사회의 퇴보가 불을 보듯 뻔하다. 현재 확인된 상대적 지위 경쟁은 비효율의 원천이고 뒤에서 보듯이 공공성과 환경에 치명적인 문제를 초래한다.

우리 사회에서는 학벌과 직업에 따라 삶이 천양지차로 갈린다. 사회의 불평등이, 보통 사람은 질 수밖에 없는 경쟁을 아이들에게 강요한다. 그 경쟁의 결과는 절망의 구렁텅이다. 아이들이 맞닥뜨릴 각종 함정 역시 우리 세대의 잘못된 경쟁이 만들어 놓았다. 평생 저금만 해도 살 수 없을 만큼 높아진 집값, 청년들이 한없이 취직 준비만 하도록 만드는 직업의 양극화 역시 바로 지난 20년 동안 우리가 죽도록 경쟁한 결과가 아닌가?

만일 교과서 말씀대로 직업의 귀천이 없다면, 나아가서 자신이 어떻게 태어나든 삶에 별 차이가 없다면 왜 이런 바보 같은 경쟁을 하는 것인가? 자기가 하고 싶은 공부, 자신이 하고 싶은 일을 하는 사회는 불가능한 것이 아니다. 무슨 공부를 하든, 무슨 일을 하든 물질적 보수와 사회적 인정을 합해서 큰 차이가 없는 사회를 만들면 된다. 즉, 일자리가 평등하다면 자기가 좋아하고 잘하는 직업을 선택하면 된다. 밀턴 프리드먼은 시장원리인 '선택의 자유'를 정치에도 적용해야 한다고 주장했다. 하지만 그런 선택의 자유는 오히려 평등한 나라에 더 많다. 북유럽 나라들은 현실에서 이 명제를 실증하고 있다.

시장의 실패

하지만 시장이 언제나, 어디서나 이렇게 조화로운 '화엄'의 세계를 만들어내는 것은 아니다. 시장에서 항상 균형이 달성된다는 것은 주류경제학이 만들어낸 일종의 신념 또는 유토피아적 그림이다. 현실에서는 그렇지 않은 경우가 당연히 많이 발생한다. 이른바 시장실패. 경제학자들도 시장이 해결하지 못하는 일이 있다는 것을 인정한다. 시장이 실패하는 이유는 공공재, 외부경제, 독점, 정보의 불완전성 등의 현실 때문이다.

사례 1 : 공공재

첫 번째, 공공재 문제는 시장에서 해결할 수 없다. 공공재란 비경합성과 비배제성을 갖고 있는 재화다. 경합성이란 한 사람이 소비하면 다른 사람의 몫이 그만큼 줄어드는 성질을 말한다. 따라서 비경합성이란 한 사람이 사용해도 다른 사람의 몫이 줄어들지 않는 성질을 뜻한다. 배제성이란 특정 사람의 접근이나 사용을 배제할 수 있다는 것이다. 따라서 비배제성이란 특정 사람을 배제시킬 수 없으므로 결국 모두가 해당 재화를 이용할 수 있다는 것을 의미한다. 비경합성과 비배제성은 같은 현상을 묘사하는데 비경합성이 수요 입장에서 생각하는 것이라면, 비배제성은 공급 입장에서 바라보는 것이다.

공중파 방송이나 국방은 대표적인 공공재다. 공중파 방송은 내가 시청한다고 해서 다른 사람이 시청할 수 없는 것은 아니므로 비경합적이다. 또한 이미 공중파 방송이 송출됐는데 특정한 사람들만 시청을 못하도록 막을 수 없으므로 비배제적이다. 국방도 그렇다. 내가 국방 서비스를 누리고 있다고 해서 다른 사람이 누리는 몫이 줄어드는 것은 아니므로 비경합적이다. 또한 국민 중 일부만을 배제하고 국방 서비스를 제공할 수 있는 것은 아니므로 비배제적이다.

그러나 이기적인 사람들로 구성된 시장에서는 공공재가 공급되지 않는다. 공급자 입장에서 돈을 벌기 위해서는 돈을 낸 사람과 내지 않은 사람을 차별할 수 있어야 하기 때문이다. 한편 돈을 낸 사람과 내지 않은 사람이 똑같이 그 재화를 소비할 수 있다면 수요자 입장에서는 돈을 낼 이유가 없다.

예를 하나 들어보자. 어느 마을에서 가로등을 세우려고 한다. 이때 총비용이 1,000원이고, 이 마을에 10명이 산다면 가장 간단한 방법은 10명이 각각 100원씩 내는 것이다. 하지만 시장경제의 원리에 따르면 가로등을 더 많이 필요로 하는 사람이 더 많은 비용을 지불하는 것이 효율적이다. 예컨대 밤늦게까지 일해야 하는 사람이나 야맹증인 사람이나 그리고 남성보다는 여성일 경우 가로등의 필요성이 커질 것이고, 이들은 그만큼 더 높은 비용을 부담해야 하는 것이 합리적일 것이다. 바로 경제학자들의 사고방식이다.

그런데 일단 가로등이 세워지기만 하면, 내가 가로등 불빛을 이용한다고 해서 다른 사람이 이용 못하는 것도 아니고, 비용을 안 냈다고 해서 내가 지나다닐 때만 가로등을 끌 수 있는 것도 아니다. 즉, 가로등은 비경합성과 비배제성을 가진 공공재다. 때문에 경제학자들의 주장대로 마을 사람들이 이기적이라면, 아무도 비용을 내려고 하지 않을 것이고 결국 가로등은 세워지지 않을 것이다.

실제로 사람들이 얼마나 가로등을 필요로 하는지 알기 위해 '①나는 가로등이 필요 없다 ②중간이다 ③꼭 필요하다' 중 하나를 고르는 설문지를 돌려서 그 결과에 따라 내야 할 돈을 매긴다면 어떤 결과가 나올까? 아마도 이기적인 사람이라면 '①필요 없다'를 고를 것이다. 무임승차자free rider 문제가 발생하는 것이다. 이처럼 공공재의 경우 모두가 자신의 이익을 추구하면 시장이 알아서 해결해준다는 시장경제 원리가 적용되지 않는다. 공공재의 경우 일반적으로 국가가 책임지는 것이 바람직하다.[17]

사례 2 : 외부성

두 번째, 외부성이 발생한다. 여기서 외부란 시장의 바깥을 말한다. 즉, 시장 바깥에서 일어나는 모든 일은 외부성에 해당한다. 시장을 벗어난 행위는 가격에 반영되지 못하므로 균형에 이를 수 없다. 외부성의 이러한 결과를 두고 사적 편익과 사회적 편익이 불일치하거나 사적 비용과 사회적 비용이 불일치한다고 표현한다.

외부성에는 외부선과 외부악이 있다. 학자에 따라서 각각 외부경제와 외부불경제라고 부르기도 한다. 외부선은 사적 편익보다 사회적 편익이 커서, 타인에게 이득을 주는 방향으로 외부성이 나타나는 경우다. 대부분의 사람들이 사과꽃 향기를 좋아할 것이라는 가정 하에서 다음과 같은 예를 들 수 있다.

사과를 재배하는 과수원 옆에서는 사과꽃향기가 나고, 덕분에 그 마을 사람들은 기분이 좋아진다. 사과꽃향기가 마을 사람들에게 이익을 주지만 그렇다고 과수원 주인이 그에 대한 대가를 받지는 않는다. 과수원 주인이 얻는 편익보다 마을의 편익이 더 큰 경우다. 만약 사과꽃향기를 맡고 기분이 좋아진 마을 사람들이 과수원 주인에게 고맙다며 요금을 지불한다면 어떨까? 아마 과수원 주인은 더 많은 사과나무를 심고 가꿀 것이다. 하지만 그렇지 않기 때문에 과수원 주인은 굳이 더 많은 사과나무를 심을 필요가 없다.

즉, 사과꽃향기는 사회적으로 바람직한 양보다 적게 생산된다. 세상만사가 그런 것일까? 언제나 좋은 건 과소 생산되기 마련이다. 지식은 가장 중요한 공공선이다. 우리가 사용하는 수많은 지식 중 무료로 사용하는 것이 그 얼마나 많은가? 우리는 알게 모르게 피타고라스의 정리를 사용하지만 돈을 내지는 않는다. 가난한 천재는 먹고 살기 위해서 이런 일반적 지식을 생산할 시간을 줄일 수밖에 없다. 역시 좋은 것은 과소 생산된다.

외부악은 사적 비용보다 사회적 비용이 커서, 타인에게 피해를 주는 것을 말한다. 공해 물질을 배출하는 볼펜 공장을 예로 들 수 있다. 공해 물질은 다른 사람들에게 해를 끼치지만 그 비용이 볼펜 가격에 포함되지 않는다. 만약 공해 물질이 미치는 해악을 볼펜 가격에 반영한다면 볼펜 가격은 상승할 것이고 볼펜 생산량은 줄어들 것이다. 하지만 그렇지 않기 때문에 사회적으로 바람직한 양보다 많이 생산된다. 즉, 사회적 비용이 사적 비용보다 크다.

이 문제에 대한 해결책을 제시한 사람이 아더 세실 피구Arthur Cecil Pigou다. 피구는 외부악에 대해서 세금을 물리고, 외부선에 대해서는 보조금을 주는 방안을 제시했다. 외부악에 세금을 물리면 생산비용이 늘어나니 공급곡선이 위로 올라갈 것이고 이에 따라 가격은 올라가고 공급량은 줄어들 것이다. 이를 피구세Pigou Tax라 한다. 외부선에 보조금을 주면 생산비용이 줄어드니 공급곡선이 아래로 이동해서 가격은 떨어지고 공급량은 늘어날 것이다.

한편 로널드 코즈는 개인의 사적 비용과 사회적 비용을 비교하는 방식에 의문을 제기했다. 조지 스티글러는 코즈의 얘기를 단순화시켜 이를 '코즈의 정리Coase Theorem'라 불렀다. 개인 간의 거래 비용이 없다면 정부가 세금이나 보조금의 형태로 개입하지 않아도 외부성을 해결할 수 있다는 것이다. 외부악으로 피해를 입는 사람과 외부악을 발생시키는 사람이 서로의 권리를 교환하는 것이다. 이는 외부악을 발생시킬 수 있는 권리를 판매하는 방식으로 나타난다.

예를 들어 이웃집에 사는 사람이 매일 밤 시끄럽게 노래를 불러서 괴롭다고 하자. 이때 코즈는 내가 이웃 사람의 노래를 들어서 발생하는 불쾌감이 얼마인지를 물어본다. 나는 1,000원이라고 답했고, 이는 이웃 사람의 노래를 듣지 않기 위해서는 1,000원을 지불할 용의가 있음을 뜻한다. 그리고 이웃 사람에게는 노래를 불러서 얻는 쾌감이 얼마인지를 물어본다. 이웃 사람이 900원이라고 답했다고 하자. 다시 말해 이웃 사람은 900원만 받으면 부르지 않을 용의가 있다는 뜻이다. 그러면 내가 이웃 사람에게 900원을 주고 그의 노래 부를 권리를 구입하면 모든 문제가 해결된다. 나는 1,000원까지도 낼 용의가 있었으나 900원만 내고 조용한 저녁을 보낼 수 있게 되었고, 이웃 사람은 노래 부르는 것을 참거나 혹은 다른 곳에 가서 노래를 부르는 대신 900원을 받았다. 하지만 기업이론과 사회적 비용이론을 개발한 공로로 노벨 경제학상을 탄 코즈는 "적절한 제도가 없이는 어떤 시장경제도 불가능하다."며 정작 자신은 코즈의 정리를 탐탁지 않게 여겼다.[18]

손해를 끼친 사람에게 오히려 돈을 주다니 일견 대단히 비합리적으로 보일 것이다. 그렇다면 이건 어떤가? 정부가 두 사람에게 노래 부를 권리를 500원어치씩 부여한다. 이제 노래 부르고 싶은 사람은 나에게 400원어치의 권리를 사면된다. 나는 노래를 참아서 400원을 벌고, 그는 400원 내고 노래를 부를 수 있다. 그럴 듯해 보이는가?

환경오염, 특히 지구온난화라는 외부악을 방지하기 위해 도입된 탄소배출권 총량거래제도 cap and trade가 바로 이 원리에 기반을 둔 것이다. 1997년 체결된 교토의정서에 의하면 관련 의무 당사국들은 1990년을 기준으로 2008년에서 2012년까지 이산화탄소 배출량을 평균 5퍼센트 감축해야 한다. 감축 할당량을 초과해서 달성한 국가는 그만큼을 다른 국가에 판매할 수 있다.

일정량의 이산화탄소를 배출할 권리를 각 국가에 정해주었는데, 이산화탄소를 감축해서 그 권리가 필요 없어진 나라들은 그것을 판매할 수 있는 것이다. 지구가 감당할 수 있는 이산화탄소의 총량을 계산한 뒤 각 나라들에 분배하고, 나머지는 시장이 알아서 하도록 하는 것이다. 하지만 최초에 배출권을 어떻게 분배하는 게 공정할까? 이 문제를 해결하지 못해 교토의정서는 무력화되고 있다. 또한 탄소배출권 시장 역시 뒤에 살펴볼 '시장의 근본적 한계'를 안고 있다. 인류의 멸종 여부를 시장에만 맡기는 것은 썩 좋은 아이디어가 아니다. 탄소세라는 더 직접적이고 간단한 방법을 함께 시행하는 편이 훨씬 더 안전할 것이다.

사례 3 : 독점

세 번째, 독점이 있다. 독점은 특정 재화의 공급자가 혼자고 대체제가 없는 경우다. 이 경우 공급자는 균형 생산량보다 더 적게 생산해서 더 비싸게 판매함으로써 이윤을 늘릴 수 있다. 독점의 이런 힘을 시장 지배력이라 한다. 그 결과 전체 사회의 자원 배분은 효율적인 균형 상태에 도달하지 못한다. 시장은 완전경쟁시장일 때 효율적이다. 완전경쟁시장이란 수많은 공급자와 수요자가 있어서 그 누구도 가격을 결정하지 못하며, 모든 정보가 가격을 통해 반영되는 상태를 말한다. 하지만 독점이 되면 공급자가 가격을 조절할 수 있게 된다.

경제학에서 기업은 이윤 극대화를 추구하며, 그러기 위해서는 한계수입MR ; Marginal Revenue과 한계비용MC ; Marginal Cost이 일치하는 지점에서 생산량을 결정한다. 한계수입은 상품을 하나 더 생산할 때 추가로 발생하는 수입이고, 한계비용은 상품을 하나 더 생산할 때 추가로 발생하는 비용이다. 상품을 하나 더 생산할지 말지 결정할 때, 추가로 발생하는 수입과 비용을 비교해서 생산한다는 뜻이다. 만약 추가 수입이 추가 비용보다 더 크면 하나 더 생산하는 편이 이득일 것이고, 추가 비용이 추가 수입보다 더 크면 생산을 줄이는 편이 이득일 것이다. 그러면 결국 추가 수입과 추가 비용이 일치할 때 생산을 멈추게 된다.[19]

완전경쟁시장에서 한계수입은 가격과 일치한다. 완전경쟁시장에서는 특정 공급자나 소비자가 가격을 조정할 수 없고, 시장가격이 이미 고정되어 있다. 예를 들어 사과 하나의 가격이 1,000원으로 시장에서 결정되어 있다면, 기업은 그 가격을 받아들일 수밖에 없으므로 기업의 한계수입 역시 1,000원이 되는 것이다. 따라서 완전경쟁시장에서는 한계수입과 한계비용, 그리고 가격이 모두 일치한다.

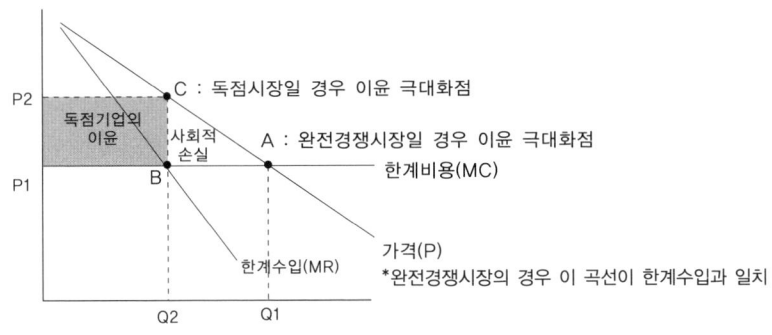

〔그림 5〕 독점기업의 생산량과 가격 결정

독점시장에서도 기업은 이윤 극대화를 추구하고, 그때의 조건 역시 한계수입과 한계비용을 일치시키는 것이다. 여기까지는 완전경쟁시장과 같다. 하지만 독점기업은(평균비용곡선이 우하향하는 부분에서) 생산량을 조절해서 가격을 설정할 수 있다. 독점기업이 설정하는 가격은 한계비용보다 더 높다. 그림에서 독점기업이 한계수입과 한계비용이 만나는 점(B)에서 생산량(Q2)을 결정하고 그 공급량에 맞춰 수요곡선에서 독점가격(P2)을 찾게 된다.

경쟁기업에게 수요곡선은 균형가격에서 그려진 수평선으로 나타난다. 얼마를 생산하든 시장에 이미 성립된 가격에 파는 것이다. 하지만 독점기업은 수요곡선을 파악할 수 있으며(생산량을 조절할 때마다 형성되는 가격을 이으면 수요곡선이 될 것이다) 따라서 얼마 정도 생산할 때 가장 높은 이윤을 얻을 수 있는지 계산해 낼 수 있다. 따라서 독점가격은 언제나 한계비용보다 높다.

상식적으로 생각해도 독점가격은 경쟁가격보다 높을 것이고 생산량은 적을 것이다.

독점의 대표적 사례로 경제학 교과서에 실리는 것이 다이아몬드다. 다이아몬드와 동의어로 쓰일 정도로 대표적인 다이아몬드 생산업체인 드 비어스De Beers는 1800년대부터 세계의 다이아몬드 광산 대부분을 소유해 온 독점기업이다. 다이아몬드가 귀해진 주된 이유 중 하나는 드 비어스가 생산량을 조정했기 때문이다.[20]

이 외에 실제 우리 생활에 사용되는 재화의 대부분은 독점까지는 아니어도 과점 체제 아래서 생산되고 있다. TV와 냉장고 같은 가전제품과 자동차, 정유, 휴대폰 등은 서너 군데 기업에서 생산하는 경우가 대부분이다. 가전제품 시장은 90퍼센트 이상이 삼성과 엘지에 의해 양분되어 있다. 자동차 시장은 현대기아차가 75퍼센트 이상을, 휴대폰 시장은 삼성이 50퍼센트 이상을 차지하고 있다. 정유사의 주유소 점유 비율도 에스케이, 지에스, 현대오일뱅크, 에스오일 4개 기업이 95퍼센트를 차지한다. 이런 상황에서 현대기아차가 자동차 가격을 올리면 소비자는 비용을 그대로 감수할 수밖에 없다. 다른 선택지가 없기 때문이다. 4개 정유사가 담합하여 기름 값을 올려도 소비자는 그대로 부담할 수밖에 없다. 최근 우리 사회에서 제기되고 있는 경제민주화 요구는 이처럼 경제 곳곳에서 일부 대기업이 차지하는 비중이 과도하게 높아지고 있는 상황에 대한 비판적 문제 제기라는 측면이 크다.[21]

사례 4 : 정보 불완전성

네 번째, 정보의 불완전성이다. 완전경쟁시장은 모든 사람에게 완전한 정보가 제공된다고 가정한다. 썩은 사과를 속여서 좋은 사과처럼 팔 수 없고, 시장에서 1,000원에 팔리는 사과를 2,000원에 속여서 팔 수 없다는 것이다.

왜냐하면 모든 사람들이 사과의 상태나 사과의 시장가격에 대해서 완벽하게 알고 있기 때문이다. 하지만 현실은 그렇지 않다. 현실에서는 완벽한 정보를 갖는 것이 불가능하다. 때로는 정보의 유무가 권력이 되기도 한다. 이러한 현실적 한계에서 출발하여 정보의 경제적 의미에 대해 다룬 학문이 정보경제학인데 애컬로프George Akerlof와 스티글리츠가 대표적 학자다. 이들은 2001년 노벨 경제학상을 공동 수상했다.

정보가 불완전한 경우 역선택과 도덕적 해이라는 두 가지 문제가 발생한다. 이에 관해서는 애컬로프가 발표한 〈레몬 시장Market for Lemons〉이라는 논문[22])이 많이 인용된다. 애컬로프는 중고차 시장을 분석하면서 질이 좋은 중고차를 살구에, 질이 나쁜 중고차를 레몬에 비유했다. 이 시장에는 자신이 타던 중고차를 팔려는 사람과 중고차를 사려는 사람이 존재한다. 이때 팔려는 사람은 사려는 사람보다 중고차에 대해서 더 많은 정보를 가지고 있다. 이를 정보의 비대칭성이라 한다.

이 상황에서 중고차의 시장가격이 400만 원으로 형성되었다고 가정하자. 400만 원보다 더 높은 품질을 가진 중고차를 보유했다고 판단하는 사람들은 차를 판매하지 않으려고 할 것이다. 그러면 전체 중고차의 품질은 낮아지고, 가격은 400만 원보다 낮아질 것이다. 이번에는 자신의 중고차의 가치가 400만 원이라고 생각했던 사람들도 시장을 떠날 것이다. 이런 일이 반복된다면 결국 폐차 직전의 중고차만이 남을 것이고, 중고차를 사러 오는 사람은 줄어들 것이다. 이처럼 정보의 비대칭으로 사전에 비정상적인 선택이 일어나는 것을 역선택이라 한다. 이 같은 정보 비대칭을 해소하고자 실제 중고차 시장에서는 매매 시 성능 점검 기록부를 의무적으로 제시하도록 되어 있다. 자동차의 상태에 대해서 소비자에게 조금이라도 객관적인 정보를 제공하기 위한 수단이다. 또한 중개업소별로 차량 구입 후 최소 6개월 이내의 기간에 발생하는 차량의 고장에 대해 전액 실비로 보상하거나 차를 다시 판매 가격에 구입해주는 등의 품질보증 제도를 마련하고 있다.[23]

도덕적 해이는 원래 보험시장에서 사용하던 용어다. 자동차 보험에 가입한 사람은 사고가 나도 보험금을 받을 수 있다는 생각에 운전을 부주의하게 할 수 있다는 것이다. 따라서 보험회사 입장에서는 이런 사람과는 보험 계약을 하고 싶지 않다. 실제로 그가 어떤 사람인지 보험회사는 잘 모른다. 계약 이후의 기회주의적 행동을 도덕적 해이라고 부르고[24] 계약 이전의 기회주의는 앞에서 본대로 역선택이라고 부른다. 보험회사와 보험 가입자 사이에 정보의 비대칭성이 존재하기 때문에 시장이 적절하게 작동하지 않는 것이다.

문제는 정보의 비대칭성 문제가 가장 많이 드러나는 시장이 노동시장, 금융시장과 같이 거시경제의 핵심 시장이라는 데 있다. 기업가는 지금 구직에 응모한 노동자가 얼마나 일을 잘 할지 모른다. 금융시장에서는 더 심각한 일이 벌어지는데 충분한 담보를 제공하지 못하는 기업, 즉 가난한 기업이나 신생 기업이 더 높은 이자를 부담해야 하는 신용할당 현상이 그것이다.[25]

효율적 시장도 해결할 수 없는 문제들

지금까지 시장이 언제나 효율적이지만은 않다는 것을 확인해보았다. 마지막으로 가장 강조하고 싶은 것은 '시장의 근본적 한계들'이다. 우선 시장에서 돈 없는 사람들의 필요needs는 실현될 수 없다는 사실이다. 사과 시장의 수요공급곡선을 생각해보자. 사과값이 아무리 높아도 수요는 존재한다. 이 사람들은 사과를 굉장히 좋아하거나 혹은 돈이 매우 많은 사람들이다.

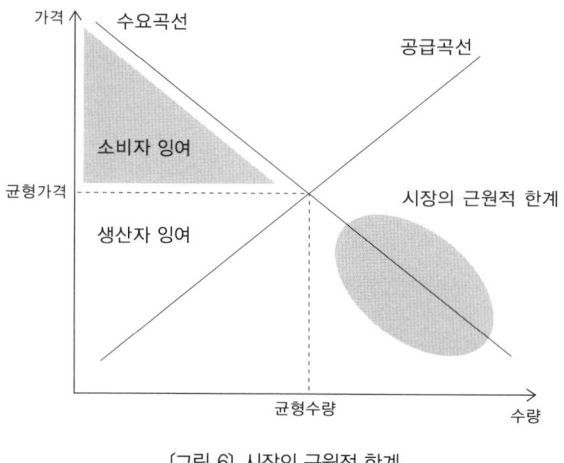

〔그림 6〕 시장의 근원적 한계

　반대로 사과를 사지 못하는 사람들, 즉 수요곡선에서 균형가격 아래, 위 그림에서 타원형 부분은 어떤 사람들의 수요일까?26) 사과를 싫어하거나 혹은 돈이 없어서 사과를 사먹을 수 없는 사람들이다. 시장이 효율적으로 작동되어 경쟁균형이 성립한다고 하더라도 그 값을 치를 수 없는 사람들은 사과를 공급받을 수 없다.

　만약 이것이 사과가 아니라 식량이라면, 의약품이라면 어떤가? 지금 세계에서 식량이 가장 필요한 국가 중 한 곳은 북한이지만 이들은 세계 식량시장의 균형가격을 치를 돈이 없다. 따라서 이들에게 식량은 공급되지 않는다. 에이즈 약이 가장 필요한 곳은 아프리카지만 이들은 돈이 없다. 따라서 이들에게 에이즈 약은 공급되지 않는다. 시장에서 돈이 없는 사람들은 아예 존재 자체를 무시당한다. 이것이 첫 번째로 지적할 수 있는 시장의 근원적 한계다.

　마이크로소프트의 회장이자 빌 앤 멀린다 게이츠 재단Bill & Melinda Gates Foundation을 운영 중인 빌 게이츠Bill Gates는《빌 게이츠의 창조적 자본주의》27)

라는 책에서 이런 '수요'를 '필요needs'라는 개념으로 파악하고 수요와 필요는 같지 않다는 사실에 주목한다. 돈 없는 사람의 필요는 시장이 완벽하게 성공해도, 심지어 전 세계 수천만 개의 시장이 동시에 일반 균형을 이룬다 해도 결코 충족되지 않는다. 그는 이러한 시장의 한계를 자선을 통해서 메워야 한다고 주장한다.

둘째로 왈라스의 경매 모형이 그러하듯 시장은 시행착오를 거쳐서 균형가격을 찾아간다. 그러나 단 한 번의 시행착오라도 사람들의 생명이나 사회의 존속을 위협할 수 있다면 시장을 이용해서는 안 될 것이다. 예컨대 전쟁과 같은 비상 상황이나, 공항의 관제탑 활동 등은 시장원리를 이용하지 않는다. 또한 신약은 엄격한 테스트를 거쳐서 부작용이 없다는 것을 증명해야 하며 그 증거가 충분하지 않을 때에는 예방 우선의 원칙을 적용해야 한다. 시장은 충분한 시간이 흐른 뒤에 어느 신약이 좋을지 판별해 내겠지만(부작용이 많은 약은 안 팔리게 되겠지만) 그 시행착오의 과정에서 수많은 사람이 죽을 수도 있기 때문이다. 이는 두 번째 시장의 근원적 한계다. 첫 번째와 두 번째 한계의 공통점은 생명과 사회의 존속 여부가 걸려 있을 때 시장이 아무리 잘 작동하더라도 거기에 의존하면 안 된다는 사실이다.

세 번째로는 생태 문제를 들 수 있다. 인간의 비합리성 중 근시안은 거의 모든 이에게 해당된다. 생태 문제는 세대를 넘어서는 문제로 그동안 경제학의 대상이 아니었으며 기껏해야 시장을 동원하여 효과적으로 해결할 수 있다고 강변하는 정도였다. 예컨대 기후변화에 대해서 코즈의 사회적 비용이론을 응용한 '배출권 거래 시장'을 제시하는 것이다. 시장의 시야와 세대를 넘어서는 인류의 가치가 서로 일치하지 않는 데서 오는 문제 역시 세 번째로 지적될 시장의 근원적 한계라고 할 수 있을 것이다[28].

거시경제학은 모두 시장실패? 역설의 경제학

외환 위기 직후 한 공익광고에서 개그우먼 이경실 씨는 경제가 어렵다고 무작정 허리띠를 졸라매면 안 된다며 '합리적 소비'를 호소했다. 존 메이너드 케인스John Maynard Keynes가 자신의 유효수요이론을 직관으로 이해할 수 있도록 고안한 '절약의 역설'을 이경실 씨는 케인스보다 더 효과적으로 국민에게 전했다.

경제가 나쁘면 소비를 줄이는 것이 합리적이다. 호황기에 흥청망청 빚을 졌다면 더욱 그렇다. 그러나 모든 사람이 그렇게 행동한다면 아무도 물건을 사지 않게 되고 급기야 공장이 문을 닫을지도 모른다. 노동자들이 직장을 잃는다면 추가로 수요가 줄어들고 상황은 더 나빠진다. 개인이건 기업이건 지극히 합리적 행위를 했는데 나라 전체로 보면 나쁜 결과를 낳을 수 있다는 것이다.

물론 소비를 줄이면 저축이 증가할 것이고 은행이 이 돈을 기업에 대출하면 투자가 늘기 때문에 '절약의 역설'이 항상 성립하는 것은 아니다. 고전파 경제학의 세계에서는 저축이 바로 투자로 연결되도록 이자율이 정확히 조정될 것이므로 이런 일은 일어나지 않는다. 그러나 한 치 앞도 보이지 않을 때는 기업가의 '동물적 본능'도 '조금 기다려보자.'는 쪽을 선택할 것이다. 그래서 어쩔 수 없이 정부가 나서야 한다는 것이 케인스 일반이론의 핵심이다. 사실 지금 같을 때 '합리적 소비'를 호소하는 것은 전혀 합리적이지 않다. (더구나 돈을 빌려서 부동산이나 주식에 '투자'하도록 유도하는 것은 한마디로 미친 짓이다.)

이런 '역설'은 경제 곳곳에 있다. 안개 속 같은 경기라면 기업가들은 일단 비용을 줄이기 위해서 노동자들을 해고한다. 지극히 합리적인 행위다. 그러나 모든 기업이 그렇게 행동한다면 나라는 실업자들로 넘쳐날 것이고 경제성장률은 바닥을 칠 것이다.

물론 고전파 경제학은, 아니 현재의 주류경제학도 실업의 증가는 즉시 임금을 떨어뜨릴 것이므로 다시 고용이 늘어난다고 가르치지만 현실은 그리 녹록치 않다. 한미 FTA가 발효되어 농업이 몰락하면 농민들이 쥐꼬리만 한 월급만 받더라도 즉시 반도체 공장에 취직할 것이므로 한국의 GDP가 장기적으로 6퍼센트나 증가할 것이라는 '계산가능 일반균형모델CGE ; Computable General Equilibrium model'의 오류가 바로 그렇다.

한국의 출산율이 1.13으로 떨어진 것도 합리적 행위의 결과다. 대한민국에서 버젓한 사람이 되려면 이른바 일류 대학을 나와야 하고 그러려면 대부분의 학부모는 아이에게 '과외'를 시켜야 한다. 다행히 대학에 간다 해도 한 학기 500만 원을 감당할 수 없으니 대표 선수 하나만 낳아서 경쟁을 해야 한다. 그러나 우리 모두 그렇게 행동하면 결국 인구가 반으로 줄어들고 1인당 성장률도 형편없이 떨어져서 (일하는 사람보다 부양해야 할 노인이 훨씬 많을 것이므로) 필경 현재 40대부터는 20년 후 국민연금도 못 받게 될 것이다. 현재의 제도를 그냥 놔둔 채, 아니 국제중학교를 만들어 초등학교부터 사교육을 하도록 강요하면서 애를 더 낳으라고 하는 것은 극도로 비합리적인 요구다. 대학을 평준화하고 사교육을 없애면서 보육시설과 서비스를 대폭 늘리면 위의 세 가지 역설이 동시에 해결된다. 개인의 합리적 행위가 전체의 비합리적 결과를 낳는다면 그것은 사회적 딜레마. 거시경제학은 이런 종류의 시장실패를 해결하기 위해 탄생한 것이다. 불행하게도 1960년대의 합리적 기대가설 rational expectation hypothesis[29])은 거시경제학을 시장으로 환원시켰고 그 결과는 2008년 이래의 장기침체다.

4장

개인과 전체의 충돌, 사회적 딜레마

우리는 사회적 딜레마 속에 살고 있다

인간은 이기적이며, 그렇게 행동해도 시장이 서로 충돌하는 이기심을 조화롭게 해결할 수 있다고, 나아가서 그렇게 행동해야 사회가 더욱 발전할 수 있다고 경제학은 주장한다. 즉, 개인의 이익과 사회적 이익을 시장이 일치시켜 준다고 믿는 것이다. 하지만 개인의 이익과 전체의 이익이 일치하지 않는 경우라면? 이를 사회적 딜레마라고 한다. 개인이 이기적으로 행동해서는 절대로 문제를 해결할 수 없는 경우다. 말하자면 주류경제학의 '보이지 않는 손'이 위력을 발휘할 수 없는 상황이다. 그런데 개인과 사회가 충돌하는 일은 인류 역사상 계속해서 발생했던 문제다. 생각해보면 우리 일상의 대부분이 사회적 딜레마로 가득 차 있다. 오히려 개인의 이익과 전체의 이익이 일치되는 경우가 드물다고 해야 할지도 모른다.

요즘은 사회적 딜레마가 대학 논술 문제에도 많이 나온다. 실제 대입 논술에 출제되었던 것으로 중국 고전 《여씨춘추》에 나오는 '석저 이야기'가 있다. 석저는 형나라 소왕 때 치안관이었다. 어느 날 살인 사건을 조사하던 중 범인이 자신의 아버지라는 것을 알게 되었다. 아버지를 체포하는 것은 아들로서 할 일이 못되고, 그렇다고 범인을 놓아준다면 치안관의 역할을 못하고 법을 어기는 것이 된다. 결국 갈등하던 석저는 스스로 목숨을 끊었다.

더 일상적이고 간단한 예를 들어보자면 학교나 회사에서 이루어지는 팀 작업을 생각하면 된다. 팀 단위로 일을 하고, 성과를 내고, 보수를 받는 경우가 많다. 그런데 팀 내에 일을 하지 않고 뺀질거리는 사람이 있다고 해보자. 모두가 열심히 일해서 좋은 성과를 내면 그 사람은 거저 이익을 얻는 셈이다. 그 사람이 밉다고 모두 똑같이 일을 안 하면 그 팀은 망한다. 이 역시 사회적 딜레마다.

사회적 딜레마는 경제학뿐 아니라 정치학, 사회학, 심리학 등 다양한 학문에서 흥미로운 주제로 연구되었다. 사회적 딜레마의 대표적 사례로 죄수의 딜레마, 공유지의 비극, 공공재게임, 집단행동의 문제가 있다.

사회적 딜레마 1 : 죄수의 딜레마

첫 번째, 죄수의 딜레마Prisoner's Dilemma는 아주 유명한 사례다. 두 명의 범인이 잡혀왔는데 물증이 없다. 범인들이 묵비권을 행사하면 6개월 형을 산다. 검사는 자백을 받기 위해 두 범인을 분리시켜놓고 자백하는 사람은 풀어주겠다고 제안한다. 대신에 자백하지 않은 사람은 10년 형을 산다. 만약 두 범인이 모두 자백하면 각각 5년 형을 산다.

A와 B 두 명의 범인이 잡혀왔을 때	
• A와 B 둘 다 자백하지 않으면 → A : 6개월 형,	B : 6개월 형
• A는 자백하고, B는 자백하지 않으면 → A : 석방,	B : 10년 형
• A는 자백하지 않고, B는 자백하면 → A : 10년 형,	B : 석방
• A와 B 둘 다 자백하면 → A : 5년 형,	B : 5년 형

〔그림 7〕 죄수의 딜레마

이 경우 A와 B의 형량을 합한 것을 기준으로 생각하건, 아니면 각각의 형량을 기준으로 생각하건 둘 다 자백하지 않는 것이 가장 이득이다. 하지만 A와 B는 둘 다 자백할 수밖에 없다. 상대방의 자백 여부와 상관없이 내가 자백하는 쪽이 더 이익이기 때문이다. 이에 대해서는 게임이론을 이용하여 뒤에서 더 자세히 살펴볼 것이다.

사회적 딜레마 2 : 공유지의 비극

두 번째, 공유지의 비극Tragedy of the Commons이다. 이는 미국의 생물학자 가렛 하딘Garret Hardin이 1968년 〈사이언스Science〉지에 발표한 짧은 논문[30]의 제목이다. 누구나 자유롭게 양에게 풀을 먹일 수 있는 공유지가 있다. 자신의 이익만을 생각한다면 최대한 많은 양을 오랫동안 먹이는 것이 낫다. 하지만 모든 사람이 이렇게 행동한다면 공유지는 금세 말라붙고 양들은 굶어 죽을 것이다. 즉, 공동체 모두가 사용하는 공유 자원은 소유권이 없어서 과잉 소비되고 고갈된다는 것이다. 이에 대한 하딘의 해법은 국가(리바이어던 : Leviathan), 또는 사유재산화(인클로저 : Enclosure)였다. 국가 또는 시장이라는 익숙한 이분법이 제시된 것이다. 하지만 이 두 해법으로 해결할 수 없는 공유 자원의 비극은 얼마든지 있다.

예컨대 바닷속 물고기는 명백한 공유 자원이지만 모든 나라가 해변과 바다를 일일이 감시할 수도 없으며 더구나 바다에 칸막이를 칠 방법도 없다. 또 과거의 인류는 지금보다 훨씬 많은 공유 자원에 의존해서 살았다. 예컨대 마을 숲에서 땔감을 얻거나 마을을 가로지르는 강을 모두 농업용수로 이용했다. 만일 인류가 하딘이 상정한 대로 행동했다면 거의 모든 공동체는 사멸했을 것이다. 그렇다고 하딘의 해법대로 국가가 관리하거나 숲이나 강을 사유화하지도 않았다. 도대체 인류는 이 딜레마를 어떻게 해결한 것일까? 이 문제에 평생을 매달려 2009년 노벨 경제학상을 거머쥔 사람이 엘리너 오스트롬Elinor Ostrom이다.

현재 단 한 명의 인류도 빠짐없이 걸려 있는 '공유지의 비극'이 기후변화다. 인간이 이기적으로 자기 이익만 추구하여 환경을 고려하지 않고 이산화탄소를 마구 배출한다면 어떻게 될까? 환경이라는 공유 자원은 파괴되고 인류는 머지않아 절멸할 것이다. 과연 해법은 없는 것일까? 생태경제의 과제가 바로 그것이다.

사회적 딜레마 3 : 공공재게임

세 번째, 공공재게임Public Goods Game은 스위스 경제학자 에른스트 페르Ernst Fehr가 1990년대 실시한 재미있는 실험이다. 5명에게 5만 원씩 나눠 주고 공공 계정에 기부하도록 한다. 공공 계정에 기부한 돈은 3배로 커져서 다시 5명에게 고르게 분배된다. 누가 얼마를 기부했는지는 공개하지 않는다.

예를 들어 공공 계정에 10만 원이 모였다면 30만 원으로 커져서 1인당 6만 원씩 돌려받게 된다. 전체의 이익을 극대화하는 방법은 5명 모두 5만 원씩 내서 그 3배에 해당하는 15만 원을 돌려받는 것이다.

이때 나만 돈을 기부하지 않으면 어떻게 될까? 다른 4명이 공공 계정에 5만 원씩 기부하면 총 20만 원, 이 돈은 60만 원이 되고 5명에게 각각 12만 원씩 돌아가게 된다. 그런데 나는 원래 갖고 있던 5만 원을 기부하지 않았으므로 총 17만 원을 얻게 된다. 내 이익을 생각한다면 기부하지 않는 게 합리적이다. 하지만 모든 사람이 이런 식으로 행동한다면 공공 계정에는 한 푼도 모이지 않을 것이다. 그 결과 모두 원래 가지고 있던 5만 원만 챙기게 될 것이다. 이 역시 무임승차의 문제다.

만약 누가 얼마를 냈는지 공개하면 어떻게 될까? 돈을 적게 낸 사람을 응징할 수 있도록 하면 또 어떻게 될까? 행동경제학자들의 실험에 의하면 응

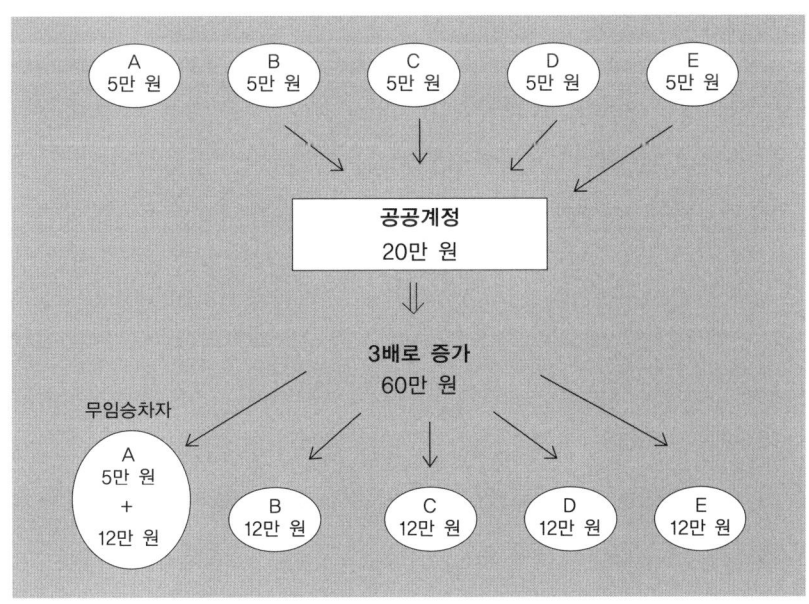

〔그림 8〕 무임승차자가 발생한 공공재게임

징이라는 제도를 도입하자 기부액이 늘어났다. 또 서로 토론을 하게 해도, 심지어 그저 날씨 얘기만 하도록 해도 기부액은 늘어났다. 공공재게임을 여러 가지로 변형시키면 협동을 촉진할 수 있는 방법을 알아낼 수 있다.

사회적 딜레마 4 : 집단행동의 문제

네 번째, 집단행동의 문제는 1965년 경제학자 맨커 올슨Mancur Olson의 《집단행동의 논리The Logic of Collective Action》로 정립되었다. 올슨은 집단의 크기가 클수록 무임승차의 유인이 증대한다고 보았다. 즉, 많은 사람이 관련될수록 문제를 해결하기 어렵다는 것이다. 쉽게 이야기해서 "고장 난 공중전화는 고쳐치기 힘들다." 요즘은 공중전화가 별로 없지만 10년 전만 해도 우리는 공중전화 없이 살 수 없었다. 공중전화가 당신의 돈 100원을 '먹어' 버렸다. 그럼 어떻게 행동하는가? 내가 강연 중에 이 질문을 했을 때 거의 모든 사람은 "때린다."고 대답했다. 그래도 나오지 않으면? "더 세게 때린다." 그래도 묵묵부답이라면? 거의 대부분 "그냥 간다."고 대답한다.

만일 우리가 건전한 시민이라면 구청에 신고했어야 한다. 왜 그러지 않았을까? 모두 "귀찮아서."라고 대답한다. 이를 경제학적으로 표현하면 이렇다. 구청에 신고하는 일은 꽤 힘이 드는 일이지만 내가 다시 그 전화를 사용할 확률은 거의 제로다. 즉, 사적 비용이 사적 이익보다 크기 때문에 신고를 하지 않는 것이다.

또 하나의 예로 투표장에서의 사표 심리를 들 수 있다. 선거에서 내가 지지하는 후보가 당선될 가능성이 별로 없어 보이면 투표하러 가지 않는다. 투표장에 가려면 비용이 들지만 내가 찍은 후보는 당선되지 않을 가능성이 높기 때문이다. 해봐야 안 될 것이라는 심리다. 많은 사람이 이런 식으로 생각해 버리면 그 후보는 진짜로 당선되지 못한다.

이런 심리를 이용할 수도 있다. 실제로 2002년 대선 때 이른바 '조중동'은 노무현 후보가 당선될 가능성이 높아지자 질문을 바꿨다. "당신은 누구를 찍을 생각입니까?"에서 "누가 당선될 것으로 보십니까?"로. 무엇이 바뀐 걸까? 앞의 질문은 내 의사를 묻는 것이고, 뒤 질문은 남의 의사를 물은 것이다. 당시에 지지율의 역전이 일어났지만 여전히 이회창 후보의 '대세론'이 판을 치고 있었다. 즉, 나는 노무현으로 바꿨지만 다른 사람들은 이회창을 찍을 것이라는 답을 유도한 것이다. 이런 질문을 한 이유는 뻔하다. 사표 심리를 조장해서 투표율을 낮추려고 한 것이다.

이처럼 우리 주변에, 그리고 인류 역사에는 수많은 사회적 딜레마가 존재하고 있다. 시대에 따라 변하는 사회정치적 철학과 이념은 사회적 딜레마를 해결하기 위한 방법의 변화를 반영했다. 과거 중세 시대에는 종교 혹은 절대왕정이 지시와 명령을 통해서 사회적 딜레마를 해결했다. 이후 근대에 등장한 철학자 토마스 홉스Thomas Hobbes는 리바이어던이라 부른 국가를 통해서, 데이비드 흄David Hume과 장 자크 루소Jean Jacques Rousseau는 사회계약을 통해서 이를 해결해야 한다고 주장했다. 자본주의 경제학의 아버지로 불리는 애덤 스미스는 시장에서 해결될 수 있다고 보았다. 자본주의 이후를 꿈꿨던 칼 마르크스는 보편 계급, 바로 프롤레타리아가 전체 이익을 대변하므로 사회적 딜레마를 해결할 수 있다고 생각했다.

과연 어떻게 해야 사회적 딜레마를 해결할 수 있을까? 앞에서 본 시장실패는 자본주의 단계의 사회적 딜레마 중 일부라고 할 수 있을 것이다. 앞의 박스에서 본 바대로 케인스의 '절약의 역설', 불황기의 과소 투자, 출산율 저하 역시 사회적 딜레마다. 이렇듯 사회적 딜레마는 우리 사회의 핵심 문제들이다. 인류의 정치사는 사회적 딜레마 해결의 역사라고 할 수 있을지도 모른다. 과연 사회적 딜레마를 해결하는 방법은 무엇일까? 자본주의를 넘어선 새로운 사회의 운영 원리를 찾아내는 일과 사회적 딜레마의 해법이 서로 맞닿아 있을지도 모른다.

5장

사슴사냥게임, 딜레마 탈출의 실마리

게임이론을 이용한 사회적 딜레마게임

사회적 딜레마의 구조를 이해하고 해법을 찾기 위해, 학자들은 게임이론을 동원했다. 그것이 사회적 딜레마게임이다. 게임이론은 복잡한 상황을 단순화시켜 주로 두 사람 간의 전략적 상호작용을 분석하는 이론이다. 전략적 상호작용이란 어떤 상황의 결과가 자신뿐 아니라 상대방의 행동에 의해서도 영향을 받는 상황을 말한다. 여기서 행위자는 자신의 이익을 최대화하고 손실을 최소화하려는 합리적인 행동을 하는 존재로 가정한다.

게임이론은 행위자, 전략, 보수로 구성된다. 행위자는 게임에 임하는 주체를 말한다. 전략은 행위자가 취할 수 있는 가능한 모든 행동을 말한다. 보수는 각 행위자들이 선택한 전략의 결과로 얻는 이득을 수치화한 것이다.

두 사람과 두 전략이 존재하는 2×2 게임에서 사회적 딜레마게임은 3가지

밖에 존재하지 않는다. 죄수의 딜레마Prisoner's Dilemma, 사슴사냥게임Stag Hunt Game, 치킨게임Chicken Game이다. 2×2 게임의 보수를 나열하는 방법은 무수히 많지만 사회적 딜레마의 상황을 담고 있는 게임은 다행히 이 세 가지뿐이다. 따라서 이 세 가지 게임을 잘 이해한다면, 사회적 딜레마 상황의 내용을 이해하고 그 해결의 실마리를 찾을 수 있을지도 모른다.

사회적 딜레마게임 1 : 죄수의 딜레마

죄수의 딜레마부터 살펴보자. 앞서 언급했듯이 두 명의 범인이 잡혀왔는데 물증이 없다. 범인들이 묵비권을 행사하면 6개월 형을 산다. 검사는 자백을 받기 위해 두 범인을 분리시켜놓고 자백하는 사람은 풀어주겠다고 제안한다. 대신에 자백하지 않은 사람은 10년 형을 산다. 만약 두 범인이 모두 자백하면 각각 5년 형을 산다.

이를 게임이론의 요소인 행위자, 전략, 보수로 표현하면 이렇다. 행위자는 두 명의 범인 A와 B다. 전략은 협동cooperation[31]과 배반defect 두 가지가 있고 각각 C와 D로 표시한다. 여기서 협동은 자백하지 않는 것이고, 배반은 자백하는 것이다. 가로축이 A의 전략이며, 세로축이 B의 전략이다. A와 B가 각각 협동 또는 배반이라는 두 가지 전략을 택할 수 있으므로 총 네 가지 결과가 나온다. A와 B 모두 협동하는 경우는 (C, C), A와 B 모두 배반하는 경우는 (D, D), A는 협동하고 B는 배반하는 경우는 (C, D), A는 배반하고 B는 협동하는 경우는 (D, C)로 표현해 보자.

		B	
		C	D
A	C	(3, 3)	(1, 4)
	D	(4, 1)	(2, 2)

[표 1] 죄수의 딜레마

보수는 석방될 경우를 4, 6개월 형을 살 경우를 3, 5년 형을 2, 10년 형을 1이라 하자. 숫자의 절대적 크기는 중요하지 않다. 보수를 보면 A와 B 모두 협동하는 경우는 (3, 3), A와 B 모두 배반하는 경우는 (2, 2), A는 협동하고 B는 배반하는 경우는 (1, 4), A는 배반하고 B는 협동하는 경우는 (4, 1)이다. 먼저 쓴 것이 A의 몫이고, 나중 쓴 것이 B의 몫이다.

이제 A와 B는 어떤 선택을 해야 할까? 먼저 B가 협동할 경우 A의 선택을 생각해보자. 만약 A도 협동하면 서로 입을 다물고 의리(?)를 지킨 덕에 A와 B 모두 6개월만 감옥에서 살다 나오면 된다. 이때 A와 B의 보수는 각각 3이 된다. 반면 A가 배반하여 혼자 자백하면 그 대가로 바로 석방되고 B 혼자 죄를 뒤집어쓰고 10년 형을 살아야 한다. 이때 A의 보수는 4, B의 보수는 1이 된다. 이 두 가지 경우를 비교해보면, B가 협동할 경우 A는 배반하는 것이 이득이다. 6개월 감옥살이보다는 바로 석방되는 것이 좋지 않겠는가. 다음으로 B가 배반하여 자백할 경우 A의 선택을 생각해보자. 만약 A 혼자 협동을 택하여 입을 다문다면, B는 바로 석방되지만 A는 10년 형을 살게 된다. 이때 A의 보수는 1, B의 보수는 4가 된다. 반면 A도 자백하면 A와 B 모두 5년 형을 살게 된다. 이때 A와 B의 보수는 각각 2가 된다. 따라서 B가 배반할 경우에도 A는 배반하는 것이 이득이다. 10년 형보다는 5년 형을 선택하는 게 낫기 때문이다. 즉, B가 협동하든 배반하든 A는 언제나 배반하는 것이 이익이다. 똑같은 조건이라면 B도 똑같은 선택을 할 것이고 따라서 B 역시 언제나 배반하는 것이 이익이다. 결국 A와 B는 서로 배반하고 (2, 2)를 택하게 된다.

경제학 200년의 역사를 뒤집은 내시균형?

　서로를 배반하여 (2, 2)를 얻는 상황은 내시균형Nash Equilibrium이다. 내시균형이란 상대방의 전략에 대해서 자신이 최선의 결과를 얻을 수 있는 상태다. 내시균형은 상대방이 전략을 바꾸지 않는 한 다른 전략을 선택할 유인이 없는 상태. 지금의 선택을 바꿀 이유가 없는 상태로 매우 강력한 균형이다.

　하지만 그렇다고 해서 가장 좋은 상태는 아니다. 위의 그림에서도 (2배반, 2배반)의 내시균형보다 개인적으로나 전체적으로나 더 좋은 결과인 (3협동, 3협동)이 존재한다. 개인적으로는 A와 B 모두 2보다 큰 3을 얻을 수 있고, 전체적으로는 4(=2+2)보다 큰 6(=3+3)을 얻을 수 있다. 만약 두 범인이 사전에 미리 만나서 자백을 하지 않기로 약속하고, 서로를 굳게 신뢰한다면 (3, 3)이라는 더 좋은 해를 얻을 수 있을 것이다.

　내시균형은 노벨 경제학상 수상자인 미국의 수학자 존 내시John Nash가 22살의 나이에 발표한 박사 학위 논문에서 정립한 개념이다. 내시는 영화 〈뷰티풀 마인드Beautiful Mind〉의 주인공이다. 영화를 보면 대학원생이던 내시가 박사 학위 논문을 가지고 지도 교수를 찾아가자, 교수가 "자네는 경제학 200년의 역사를 뒤집었네."라고 말한다. 영화적 상상력이 더해진 장면이겠지만 내시의 주장이 가져올 파장에 대한 과장이다. 애덤 스미스의 '보이지 않는 손'에서 시작된 주류경제학은 인간이 이기심에 따라 행동하면 가장 효율적인 결과를 얻을 수 있다고 주장했다. 하지만 죄수의 딜레마는 개인이 이기적인 선택을 했을 때 사회 전체적으로는 비효율적인 결과가 나오는 경우를

간단하게 보여준다.³²⁾

(2, 2)의 결과를 우월전략균형Dominant Strategy Equilibrium이라고 부른다. 우월전략이란 상대방이 어떤 전략을 택하느냐에 관계없이 자신이 최선의 결과를 얻을 수 있는 전략이다. 우월전략균형은 서로가 우월전략을 선택한 상황이다. 죄수의 딜레마에서는 상대방이 협동하든 배반하든 상관없이 배반하는 것이 최선의 결과를 가져오므로 이는 우월전략균형이 된다. 이 균형에서 빠져 나올 방법도, 이유도 없다. 인간의 이기심은 헤어날 수 없는 함정에 빠진 것이다.

어떤 상황이 죄수의 딜레마인지 쉽게 판단하기 위해서는 보수의 크기 순서를 확인하면 된다. 가로축 행위자의 보수를 기준으로 해서, '내가 배반하고 상대방이 협동할 때(D, C)의 보수 〉 서로 협동할 때(C, C)의 보수 〉 서로 배반할 때(D, D)의 보수 〉 나는 협동하고 상대방은 배반할 때(C, D)의 보수' 의 순서와 같아서 N의 형태가 되면 죄수의 딜레마. 이 크기의 순서만 지켜진다면 어떤 숫자를 넣어도 상관없다. 앞의 표에서도 A의 이익을 기준으로 했을 때 보수의 크기를 따라가 보면 '4 〉 3 〉 2 〉 1'로 N자를 그린다.

광고 경쟁과 공유지의 비극

몇 가지 상황을 더 살펴보자. A와 B라는 커피 전문점 두 곳이 있다. 두 업체는 TV 광고를 할 것인지 말 것인지를 결정해야 한다. A와 B가 선택할 수 있는 전략은 '광고를 한다.' 와 '광고를 하지 않는다.' 다. 광고를 하지 않는 것이 두 업체 사이의 협동이고, 광고를 하는 것이 배반이 된다. 두 업체가 모두 광고를 하지 않을 경우 각각 50억 원의 이익을 얻는다. 한 업체는 광고를 하는데 다른 업체는 광고를 하지 않을 경우, 광고를 한 업체의 이익은 80억 원으로 늘어나지만 광고비로 10억 원을 지출하여 70억 원의 이익을 얻는다.

광고를 하지 않은 업체는 매출이 줄어서 20억 원의 이익을 얻는다. 두 업체 모두 광고를 할 경우 매출의 변화는 없지만 광고비가 지출되어 40억 원의 이익을 얻는다. 이를 게임이론의 전개표로 그리면 다음과 같다.

B업체가 광고를 하지 않을 때, A업체는 어떻게 해야 할까? 이 경우 A업체는 광고를 하지 않으면 50의 이익을 얻지만, 광고를 하면 70의 이익을 얻는다. 따라서 광고를 하는 쪽을 선택한다. B업체가 광고를 할 때, A업체는 어떻게 해야 할까? 이 경우 A업체는 광고를 하지 않으면 20의 이익을 얻지만, 광고를 하면 40의 이익을 얻는다. 따라서 광고를 하는 쪽을 선택한다. 결국 B업체가 어떤 선택을 하든지 A업체는 광고를 하는 것이 이득이다. B업체도 A업체와 똑같이 생각할 것이고, 두 업체 모두 광고를 하는 것이 내시균형이자 우월전략균형이 된다.

결과는 어떠한가? 두 업체가 광고를 하지 않았다면 각각 50억 원의 이익을 얻을 수 있었다. 하지만 두 업체 모두 광고를 하면서 광고비 10억 원만 낭비하고, 이익은 40억 원으로 줄어들었다. 개인의 이익을 극대화하는 경쟁이 사회 전체적으로는 자원의 낭비를 가져올 수 있다는 사실을 보여준다.

		B	
		광고를 하지 않는다	광고를 한다
A	광고를 하지 않는다	(50, 50)	(20, 70)
	광고를 한다	(70, 20)	(40, 40)

[표 2] 커피 전문점의 광고 경쟁

사회적 딜레마의 대표적 사례로 소개했던 공유지의 비극 역시 죄수의 딜레마 형태로 표현할 수 있다. 한 어촌 마을이 있고, 인근 해역은 이 마을 모든 사람이 고기를 잡을 수 있는 공유지라고 하자.[33)] 마을 사람들이 자신의 이득을 최대화하기 위해 물고기를 남획하면 인근 해역의 물고기는 곧 고갈된다. 때문에 마을 사람들은 서로 협조해서 어획량을 규제하기로 약속했다. 하지만 다른 사람들이 모두 어획량 규제를 지킨다면 나는 마음껏 고기를 잡아서 더 큰 이익을 얻을 수 있다.

모든 마을 사람들이 어획량 규제에 협조할 경우 각각 10의 이익을 얻는다. 어획량 규제를 지키지 않는 사람이 등장할 경우, 그 사람은 15의 이익을 얻고 다른 사람들은 피해를 입어서 3의 이익을 얻는다. 모든 마을 사람이 어획량 규제를 지키지 않을 경우 각각 5의 이익을 얻는다. 이를 마을 사람 A와 B의 관계로 단순화시켜 게임이론의 전개표로 그려보자.

		B	
		어획량 규제 준수	물고기 남획
A	어획량 규제 준수	(10, 10)	(3, 15)
	물고기 남획	(15, 3)	(5, 5)

〔표 3〕 어획량 규제로 보는 공유지의 비극

B가 어획량 규제를 준수할 때 A는 어떻게 해야 할까? 이 경우 A는 어획량 규제를 준수하면 10의 이익을 얻고, 물고기를 남획하면 15의 이익을 얻는다. 따라서 물고기를 최대한 많이 잡는 것이 이득이다. B가 물고기를 남획할 때 A는 어떻게 해야 할까? 이 경우 A는 어획량 규제를 준수하면 3의 이익을 얻고, 물고기를 남획하면 5의 이익을 얻는다. 따라서 물고기를 최대한 많이 잡는 것이 이득이다. 결국 B가 약속을 지키든 안 지키든 상관없이 A는 어획량 규제를 지키지 않고 물고기를 남획하는 것이 이득이다. B 역시 똑같이 생각할 것이므로, 모두가 물고기를 마구 잡는 (5, 5)가 내시균형이자 우월전략균형이 된다. 환경과 미래 세대, 공동체 따위는 생각하지 않는 파괴적 결

론이다. 위 표처럼 두 사람이 아니라 여러 명이 등장하는 공유지의 비극을 'N명 죄수의 딜레마' 라고 부르기도 한다.

우리 생활 속 죄수의 딜레마

이처럼 죄수의 딜레마로 설명할 수 있는 현상은 매우 많다. 좀 더 일상적이고, 재미있는 사례로 베르날도 우버먼Bernardo Huberman과 나탈리 글랜스 Natalie Glance가 제기한 저녁값의 딜레마Dinner's Dilemma가 있다.[34] 친구들 여럿이 저녁을 먹으러 갔는데, 각자 먹고 싶은 것을 시키되 계산은 사람 머릿수로 나누어서 똑같이 내기로 했다고 하자. 단순화를 위해 메뉴로는 2,000원짜리 김밥과 6,000원짜리 스파게티가 있다고 하자. 친구들이 김밥을 시키면 나는 비싼 스파게티를 시켜서 친구들에게 비용을 부담시키는 게 이익이다. 친구들이 스파게티를 시키면 내가 굳이 김밥을 먹으면서 스파게티값까지 부담할 이유가 없다. 즉, 다른 사람이 어떤 메뉴를 시키든지 상관없이 나는 비싼 스파게티를 먹는 것이 이익이다. 모두 이렇게 생각하여 비싼 스파게티를 시키게 된다. 이 역시 죄수의 딜레마다.

한국의 부모와 아이들을 가장 괴롭게 만드는 사교육 역시 바로 죄수의 딜레마다. 이 경우 선택할 수 있는 전략은 '사교육을 시킨다.' 와 '사교육을 시키지 않는다.' 다. 상대방이 사교육을 시킨다면 나는 어떻게 해야 할까? 내 아이만 사교육을 안 시키면 뒤처질 수 있으니 나도 사교육을 시킨다. 상대방이 사교육을 안 시킨다면 나는 어떻게 해야 할까? 내 아이만 사교육을 시켜서 성적을 올리고 싶으니 나는 사교육을 시킨다. 결국 상대방이 사교육을 시키든 안 시키든 나는 사교육을 시킨다. 전국의 학부모들이 다 이렇게 생각한다. 만일 모두 똑같은 사교육을 시킨다면 등수는 변하지 않고 아이들만 괴롭히는 데 큰돈을 쓴 것이다. 우리 모두 죄수의 딜레마에 걸려 있는 것이다.

　한미 FTA도 죄수의 딜레마를 이용하여 체결되었다. 한미 FTA를 체결해야 한다고 주장하는 과정에서 우리 정부가 했던 설명은 다음의 두 가지였다. 첫째, "다른 국가가 미국과 FTA를 맺기 전에 우리가 먼저 맺어야 한다. 그래야 미국 시장을 선점할 수 있다." 둘째, "다른 국가들이 미국과 FTA를 맺고 있는데 우리만 안할 수는 없다. 우리만 뒤처지기 때문이다." 결국 다른 국가가 미국과 FTA를 체결하든 안 하든 우리는 FTA를 맺어야 한다는 것이다. 죄수의 딜레마. 문제는 2000년대 초, 우리의 통상교섭본부에 해당하는 미국 무역대표부USTR의 대표였던 로버트 졸릭Robert Zollick이 의도적으로 죄수의 딜레마를 응용해서 '경쟁적 자유화Competitive Liberalization'라는 전략을 짰다는 사실이다. 여러 나라가 미국의 시장을 선점하기 위해 '경쟁적으로' 달려든다면 미국은 손쉽게 상대 국가의 서비스시장을 '자유화' 할 수 있다는 전략이다. 이 전략에서 중요한 것은 첫 번째 손님이다. 두 번째 나라부터는 이미 미국과 FTA를 체결한 나라에 비해 불리한 상황에 빠지지 않기 위해 너도 나도 미국에 손을 내밀 것이기 때문이다. 불행하게도 그 첫 번째 손님이 대한민국이었다.35) 2006년 통상교섭본부장이었던 김현종은 이런 사실을 알기나 할까? 알 리가 없다. 아직도 최고의 선택임을 굳게 믿어 의심치 않을 테니까.

　죄수의 딜레마에 빠지면 웬만해선 벗어날 수 없다. 내시균형이기 때문에 서로 전략을 바꿀 유인이 없다. 사교육도 한미 FTA도 그렇다. 만약 전국의 학부모가 사교육을 시키지 않기로 약속한다면 문제는 해결된다. 세계 각국이 미국과의 FTA를 체결하지 않겠다고 약속한다면 문제는 해결된다. 물론 FTA 자체가 가져오는 장단점을 명확히 파악하고 신중히 결정하는 것이 근본적인 해결 방법이겠지만, 여기서 게임이론의 구조만을 고려하여 해법을 찾자면 그렇다. 서로 배반하지 않겠다는 약속, 서로 협동할 것이라는 신뢰가 있다면 (3, 3)이라는 더 좋은 해를 얻을 수 있다. 하지만 서로 믿지 못하니 (2, 2)라는 해밖에 선택할 수 없다. 어떻게 하면 (2, 2)에서 (3, 3)으로 갈 수 있을까? 두 번째 사회적 딜레마게임인 사슴사냥게임은 해결의 실마리를 보여준다.

사회적 딜레마게임 2 : 사슴사냥게임

두 번째 사회적 딜레마게임은 사슴사냥게임이다. 이 게임은 확신게임 Assurance Game이라고도 불린다. 이는 루소의 《인간 불평등 기원론 A Discourse on Inequality》에 나오는 우화에서 가져온 용어다.

상황은 이렇다. 사슴을 사냥하기 위해서는 두 명의 사냥꾼이 힘을 합쳐 자신이 맡은 길목을 지켜야 한다. 토끼를 사냥하기 위해서는 한 명의 사냥꾼만으로도 충분하다. 토끼를 사냥해서 얻는 고기보다 사슴을 사냥해서 반으로 나눈 고기가 훨씬 양이 많다. 사냥꾼 A와 B가 함께 사슴을 사냥하기로 약속하고 각자 맡은 길목을 지키고 있었는데, 그 옆으로 토끼 한 마리가 지나간다. 이때 토끼를 잡으러 쫓아가야 할까? 아니면 사슴을 잡기 위해 약속을 지켜야 할까?

여기서 사냥꾼 A와 B의 전략은 '사슴을 잡는다'와 '토끼를 잡는다' 두 가지가 된다. 사슴을 잡기로 했다면 서로 협동cooperation하는 쪽을 선택한 것이므로 C로 표시하고, 토끼를 잡기로 했다면 상대방을 배반defect하는 쪽을 선택한 것이므로 D로 표시한다. 보수는 A와 B가 서로 협동하여 사슴을 잡았을 경우는 (4, 4), A와 B가 서로 배반하여 토끼를 잡았을 경우는 (2, 2), A는 사슴을 기다렸으나 B가 토끼를 쫓아가 버린 경우는 (1, 3), A가 토끼를 쫓아가 버리고 B는 사슴을 기다린 경우는 (3, 1)이 된다.

		B	
		C	D
A	C	(4, 4)	(1, 3)
	D	(3, 1)	(2, 2)

[표 4] 사슴사냥게임

이제 A와 B는 어떤 선택을 해야 할까? 먼저 B가 협동할 경우 A의 선택을 생각해보자. 이 경우 A도 협동하면 4를 얻는다. 반면 A가 배반하면 3을 얻는다. 따라서 B가 협동할 경우 A도 협동한다. 다음으로 B가 배반할 경우 A의 선택을 생각해보자. 이 경우 A는 협동하면 1을 얻는다. 반면 A도 배반하면 2를 얻는다. 따라서 B가 배반할 경우 A도 배반한다. 즉, 상대방이 협동하면 나도 협동하고 상대방이 배반하면 나도 배반하는 것이 이득이다. 상대방이 사슴을 잡기 위해 길목을 지킨다면 나도 그래야 하고, 상대방이 토끼를 쫓아가 버리면 나도 그래야 한다.

(4협동, 4협동)와 (2배반, 2배반) 둘 다 내시균형이다. 이 경우 상대방이 어떤 선택을 하든지 최선의 이익을 가져다주는 고정된 전략이 없으므로 우월전략균형은 아니다. 이와 같이 상대방과 같은 행동을 하는 것이 균형인 경우의 게임을 조정게임Coordination Game이라고도 부른다.

그런데 둘 중 어떤 균형으로 귀결될지는 알 수 없다. 물론 (4, 4)가 (2, 2)보다 훨씬 이득이지만 이렇게 생각해볼 수도 있다. 사슴을 기다릴 경우 얻을 이득은 4 또는 1이다. 상대방도 사슴을 기다린다면 4를 얻지만 만약 상대방이 토끼를 쫓아가 버리면 1밖에 못 얻는다. 반면 토끼를 쫓아갈 경우 얻을 이득은 3 또는 2다. 운이 나빠도 2는 건질 수 있다는 뜻이다. 이렇게 보면 토끼를 쫓아가는 것이 더 안전한 선택이 될 수 있다. 만일 보수를 중요하게 여기는 사람들이라면 (C, C)를, 위험에 더 신경을 쓰는 사람들이라면 (D, D)를 택할 것이다. 그래서 학자들은 (C, C)를 보수우월균형, (D, D)를 위험우월균형이라고 부르기도 한다.

사슴사냥게임이 갖는 보수 구조의 특징은 가로축 행위자를 기준으로 하여 보수의 크기 순서가 U의 형태가 된다는 것이다. '서로 협동할 때(C, C)의 보수 〉 나는 배반하고 상대방은 협동할 때(D, C)의 보수 〉 서로 배반할 때(D, D)의 보수 〉 나는 협동하고 상대방은 배반할 때의 보수(C, D)'의 순서와 같으면 사슴사냥게임이다. 앞의 표에서도 A의 이익을 기준으로 했을 때 보수의 크기를 따라가 보면 '4 〉 3 〉 2 〉 1'로 U자를 그린다.

파업을 할 것인가, 말 것인가

사슴사냥게임 사례를 하나 더 살펴보자. 집단행동게임이라는 이름으로 소개된 것이다. 사장 한 명과 직원 두 명이 있는 직장이 있다. 사장은 권위주의적이어서 자신에게 반기를 드는 직원에게는 불이익을 준다. 어느 날 두 명의 직원은 휴가를 제 때에 보장받기 위해서 파업에 돌입하기로 했다. 파업이 성공하면 사장은 휴가를 보장해주어야 한다. 하지만 두 명의 직원 중 한 명이 파업에서 빠지면 휴가 보장의 요구는 묵살되고, 이를 주장한 직원은 불이익을 받는다. 물론 두 직원 모두 파업에서 빠지면 휴가는 보장되지 않는다.

		B	
		파업 참여	파업 불참
A	파업 참여	(1, 1)	(-1, 0)
	파업 불참	(0, -1)	(0, 0)

[표 5] 집단행동게임

두 직원을 A와 B라고 하자. 이들이 택할 수 있는 전략은 '파업에 참여한다' 와 '파업에 불참한다' 두 가지다. 파업에 참여한다면 서로 협동하는 것이고, 파업에 불참한다면 서로 배반하는 것이다. 보수는 A와 B가 서로 협동하여 파업에 성공하고 휴가를 보장받았을 경우는 (1, 1), A와 B가 서로 배반하여 파업에 불참하고 휴가를 보장받지 못했을 경우는 (0, 0), A는 파업에 참여했으나 B는 불참하여 A가 불이익을 당한 경우는 (−1, 0), A는 파업에 불참했으나 B는 참여하여 B가 불이익을 당한 경우는 (0, −1)이 된다.

B가 파업에 참여할 경우 A는 어떻게 해야 할까? 이때 A도 파업에 참여하면 1을 얻지만 불참하면 0을 얻는다. 따라서 A는 파업에 참여하는 게 이득이다. B가 파업에 불참할 경우 A는 어떻게 해야 할까? 이때 A는 파업에 참여하면 −1을 얻지만, 불참하면 0을 얻는다. 따라서 A는 파업에 불참하는 게 이득이다. (1, 1)과 (0, 0) 둘 다 내시균형이 된다. 즉, 상대방이 파업에 참여하면 나도 참여해서 휴가를 따내는 것이 이득이고, 상대방이 파업에 불참하면 나도 그냥 조용히 참는 게 이득이다.

탐욕이 사라진 게임

죄수의 딜레마에서는 상대방이 협동하든 배반하든 상관없이 무조건 배반하는 게 이득이었다. 그런데 상대방이 협동함에도 불구하고 내가 배반하는 것과 상대방이 배반할 때 어쩔 수 없이 나도 배반하는 것은 차이가 있다. 심리학자들은 전자를 탐욕greed에 기초한 배반, 후자를 공포fear에 기초한 배반이라고 부른다. 사슴사냥게임에서는 적어도 탐욕으로 인한 배반은 사라진다. 상대방이 협동하면 나도 협동하는 것이 이득이기 때문이다. 죄수의 딜레마보다 사슴사냥게임이 더 현실적일지 모른다. 일반적인 사람들이 남을 배신하는 경우는 남이 나를 배신할까 두려워서인 경우가 많기 때문이다.

문제를 죄수의 딜레마에서 사슴사냥게임으로 바꿀 수만 있다면, 즉 서로 협동할 때 더 좋은 결과를 얻을 수 있도록 바꿀 수만 있다면 이는 매우 큰 변화다. 적어도 탐욕에 의해서 나만 잘 살겠다는 선택과 그로 인해 사회 전체적으로 손해를 보는 결과는 사라지기 때문이다.

사교육의 예를 들면 이런 식이다. 앞서 죄수의 딜레마를 적용했을 때는 남이 사교육을 시키든 안 시키든 일단 우리 아이는 사교육을 시키는 것이 답이다. 하지만 요즘 강연에서 젊은 어머니들에게 물어보면 남들이 사교육 안 시킨다면 나도 안 시킨다고 대답하는 경우가 많아지고 있다. 사교육비가 늘어나고, 아이들은 고생하고 그런데 성적은 안 오르는 괴로운 상황에서 벗어나고 싶은 부모가 많아진 것이다. 전국의 학부모가 이런 생각을 갖고 있다면 사교육은 이제 사슴사냥게임으로 변한다. 남이 사교육을 시키면 어쩔 수 없이 나도 시키지만, 즉 남이 배반하면 나도 배반하지만 남이 사교육을 안 시키면 나도 안 시키겠다. 즉, 남이 협동하면 나도 협동하겠다는 것이다. 죄수의 딜레마에서는 (2, 2)라는 해밖에 없었다면, 이제는 (4, 4)와 (2, 2)라는 두 가지 대안이 생겼다. 물론 이 두 가지 대안 중 서로 협동하는 (4, 4)를 택할 수 있도록 보장해주어야 한다. 나는 사교육을 안 시키고 싶은데, 남들도 안 시킨다는 보장이 없다면 어쩔 수 없이 사교육을 시키는 (2, 2)의 해를 선택할 수밖에 없다.

내가 어머니들에게 이런 설명을 하면 그들은 언제나 "그런데 남이 안 시킨다는 걸 어떻게 믿어요?"라고 외친다. 어떻게 모두가 사교육을 안 시킬 것이라는 확신을 줄 수 있을까? 아주 간단한 방법을 들자면 국가에서 사교육을 금지시키면 된다. 물론 공교육에 대한 보충 교육 성격을 가진 사교육은 필요할지 모른다. 하지만 지금 우리의 사교육은 공교육을 압도하고 있으며, 과도한 사교육비 부담으로 양극화를 심화시키는 통로가 되고 있다. 때문에 선행 학습 규제, 학원 교습 시간 제한, 학원비 상한제 등의 정책을 도입할 필요가 있다. 또한 과도하게 팽창한 사교육계를 적절히 공교육의 틀 속으로 흡수해나가야 한다. 적절한 제도를 통해서 죄수의 딜레마를 사슴사냥게임으로 바꿀 수 있다는 점을 기억하자.

사회적 딜레마게임 3 : 치킨게임

세 번째는 치킨게임이다. 치킨은 겁쟁이를 뜻하는데, 영화배우 제임스 딘 James Dean이 출연한 〈이유 없는 반항Rebel without a Cause〉에 나오는 한 장면을 생각하면 된다. 그 영화에서 두 건달이 여주인공(나탈리 우드였다!)을 놓고 게임을 한다. 절벽 끝으로 자동차를 전속력으로 몰고 가다가 둘 중 먼저 차를 세운 사람이 지는 것이다. 누가 겁쟁이인지 보자는, 실로 무식한 게임이다. 실제로 1960년대에 미국에서 유행한 게임이다. 대체로 미인을 얻기 위해 이런 무식한 짓을 했는데 수컷은 짝짓기게임에서 이기기 위해라면 별 짓을 다 하기 마련인 모양이다.

또는 서로를 향해 차를 몰다가 누가 먼저 핸들을 돌리는가, 기찻길 위에 누워 있다가 누가 먼저 도망가는가를 겨루는 것들도 모두 치킨게임이다. 치킨게임은 매-비둘기 게임Hawk-Dove Game으로도 불린다. 매는 돌진하는 미친놈이고, 비둘기는 도망가는 겁쟁이다. 매와 비둘기가 만나면 언제나 매가 이긴다. 하지만 매와 매가 만나면 서로 멸망하는 최악의 상황이 초래된다.

여기 치킨게임에 참가한 무식한 청년 A와 B가 있다고 하자. 이들이 선택한 게임은 서로를 향해 차를 몰아 달려오는 것이다. 전략은 '핸들을 돌린다.'와 '핸들을 돌리지 않는다.'가 있다. 핸들을 돌리는 것이 협동(C)이고, 핸들을 돌리지 않는 것이 배반(D)이다. 보수는 A와 B 모두 핸들을 돌리지 않고 달려서 결국 둘 다 죽는 경우가 (1, 1)이다. A와 B 모두 핸들을 돌리는 경우는 둘 다 목숨은 건졌지만 겁쟁이가 되었으므로 (3, 3)이다. A가 핸들을 돌리고, B는 핸들을 돌리지 않는 경우는 (2, 4), B가 핸들을 돌리고 A는 핸들을 돌리지 않는 경우는 (4, 2)다. 핸들을 돌린 사람은 겁쟁이가 되었으니 2의 보수를 얻고, 핸들을 돌리지 않는 사람은 게임에서 이겨 용감한 남자로 인정받았으니 4의 보수를 얻는 것이다.

		B	
		C	D
A	C	(3, 3)	(2, 4)
	D	(4, 2)	(1, 1)

〈표 6〉 치킨게임

앞에서와 같은 방식으로 균형을 찾아보자. B가 협동하면 A는 어떻게 해야 할까? 이 경우 A가 협동하면 3을 얻고, 배반하면 4를 얻는다. 따라서 A는 배반하고 핸들을 돌리지 않는다. B가 배반하면 A는 어떻게 해야 할까? 이 경우 A가 협동하면 2를 얻고, 배반하면 1을 얻는다. 따라서 A는 협동하고 핸들을 돌린다. 남이 협동하면 나는 배반하고, 남이 배반하면 나는 협동하는 것이 이득이다. 즉, B가 핸들을 돌릴 것 같으면 A는 핸들을 돌리지 않고 직진해서 용감한 자가 되는 것이 낫다. 하지만 B가 너무 무식한 놈이어서 절대 핸들을 돌릴 것 같지 않다면 A는 핸들을 돌려서 목숨이라도 건지는 것이 낫다.

이처럼 상대방과 반대되는 행동을 하는 것이 균형이 되는 게임을 반조정게임Anti-Coordination Game이라고 한다. 앞서 본 사슴사냥게임과 정반대다. 사슴사냥게임은 남이 어떤 것을 선택한다고 해서 내 몫이 줄어들지 않는다. 오히려 남과 내가 같은 것을 선택할수록 나눠 갖는 몫이 커진다. 혼자서 토끼를 잡는 것보다 둘이서 사슴을 잡았을 때의 이익이 더 큰 것처럼 말이다. 즉, 재화의 비경합성이 존재하는 경우에 해당된다. 반면 치킨게임은 남이 어떤 것을 선택하면 내 몫은 줄어든다. 서로 같은 것을 선택해서 공유할 수 없는 상황이다. 즉, 재화의 경합성이 존재하는 경우에 해당된다.

내시균형은 (4배반, 2협동)와 (2협동, 4배반)에서 이루어진다. 이 경우 상대방이 어떤 선택을 하든지 최선의 이익을 가져다주는 고정된 전략이 없으므로 우월전략균형은 아니다. 둘 중 어떤 균형으로 귀결될지는 둘 중 어떤 놈이 더 앞뒤 가리지 않고 돌진하는 무식한 인간인지에 따라 결정된다. 그래서 치킨게임에서는 미친놈이 이긴다고 말한다. 치킨게임에서 이기려면 자신이 미친놈이라는 신호를 보내야 한다. 서로를 향해 차를 모는 경우라면 나는 핸들을 돌릴 수 없다는 사실을 명확히 보여주어야 한다. 핸들을 망가뜨려 버리거나 자신의 손을 묶어서, 나는 절대 핸들을 돌리지 않을 것이라는 엄포를 놓아야 한다. 배수진을 치는 것이다.

치킨게임의 보수 구조의 특징은 가로축 행위자를 기준으로 하여 보수의 크기 순서가 ∩의 형태가 된다는 것이다. '나는 배반하고 상대방은 협동할 때(D, C)의 보수 〉 서로 협동할 때(C, C)의 보수 〉 나는 협동하고 상대방은 배반할 때(C, D)의 보수 〉 서로 배반할 때(D, D)의 보수'의 순서와 같으면 치킨게임이다. 앞의 표에서도 A의 이익을 기준으로 했을 때 보수의 크기를 따라가 보면 '4 〉 3 〉 2 〉 1'로 ∩의 모양이다.

미국이 러시아와 핵무기 경쟁을 할 때 유럽의 정치 지도자들이 당시 미국의 닉슨Richard Nixon 대통령을 "미친놈"이라며 비난했다. 그러자 닉슨은 "내

전략은 미친놈으로 보이는 것이다."라고 대꾸했다. 그는 핵무기 경쟁이 치킨게임이라는 것을 이해하고 있었던 것이다. 하여 버트란드 러셀Bertrand Russel은 "세계의 지도자라는 사람들이 인류의 절멸보다 겁쟁이라고 불리는 것을 더 무서워한다."고 한탄했던 것이다. 핵무기가 가져올 엄청난 위험 따위는 아랑곳하지 않고 서로 경쟁적으로 핵무기를 늘리는 것은 치킨게임과 같다.

남북 관계, 바보와 미친놈의 게임

같은 맥락에서 우리의 남북 관계도 치킨게임이다. 여기서 미친놈은 북한이다. 남한 정부도 별로 다를 바는 없지만, 그래도 남한보다는 북한이 앞뒤 가리지 않고 돌진할 수 있다. 실제 남북 간에 전쟁이 나면 남한이 이길 것이다. GDP의 차이가 20배 이상 나고 있기 때문이다. 하지만 남한은 가진 게 많은 만큼 잃을 것도 많아서 쉽게 미친놈이 될 수 없다. 북한은 질 때 지더라도 서울을 겨냥하고 있는 장사정포를 모두 발사할 것이다. 이런 상황이라면 남한 정부는 겁쟁이 또는 바보가 될 수밖에 없다.

김대중 정부의 햇볕정책은 남북 간의 대립을 사슴사냥게임으로 바꾸려는 시도였다. 우리는 협동할 것이고, 이때 너희도 협동하는 것이 더 많은 이득을 얻는다는 것을 보여주려고 한 것이다. 즉, 남북 관계를 사슴사냥게임으로 만들려고 했던 것이다. 김대중 정부는 개성공단과 금강산 관광 등의 이득을 제시하여 협동할 때 북한이 얻는 이득이 더 커지도록 만들었다. 혹은 적어도 협동할 때 이득이 많아진다고 북한이 믿도록 만들었다.

그런데 이명박 정부의 잘못된 상호주의 전략은 이를 다시 치킨게임으로 되돌려 놓았다. 상호주의의 핵심은 '눈에는 눈, 이에는 이'다. 남이 잘하면 나도 잘하고, 남이 잘못하면 나도 잘못한다는 것이다. 바로 협동과 응징이다. 문제는 협동보다는 응징에 방점이 찍혀서 북한이 배반하면 당연히 응징한다는 전략만 실행되었다는 점이다. 상대방이 잘못하니 나도 응징을 하겠다. 그러면 당연히 상대방도 다시 나를 응징한다. 응징의 악순환이 반복된다. 따라서 북한 입장에서는 협동할 때보다 배반할 때 이득이 더 크다고 인식하게 된다. 북한의 입장에서 보면 김대중–노무현 정부의 사슴사냥게임이 이명박 정부 들어서 치킨게임이 된 것이다. 미친놈을 상대하면서 게임을 이렇게 바꿔놓은 사람이 바보다. 원래 공언한 대로 미친 짓에는 미친 짓으로 대응해야 하지만 그럼 서울이 초토화된다. 결국 이명박 정부는 스스로 바보가 되는 전략을 택한 것이다.

　원래 이명박 정부가 택한 상호주의 전략은 '반복 죄수의 딜레마'의 해법이다. 뒤에서 보겠지만 이 게임에서 우승한 전략, 즉 '이에는 이, 눈에는 눈 Tit for Tat'은 "첫 번째 게임에서는 협동하고 그 다음부터는 전 회에 상대가 한 전략을 따라 한다."는 것이다. 하지만 둘 다 배반을 한 뒤에는 이 전략은 영원히 배반의 반복을 낳을 것이다. 물론 둘에게 모두 나쁜 결과다. 그렇기 때문에 여유 있는 쪽에서 한 번은 협동으로 돌아서야 한다. 이것을 '관대한 TFTGenerous TFT ; GTFT'라고 부른다. 이명박 정부를 도운 게임이론가는 하나만 알고 둘은 몰랐던 것이다. 혹은 이명박 대통령이 그런 설명을 이해하지 못했는지도 모른다. 살 길은 다시 사슴사냥게임으로 돌아가는 것이다. 저 유명한 국제정치학자 로버트 저비스Robert Jervis도 외교안보 문제를 "안보 딜레마가 걸린 사슴사냥게임"이라고 갈파하지 않았던가?

2 협동의 경제학

협동, 신뢰, 그리고 사회적 자본

"경제학자나 경제학과 대학생들을 대상으로 하는 이런 실험은 수없이 되풀이되었다. 결과는 대체로 비슷했다. 보이지 않는 손이나 시장의 효율성이라는 그럴듯한 말로 포장되었지만 사실 경제학이 가르치는 것은 '이기적으로 행동하라, 그게 현명한 행동이다, 그렇지 않으면 바보가 될 뿐이야!'라는 외침이었던 것이다. 그렇지 않고서야 멀쩡한 애들이 경제학과에만 들어가면 무임승차자가 되는 이유를 찾을 수가 없다. 현재의 경제학 교육에 분명 문제가 있다는 증거이다."

2부에서는 협동과 신뢰에 대해 알아본다. 우리는 상황을 사슴사냥게임으로 만드는 것이 사회적 딜레마를 푸는 실마리라는 사실을 깨달았다. 사슴사냥게임은 남이 협동할 때 나도 협동하는 것이다. 그렇다면 사람들은 어떨 때 협동할까? 어떤 조건을 만들어주면 사람들이 스스로 협동할까? 우선 마틴 노박이 정리한 협동의 다섯 가지 규칙(혈연선택, 직접 상호성, 간접 상호성, 네트워크 상호성, 집단 선택)을 살펴본다. 그리고 협동을 촉진하기 위해 우리가 할 수 있는 일들이 무엇인지 알아본다. 신뢰와 협동을 사회규범으로 삼고, 이를 위해서 소통을 촉진하고, 집단 정체성을 강화하고, 협동의 보수가 더 높아지도록, 또는 배반의 보수가 낮아지도록 제도를 만들고, 보상과 응징을 제도화하면 된다는 결론을 얻게 될 것이다.

그런데 이런 다양한 협동 촉진 요인이 제대로 작동되기 위해서는 신뢰가 전제되어야 한다. 내가 협동하면 상대방도 협동할 것이라는 믿음이 있어야 하기 때문이다. 신뢰는 불확실한 상황에서도 상대방이 공동체의 보편적 규범을 따라 협동할 것이라는 믿음이다. 신뢰는 어떻게 만들어질까? 신뢰는 교육 수준, 직업의 유무, 건강 상태 등 개인적인 요소에 의해서도 결정되지만, 소득 불평등과 공평한 제도와 같이 사회구조적 요소에 의해서도 결정된다.

신뢰를 촉진시키는 상호 강제적 네트워크를 사회적 자본이라 한다. 따라서 우리가 협동하는 사회로 가기 위해서는 사회적 자본을 축적해야 한다. 우리는 1부에서 살펴본 주류경제학에 기반하고 있는 시장경제와 2부에서 살펴볼 '협동의 경제학'에 토대를 둔 사회적 경제, 공공경제, 생태경제를 '네 박자 경제'라고 부르겠다. 앞으로 우리 사회의 운영 원리에는 시장경제 절대 우위론을 벗어나 '네 박자 경제' 각각의 원칙들이 고루 적용되어야 할 것이다.

6장

인간 협동의
다섯 가지 조건

착하게 살면 다 해결할 수 있다

앞서 살펴본 세 가지 사회적 딜레마게임을 해결하는 가장 쉬운 방법은 모든 사람이 이타적 인간이 되는 것이다. 이제까지 자신의 보수를 고려했던 것과 달리 우리 모두 남의 보수를 극대화하는 선택을 한다면, 즉 우리 모두 이타적 인간이 된다면 사회적 딜레마는 간단하게 해결된다.

앞에서는 괄호 안의 앞의 숫자, 즉 나(A)의 보수만을 고려했지만 이제 뒤의 숫자, 즉 상대(B)의 보수가 큰 쪽을 선택하는 것이다. 이기적 인간은 함정에 빠질 수밖에 없는 죄수의 딜레마를 다시 살펴보자. B가 협동을 선택할 때 A도 협동을 선택하면 상대방인 B는 3을 얻는다. 반면 A가 배반을 선택하면 상대방인 B는 1을 얻는다. 상대방의 보수가 큰 쪽을 선택한다고 하면 A는 협동을 선택한다.

이번에는 B가 배반을 선택하는 경우이다. A가 협동을 선택하면 상대방인 B는 4를 얻고, A도 배반을 선택하면 상대방인 B는 2를 얻는다. 상대방의 보수가 큰 쪽은 A가 협동을 선택한 경우다. 즉, A는 B가 무엇을 택하든지 협동을 택해서 상대방의 보수를 증가시킨다. B의 경우도 A와 똑같이 이타적 선택을 한다면 그 역시 협동을 택할 것이다. 따라서 A와 B 모두 협동을 택하고 (3, 3)에서 새로운 균형이 생길 수 있다. 이타적 인간으로 이뤄진 사회에서는 협동이라는 아름다운 행위가 언제나 일어난다.

		B	
		C	D
A	C	(3, 3)	(1, 4)
A	D	(4, 1)	(2, 2)

[표 7] 죄수의 딜레마

사슴사냥게임의 경우도 똑같이 적용해보자. B가 협동을 선택할 때 A도 협동을 선택하면 상대방인 B는 4를 얻는다. 반면 A가 배반을 선택하면 상대방인 B는 1을 얻는다. 상대방의 보수를 고려한다고 가정했으므로 A는 협동을 선택한다.

이번에 B가 배반을 선택하는 경우다. A가 협동을 선택하면 상대방인 B는 3을 얻고, A도 배반을 선택하면 상대방인 B는 2를 얻는다. 상대방의 보수를 고려한다고 가정했으므로 A는 협동을 선택한다. 즉, A는 B가 무엇을 택하든지 협동을 택해서 상대방의 보수를 최대화할 것이다. B의 경우도 A와 똑같은 과정을 거쳐서 협동을 택하게 된다. 따라서 A와 B 모두 협동을 택하고 (4, 4)가 새로운 균형이 된다. 이 역시 두 사람의 보수의 합이 가장 크다는 점에서 사회적으로 가장 바람직하다.

		B	
		C	D
A	C	(4, 4)	(1, 3)
	D	(3, 1)	(2, 2)

[표 8] 사슴사냥게임

치킨게임은 어떨까? B가 협동을 선택할 때 A도 협동을 선택하면 상대방인 B는 3을 얻는다. 반면 A가 배반을 선택하면 상대방인 B는 2를 얻는다. 상대방의 보수를 고려한다고 가정했으므로 A는 협동을 선택한다.

이번엔 B가 배반을 선택하는 경우다. A가 협동을 선택하면 상대방인 B는 4를 얻고, A도 배반을 선택하면 상대방인 B는 1을 얻는다. 상대방의 보수를 고려한다고 가정했으므로 A는 협동을 선택한다. 즉, A는 B가 무엇을 택하든지 협동을 택해서 상대방의 보수를 최대화할 것이다. B의 경우도 A와 똑같은 과정을 거쳐서 협동을 택하게 된다. 따라서 A와 B 모두 협동을 택하고 (3, 3)이 새로운 균형이 된다. 역시 사회적으로 가장 바람직한 점이다.

		B	
		C	D
A	C	(3, 3)	(2, 4)
	D	(4, 2)	(1, 1)

[표 9] 치킨게임

이처럼 모두가 남을 생각한다면 문제는 간단히 해결된다. 착하게 살아야 한다는 종교의 가르침이 바로 이것이다. 종교적 해법은 굉장히 강력해서 모든 사회적 딜레마게임을 해결할 수 있다. 하지만 불행하게도 인류 역사에서 종교적 해법이 장기적 성공을 거둔 경우는 없다.

왜일까? 우선 인간은 이기적인 존재이기도 하기 때문이다. 인간이 이기적이기만 한 존재는 아니지만 이기적 속성을 갖고 있음은 분명하다. 한 인간 안에 이타적인 모습도 존재하고 이기적인 모습도 존재한다. 그러므로 언제나 이기적인 속성이 튀어나올 수 있다.

뿐만 아니라 이타적 인간만으로 이뤄진 사회는 진화적으로 안정적이지 못하다. 이타적 인간들로 이루어진 사회는 따뜻하면서도 경제성장률도 높을 것이다. 이 사회에 사회적 딜레마란 존재하지 않는다. 서로를 위해서 열심히 일하기 때문에 무임승차자는 아예 존재할 수 없다. 그런데 생물학에서 말하는 돌연변이가 나타나거나(착한 부모에게서도 이기적인 아이가 나올 수 있다.), 또는 외부에서 이기적 인간이 침입하면 어떤 일이 벌어질까? 이 착한 사람들은 너도 나도 이 이기적 사람에게 협동을 할 것이고 침입자는 물론 언제나 배반으로 '보답' 할 것이다.

앞의 죄수의 딜레마 보수로 치면 침입자는 마을 사람 누구와 만나도 4를 얻고 마을 사람들은 1을 얻는다. 시간이 조금 지나면 침입자는 재벌이 되어 있을 것이고 만날 당하던 마을 사람들도 하나둘 침입자를 모방하기 시작할 것이다. 이제 착한 사람은 여기저기서 당할 것이고 이들도 이기적으로 변하지 않으면 소멸하고 말 것이다. 남들이 모두 이기적이라면 나도 살아남기 위해, 바보가 되지 않기 위해 이기적인 사람이 되어야 한다. 우리의 아름다운 사회가 무너진 것이다. 이런 상황을 진화이론가들은 '진화적으로 안정적이지 않은 상태' 라고 부른다.

어떻게 하면 이런 사태를 막을 수 있을까? 답은 상호적 인간의 존재다. 앞에서 본 바대로 상호적 인간이란 협동에는 협동으로, 배반에는 배반으로 대응하는 사람이다. 즉, 무임승차자나 배반자를 응징하는 사람이다. 이들은 침입자나 돌연변이 집단이 커지는 것을 막는 역할을 한다. 말하자면 정의로운 집단이다. 상호적 인간이 없이 이타적 인간만 존재한다면 그 사회는 머지않아 위험에 빠지게 될 것이다.

인간은 언제 협동하는가?

그렇다면 우리는 어떤 해법을 찾아야 할까? 대부분의 인간은 상대가 이기적일 때 자신도 이기적으로 행동한다. 턱없이 손해를 보거나 바보 취급 받고 싶지 않기 때문이다. 그런데 만약 상대가 협동할 것이라고 믿을 수 있다면 나도 협동하는 것이 이익이다. 협동해서 좋은 결과를 얻을 때의 만족감도 무시하지 못할 것이다.

협동의 동기는 두 가지다. 어쩌면 사람의 종류가 다른 것인지도 모른다. 누가 어떤 행동을 해도 언제나 협동을 하는 사람은 이타적인 사람이다. 반면 상대가 협동하는 경우에만 협동하는 상호적 인간도 존재한다. 말하자면 이타적 인간은 무조건 협동하고 상호적 인간은 조건부로 협동한다. 성경의 구약과 신약에는 서로 다른 윤리 지침이 존재한다. 구약의 하나님은 응징을 하고 신약의 예수는 사랑을 하라고 가르친다. 구약은 "이에는 이, 눈에는 눈"으로, 신약은 "왼뺨을 때리면 오른뺨을 내밀라."로 대표된다. 즉, 구약은 상호적 인간을, 신약은 이타적 인간을 가르치고 있는 것이다. 실은 이 둘이 공존하는 사회가 가장 바람직하다. 구약과 신약의 가르침에 어떤 일관성이 있다면 바로 이 때문일 것이다.

그렇다면 과연 인간은 언제 협동할까? 인간뿐 아니라 자연 속 동물들도 서로 협동할 때가 있다. 찰스 다윈은 《종의 기원On the Origin of Species by Means of National Selection》에서 생존경쟁에 의해 생물이 진화한다고 설파했다. 하지만 언제나 자연을 관찰한 그는 동물의 이타적 행위도 잘 알고 있었다. 이는 그에게 커다란 수수께끼였다. 다윈 스스로는 개미를 많이 언급했지만 꿀벌도 이타적 행동을 하는 곤충이다. 꿀벌 사회는 한 마리의 여왕벌과 나머지 수천 마리의 일벌로 이루어진다. 대다수 일벌은 여왕벌이 낳은 알을 돌보고, 외부의 침입을 막기 위해 목숨을 바친다. 일벌의 일생은 이타적 행위 그 자체다. 자신의 생존을 위해, 또 자식을 늘리기 위해 경쟁해야 마땅한 곤충이 자신을 희생하다니 이는 다윈의 이론을 뒤흔들만 한 수수께끼가 아닐 수 없다.

비슷한 예로 남아프리카 지역에 사는 미어캣이라는 몽구스과에 속하는 포유동물이 있다. 이들은 땅굴에서 집단 서식을 하는데 서로 돌아가면서 보초를 선다. 침입자가 나타날 경우 보초는 위험을 알리기 위해 큰 소리로 신호를 보낸다. 이 덕분에 나머지 미어캣은 위험에 대비하고 안전하게 피신할 수 있지만, 큰 소리를 내면서 자신의 위치를 노출시킨 보초는 침입자의 눈에 띌 확률이 높아지게 된다. 자신의 희생을 감수하는 것이다. 흡혈박쥐들도 이타적 행동을 한다. 이들은 가축의 피를 빨아먹고 살아가는데 흡혈에 성공하지 못하는 날이 많다. 만약 충분한 피를 섭취하지 못해서 굶어죽을 상태에 이른 흡혈박쥐가 있을 경우 다른 흡혈박쥐가 자신이 빨아온 피를 나누어준다. 자신이 먹어야 할 몫을 포기하고 남에게 나누어주는 것이다.

동물은 왜 협동을 할까? 또 그 일부인 사람은 왜 그럴까? 무임승차를 하면 자신의 이익을 최대화시킬 수 있는데 왜 그렇게 하지 않을까? 하버드 대학교의 노박은 2006년 〈협동 진화의 다섯 가지 규칙Five Rules for the Evolution of Cooperation〉이라는 논문을 발표한다. 여섯 쪽에 불과한 이 짧은 논문은 인간을 포함한 동물이 협동하는 다섯 가지 경우를 보여준다.[36]

인간 협동의 조건 1 : 피는 물보다 진하다

첫 번째는 혈연선택Kin Selection이다. 부모의 자식에 대한 무한한 사랑을 생각하면 쉽게 이해할 수 있다. "피는 물보다 진하다."는 말로도 표현할 수 있다. 혈연, 핏줄을 생물학자들은 공유 유전자로 설명한다. "나는 물에 빠진 2명의 동생 또는 8명의 사촌을 살릴 의지가 있다."고 말한 생물학자 존 할데인 J. B. S. Haldane의 장난스러운 설명이 대표적이다. 동생은 자신의 유전자의 절반을 공유하고 있고, 사촌은 8분의 1을 공유하고 있기 때문에 자신이 죽더라도 2명의 동생 또는 8명의 사촌을 살릴 수 있다면 자신의 유전자를 남기는데 차이가 없다는 주장이다.[37] 생물의 가장 큰 목표인 종족 보전을 위해서는 자신의 유전자를 다음 세대로 전달해야 하며, 이를 위해 자신과 혈연관계가 있는 개체들을 돕고자 하는 이타적 행동이 나타난다는 것이다. 꿀벌, 미어캣, 흡혈박쥐의 이타적 행동도 결국 자신과 같은 유전자를 가진 종족을 보호하기 위한 '이기적인' 이타적 행동으로 설명할 수 있다. 혈연선택은 생물학자들이 압도적으로 지지하는 입장이다.

할데인의 주장을 바탕으로 1960년대에 영국의 생물학자 윌리엄 해밀턴 William D. Hamilton이 확장하여 체계화한 것이 해밀턴 법칙Hamilton's Rule이다. 다른 개체와 자신과의 연관성relatedness을 r이라 하고, 다른 개체를 돕는데 지불하는 비용cost을 c, 이를 통해 얻게 되는 이익benefit을 b라 했을 때 $r > c/b$ 인 경우에 이타적 행동이 나타난다는 것이다. c/b는 이익 대비 비용의 비율을 나타낸 것으로 이 숫자가 클수록 협동의 비용이 크며, 이 숫자가 작아질수록 협동의 이익이 크다. 이 비율보다 연관성이 클 때, 다시 말해 혈연관계가 긴밀할수록 이타적 행동이 잘 일어난다는 뜻이다. 예를 들어 연관성을 유전자의 공유 정도라고 정의할 때, 나와 형제 간의 r 은 0.5가 되고, c/b가

이보다 작을 때 이타적 행동이 발생한다. 이타적 행동으로 발생하는 편익이 비용의 두 배 이상이어야 한다. 나와 사촌 간의 r은 0.125가 되고, c/b가 이보다 작을 때 이타적 행동이 발생한다. 이타적 행동으로 발생하는 편익이 비용의 여덟 배 이상이어야 한다.

하지만 이 설명은 적용 범위가 너무나 제한적이다. 내 가족, 친척에게만 적용될 수 있다. 내 친구들은 아무리 친하고, 서로를 배려한다고 해도 혈연관계나 유전자의 공유도로 따지자면 그 정도가 매우 미약하다. 게다가 부부 간의 유전자 공유도는 0에 가깝다. 혈연선택은 이를 설명하기 힘들다. 남모르는 사람들 사이에 베풀어지는 선행도 설명할 수 없다. 앞서 말한 동물들의 경우도 그렇다. 케임브리지 대학교의 팀 클러튼 브록Tim Clutton Brock이 미어캣 집단을 관찰한 결과, 그들 속에는 혈연관계를 맺지 않은 이민자들도 섞여 있었지만 보초를 서는 횟수의 차별이 없었다. 동물의 경우에도 이들의 협동 행동이 반드시 유전자의 공유도 때문만은 아님을 보여준다.

그러나 외국에서 한국 사람을 만나면 괜히 반갑고 무슨 어려움이라도 겪고 있는 중이라면 기꺼이 도와주려고 한다. 역시 피는 물보다 진한 것일까?

인간 협동의 조건 2 : 눈에는 눈, 이에는 이

두 번째는 직접 상호성Direct Reciprocity이다. A가 B를 도와주면 그 보답으로 B가 A를 도와주는 것이다. 특히 둘 사이의 관계나 거래가 장기적으로 반복될 때 직접 상호성은 한껏 발휘될 것이다. 단골이 형성되는 경우가 그렇다. 동네 구멍가게가 좋은 물건을 팔면, 손님들은 이에 호응해서 그 가게만 찾아오게 될 것이다. 또한 이렇게 반복적인 관계가 형성되면 가게 주인 입장에서는 오늘 하루 조금 더 돈을 벌기 위해서 손님에게 바가지를 씌우기보다 앞으로의 장기거래를 생각해서 더 친절히 대하게 된다. 이 주장은 경제학자들이 선호한다. 장기 이기주의로 설명할 수 있기 때문이다.

즉, 직접 상호성에서는 거래가 반복될 확률이 중요한데 이를 식으로 표현하면 다음과 같다. w는 게임이 반복될 확률이고, c는 협동할 때 지불하는 비용이고, b는 협동할 때 얻게 되는 이익이라 한다면 $w > c/b$ 인 경우에 이타적 행동이 나타난다는 것이다. 이익 대비 비용의 비율보다 게임이 반복될 확률이 클 경우, 즉 반복되는 횟수가 클수록 이타적 행동이 잘 일어난다는 뜻이다.

우리가 앞서 살펴본 죄수의 딜레마도 이를 반복할 경우 다른 해법이 나올 수 있다. 원래 죄수의 딜레마에서는 상대방이 어떻게 하든지 상관없이 나는 배반하는 것이 (2, 2)로 이득이었다. 하지만 끝없이 반복해서 이런 거래를 할 경우 1회의 보수만을 생각하는 것이 아니라 반복되는 게임 속에서 발생하는 보수의 합을 생각하게 된다. 따라서 (3, 3)을 선택할 때 장기적으로 가장 많은 이득을 얻게 된다는 결론을 얻을 수 있다. 직접 상호성에서 응징은 거래의 단절로 나타난다. 응징이 항상 뒤따른다는 것을 안다면 배반은 사라지게 될지도 모른다.

1979년 미국의 정치학자 로버트 악셀로드Robert Axelrod는 죄수의 게임을 반복할 경우 최선의 전략이 무엇인지를 알아보기 위해 게임을 제안했다. 컴퓨터 프로그램으로 죄수의 반복 딜레마게임을 만들고 세계의 경제학자, 정치학자, 사회학자, 게임이론가, 컴퓨터 과학자들에게 협동(C)과 배반(D)이라는 두 가지 선택을 이용하여 이 게임에서 우승할 수 있는 최선의 전략을 제출해 달라고 청했다. 총 14종의 전략이 컴퓨터 프로그램으로 짜여 제출되었고, 여기에 악셀로드가 무작위로 대응하는 랜덤이라는 프로그램을 추가하여 15종의 전략이 자웅을 겨루었다. 각 전략은 자기 자신을 포함한 15개의 모든 전략과 리그를 펼치며, 한 번의 대결에서 총 200회의 선택을 하였다. 보수는 서로 협동하면 3점, 서로 배반하면 1점, 한 사람은 협동하고 다른 한 사람은 배반하면 각각 5점과 0점을 얻는다. 이를 5번 반복하여 평균 득점이 가장 높은 전략을 우승 전략으로 선택하였다. 그 결과 15개의 전략은 대략 200점에서 600점의 점수 분포를 나타냈고, 이 중 평균 득점 504점을 기록한 전략이 우승을 차지했다. 그 전략이 바로 캐나다의 심리학자 아나톨 라포트Anatol Rapport가 제시한 TFTTit for Tat로, 단 네 줄에 불과한 컴퓨터 프로그램이었다. 이 결과를 발표한 후 악셀로드는 2차 리그전을 개최했다. TFT라는 전략이 알려졌으니 이를 바탕으로 더 발전한 전략이 등장할 수 있을 것이라 예상했기 때문이다. 1차 리그전에 참가했던 이들을 다시 초청하고, 컴퓨터 잡지에 광고를 내어 천재적인 컴퓨터 프로그래머들의 참가를 유도했다. 이번에는 총 62개의 전략이 도착했다. 라포트는 이번에도 TFT 전략을 제출했다. 1차 리그전과 똑같은 방식으로 경기가 진행되었다. 결과는? 이번에도 TFT가 우승을 차지했다.

　TFT 전략은 한마디로 '눈에는 눈, 이에는 이'라고 할 수 있다. 우선 처음에는 상대방에게 협동한다. 그 후부터는 상대방이 협동하면 나도 협동하고, 상대방이 배반하면 나도 배반한다. 상대방이 직전에 한 행동을 따라하는 것이다. 이 간단한 전략이 가장 우수한 성적을 거두었다. 이 경우 일단 서로가 협동하기 시작하면 계속해서 협동할 수 있다. 즉, 계속해서 (3, 3)의 보수를 얻을 수 있다는 것이다. 그런데 상대방이 순간의 실수로 배반할 경우, 나도 배반하게 되어 계속해서 서로 배반하게 된다. 즉, 계속해서 (2, 2)의 보수밖에 얻지 못한다. 이런 현상을 '표류drift'라고 부른다. 이런 상황을 막기 위해서는 추가 전략이 필요하다. 서로 배반하는 선택이 어느 정도 계속될 경우

먼저 협동하여 변화를 꾀하는 것이다. 이를 GTFTGenerous TFT, 즉 관대한 TFT라 한다. 상대방이 단 한 번 배반하고 다시 협동으로 돌아설 때에는 응징하지 않지만 두 번 이상 배반할 경우에는 응징하는 전략도 있다. 이는 TF2TTif for 2 Tat라 부른다.

쉽게 말하면 이런 것이다. 사람들과 좋은 관계를 유지하고 싶다면 맨 처음에는 협동해라. 그러고는 상대방이 하는 대로 하라. 상대방이 배신하면 너도 배신해라. 그런데 만약 배반이 계속되면 네가 다시 한 번 먼저 협동하라. 이렇게 하면 자기 이익을 극대화할 수 있다는 것(사실은 손해를 최소화할 수 있다는 것)이다. 앞서 이기적 인간과 대립하여 상정했던 상호적 인간의 특성에 딱 맞는 이야기다. 2500년 전 성경과 논어가 설파했던 황금률과도 같다.38)

하지만 경제학자들은 직접 상호성은 이타적 행위가 아니라 이기적 행위라고 간주한다. 실로 모든 협동의 행위는 장기의 이기적 동기로 설명할 수 있을 것이다. 혈연선택과 마찬가지로 직접 상호성도 제한적일 것이다. 수많은 인류 중 내가 두 번 이상 만나는 사람, 나와 두 번 이상 거래를 하는 사람은 의외로 많지 않기 때문이다.

인간 협동의 조건 3 : 평판이 중요하다

세 번째는 간접 상호성Indirect Reciprocity이다. A가 B를 도와주고, 이를 본 C가 A를 도와준다. 이런 간접적인 협동이 가능해지는 것은 평판reputation 때문이다. 상대를 도와주면 나의 평판이 좋아져서 훗날 다른 사람으로부터 도움을 받을 수 있다. 상대를 배신하면 이기적 인간이라는 평판을 받게 되어 훗날 도움을 받을 수 없을 것이다. 실제 이론과 실증 연구에 의하면 다른 사람을 더 많이 돕는 사람이 더 많은 도움을 받는 것으로 나타난다. 간접 상호성에서 응징은 '왕따'다. 만일 사람들이 과거에 한 협동과 배반의 기록이 이마에 쓰여 있다면 어느 누구도 '배반의 장미'를 이마에 새긴 사람과 거래하려고 하지 않을 것이다. 하여 사람들은 다른 사람의 협동을 얻어내기 위해서 스스로 협동해야 한다.

앞서 살펴본 직접 상호성은 협동을 설명하는 매우 강력한 방법이기는 하지만 제한적이다. 우선 똑같은 두 사람이 반복적으로 만나야 하며, 서로 도울 것이라는 확신이 있어야 하고, 도움을 주는 사람이 지불해야 하는 비용보다 도움을 받는 사람이 얻게 되는 혜택이 커야 한다. 하지만 때로 사람들은 낯선 이를 돕기도 하고, 나를 도와주지 않았던 사람을 돕기도 한다. 사람들 사이의 협동은 반드시 쌍방 대칭적으로 일어나지만은 않는다. 이를 설명해주는 것이 간접 상호성이다. 직접 상호성에 의한 협동이 물물교환이라면, 간접 상호성은 돈이 발명된 후의 교환과 같다. 평판이 돈의 역할을 하는 것이다.

때문에 사람들에 대한 평판이 얼마나 잘, 그리고 정확하게 전달되느냐가 중요하다. 평판은 결국 사람들의 입을 통해 전달된다. 소위 말하는 뒷담화 gossip가 정확하고 신속하게 퍼지는 사회일수록 협동이 잘 일어나는 셈이다. 우리는 밤마다 술을 마시면서 이 사회에 협동이 더 잘 일어나도록 열심히 노력하고 있는 셈이다. 진화생물학자라면 우리가 뒷담화를 즐기는 건 오랜 인류 진화의 산물이라고 주장할지도 모른다.

이는 다음과 같이 표현할 수 있다. q는 다른 사람의 평판을 알 수 있는 확률이고, c는 협동할 때 지불하는 비용이고, b는 협동할 때 얻게 되는 이익이라 한다면 $q > c/b$인 경우에 이타적 행동이 나타난다. 이익 대비 비용의 비율보다 평판이 확산되는 확률이 클 경우, 즉 투명한 사회일수록 협동이 잘 일어날 것이다.

인간 협동의 조건 4 : 유유상종, 끼리끼리 논다

네 번째는 네트워크 상호성Network Reciprocity이다. 지금까지의 논의는 협동하는 사람과 배반하는 사람이 골고루 섞여 있고, 가리지 않고 모든 사람과 관계를 형성하는 경우를 가정했다. 하지만 실제 현실에서는 비슷한 사람들끼리 모여 있는 경우가 많다. 공간적 요인 때문이기도 하고 사회적 관계가 요인이 되기도 한다. 예를 들어 전라도와 경상도의 분리, 그리고 정치적 지지 정당의 선명한 차이가 그렇다. 내가 인간관계를 맺고 있는 사람들을 생각해보면 같은 동네에 살거나 같은 종교를 믿거나, 같은 학교를 다녔거나, 혹은 같은 정치적 견해를 보유한 사람들일 것이다. 무엇이든 나와 공통점을 가진 사람들이다.

협동과 배반도 이와 마찬가지다. 협동하는 사람 주변에 있으면 협동의 이익을 얻게 되지만, 배반하는 사람 주변에 있으면 아무것도 얻을 수 없으며 오히려 배반으로 최악의 결과를 얻을 수 있다. 결과적으로 협동하는 사람 주변으로는 사람이 모이지만, 배반하는 사람 주변에서는 사람이 멀어진다. 고립된 배반자들은 배반자들끼리 어울릴 수밖에 없다. 한마디로 유유상종이다.

만약 협동하는 사람과 배반하는 사람이 아주 골고루 섞여 있는 상황에서, 그 둘이 만난다면 협동하는 사람이 손해를 본다. 이것이 반복되면 협동하는 사람은 적자생존의 법칙에 의하면 도태되거나 사라진다. 하지만 협동하는 사람들끼리 모여서 네트워크를 형성하면 서로 이득을 주게 되고, 그것을 바탕으로 배반하는 사람들을 이길 수 있다. 이것이 네트워크 상호성이다. 국지적 상호성이라고도 한다.

이는 다음과 같이 쓸 수 있다. k를 내가 관계를 맺고 있는 주변 사람들의 수라고 하고, c는 협동할 때 지불하는 비용이고, b는 협동할 때 얻게 되는 이익이라 한다면 b/c > k인 경우에 이타적 행동이 나타난다. 비용 대비 이익의 비율이 주변 사람의 수보다 클 경우, 즉 내가 만나는 사람이 적을수록 협동은 잘 일어난다. 주변 사람의 수가 늘어날수록 다양한 사람을 만날 확률이 커지므로 유유상종의 기회는 줄어들기 때문이다.

이 네 번째 조건은 '그래프 위의 진화'라는 컴퓨터 시뮬레이션에서 나오는 결과다. 예컨대 바둑판 모양의 그래프에서 하나의 격자는 8명의 이웃을 가진다. 이들과의 게임 결과에 따라 전략을 변화시키는 프로그램을 돌리면 게임이 반복되면서 각 집단의 위치와 크기가 달라진다. 그 아름다운 모습을 확인하고 싶은 독자는 노박의 《초협력자Super cooperators》를 보시기 바란다.

인간 협동의 조건 5 : 착한 애들이 뭉치면 세다

다섯 번째는 집단 선택Group Selection이다. 집단 선택이란 어떤 집단이 어떤 특성을 갖고 있나 혹은 어떤 특성을 가진 사람을 얼마나 많이 보유하고 있는가에 따라 집단들의 생존 가능성이 달라지고, 고로 그 속성이 전체로 퍼져나가게 될지 아니면 없어지게 될지 결정되는 과정을 뜻한다.[39] 지금까지는 개인을 기준으로 협동과 배반의 선택을 살펴보았는데, 이제 개인이 모여서 이루어진 집단을 함께 고려하는 것이다. 협동자끼리 모여 있는 협동자 집단과 배반자끼리 모여 있는 배반자 집단이 있다. 협동자들은 서로를 돕지만, 배반자들은 돕지 않는다. 협동과 배반을 통해서 얻게 되는 이득만큼 자손을 남길 수 있으며, 자손들은 부모의 집단과 같은 집단에 속한다고 가정해보자.

앞서 게임이론으로 살펴본 사회적 딜레마 상황에서 보았듯이, 서로 협동할 때가 서로 배반할 때보다 더 많은 이득을 얻게 된다. 따라서 협동자 집단이 배반자 집단보다 더 많은 이득을 거두게 되고, 더 많은 자손을 남길 수 있다. 반면 자손 수 증가에서 뒤처지는 배반자 집단은 소멸하게 된다.

이 경우 두 가지 차원에서 선택이 일어난다. 집단 내에 있는 개인의 차원에서는 배반자가 유리하지만, 집단 간 차원에서 보면 협동자 집단이 유리하다. 때문에 집단 내에서는 협동자의 수가 점점 줄어든다 해도 협동자 집단이 존재하기만 한다면 전체적으로는 협동자가 더 많아질 수 있다. 이런 점 때문에 집단 선택을 다층 선택Multilevel Selection으로 부르기도 한다.

쉽게 말해 남을 위해 희생하는 이타적인 사람이 많은 집단, 집단 내 구성원들이 서로 협동하는 집단이 집단 전체의 생존에 유리하다는 것이다. 반면 집단 내 구성원들끼리 서로 배반하는 경우 결국 집단은 무너지고 최후의 배반자 한 명만 남게 된다. 예를 들어 그리스 국가 스파르타를 생각해 볼 수 있다. 영화 〈300〉에서 보았듯이 스파르타에는 전쟁에서 다른 이들을 위해 자신의 목숨을 내던질 수 있는 희생정신이 강한 투사들이 모여 있었다. 스파르타는 국가 차원에서 그러한 국민을 길러냈다고 한다. 덕분에 스파르타는 700년 동안 유지될 수 있었을 것이다. 우리가 잘 아는 그리스 도시국가 아테네는 이보다 200년 짧은 500년의 역사를 가졌다. 단지 전쟁에 나가 무식하게 싸울 수 있었다는 것을 뛰어넘어서 스파르타의 국민들은 태어나서부터 공동체 생활을 하며 국가가 제공하는 평생교육을 받았다. 그 과정에서 형성

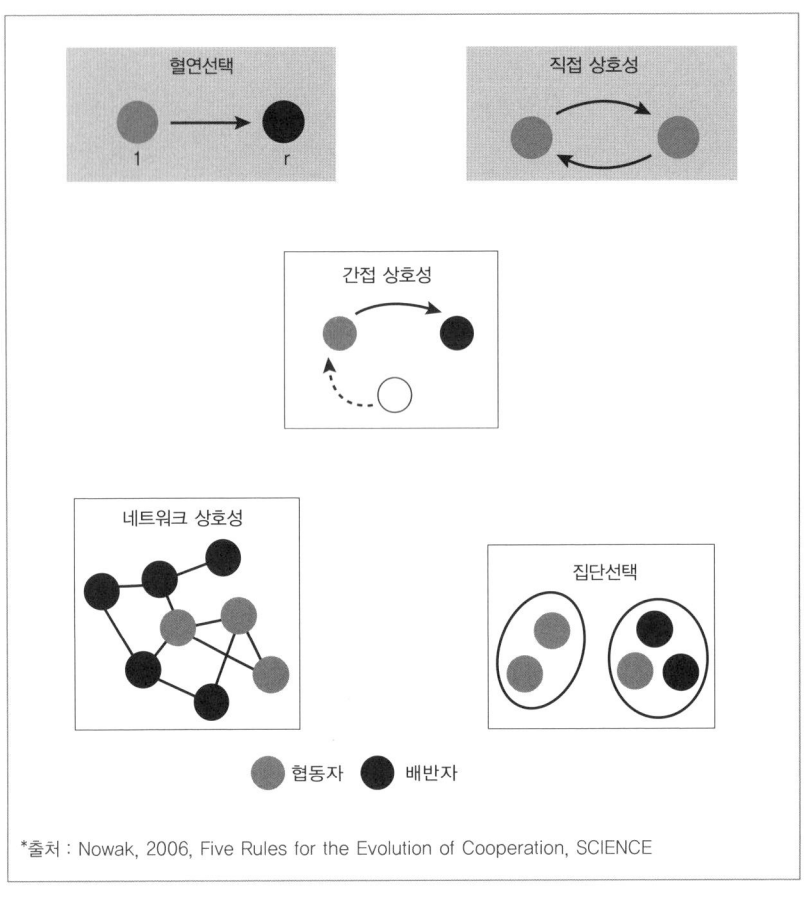

〔그림 9〕 인간 협동의 다섯 가지 조건

된 공동체 의식과 협동심이 스파르타를 강한 국가로 만드는 요인이 되었을 것이다.

이를 수학적으로 표현하면 다음과 같다. n을 한 집단의 최대 크기, 다시 말해 한 집단에 속해 있는 사람 수라고 하고 m을 집단의 수라고 한다. c는 협동할 때 지불하는 비용이고, b는 협동할 때 얻게 되는 이익이라 한다면 $b/c > 1+(n/m)$이다. 따라서 한 집단 내의 사람 수가 적을수록, 그리고 집단의 수가 많을수록 협동이 잘 일어난다. 한 집단 내의 사람 수가 적다는 것은 유유상종이 일어날 확률이 높다는 뜻으로 협동자끼리 모여 있을 경우가 많아진다는 뜻이다. 협동자와 배반자가 섞여 있을 경우 협동자가 불리하기 때문에 협동자끼리 모여 있을수록 협동자의 수가 증가할 수 있다. 반대로 집단의 수가 많아야 유리하다는 것은 협동자 집단이 배반자 집단을 이기는 일이 더 많이 일어날 수 있다는 뜻이다. 집단의 차원에서는 협동자 집단이 더 유리하기 때문이다.

지금까지 혈연선택, 직접 상호성, 간접 상호성, 네트워크 상호성, 집단 선택이라는 인간 협동의 조건 다섯 가지를 살펴보았다. 혈연관계가 가까울수록, 어떤 사람을 다시 만날 확률이 높을수록, 사람들의 평판이 잘 알려질수록, 만나는 주변 사람이 적을수록, 집단의 구성원이 적고 집단의 수가 많을수록 협동의 가능성이 높아졌다. 우리는 이런 조건을 활용하고 반영하여 협동을 유도할 수 있는 사회규범, 법률, 제도를 만들 수 있다.

7장

협동을
택하게 하는 방법

올바른 사회적 가치의 확산

   미국의 사회학자 피터 콜록Peter Kollock은 자신의 논문 〈사회적 딜레마 : 협동에 관한 분석Social Dilemmas : The anatomy of cooperation〉에서 기존의 연구들을 정리해서, 사회적 딜레마를 해결하는 방법을 소개하고 있다. 콜록의 주장을 뼈대로 다른 이론들을 붙여 협동의 전략을 살펴보기로 하자.

   사람들이 추구하는 사회적 가치는 다양하다. 상대와 나 사이에 이득을 분배하는 과정에서 모든 사람들이 이기심이나 물질적 만족의 극대화를 추구하지는 않는다. 특히 많은 실험의 결과 자신이 얻는 결과와 함께 상대방이 얻는 결과에 대한 관심이 결정에 미치는 영향이 매우 높았다.[40]

   이를 보여주는 사례를 하나 소개한다. 캘리포니아 대학의 여학생 180명을 대상으로 이중우월전략게임을 진행했다.[41] 우월전략이란 상대방이 어

		B	
		C	D
A	C	(5, 5)	(0, 5)
	D	(5, 0)	(0, 0)

〔표 10〕 이중우월전략게임

떠한 선택을 하는가에 상관없이 나의 보수를 가장 크게 만들어주는 것을 뜻한다. 앞서 죄수의 딜레마는 상대방이 협력하든 배반하든 나는 배반하는 것이 이익이 되었다. 강력한 하나의 우월전략이 존재하는 게임이었다. 이중우월전략은 상대방이 어떤 선택을 하든 나에게 돌아오는 보수가 똑같을 때 발생한다. 예를 들면 〔표 10〕과 같은 경우다. 여기서 A가 협력(C)을 택할 경우 B는 어떤 선택을 해도 보수 5를 얻게 된다. B가 협력(C)을 선택하느냐, 배반(D)을 선택하느냐에 따라서 달라지는 것은 A가 받게 되는 몫이다. 즉, B의 선택은 A를 얼마나 고려하느냐에 달려 있는 것이다. 이는 A와 B를 바꿔서 생각해도 마찬가지다. 여학생들을 둘씩 짝을 지어주고 서로 협력과 반대를 선택하는 과정을 80회 반복했다. 그리고 짝을 바꿔서 같은 과정을 6번 반복했다. 그 결과 기본적으로 자신의 몫을 높이는 선택을 하면서, 대체로 두 사람 모두의 보수 합이 높아지는 선택을 하는 쪽이 많았다. 두 사람 사이의 보수 격차를 높이는 선택을 하는 쪽은 이보다 적었다. 내가 특별히 손해를 보지 않는 한 다른 사람의 몫을 높여주는 선택을 선호한다는 것을 보여준다. 그런데 혹시 여학생들만을 대상으로 한 실험이어서 이런 결과가 나온 건 아닐까?

몇 가지 대표적인 사회적 가치를 분류해보면 자신의 몫과 상관없이 상대방의 몫이 커지는 것을 선호하는 이타적 가치, 나의 몫과 상대방의 몫을 합했을 때 결과가 최대화되는 경우를 선호하는 협동 지향적 가치, 상대방의 몫에 대해서는 고려하지 않으며 내 몫에 대한 관심만 기울이는 개인주의적 가치, 상대방과의 격차가 커지는 것을 선호하는 경쟁 지향적 가치, 반대로 상대방과의 격차가 최소화되는 것을 지향하는 평등 지향적 가치도 있다. 이 외에도 독특하지만 순교적 가치, 가학적 가치 등도 있을 수 있다. 연구에 의하면 이처럼 서로 다른 사회적 가치를 지향하는 사람들은 같은 게임에서도 서로 다르게 행동한다.[42] 우리가 앞에서 보았던 죄수의 딜레마게임에서도 이기적인 사람이라면 무조건 배반하지만, 이타적인 사람이라면 무조건 협동하는 것을 알 수 있었다.

경제학자들은 이기심이라는 가치만을 기준으로 하여 객관적 보수를 제시하지만, 실험 참가자에게는 그보다 더 중요한 가치가 있을 수 있다는 것이다. 앞서 살펴본 최후통첩게임에서 연구자는 1만 원이라는 화폐 가치를 제시했지만 참가자들은 그것만으로 판단하지 않았다. 참가자들은 공평성, 배려 등의 이유로 1만 원의 절반 가까이를 상대방에게 주었다. 연구자의 의도와는 달리 실험 참가자들의 주관적 판단 기준이 작용한 것이다.

그렇다면 이기심 외에 사회적으로 긍정적 효과가 있을 올바른 가치를 확산시키면 협동이 증가하지 않을까? 예를 들어 돈을 많이 버는 삶보다 남에게 도움을 베푸는 삶이 훨씬 좋다는 생각이 매우 보편적이고 현실적인 가치로 자리 잡도록, 사람들의 머릿속을 바꾸는 것이다. 문제는 어떻게 사람들의 머릿속을 바꾸느냐다. 꾸준한 의사소통과 교육도 훌륭한 답이 될 것이다. 협동하면 보상을 받을 수 있고, 배반하면 손해를 본다는 것을 사회적으로 학습시키면 사회적 딜레마에서 벗어날 수 있다. 그런 측면에서 무한 입시경쟁에 내몰리고 있는 우리의 청소년들은 협동을 촉진하는 교육이나 훈련을 전혀 받지 못하고 있는 셈이다. 우리가 아이들을 망치고 있다.

2010년 핀란드를 방문했을 때, 핀란드 교육개혁 40년 역사 중 처음 20년 동안 국가교육청장을 지냈던 에르끼 아호Erkki Aho를 만났다. 그에게 아이들의 학업 등수를 어떻게 매기는지 물어보았다. 그러자 그는 매우 의아한 표정을 물었다. "등수라니요? 이 아이는 달리기를 잘 하고, 애는 수학을 잘 하고, 이 친구는 음악에 발군인데 아이들의 순서를 어떻게 정한다는 얘기죠?" 그렇다. 핀란드 학교에는 등수가 없다. 시험은 보지만 등수를 매기지 않는 것이다. 사교육비도 없고, 대학 서열도 없다.

아호가 주장했던 핀란드 교육의 가치는 '평등과 협동'이었다. 그는 교실에서의 경쟁이 학생들의 학습 의지를 저하시킬 뿐 아무런 의미도 없다고 강조했다. 대신 학생의 협동을 통해 서로 배워가는 협동의 교육을 강조했다. 학교는 좋은 시민이 되기 위한 교양을 쌓는 과정이고 거기에 꼭 필요한 것은 협동이며, 경쟁은 좋은 시민이 된 이후의 일이기 때문이다. 우리 아이들이 핀란드 아이들에 비해 거의 두 배에 가까운 시간을 공부하면서도 국제학력평가PISA에서 핀란드에게 뒤지는 이유다. "좋아서 공부한다"라는 학습 동기 항목에서 핀란드 아이들이 1등이고 우리 아이들이 꼴등인 것도 당연하고 그래서 우리 아이들은 불행하고 급기야 자살을 택하기도 한다.

협동 지향적 성향과 경쟁 지향적 성향이 어떻게 발달하는지 알아보기 위해, 여러 나라의 어린이를 대상으로 오랜 기간 조사를 한 연구가 있다.[43] 여기서 밝혀진 사실은 경쟁이 협동보다 확연하게 빨리 습득된다는 것과 경쟁의 정도는 나라마다 매우 다양하게 나타난다는 것이다. 또 다른 연구에서는 고등교육, 그중에서도 대학 전공이 가치 성향에 어떤 영향을 미치는지를 조사했다. 여기서 나온 결과 중 재미있는 것은 경제학을 전공한 사람일수록 무임승차자가 되는 경향이 높았다는 것이다.[44]

위스콘신 대학의 경제학과 1학년생 32명을 대상으로 앞서 사회적 딜레마를 설명하면서 살펴보았던 공공재게임을 진행했다.[45] 이번에는 경제학과

학생들과 그 외 학생들을 대상으로 하여 진행했다. 그 결과 다른 학과 학생들은 49퍼센트가 공공 계정에 돈을 넣은 반면, 경제학과 학생들은 20퍼센트만이 그렇게 했다. 경제학과에는 다른 학과에 비해 2배 이상의 무임승차자가 존재하는 셈이다. 경제학과 학생이 무임승차할 확률은 일반인의 2배 가까이에 이른다고 볼 수도 있을 것이다.

이러한 차이가 발생한 이유를 알아내기 위해 실험이 끝난 후 참가자들을 대상으로 두 가지 질문을 했다. 첫 번째 질문은 "자신이 가진 돈 중 얼마만큼을 공공 계정에 넣는 것이 '공정'하다고 생각하느냐?"였다. 이에 대해 다른 학과 학생들의 75퍼센트가 절반 이상을 넣는 것이 공정하다고 답했고 나머지 25퍼센트는 모두 넣는 것이 공정하다고 답했다. 경제학과 학생들은 어땠을까? 3분의 2 이상이 이 질문에 대답하기를 거부하거나 이해하기 어려운 복잡한 설명을 늘어놓았다. 아마 자신이 배운 경제학적 지식을 최대한 동원해서 변명 아닌 변명을 하지 않았을까? 두 번째 질문은 "그렇다면 당신은 공공 계정에 돈을 넣을 때 '공정성'에 대해 고려했는가?"였다. 이에 대해 다른 학과 학생들은 거의 대부분이 그렇다고 대답했다. 하지만 경제학과 학생들은 단지 절반만이 그렇다고 답했다. 특히 첫 번째 질문에서 대답을 회피하거나 중언부언했던 학생들 대부분은 공정성을 고려하지 않았다고 대답했다.[46]

경제학자나 경제학과 대학생들을 대상으로 하는 이런 실험은 수없이 되풀이되었다. 결과는 대체로 비슷했다. '보이지 않는 손'이나 '시장의 효율성'이라는 그럴듯한 말로 포장되었지만 사실 경제학이 가르치는 것은 "이기적으로 행동하라. 그게 현명한 행동이다. 그렇지 않으면 바보가 될 뿐이야!"라는 외침이었던 것이다. 그렇지 않고서야 멀쩡한 애들이 경제학과에만 들어가면 무임승차자가 되는 이유를 찾을 수가 없다. 현재의 경제학 교육에 분명 문제가 있다는 증거다. 교육은 중요하고 또 중요하다!

소통을 통한 정보 교환과 설득

사람들 사이의 소통은 협동에 긍정적인 영향을 준다는 연구 결과도 많다.[47] 광범위한 연구에서 연구자들은 실험자들에게 대화할 수 있는 기회를 주었다. 그러자 협동은 눈에 띄게 늘어났다. 소통이 협동을 증가시키는 이유에 대한 설명은 다양하지만 대략 다음의 4가지를 들 수 있다.[48] 첫째, 소통을 통해서 상대방이 어떤 선택을 할 것인지에 대한 정보를 얻을 수 있다. 물론 정보가 많이 제공될수록 협동이 어려워질 수도 있다. 내가 굳이 나서지 않아도 많은 사람이 협동할 것이라면 나는 그냥 무임승차자가 되는 편이 이익이기 때문이다. 그러나 집단에서 사람을 골라서 하는 게임이라면 소통이 협동을 촉진시킬 수 있을 것이다. 앞에서 본 간접 상호성이 작용할 것이기 때문이다. 둘째, 소통은 집단의 구성원들이 무엇을 할 것인지에 대해서 서로 명확한 약속과 협의를 할 수 있게 한다. 즉, 소통은 사회적 규범을 형성하는 데 필수적이다. 셋째, 소통은 도덕적 권고를 통해 옳은 것 또는 적절한 것을 하도록 설득할 수 있다. 특히 도덕은 협동에 긍정적인 영향을 주는 중요 요소 중 하나다. 넷째, 대화는 집단 정체성을 만들어내고 내면화할 수 있다. 둘째부터 넷째까지는 소통이 협동의 사회적 규범을 형성시키는 통로라는 것을 의미한다. 만일 사회적 규범이 내면화된다면 이제 별도의 응징이나 보상 제도 없이도 협동이 일어나게 될지도 모른다. 일반적으로 민주주의는 소통을 촉진시키고 신뢰와 협동의 사회적 규범을 낳는다고 할 수 있다.

지난 이명박 정부 5년 동안 우리 정부는 불통이었고 불행하게도 앞으로도 그럴 조짐이 보이고 있다. 불통은 불신을 낳고, 뒤에 보듯이 불신은 협동을 저해해서 결국 경제성장률도 낮추게 된다. 유신 독재와 같은 방식으로 성장률을 높일 수 있으리라고 생각하는 것은 크나큰 오산이다.

양면의 칼날, 집단 정체성의 강화

대화가 부재한 곳이라 해도 집단 정체성이 존재하는 경우 협동은 강화된다.[49] 공유지의 비극과 같은 상황에서 자신을 집단의 구성원으로 인식하는 경우 개인적 욕심을 억제하려고 하는 경향이 있다는 것을 증명한 연구도 있다. 상대방이 같은 집단의 구성원일 때 죄수의 딜레마는 사슴사냥게임으로 변하는 것을 보여준 연구도 있다.[50] 상대방이 다른 집단의 구성원일 때는 여전히 죄수의 딜레마 형태로 게임이 진행되었다.

만약 서로 다른 집단이 경쟁하는 상황이라면 집단 정체성은 더 강력한 영향을 미친다.[51] 하지만 집단 간의 경쟁을 부추겨서 집단 내의 협동을 촉진하는 방식은 부작용을 낳을 수 있다. 집단 사이의 충돌로 발생하는 사회적 비용이 커질 수 있기 때문이다. 경쟁 속에서 집단이 폐쇄적으로 변하면서 다양성을 유지하지 못하고 퇴행할 수도 있다. 지난 몇 년간 벌어진 진보정당의 내부 분열은 이를 잘 보여준다.

통합진보당의 각 정파도 정도의 차이는 있지만 마찬가지다. 구 민주노동당 시절부터 정파 간 갈등은 토론과 합의로 이어지지 않고 오로지 다수결에 의해 승패를 갈랐다. 후보 경선이나 당직 선거에서 이기는 것이 각 집단의 사활을 결정했다. 어느 쪽이 더 조직력이 있는지, 어느 쪽이 지도부의 말을 신뢰하고 일사분란하게 움직이는지가 승패를 결정할 뿐, 과연 그것이 올바른 결정인지는 제대로 논의되지 않았다. 캐스 선스타인이 이름붙인 '집단 양극화의 법칙'이 여기서만큼 명확하게 관찰되는 곳이 또 있을까? 어느 누구도 합의를 목적으로 토론하지 않았다.

지난 2012년 4월 총선에서 통합진보당 내부의 '관행'이 국민 앞에 드러났다. 진보 진영 내부에서 쉬쉬 하던 문제가 국회의원 선거라는, 숨을 곳 없는 더 큰 공간에서 확대 재생산된 것이 관악을 사태다. 그리고 비례대표 경선에서는 그런 부정이 광범위하게 저질러졌다는 것이 밝혀졌다. 누가 누굴 탓하랴.

당 내부의 문제를 더 이상 감출 수 없게 된 것이다. 앞으로 당이 더 성장한다면 더더욱 이런 문제는 용납될 수 없다. 말 그대로 쇄신이 필요한 것이다. 이제 무엇을 해야 할까? 현재의 분열 상황에서 과거의 사실 하나 하나를 따져 밝히는 건 도움이 되지 않는다. 그 자체가 또 하나의 갈등을 불러일으킬 뿐이다. 우리는 분열된 사회가 어떻게 상처를 치유했는지 역사의 경험에서 배워야 한다. 역사는, 그리고 지금도 세계는 통합진보당의 현 상황과는 비교가 되지 않을 정도로 처참하고 심각한 분열로 가득 차 있다. 그래도 세상이 멸망하지 않은 것은 인류가 그런 분열을 극복해 왔기 때문이다. 예컨대 남아프리카공화국 사례에서 분명히 알 수 있듯이 필요한 것은 '사실과 보복'이 아니라 '진실과 화해'다. 그리고 역사는 피해자가 용서를 해야 비로소 화해가 가능해진다는 (가슴 아픈) 사실도 보여준다.

진정 진보를 실현하려 한다면 그동안 각 정파가 범한 잘못을 고백하고 상대방에 대한 왜곡된 신화와 해석을 바로잡아야 한다. 두 가지가 필요하다. 하나는 어느 집단도 혼자서는 달성할 수 없는 공동의 목표를 향해 집단이 서로 협력하는 것, 둘째로는 화해를 위해 세밀하게 설계된 장기간의 프로그램을 실천하는 일이다. 각 정파의 노선에 비춰서 비정규직 문제, 생태 문제, 소수자 문제의 해법을 제시하고 합의된 실천 전략을 만드는 일도 그러하다. 각 집단이 구체적인 의견을 내고 '숙의deliberation'로 합의를 이끌어내는 연습을 일상적으로 해야 한다. 가능한 모든 노력을 다하고도 합의가 안 될 때만 다수결을 사용해야 한다.

이러한 모든 화해의 프로그램은 서로를 인정하고 존중하는 태도 없이는 불가능하다. 어떤 집단도 자기 의견을 바꿀 용의가 있어야 한다. 가치와 목표가 여럿일 수 있다는 것을 인정해야 한다(가치의 다원성). '숙의 민주주의 deliberative democracy'란 "모두 받아들일 수 있는 그럴듯한 이유reason"를 찾는 것이다. 지금 해야 할 일은 당 내에서 숙의민주주의를 실천해서 새로운 이정표를 세우는 것이다.52)

로버 동굴 실험의 충격적인 결과

1954년 미국의 심리학자 셰리프 부부는 저 유명한 '로버 동굴의 실험 Robber cape experiment'을 했다. 평범한 중산층 대학생들을 아무렇게나 두 집단으로 나눈 뒤, 한정된 자원(물)을 놓고 경쟁하게 했다. 결과는 놀라웠다. 이들은 자기 집단에 이름을 붙이고 지도자를 뽑은 뒤 치열한 경쟁을 벌였고 급기야 살인을 우려할 정도에 이르러 실험을 중단시켜야 했다.

집단 간 경쟁은 각 집단의 정체성을 강화시켜 각 집단 내의 신뢰와 협동을 최고로 끌어올린다. 월드컵 때마다 되풀이 되는 붉은 악마들의 응원도 그 예이며 영화 〈300〉에 나오는 스파르타 전사들의 고귀함도 집단

경쟁이 낳는 아름다움의 예들이다. 여기까지 읽은 독자라면 사회적 딜레마, 즉 개인의 이익이 전체의 이익과 일치하지 않는 경우의 해법이 '신뢰와 협동'이라는 사실을 잘 알 것이다.

하지만 위 실험에서 보듯이 집단 간 경쟁은 전체로 보면 불신과 대립을 일으키기 일쑤다. 이런 경쟁이 극에 달하면 집단 내부의 규범이 보편적 상식으로부터 멀어지는 경우도 종종 발생한다. 디에고 감베타Diego Gambetta라는 사회학자는 마피아와 같은 갱 집단을 예로 들어 '사회적 자본'(뒤에 보듯이 신뢰의 네트워크로 정의할 수 있다)의 그늘을 지적한 바 있다. 뿐만 아니라 상대 집단도 승리하기 위해 이런 관행을 모방하게 되면 집단(당) 전체의 도덕성이 땅에 떨어질 수도 있다. 일반 상식으론 명백한 '부정'도 모두 다 저지르다 보니 '관행'으로 치부된다. 사회의 불의에 분노하는 당원들도 내부의 부정에 대해선 그저 무감하게 바라보게 된다. 상식적 죄의식과 수치심마저 없어져 버린 것이다. 종교 전쟁은 죄의식 마비의 극단적 경우다. 두 집단 모두 신의 뜻에 따라 상대를 죽인다.

그래서 나는 글과 강의에서 특히 '집단 선택에 의한 협동'의 위험성을 거듭 강조한다. 집단의 개방성, 집단 가치의 보편성, 집단 구성원의 다양성을 갖추지 못한다면 협동이라는 묘약은 죽음에 이르는 극약이 될 수 있다.

전략으로서의 상호성

상호성, 즉 상대방이 하는 만큼 나도 베푸는 방식에 기반을 두고 행동하면 협동을 유도할 수 있다. 이에 관한 가장 유명한 연구는 앞서 소개한 악셀로드의 실험이다. 여기서 우승을 차지한 것은 매우 단순한 전략인 TFT 전략이었다. 이는 상대방이 협동하면 나도 협동하고, 상대방이 배반하면 나도 배반하는 것이다. TFT 전략은 반복 죄수의 딜레마를 사슴사냥게임으로 변화시켰다.[53]

악셀로드는 이 결과를 바탕으로 1984년 〈협동의 진화The Evolution of Cooperation〉라는 글을 썼다. 그는 여기서 협동을 위한 세 가지 조건을 다음과 같이 설명했다. 첫째, 서로의 관계가 지속적이어야 한다. 둘째, 서로를 파악할 수 있어야 한다. 셋째, 과거에 상대방이 어떻게 행동했는지 알 수 있어야 한다. 단 한 번 만나고 헤어질 사이이거나, 내가 어떤 사람인지 상대방이 알지 못하거나, 과거 내 행동에 대한 기록이 없는 경우에는 이기적이 된다. 자신의 행동에 대해 책임감을 느끼지 않기 때문이다.

또한 악셀로드는 반복 죄수의 딜레마게임에 참가하는 이들에게 승리를 위한 네 가지 조언을 해주었다. 첫째, 시기하지 마라. 둘째, 먼저 배반하지 마라. 셋째, 협동에는 협동으로, 배반에는 배반으로 대하라. 넷째, 너무 영리하게 굴지 마라. 그리고 무엇보다 상대방에게 내가 이러한 전략을 쓰고 있다는 사실을 명확히 알려주는 것이 중요하다. 당신이 나를 배반하지만 않는다면 나는 협동할 것이라는 신호를 명확히 보내야 한다는 것이다. 특히 이 게임을 제로섬게임으로 생각해서는 안 된다. 제로섬게임이란 한 사람의 이익이 정확히 다른 사람의 손실이 되는 경우다. 상대방 몫을 빼앗으려고 하면 서로 가혹한 배반을 되풀이하게 될 것이다.

좋은 상대를 선택하라

간접 상호성, 또는 네트워크 상호성 규칙을 응용해서 착한 사람하고 거래하는 전략이다. 앞서의 상호성이 상대방이 배반할 경우 나도 배반하는 것이었다면, 이번에는 아예 배반자는 포기해 버리고 다른 상대방을 찾는 전략이다.[54] 모든 사람이 협동적인 사람하고만 거래하려고 하고 배반자를 '왕따' 시킨다면, 결국에는 배반자도 협동할 수밖에 없다는 것이다.

문제는 우리가 모두의 경력이나 그의 유형을 속속들이 알 수 없다는 데 있다. 결국 우리는 잘 아는 사람들과 일하는 경향이 있다. 그러나 앞에서 보았듯이 폐쇄적 네트워크는 마피아와 같은 '사회적 자본의 그늘'이 될 수 있다. 한국 사회 역시 학벌 네트워크, 지역 네트워크 등 때문에 커다란 곤란을 겪고 있다. 주류경제학이라면 그런 집단은 결국 효율적이지 못할 것이므로 소멸할 것이라고 간단하게 진단하겠지만 만일 그 집단 내 협동의 이익이 크다면 오히려 폐쇄 네트워크는 강화될 수도 있을 것이다. 그래서 다시 한 번 집단의 개방성이나 보편적 가치, 내부의 다양성이 중요해진다.

이 세 가지 조건을 갖춘 상태에서 신뢰와 협동의 규범이 갖춰진 사회라면 모두에게 유리한 협동이 일어날 것이다. 스웨덴, 노르웨이, 핀란드, 덴마크와 같은 북유럽 나라들, 그리고 이탈리아 에밀리아로마냐 지방 등에서 이런 특성이 나타난다는 것은 결코 우연이 아니다. 또 협동조합이 대외 개방과 민주적 운영, 교육을 7원칙에 포함하고 있는 것도 이런 위험을 방지하는 지혜일 것이다. 이 주제는 제3부에서 다룰 것이다.

무자비한 보복

　죄수의 딜레마게임은 두 명 사이에 발생할 때보다 여러 명 사이에 발생할 때 더욱 해결이 어렵다. 여러 가지 전략을 쓴다고 해도 한 사람의 행동이 다른 여러 사람에게 동시에 영향을 미치기는 어렵기 때문이다. 이 경우 유용한 것이 무자비한 보복trigger 전략이다. 이는 전체 중에 단 한 명이 단 한 번이라도 배반하면 그 즉시 나도 배반으로 돌아서는 전략이다. 단 한 명의 배반자도, 단 한 번의 실수도 인정하지 않겠다는 것이다. 전체 구성원이 모두 협동할 경우에만 나도 협동하겠다는 의지를 보여주는 것이다. 이렇게 되면 소위 말하는 "나 하나쯤이야." 하는 생각에서 발생하는 무임승차를 막을 수 있다. 하지만 실제로 인류 역사 속에서 사회적 딜레마를 해결한 공동체를 조사해온 연구에 따르면 이런 식의 강력하고 위험한 전략을 사용한 공동체는 없었다고 한다.[55]

협동에 높은 보수를 주어라

　보수 구조를 바꿔서 협동을 유도하는 방식도 있다. 협동의 보수를 높이고 배반의 보수를 낮추면 죄수의 딜레마는 사슴사냥게임이 되어 협동의 빈도는 높아진다.[56] 경제학자들처럼 물질적 보수만 생각해서는 안 된다. 예를 들어 투표의 경우, 내가 지지하는 후보가 당선될 가능성이 높으면 사람들의 투표 의지는 높아진다. 내가 투표하는 행위를 통해 얻게 되는 만족감이 지지 후보의 당선으로 극대화되기 때문이다.

　공공재는 흥미로운 현상을 자아낸다. 분할할 수 없는 공공재의 경우 협동이 높아졌다.[57] 예를 들어 어떤 공공재를 개개인에게 나눠 주고 저마다 개별적 수익을 얻게 하는 것보다 공공재를 집단이 공동 소유하고 그에 대한 고정된 공동 수익을 얻게 할 경우 협동이 높아진다. 물론 이는 집단 정체성과도 연관되어 있다.

앞서 사교육에 관해 논했는데 만일 사교육 금지 조치를 강력하게 취한다면 배반의 보수를 낮출 수 있다. 물론 1980년대 초처럼 몰래 과외로 더 큰 이익을 볼 가능성도 있다. 하지만 예컨대 적발될 경우 3년간 대입 시험을 치르지 못하게 하는데도 그런 위험을 감수할 부모가 있을까?

직접적인 효과를 보기 위해서는 협동의 보수가 높아지고 배반의 보수가 낮아지는 것이 확연하게 눈에 띄어야 한다. 때로 일벌백계가 효과적인 이유가 여기에 있다. 만일 도덕적 가치가 중요한 사회라면 이런 정책에 돈이 거의 들지 않을 수도 있다. 신뢰와 협동이 내면화된 사회라면 배반을 했을 때의 수치감이나 죄의식이 배반을 가로막을 것이기 때문이다. 비공식적 사회 규범이 공식적 규범보다 더 강할 수 있다는 사실을 명심하자.

내가 세상을 바꿀 수 있다는 믿음

자신의 행동이 상황 전체에 미치는 영향이 매우 적을 경우 사람들은 협동하지 않는다. 가뭄에 나 혼자 물을 절약한다고 해도 문제는 해결되지 않으며, TV 수신료를 내지 않는다고 해서 TV 프로그램이 종영되는 것은 아니다. 따라서 개인의 행동이 결과에 미치는 영향이 일정 수준 이상 커지는 구조를 만든다면 협동은 늘어날 수 있다.[58] 나의 행동으로 좀 더 나은 단계로 넘어갈 수 있거나 그런 발전이 눈에 띄기 시작하면 협동은 폭발적으로 증가할 수 있다. 예를 들면 2002년 월드컵 응원전이나 2008년 '광우병 촛불'이 그러했다. 몇 번의 계기에 의해서 집단의 규모는 그때마다 폭발적으로 증가해서 몇 백만 명이 참가하는 행사로 진화했다. 이런 상황은 국가의 강제나 몇 가지 제도에 의해 일어날 수 있는 상황이 아니다.

특히 환경문제를 해결하려면 이런 구조를 형성해야 한다. 앞서 물 절약의 경우 내가 물을 절약하면 다른 사람들도 모두 그럴 것이고, 그것이 변화를 가져오리라는 믿음이 생겨야 한다. 이산화탄소 배출 문제도 그렇다. 지금 내가 종이컵 하나를 안 쓴다고 과연 지구온난화를 막을 수 있을 것인가? 그럴 수 있다는 확신이 일어야 한다.

정부가 그런 구조를 형성하는 정책을 구사할 수 있다. 예컨대 개인이 기여하는 만큼 공공기관 등이 기여해줌으로써 전체 보수를 더욱 커지게 하는 것이다. 서울시에서 저소득층을 대상으로 실시하는 희망플러스 통장, 꿈나래 통장 사업이 그런 경우다. 일정 기간 동안 저소득층이 저축하는 만큼 서울시와 민간 후원 기관이 동일 금액을 추가 적립하는 방식이다. 이는 개인의 행동이 상황을 변화시킬 가능성을 더 크게 만들어 준다. 개인의 행동이 어떤 결과를 가져오는지 명확히 보여주는 것도 좋은 정책이다. 자선 단체에서 기부자와 아이들을 일대일로 맺어주는 이유가 여기에 있다. 내가 기부한 돈이 실제로 어떻게 도움이 되고 있는지 매우 구체적으로 확인할 수 있고, 아이의 기쁨은 나의 행복이 될 것이다.

집단의 크기 조절

집단의 크기가 커질수록 협동은 줄어들 것이다.[59)] 이유는 많다. 집단이 커지면 배반에 의한 피해도 확대될 것이며, 내 행동이 다른 이의 행동에 영향을 미치기도 어렵고, 내 행동이 관찰되기 어려워 익명성이 강화된다. 또한 조직 운영 비용도 집단의 크기가 커질수록 늘어날 것이다.[60] 집단이 커지면 서로의 행동을 평가하고 조정하기 어려워진다. 한 사람의 행동이 상황을 변화시킬 수 있다는 희망도 일어나기 어렵다. 지역공동체를 중심으로 일정한 규모의 사회적 경제를 만들어내고 이들을 다시 네트워크로 연결하는 것이 중요한 이유도 여기에 있다. 산업 클러스터 이론에서도 메가시티와 같은 대규모 집단을 형성하는 것보다 소규모 허브 도시가 네트워크로 연결되는 것이 더 바람직하다고 주장한다.

그러나 규모에 따른 협동 감소는 금방 사라지며 거꾸로 규모가 커지면서 협동이 증대하는 경우도 있다.[61] 공공재 형성에서 집단의 규모가 커지면 한계비용이 줄어들 수 있기 때문이다. 물론 이때는 공공재가 비경합적이라는 가정이 필요하다. 또한 집단 규모에 따라 인구의 이질성이 증가하므로 이것이 다양한 사회적 가치나 자원의 확보로 이어질 수 있어서 협동에 도움이 될 수도 있다. 요컨대 소규모 집단이 서로 배타적이지 않으면서 신뢰의 네트워크로 이어질 때 가장 효율적일 수 있다.

경계를 명확하게

공유지의 비극에서는 경계를 설정하는 것이 해결책이 될 수 있다. 이 경우 공유 자원이 가지고 있는 비배제성을 해소할 수 있기 때문이다. 공유지의 비극을 처음으로 분석했던 미국의 생물학자 가렛 하딘은 자신의 논문에 두 가지 방법을 제시했다.

첫 번째 방법은 지도자나 권위의 수립을 통한 해결이다. 지도자가 규제를 설정하고 집행하는 것이다.62) 정부가 특정 구역, 특정 시기에 어획량을 규제하는 것이 대표적 사례다. 홉스의 《리바이어던》이 여기에 해당한다. 하딘은 "공유지에서의 자유는 모든 것을 망칠 뿐이다.", "모두가 망하는 것보다는 불공정한 것이 낫다."고 주장했다.

흔히 집단 내부의 유대 관계가 강한 경우에는 민주적으로 권력을 잡은 지도자가 등장하고, 유대 관계가 약한 경우에는 강력한 지도자가 나타난다. 후자의 경우 유대 관계가 약해서 협동이 쉽게 일어나지 않으므로 강제적인 권력을 선택한 것이다. 또한 사람들이 지도자의 권위를 받아들이기 위해서는 정당성과 공정한 과정이 뒷받침되어야 한다. 이와 관련 무엇이 중요한 공통의 가치인지 집단이 합의해야 하며, 지도자는 사람들이 복종할 수 있는 충분한 강제력을 갖는 한편, 부패하지 않고 집단 내 특정 그룹을 지지하지 않는다는 신뢰를 줘야 한다는 연구들이 제시됐다. 스웨덴의 저명한 정치학자 보 로스슈타인Bo Rothstein은 복지국가의 성공 조건으로 불편부당한 정부가 가장 중요하다고 주장한다.

1980년대 캘리포니아 대학의 심리학과 학생 160여 명을 대상으로 다음과 같은 실험을 했다. 몇몇이 집단을 구성한 후 공유지를 관리하는 역할을 주었다. 자신의 개인 수확량을 최대화하면서도 공유지가 망가지지 않도록 관리하는 것이 이들에게 주어진 목표였다. 각 실험자는 공유지에서 나오는 자원의 수확량을 어떻게 나눠가질지 투표를 통해 결정할 수 있다. 세 가지 방식이 주어졌는데 하나는 지도자를 뽑아서 결정하게 하는 것이고, 다른 하나는 모두에게 동일한 양을 분배하는 것이고, 마지막은 이전 시기에 소비한 양에 비례해서 나눠 주는 것이다. 이 세 가지 방식 중 하나를 투표로 선택하도록 했다. 열 번의 투표와 수확량 배분이 진행된 후 분석한 결과, 실험자들이 가장 많이 선택한 분배 방식은 지도자를 선출하는 것이었다. 하지만 실험이 반복되면서 실험자 간에 수확량의 격차가 커지게 되자 분배 방식을 바꾸고 싶어 하는 이들이 늘어났는데, 세 가지 방식 중 지도자에 의한 분배 방식을 택한 경우가 특히 그러했다. 규칙과 같은 구조적 해결책보다 개인에 의지하는 해결책에 더 빨리 불만을 갖게 된다는 것을 의미한다.

두 번째 방법은 사적 소유의 도입이다. 공유지를 쪼개서 개인에게 각각 소유권을 주는 것이다. 공공의 재산보다는 개인의 재산이 더 잘 관리된다는 가정에서 출발한 방법이다.[63] 하지만 바다, 공기, 국방처럼 사적 소유를 설정할 수 없는 경우에는 답이 될 수 없다. 누구에게 그 재산을 소유하게 할 것이냐 하는 사회정의 차원의 문제도 발생한다. 또한 개인 소유의 재산이 더 잘 관리된다는 확실한 보장이 없고, 사적 재산권을 지키기 위해서는 그에 따른 제도와 비용이 필요하다.

오스트롬은 인류 역사의 수많은 사례를 분석한 끝에 관리에 성공한 공동체들에서 공통으로 발견된 8가지의 규칙을 찾아냈다. 중요한 것은 공동체의 자원을 잘 알고 있는 구성원들이 스스로 규칙을 만들고 이를 자발적 감시에 의해 지켜나갔다는 점이다.[64] 대표적인 사례가 1920년대 미국 메인 주 연안의 바닷가재 잡이 어부들이다. 당시 바닷가재 남획이 문제가 되자 지역 어부들은 자치 규율을 만들어서 바닷가재 잡이 규칙을 세웠다. 그 결과 미국 북동부의 다른 해안과 캐나다의 바닷가재 어장이 완전히 붕괴되는 와중에도 살아남을 수 있었다.

한편 정부가 개입하여 망가진 사례도 있다. 아프리카의 마사이족은 영국의 식민 지배를 받기 전까지는 부족 단위로 목초지 관리를 잘 해왔다. 하지만 영국은 목초지를 보호한다며 법을 만들고 이용자 수를 제한했다. 부족들의 자치 제도는 무너졌고, 목초지에는 사람들이 풀어놓은 가축이 넘쳐났다.

하지만 이를 감시할 행정 인력은 턱없이 모자랐고 결국 목초지는 황폐화되었다. 오스트롬은 오랜 기간 동안 공유지를 성공적으로 관리해온 공동체의 몇 가지 특징을 정리한 결과 배제성의 경계를 명확히 관리하고, 자율적으로 규칙을 제정해야 한다는 점을 우선 꼽았다. 공유지의 자원을 사용할 수 있는 개인이나 집단이 명확히 정의되어야만 한다.

응징과 보상의 제도화

협동자는 보상을 받고 배반자는 응징을 받는 구조를 만들면 협동이 증가할 것이다.[65] 우리가 정책을 만들 때 거의 매번 사용하는 물질적 유인 방법이다. 그런데 이에 대해서는 크게 두 가지 문제가 제기되고 있다. 첫 번째는 제도를 도입하고 운영하는 데 들어가는 비용이다.[66] 개인의 행동에 대해 보상을 하거나 응징을 하려면 그들을 감시해야 한다.

대도시에 살아가는 수많은 개인의 행동을 감시하고 평가하는 건 불가능하다. 예를 들어 물을 절약해야 한다고 해서 사람들이 집에서 물을 얼마나 아끼는지를 일일이 조사한다면 천문학적 비용이 들 것이다. 심지어 사생활 침해로 이어질 수도 있다. 이런 경우 협동을 유발하는 제도를 만드는 데 들어가는 비용이 협동을 통해 얻는 이익보다 더 커질 수도 있다. 또한 감시와 규제는 사람들 간의 충돌을 불러일으킬 수 있다. 그래서 오스트롬의 8가지 규칙에는 감시와 응징, 그리고 분쟁 해결 제도가 모두 들어 있다.

두 번째는 응징과 보상의 제도 자체가 공공재이므로 무임승차자가 발생할 수 있다는 것이다. 예를 들어 만들어진 제도를 잘 지키기 위해서는 모두의 관심이 필요하지만, 실제로는 경찰이나 사법 당국만이 규제를 잘 지키도록 애쓸 뿐 일반 개인들은 방관자가 될 수 있다는 것이다. 이 경우 나는 규제가 가져오는 이익은 누리지만, 그 규제를 유지하기 위해 적극적으로 행동하지 않으니 무임승차자가 되는 것이다. 이를 구분하기 위해 애초의 사회적 딜레마를 1차 딜레마라 부르고, 제도의 형성과 유지에서 발생하는 사회적 딜레마를 2차 딜레마라고 부르기도 한다.

1차 딜레마를 해결하는 과정에서는 타인을 믿고 적극 협동했던 이들이 오히려 2차 딜레마를 해결하는 과정에서는 비협조적으로 나오는 경향을 보인다는 사실도 관찰되었다. 왜냐하면 2차 딜레마는 서로를 감시하고 규제하는 것이므로 정말 착한 사람들은 부담스러워 할 수 있기 때문이다. 반면 1차 딜레마를 해결하는 과정에서 타인을 믿지 못하고 협동하지 않던 이들은 규제를 만드는데 더 적극적이 되어 2차 딜레마 해결에 협조하기도 한다. 그래서 결국 협동하는 사람과 협동하지 않는 사람 사이에 존재하는 규제의 정도는 비슷하게 된다.[67] 앞에서 본 바대로 사회는 이타적 인간과 상호적 인간이 적절하게 구성되어야 한다. 하지만 일반적으로 상호적 인간은 강퍅한 성격을 드러내는 경우가 많아서 그다지 인기가 높지 않다. 어쩌면 이것이 한국 진보의 운명일지도 모른다.

우리 사회가 겪고 있는 과도한 사교육과 부동산 투기, 한미 FTA, 금융 위기 등은 모두 사회적 딜레마다. 우리는 이 딜레마에 빠져 이기적 경쟁으로는 이룰 수 없는 목표를 향해 달리느라 기진맥진한 상태다. "아무도 2등을 기억하지 않는다."는 광고 문안은 그런 분위기를 잘 보여준다. 하지만 죄수의 딜레마에서 나 홀로 벗어날 방법은 없다. 결국 매일 한 삽씩 절망의 늪을 파면서 내 아이만은 늪 밖의 아름다운 고층 빌딩에서 살 수 있을 것이라는 허망한 희망을 갖는다. 그러다 보니 아이들에게 공부를 닦달하는 것이 유일한 해법처럼 생각하게 되었다. 여기서 빠져나오는 답은 간단하다. 죄수의 딜레마를 사슴사냥게임으로 바꾸면 된다. 지금의 무한 경쟁에서 다 같이 빠져나오자고 합의하면 된다.

　어떻게 할 것인가? 우리가 살펴본 연구 결과들은 협동이 정답이라고 알려주었다. 나아가서 실은 협동이 인간의 본성이라고 말하고 있다. 하지만 자본주의 이후, 그리고 신자유주의 열풍이 몰아치면서 모든 것이 경쟁의 방식으로 운영되기 시작했다. 이제 무참한 경쟁의 원리를 인간 본성인 협동의 원리로 바꿔나가야 하고, 이를 위한 사회적 경제 정책을 확립해가야 한다. 소규모 지역공동체를 중심으로, 사람들 간에 소통을 확대하고, 그 안에서 집단 정체성을 높여야 한다. 상호 합의 하에 규칙을 정하고 그에 대한 보상과 응징을 적절히 제공해야 한다. 전 사회적으로 이타적이고 협동 지향적인 가치가 인정받도록 해야 하며, 그 과정에 교육이 중요한 역할을 해야 한다. 그리고 이러한 모든 해법의 토대는 바로 '신뢰' 다.

8장

협동의 선순환을 가져오는 신뢰

협동의 시작, 신뢰

우리는 앞에서 인간은 상호적이라는 것을 확인했다. 남이 잘해주면 나도 잘해주고, 남이 잘 대해주지 않으면 나도 잘 대해주지 않는 것, 다시 말해 받은 만큼 베푸는 것이 상호성이다. 이 경우 중요한 것은 처음 행동이다. 처음에 상대방이 나에게 잘해주면 나도 똑같이 잘해줄 것이고 그러면 다시 상대방이 나에게 잘해주는 선순환이 이어진다. 하지만 처음에 누군가 이기적 행동을 보여 상대방을 배반한다면 배반의 악순환이 이어질지도 모른다.

어떻게 해야 처음의 행동으로 배반이 아닌 협동을 선택하게 만들 수 있을까? 당신이 협동을 택할 경우 나도 협동을 택할 것이라는 확신을 주면 된다. 내가 협동을 택할 때 상대방 역시 협동으로 화답할 것이라는 확신이 있으면 된다. 이제 필요한 것은 서로에 대한 신뢰다.

만약 인간이 이타적이라면 신뢰는 별로 중요하지 않을 수 있다. 남이 날 도울 것이라는 확신이 없어도 상대방을 위해서 협동을 할 것이기 때문이다. 하지만 순수하게 이기적인 사람이 극소수인 것처럼 순수하게 이타적인 사람을 찾기도 그리 쉽지 않다. 우리가 상정하는 인간은 매우 상식적인 상호성에 기반을 둔 인간이고 그래서 신뢰가 중요하다.

정리하자면 기존의 시장경제에서는 이기적 인간을 상정했고, 이 경우 사회적 딜레마가 닥쳤을 때 죄수의 딜레마 상황에 빠질 수밖에 없었다. 하지만 상호성을 지닌 인간을 상정하면 협동이 가능하기 때문에 사슴사냥게임으로 전화할 수 있다. 사슴사냥게임의 경우 서로 힘을 합쳐 사슴을 잡는 경우와 각자 토끼를 잡는 경우 두 가지의 해가 있었다. 이 중 어떤 것을 택할 것인가? 모두에게 더 큰 이익을 주는 것은 서로 힘을 합쳐 사슴을 잡는 경우다. 이것을 선택하게 하는 답이 신뢰라고 할 수 있다.

신뢰란 무엇인가?

굳이 이렇게 따지지 않아도 인간관계에서 신뢰는 매우 중요하다. 사랑의 경우를 예로 들어보자. 상대를 믿지 못하고 의심하는 사랑은 얼마나 괴로운가? 비행기를 탈 때도 마찬가지다. 우리는 비행기 조종사와 항공업체를 신뢰하고 목숨을 맡기는 셈이다. 불우이웃 돕기에 참여할 때도 모금된 돈이 횡령당하지 않을 것이라는 신뢰가 있는 것이다. 결국 인간의 사회생활은 신뢰를 전제로 하기 때문에 가능하다. 불신이 시작되면 우리는 아무 행동도 할 수 없다.

그렇다면 신뢰Trust란 무엇일까? 일반 신뢰generalized trust란 우리가 잘 모르는 타인을 믿는 것이다. 이런 상태가 되려면 공동체가 신뢰와 협동을 공통으로 받아들이고 있어야 한다. 이런 사회에서는 신뢰와 협동이 당연한 일이 되며 그 규범은 내면화된다.

이런 점에서 신뢰란 주류경제학에서 말하는 정보의 문제와도 구분이 된다. 주류경제학에서는 정보가 완벽하게 주어져서 상대방의 유형과 전략을 파악할 수 있다면 협동을 유도할 수 있다고 본다. 이 상태를 미국의 정치학자 러셀 하딘Russel Hardin은 '믿을 만함trustworthiness' 이라 하여 신뢰와 구분하였다.[68] 정보에 의존하는 믿을 만함과 달리 신뢰는 규범이 내면화된 경우로 정보의 유무와 관계없이 일어나는 것이다.

일본의 사회심리학자 야마기시 토시오山岸俊男는 신뢰란 "사회적 불확실성이 존재함에도 불구하고 상대에 대한 믿음 때문에 상대가 자신에게 선한 행동을 하리라 기대하는 것."이라고 정의했다.[69] 즉, 상대가 반드시 내가 기대한 대로 행동할 것이라는 확실성이 없는 상태에서도 믿는 것이 신뢰다.

이런 점에서 야마기시는 신뢰를 '확신assurance' 과 구분한다. 확신이란 확실한 상황에서의 믿음이다. 마피아의 상하 관계가 그렇다. 조직폭력배 간에는 서로 배신하지 않을 것이라는 믿음이 있다. 하지만 그 믿음은 배신할 경우 목숨을 빼앗아 갈 수 있다거나 내 가족을 위험하게 만들 수 있다는 두려움에서 나온다. 불확실한 상황을 확실하게 만드는 어떤 조건들이 존재하는 것이다. 사회적 자본의 그늘, 폐쇄적 네트워크 내에 존재하는 것은 신뢰가 아니라 확신이다. 이상을 정리해보면 신뢰란 '불확실한 상황' 에서도 상대방이 '공동체의 보편적 규범' 을 따라 협동할 것이라는 믿음이라고 이해할 수 있다.

박근혜, 참 나쁜 대통령?

남을 믿는다는 건 매우 위험한 행위다. 자신을 무장해제하는 것이기 때문이다. 흘러간 사랑을 떠올려 보라. 사랑에 제대로 상처받았던 사람은 웬만해선 마음을 열지 않는다. 그래서 오직 가족과 몇몇 사람만 신뢰하게 될 텐데 이를 특수신뢰particularized trust라고 부른다. 특수신뢰는 강력하지만 폐쇄적이기 십상이다.

일반적으로 위기는 협동을 촉진한다. 대부분의 위기는 모두 힘을 합치지 않으면 극복할 수 없기 때문이다. 마피아는 언제나 경찰의 검거나 다른 집단의 보복이라는 위기에 노출되어 있으므로 더욱 내부 규율이 강하다. 여기서 배반이란 곧 죽음이다. 이런 집단의 지도자는 카리스마의 화신이 된다.

박근혜 대통령이 18대 대통령 선거 후보 시절에 벌였던 캠페인은 '위기-신뢰-통합'이라는 세 낱말로 요약된다. 프로의 냄새가 물씬 풍기는, 잘 구성된 조합이다. 세계경제의 침체로 한국경제가 어렵고, '신뢰의 정치인'을 따라 위기를 헤쳐나가야 하며 그것이 곧 국민통합이라는 메시지다. "경험 없는 선장은 파도를 피해가지만 경험 많고 유능한 선장은 파도 속으로 들어간다." 박근혜 대통령의 대선 당시 홍보 영상은 그 결기를 잘 보여준다. 노년층은 아마도 아버지 박정희의 이미지를 떠올릴 것이다.

과연 그는 '신뢰의 정치인'일까? 그가 신뢰라는 가치를 강조하는 이유는 "(청와대를 나온 후) 뒤돌아 멀어져가는 사람들을 지켜본 박 후보는 약속과 신뢰를 가장 중요하게 여기고 배신은 질색한다." 아뿔싸, 그가 말하는 신뢰란 배반에서 비롯된 신뢰, 즉 위에서 언급한 특수신뢰다.

> 그것은 폐쇄 집단의 신뢰이며 배신에는 죽음이 뒤따르는 신뢰다. 따라서 "일단 믿기로 한 사람은 여러 번 기회를 주지만 정말 한 번 안 되겠다 싶으면 가차 없이 아웃시키는 특징"을 지닐 수밖에 없다. 물론 아버지로부터 물려받은 유전자의 작용이기도 할 것이다.
>
> 이런 특징은 선거에서 유별난 힘을 발휘했다. 그의 카리스마는 특정 집단 내에서 엄청난 힘을 발휘한다. 그가 보수 집단을 결집시켜서 한나라당을 위기의 수렁에서 건진 것은 결코 우연이 아니다.
>
> 일반적 신뢰는 대화와 소통에 의해 형성되고 쌓인다. 반대로 특수신뢰는 내부의 암호와, 외부와의 불통에 의해 더욱 견고해진다. 그의 말투, 예컨대 박지만 씨에 대한 의혹에 대해 "아니라면 아닌 것"이라고 잘라 말하는 방식, "참 나쁜 대통령"과 같은 단말마 방식은 곧 불통과 독선을 의미한다. 이 또한 특수신뢰의 특징이다.

일반적 신뢰가 높을수록 사회 구성원들은 협동을 당연하게 여기게 된다. 일반적 신뢰는 인간의 본성인 상호성을 협동으로 유도한다. 반대로 일반적 신뢰가 낮다면 사회 전반적인 협동은 일어나기 어렵다. 앞에서 이야기한 대로 어렸을 때의 교육은 매우 중요하다. 그런데 아이들이 맨 처음으로 혼자 밖에 나가게 될 때 우리는 어떤 교육을 하는가? "모르는 사람과 말하지 말고, 절대로 따라가지 마라"고 하지 않는가? 그만큼 우리 사회가 불신으로 가득 차 있기 때문에 아이를 보호할 수밖에 없지만 우리는 불신을 교육하는 것이다. 뿐만 아니라 유치원부터 시작되는 등수 경쟁은 바로 옆에 앉은 짝꿍도 믿지 못하게 만든다. 이런 사회에서 일반 신뢰가 싹트는 것은 고목에 꽃이 피기를 기다리는 것과 마찬가지일 것이다.

1981년부터 5년마다 세계 각국을 대상으로 진행되고 있는 세계가치조사

World Value Survey에서는 다양한 질문을 통해서 신뢰도와 행복도 등 삶의 질을 측정한다. 이 중 일반 신뢰를 측정하는 질문으로 "당신은 대부분의 사람을 믿을 수 있습니까?"라는 질문이 있다. 2005년 조사 결과 이에 대해 그렇다고 대답한 우리나라 국민은 30.1퍼센트에 그쳤다. 10명 중 3명만이 남을 믿을 수 있다고 대답한 것이다. 언제나 상위권을 차지하고 있는 북유럽 선

〔표 11〕 국가별 신뢰지수 순위

순위	나라	신뢰지수	순위	나라	신뢰지수
1	노르웨이	148.0	21	도미니크공화국	74.7
2	스웨덴	134.5	22	에콰도르	72.7
3	덴마크	131.9	23	아일랜드	72.1
4	중국	120.9	24	오스트리아	70.2
5	핀란드	117.5	25	대만	70.0
6	스위스	107.4	26	몬테네그로	68.2
7	사우디아라비아	105.8	27	마다가스카르	65.6
8	베트남	104.1	28	파키스탄	65.0
9	뉴질랜드	102.2	29	벨기에	63.0
10	호주	92.4	30	요르단	62.0
11	네덜란드	90.6	31	영국	61.7
12	캐나다	85.9	32	이탈리아	60.8
13	벨라루스	85.2	33	엘살바도르	60.4
14	태국	83.1	34	우크라이나	60.0
15	아이슬란드	83.0	35	싱가포르	59.8
16	이라크	82.6	36	나미비아	57.8
17	홍콩	82.4	37	**대한민국**	**56.9**
18	일본	79.6	38	베냉	56.2
19	미국	78.8	39	모잠비크	56.0
20	독일	75.8	40	러시아	55.4

*여기 사용된 신뢰지수는 세계가치조사 중 "대부분의 사람을 믿을 수 있다."의 응답률에서 "다른 사람을 그렇게 배려할 필요는 없다."의 응답률을 뺀 후 100을 더한 수치다. 신뢰지수가 100 이상인 국가는 "대부분의 사람을 믿을 수 있다."는 응답이 높은 것이고, 신뢰지수가 100 이하인 국가는 "다른 사람을 그렇게 배려할 필요는 없다."는 응답이 높은 것이다.
*1995년부터 2009년까지 세계가치조사를 통해 얻은 각 국가별 자료의 평균이며, 특정 연도에는 조사를 못한 국가들도 있어서 모든 국가의 조사 기간이 동일한 것은 아니다.
*출처 : www.jdsurvey.net, Interpersonal Trust, Jaime Diez Medrano (Direcor of WVS Archive)

진국 스웨덴의 68.0퍼센트뿐 아니라 개발도상국인 중국의 52.3퍼센트, 베트남의 52.1퍼센트와 비교해도 매우 낮은 수준이다. 더욱 불행한 것은 가장 빠른 속도로 신뢰도가 추락하는 국가라는 점이다. 1980년대만 해도 이 질문에 대해 그렇다고 답한 사람은 40퍼센트에 달했다. 더 끔찍한 것은 15살 아이들을 대상으로 한 같은 질문의 조사에서는 타의 추종을 불허하는 꼴찌를 차지했다는 사실이다.

신뢰와 관련된 광범위한 연구는 경쟁과 부의 불평등이 사회적 신뢰를 하락시킨다고 지적하고 있다. "부의 획득이 타인의 희생에 근거한다."고 믿는 사람이 많을수록 사회적 신뢰는 낮아졌다.[70] 특히 청소년들에게는 경쟁 교육이 심각한 영향을 끼친다. 성적으로 친구를 밟고서도록 가르치는 교육에서 어떻게 신뢰를 배울 수 있겠는가? 경쟁 교육의 폐해는 2010년 한국청소년정책연구원이 발표한 연구에서도 나타난다. 국제교육협의회의 기준에 따라 청소년의 사회적 상호작용 역량 수준을 비교한 결과, 1점 만점에 0.31점을 받아 36개국 중 35위를 차지했다. 사회 역량 지표가 가장 높은 나라는 태국으로 0.69점을 기록했다. 특히 우리 청소년들은 사회적 협동과 관계 지향성 항목에서 최저점인 0점을 기록했다.

반면 북유럽의 복지국가인 노르웨이, 스웨덴, 덴마크, 핀란드가 매년 수위를 다투고 있다는 것도 눈여겨봐야 한다. 이런 나라들과 한국을 비교해 보면 일반 신뢰의 차이를 낳는 요인을 발견할 수 있기 때문이다.

신뢰는 어떻게 만들어지는가?

그렇다면 신뢰를 형성시키는 건 무엇일까? 자연과학의 문제라면 실험을 통해서 어떤 현상의 원인을 상대적으로 쉽게 알아낼 수 있을지 모른다. 하지만 사회과학의 경우 현실에 존재하는 수많은 변수를 통제하기란 거의 불가능하다. 최근에는 계량경제학이나 통계학이 발달하여 실증 연구가 활발해졌음에도 불구하고 어떤 사회적 현상에 대한 명확한 인과관계를 밝혀내기란 쉽지 않다. 변수들 간에 상관관계가 있다고 해서 그것이 모두 인과관계를 의미하는 건 아니다.

이런 점을 고려하면서 여러 학자의 연구를 검토해 보면, 일반적 신뢰와 상관관계를 갖는 요인들은 다음과 같다. 개인의 경우 교육을 많이 받을수록[71] 다른 이에 대한 신뢰가 높았다. 특히 가정교육과 초등교육의 영향이 컸다. 또한 전문직이고 고소득 집단일수록[72] 그러했다. 반면 이혼을 한 경험이 있는 사람[73], 실업자[74], 차별의 역사를 가진 소수 인종[75], 건강이 나쁜 사람의 경우[76] 일반적 신뢰가 낮았다. 교육, 소득, 직업, 건강 등이 일반적 신뢰와 관계가 있음을 알 수 있다.

국가를 대상으로 분석한 경우 경제 발전과 종교는 일반적 신뢰와 양의 상관관계를 보였다. 경제 발전의 수준이 높을수록[77] 신뢰가 높았다. 경제 발전이란 일반적으로 재산권 확립 및 공정한 경쟁과 동반된다. 즉, 계약이나 제도에 의해 최소한의 공정성이 보장된다. 이것이 신뢰를 촉진하는 요인이 되었을 수 있다. 혹은 반대로 신뢰가 높았기 때문에 공공재의 공급이 원활하게 이루어지고 무임승차자가 줄어서 경제 발전이 촉진되었을 수도 있다. 종교가 발달한 곳일수록 신뢰가 높았다. 종교는 이타적으로 살 것을 권하므로 신뢰를 촉진했다고 볼 수 있을 것이고 집단 정체성도 작용할 것이다. 반면에 국가 부패[78], 소득 불평등[79], 범죄율[80]은 일반적 신뢰와 음의 상관관계가 있다.

요소	상관관계
교육	+
소득	+
직업	+
건강	+
경제발전	+
종교	+
국가부패	−
소득 불평등	−
범죄율	−
이혼/이별	−

*출처 : 후주 50에서 59까지의 논문을 참고하여 재구성

〔표 12〕 일반적 신뢰와 각 요소 간의 상관관계

소득 불평등은 신뢰를 떨어뜨린다

특히 소득 불평등과 일반적 신뢰의 관계는 지금 한국 사회에서 가장 중요한 문제 중 하나기 때문에 자세하게 짚어 보자. 1997년 외환 위기 이후 우리 사회의 가장 심각한 문제는 양극화라고 할 수 있다. 소득 불평등이 일정 수준 이상 심해지면, 소득수준이 낮은 대부분의 사람들은 자신이 부족하거나 노력하지 않았기 때문이라고 생각하지 않는다. 상위 집단의 공정성에 문제가 있거나 사회구조에 문제가 있기 때문이라고 믿게 된다. 따라서 소득 불평등은 일반적 신뢰를 떨어뜨린다. 특히 이 같은 불만과 의혹이 높은 상황에서 상류층의 부정부패 증거가 발견되면 적개심으로까지 발전한다. 우리는 장관 청문회에서 한국의 정치가들이나 법조인들이 거의 한 명도 빠짐없이 투기나 위장 전입, 병역 비리에 연관되어 있다는 사실을 확인하고 있다. 이런 사회에서 신뢰가 싹트리라고 기대할 수는 없다.

미국 정치학자 에릭 우슬러너Eric Uslaner는 신뢰의 도덕적 기초로 평등한

소득분배를 꼽는다. 1960년 이후 미국인들의 일반적 신뢰도는 꾸준히 하락하고 있다. 특히 나이 든 사람에 비해 젊은 사람들이 대체로 신뢰도가 낮았다. 하지만 이러한 전반적 결과 중 예외가 있었는데, 1946년에서 1955년 사이에 태어난 베이비붐 세대다. 세대별로 보았을 때 그들은 가장 신뢰도가 높았다.

　우슬러너는 베이비붐 세대들이 다른 세대에 비해 더 공평한 부의 배분을 경험했기 때문이라고 주장한다. 다른 여러 요소들과 함께 부의 공평한 분배가 신뢰도에 미치는 영향을 조사한 결과, 교육이나 이혼 여부와 같은 개인적 배경보다 전체적인 사회 후생 수준이 신뢰에 미치는 영향이 더 큰 것으로 나타났다. 또한 사회 전체 부의 절대적 수치보다는 얼마나 평등하게 자원이 분배되었는지가 더 중요했다. 미국에서의 이러한 조사 결과를 바탕으로 실시한 국가 간 조사에서도 사회적 소득분배가 중요한 요인으로 나타났다. 우슬러너는 이를 근거로 소득재분배는 신뢰를 구축하기 위해 근본적으로 필요한 도덕적인 기초라고 지적했다.[81]

　소득재분배는 평등이라는 가치를 달성하기 위한 수단이다. 하지만 평등은 경제적으로 효율적이지 못하다는 선입견이 있다. 주류경제학이 주입한 '공짜점심 이론'이 바로 그것이다. 이는 일하지 않아도 먹고 살 수 있다면 누가 일하겠느냐는 주장이고, 직관적으로 설득력이 있다. 하지만 평등이 경제적 효율성을 낳을 수 있는 경로도 여럿 존재한다. 먼저 케인스의 유효수요 이론이 이를 뒷받침한다.

　케인스는 불황기에는 정부가 나서서 총수요를 확대해야 한다고 생각했다. 그런데 고소득층은 소비성향이 낮다. 어떤 부자가 한 달에 10억 원을 번다고 생각해보자. 그중에 얼마나 소비할 수 있겠는가? 아무리 사치품을 많이 산다 해도 10억 원 중 아주 일부에 지나지 않을 것이다. 남은 돈은 금융기관에 저축할 것이고 투자를 원하는 기업에 대출될 수 있을 것이다. 그러나 불황의 늪이 깊을 것으로 예측되거나 불확실성이 큰 상황이라면 생산적 투자도 이뤄지지 않는다. 따라서 고소득층의 소득 증가는 총수요 증가에 도움이 되지 않는다. 반면 저소득층은 소득의 대부분을 생계유지를 위해 소비할 수밖에 없다. 따라서 저소득층의 소득이 늘어나면 그만큼 소비가 늘어나고 총수요가 증가한다. 수요가 증가하면 비로소 생산과 투자가 늘어날 것이다. 이런 상황이라면 소득재분배는 경기회복과 발전에 도움이 될 것이다.

2008년 금융 위기 이후 침체에 빠진 세계경제와 한국경제가 살아날 수 있는 길도 여기에 있다. 중산층과 저소득층의 소비가 살아나야 내수가 회복된다. 선진국 중산층과 저소득층의 소비는 신흥국의 수출 회복으로 이어진다. 그렇다면 중산층과 저소득층의 소비를 어떻게 살릴 수 있을까? 소비를 하려면 소득이 늘어나야 한다. 지금처럼 가계 부채에 치이는 상황에서는 소비를 하고 싶어도 할 수가 없다. 소득이 늘어나는 가장 기본적인 길은 실질임금을 상승시키는 것이다. 최저임금을 노동자 평균임금의 절반 수준으로 상승시키고[82], 노동조합의 협상력 확대를 비롯한 노동권 보장 정책으로 노동자들의 주머니를 채워주어야 한다. 또한 교육, 의료, 보육 등에서의 보편 복지와 근로장려세제[83]를 확대하여 저소득층 가계에 도움을 주어야 한다. 정부가 지금 해야 할 일은 바로 이런 것들이다. 이에 필요한 재정 마련을 위해서 법인세와 소득세 최고 세율을 인상하거나 신설하는 등 고소득층에 대한 증세 방안도 요구된다.[84]

금융 위기의 원인으로 흔히 금융기관의 약탈적 대출과 각종 파생 상품 그리고 그에 대한 규제의 부족이 언급된다. 하지만 그 밑바탕에는 임금상승률의 저하와 재산 및 소득 불평등이라는 핵심 요소가 깔려 있다. 수많은 사람이 집을 담보로 서브프라임 모기지라는 대출을 받는 이유가 무엇이었겠는가? 과시 소비를 감당할 만큼의 소득이 뒷받침되지 않은 상태에서 금융기관이 가계를 대상으로 장사를 했기 때문이다. 빚을 내서 소비를 할 수밖에 없는 구조였던 것이다. 이는 개인의 과소비나 투기의 문제로 단순히 환원할 수 있는 문제가 아니다.

  실제로 미국의 경우를 보면, 1960년대 이후부터는 생산성이 증가하는 만큼 실질임금이 상승하지 못하고 있다. 한국도 외환 위기를 겪고 난 1997년 이후부터 생산성과 실질임금 상승률의 격차가 벌어지고 있다. 결국 지난 30년 간 전 세계적으로 지속된 신자유주의가 가져온 소득 불평등이 극에 달해 폭발한 것이 지금의 경제 위기다. 따라서 경제 위기를 극복하기 위해서는 양극화를 해소하고, 소득 불평등을 해결해야만 한다. 아무리 획기적인 경제 성장 정책을 제시한다 해도 양극화를 부추기는 정책, 양극화를 해소하지 못하는 정책이라면 소용이 없다.

  두 번째는 평등이 다양성을 촉진하여 효율성을 높이는 경로다. 핀란드의 교육이 대표적인 사례다. 핀란드 교육은 등수를 매기지 않으며 모든 아이들이 자신이 좋아하고 잘 하는 일을 할 수 있도록 돕는 것을 목적으로 한다. 모든 아이들이 저마다 잘 할 수 있는 분야에서 기량을 발휘할 수 있도록 해주면, 사회적 효율성도 높아질 것이다. 자기가 좋아하는 과목을 공부하는 것과 모두가 다 점수의 가중치가 높은 수학을 공부하는 것은 확실히 차이가 있다. 특히 위기 상황에 대처하기 위해서는 다양한 사람이 필요하며 장기적으로 어떤 직업이 성공할지 아무도 모른다. 자연 세계에서도 일반적으로 집단 구성원이 다양하지 못하면 위기를 맞을 가능성이 높다. 이것은 일반 사회에서도 마찬가지다. 만일 교과서에 쓰인 대로 정말 직업에 귀천이 없다면 당신은 어떤 직업을 택하겠는가? 아마도 자신이 잘 하고 좋아하는 일을 택할 것이다. 흔히 핀란드에서는 교수와 수도 배관공의 월급 차이가 거의 없다고 한다. 우리가 핀란드 국민보다 두 배 더 일하는데 1인당 국민소득이 절반 정도에 머무르는 것은, 즉 생산성이 4분의 1에 불과한 것은 바로 이 때문인지도 모른다.

세 번째는 평등이 일반적 신뢰를 낳고 이 신뢰는 거래 비용 감소, 공공재 공급 증가, 제도의 성공이라는 결과를 유도하여 효율성을 높일 수 있다. 예를 들어 노동자를 고용할 때, 그 사람이 해당 일자리에 적합한 사람인지 알아보아야 하고, 근로 조건들을 합의하여 계약을 맺어야 하고, 그 후에는 열심히 일하고 있는지 감시가 필요하다.

우리가 일상적으로 행하는 경제 활동은 사실 이런 복잡한 절차를 거치고 있다. 이런 거래 비용을 줄이기 위해 기업이 만들어졌다는 것이 코즈의 설명이다. 서로 간에 신뢰가 있다면 계약은 간단해지고 감시 비용도 줄어들 것이다. 사람들의 평판이 잘 알려져 있는 사회라면 탐색 비용도 줄일 수 있다. 공공재의 경우 비경합성과 비배제성이라는 독특한 성질로 무임승차자가 발생하게 마련이다. 하지만 서로가 신뢰하는 사회라면 협동을 통한 자발적인 공공재 공급이 활발해질 것이다. 또한 신뢰가 쌓이면 사회규범이 확립되고 법과 제도를 악용하는 무임승차 행위, 기회주의적 행위도 줄어들 것이다. 이 모든 것이 북유럽 국가와 같은 복지국가, 그리고 에밀리아로마냐, 몬드라곤과 같이 사회적 경제가 발전한 곳에서 경제성장률이 높고 실업률이 낮은 이유가 될 것이다.[85]

물질적 인센티브와 사회적 규범은 어떤 관계일까?

물질적 유인과 일반적 신뢰는 어떤 관계일까? 즉, 정책을 만들 때 어떤 제도를 만들어야 신뢰가 촉진될 것인가를 고려해야 한다. 직접적인 목표는 달성했지만 그것이 일반 신뢰를 떨어뜨린다면 그 제도의 효과는 반감되거나 심지어 마이너스가 될 수도 있다.

제도는 보상과 응징으로 구성된다. 협동할 경우 보상을 받고, 배반할 경우 응징을 당한다. 사람들이 제도를 신뢰하면 타인에 대한 신뢰도 높아질 수 있다. 제도가 정확하게 응징과 보상을 한다면 타인이 나를 배반할 확률이 낮아지기 때문이다. 하지만 제도에 대해서 불신하게 되면 타인에 대한 불신은 더 심해진다. 어떤 사람이 무임승차를 해도 제도가 제대로 응징해주지 않기 때문이다. 이런 의미에서 좋은 제도는 신뢰를 촉진한다.

하지만 제도와 신뢰가 반드시 양의 상관관계에 있는 것은 아니다. 스웨덴은 노동운동이 강한 나라지만 정작 노동법은 허술하다. 노르웨이는 성 평등이 가장 잘 실현된 나라이지만 성 평등법은 약하다. 스웨덴에서 노동법이 강화된 것은 1980년대 사회적 합의가 붕괴되었을 때라는 것도 사회규범과 법의 관계를 잘 보여준다. 사회적 규범이 내면화된 나라에서는 공식 제도가 강할 필요가 없다.

오히려 물질적 유인에 의존하는 제도는 사람들의 행동을 하한선으로 끌어내릴 수도 있다. 이스라엘의 하이파Haifa 유치원 실험은 잘 알려진 사례다.[86] 우선 우리나라의 수능 문제부터 보자.

〔그림 10〕 다음 사례로부터 옳게 추론한 내용을 〈보기〉에서 모두 고른 것은?

> 갑이 운영하는 놀이방에서는 오후 6시까지 아이들을 돌본다. 그러나 많은 부모들은 오후 6시가 넘어서 아이들을 데리러 온다. 그 때문에 일과가 모두 끝난 후에도 아이들을 돌보는 교사를 남겨 두어야 한다. 부모들의 지각을 막기 위해서 갑은 부모가 늦을 때 10분당 2,000원의 벌금을 부과하였다. 그러자 지각하는 부모가 오히려 늘어났다. 이에 갑이 벌금을 10분당 5,000원으로 올리자 비로소 지각하는 부모가 없어졌다.

〈보기〉
ㄱ. 지각하는 부모는 경제적 유인에 반응하지 않는다.
ㄴ. 지각하는 부모는 기회비용을 고려한 선택을 한다.
ㄷ. 지각하는 부모는 갑에게 추가적인 비용을 발생시킨다.
ㄹ. 10분당 벌금을 올릴수록 갑의 벌금 수입은 증가한다.

① ㄱ, ㄴ ② ㄱ, ㄷ ③ ㄴ, ㄷ ④ ㄴ, ㄹ ⑤ ㄷ, ㄹ

아마도 경제학을 가르치는 고등학교 선생님들은 기억할 것이다. 2007학년도 수능 사회탐구 경제 영역에 나온 문제다. 답은? 수능 식으로 풀어보자. 우선 2,000원에서 5,000원으로 벌금을 올리자 지각이 줄었다는 건 부모들이 '경제적 유인'에 반응했다는 얘기니까 ㄱ이 들어간 1번과 2번은 답이 아니다. 2,000원일 때 지각했다가 5,000원일 때 제 시간에 온 부모의 지각 기회비용은 그 사이, 예컨대 3,000원이나 4,000원일 테니 ㄴ은 올바른 진술이다. ㄷ은 상식적으로 받아들일 수 있는 진실이고(지각한 부모들 때문에 선생님은 다른 일을 하지 못하거나 퇴근 후 데이트도 즐길 수 없을 테니) 또 벌금을 부과했다는 데서부터 논리적으로 유추할 수도 있다.

이 문제는 논리적으로 아무런 하자가 없고 확실한 정답도 찾을 수 있으니 별로 탓할 게 없어 보인다. 그런데 왜 2,000원의 벌금을 매겼을 때 오히려 지각이 늘어났을까? 분명히 이때 지각한 부모들은 경제적 유인에 반응하지 않았다. 아니 경제적 유인에 거꾸로 반응했다. 사실 이 문제의 핵심은 여기에 있었다.

이 문제는 유리 그니지Uri Gneezy와 알도 루스티치니Aldo Rustichini가 이스라엘의 하이파 유치원에서 행한 실험에서 따온 것이다[87]. 이들의 결론은 이랬다. 선생님께 미안해서라도 제 시간에 오려던 부모들은 벌금을 매기자 마치 면죄부를 받은 것처럼 행동했다는 것이다. 더 불행한 것은 잘못된 제도로 판명난 이 벌금 제도를 폐지했는데도 부모들의 지각은 줄어들지 않았다는 사실이다. 부모들의 선생님에 대한 미안함, 또는 시간을 지켜야 한다는 상식과 같은 내적 규범이 이미 사라진 것이다. 물질로 유인하는 제도에 걸맞은 인간이 된 셈이다. 그런데 우리의 수능 문제는 정확히 그 반대의 답을 유도했다.

이후 비슷한 현상은 현실에서도 관찰됐고 실험에서도 반복적으로 확인되었다. 가장 고전적인 예로 "헌혈을 늘리려고 돈을 준다면 어떤 일이 벌어질까?"라는 리차드 모리스 티트무스Richard Morris Titmuss의 질문을 들 수 있다. 이후에 이 실험은 제도의 '구축 效果crowding out (물질적 유인과 사회적 규범이 상호 대체적)'라는 이름으로 일반화되었다. 최근에는 벌금이나 보조금이 어떤 사람의 행동을 원하는 방향으로 부추길 수도 있고crowding in (경제적 유인과 사회적 규범이 상호 보완적), 조금 전에 본 것처럼 구축할 수도 있으므로 정책 대상에 따라 그 效果를 고려해야 한다는 사회적 선호이론으로 발전하고 있다.[88]

따라서 물질적 인센티브로 어떤 행동을 유도하는 제도를 만들 때 꼭 따져봐야 할 것은 그 제도가 혹시 사회적 규범을 구축하는지에 대한 평가다. 때로는 물질적 유인이 '도덕적 감정moral sentiment'을 구축할 수도 있다는 점을 염두에 두어야 하는 것이다.

하지만 애초에 불신이 높은 나라라면 어떨까? 이런 경우에는 강한 제도가 필요할 수도 있다. 경제학자들은 행정적 규제보다 시장화를 선호한다. 앞에서 본 하딘처럼 공유 자원을 사적 소유로 만드는 것이다. 공유 자원은 비배제성이라는 특징을 갖고 있다. 이는 무임승차가 가능하다는 뜻이다. 그런데 기술이 발전하면서 무임승차자를 걸러낼 수 있게 되었다. 예를 들면 원래 방송은 공공재였는데 기술의 발전으로 케이블 텔레비전이 등장하면서 요금을 지불한 사람만 방송을 볼 수 있게 되었다.

시장화를 통한 제도는 신뢰에 어떤 영향을 줄까? 단정할 수는 없지만 시장화가 신뢰에 긍정적 영향을 미치는 것 같지는 않다. 행동경제학의 실험에서 '시장'이라는 이름을 붙이면 사람들은 더 이기적으로 행동하고, '공동체'라는 이름을 붙이면 더 이타적으로 행동한다는 것이 밝혀졌다.[89] 뿐만 아니라 경쟁이 협동을 저해한다는 것도 일반적으로 받아들일 수 있는 명제다. 특히 교육, 의료와 같이 강력한 이윤 동기가 필요하지 않은 재화나 서비스를 시장에 맡기면 오히려 나쁜 결과를 낳는다는 결론은 이론적으로도 실증적으로도 증명되었다.[90]

정부에 대한 신뢰가 무엇보다도 중요하다

인간이 만든 제도 중 국가가 가장 강력할 것이다. 국가는 사회적 딜레마를 해결하는 하나의 방법이다. 국가는 일반 시민의 권리를 위임받아 공권력이라는 이름으로 폭력을 사용할 수 있는 존재다. 서로 신뢰하지 못해서 협동이 불가능하다면 국가가 해결하는 것도 하나의 방법인 것이다.

그렇다면 국가는 신뢰에 어떤 영향을 줄까? 스웨덴의 정치학자 로스슈타인은 정부의 불편부당성impartiality 또는 정부의 질quality이 신뢰를 촉진하는 핵심적 요인이라고 지적한다.[91] 정부가 공정하다고 생각될 때 사회 구성원 사이의 신뢰가 높아진다는 것이다. 로스슈타인의 연구에 따르면 스웨덴 국민들이 정부의 불편부당성을 믿게 된 것은 1930년대 총리였던 사회민주당 출신 정치가 페르 알빈 한손Per Albin Hansson에 의해서다. 당시 스웨덴에서는 자본가가 파업하는 노동자를 제압하다가 살해하는 사건이 발생했다. 사회민주당과 노총LO은 당연히 자본가와의 타협을 철회해야 한다고 주장했지만, 한손은 범법 행위에 대해서만 처벌했을 뿐이다. 로스슈타인은 이 경험이 스웨덴 국민들에게 국가의 불편부당성을 각인시키는 집단 기억이 되었다고 역설한다.

  우리 국민들이 정부에 대해서 갖고 있는 집단 기억은 무엇일까? 이명박 정부 하에서는 국가의 존재를 특히 경찰력의 형태로 대면했던 기억이 많다. 정권 초기 무려 석 달이 넘도록 하루도 빼놓지 않고 국민들이 촛불을 들고 광화문 앞에 모이도록 만들었던 광우병 쇠고기 수입의 기억이 가장 최근의 집단 기억이 아닐까? 시민들은 물대포와 전경들의 방패로 정부를 만났다. 광화문을 가로막았던 명박산성도 잊지 못할 것이다. 그때의 정부는 소통할 수 없는 존재, 국민을 거부하는 존재, 국민을 억압하는 존재로 다가왔다. 그 이후로도 용산 철거 현장과 제주도 강정마을에서 보여준 정부의 모습은 명박산성에서 변하지 않았다. 영화 〈26년〉, 〈남영동 1985〉 등은 1980년 광주 민주화항쟁과 군부 독재 정권 시절 국가에 대한 기억을 일깨우고 있다. 안타깝게도 불편부당한 국가의 모습과는 엄청난 거리가 있다. 언제쯤 우리도 불편부당한 국가와 정부를 가질 수 있을까? 그리고 우리에게 불편부당한 국가와 정부는 어떤 모습일까? 불편부당을 추구한다는 것이 단지 중립적이고 객관적이라는 뜻은 아니다. 특히 우리 사회처럼 지난 역사에 대한 책임과 반성이 명확히 이루어지지 않고, 심각한 양극화로 빈부 격차가 세습되는 현실에서는 그렇다. 이미 사회 자체가 지배 계층의 특권을 위해 운영되고 있는 상황이라면, 그 때의 불편부당성은 약자의 편에 서서 힘의 균형을 맞춰주는 것을 의미할 것이다.

9장

신뢰의 네트워크, 사회적 자본

사회적 자본이란 무엇인가?

사회적 딜레마의 해결을 위해서는 서로 협동해야 하며, 협동을 촉진하기 위해서는 서로 신뢰해야 한다. 그러면 신뢰를 촉진하기 위해서는 무엇이 필요할까? 그에 대한 답을 인도 출신 경제학자이며 캠브리지 대학교에서 경제학을 가르치는 파샤 다스굽타Partha Dasgupta의 논문 〈신뢰 : 사회적 자본과 경제 발전A Matter of Trust : Social Capital and Economic Developmen〉을 토대로 찾아내보자.

다스굽타는 자원경제학자로 잘 알려졌다.[92] 그는 자연 자본을 포함하는 '포괄적 부inclusive wealth' 라는 개념을 만들어 지속 가능한 경제에 관한 연구도 시작했다. 자연 자본에는 토지, 산림, 화석연료, 광물 등이 포함된다. 2012년 UN에서는 다스굽타의 지휘 아래 포괄적 부 지수IWI ; Inclusive Wealth

Index를 개발하여 20개국에 대해 이를 적용한 결과를 발표하기도 했다.[93] 이 보고서에 의하면 코스타리카의 커피 농부는 주변 숲에 서식하는 야생 꿀벌 덕분에 연간 6만 2,000달러의 이득을 보고 있다. 포괄적 부라는 개념을 사용하면 기존 지표에서 측정하지 못했던 자연 자본 6만 2,000달러를 찾아낼 수 있는 것이다.

우선 사회적 자본이란 무엇인지, 정의definition에 관한 이야기부터 해보자. 사회적 자본의 외연에 해당하는 것들은 매우 많고, 다양하며, 대체로 무형이다. 그만큼 사회적 자본의 정의도 학자의 수만큼 다양하다.

합리적 선택이론을 따랐던 미국의 사회학자 제임스 사무엘 콜만James Samuel Coleman은 1988년 연구에서 사회적 자본을 "거래 비용의 감소와 효용의 극대화를 이루도록 하는 사회적 관계나 사회적 구조, 즉 생산적인 사회적 관계망"으로 보았다.[94] 최소 비용으로 최대 효용을 거두는 합리적 선택에 초점을 맞춘 정의다.

이후 1993년 미국의 정치학자 로버트 퍼트넘Robert Putnam은 사회적 자본을 "행위의 조정을 촉진하여 사회의 효율성을 향상시키는 신뢰, 규범, 네트워크와 같은 사회조직의 속성"이라고 설명했다.[95] 하지만 이는 신뢰, 규범, 네트워크라는 각각 다른 개념을 하나로 묶어버리는 너무 포괄적인 설명이라는 단점이 있다.

2002년 미국의 경제학자인 사무엘 보울스와 허버트 긴티스Herbert Gintis는 "사회적 자본은 일반적으로 신뢰, 소속 단체에 대한 관심, 공동체의 규범에 따라 살려고 하는 의지, 그리고 규범을 따르지 않는 사람에 대한 응징을 말한다"고 정의했다.[96] 이는 사회조직뿐 아니라 구성원의 태도까지 포괄한 설명이다.

다스굽타는 신뢰에 초점을 맞춰 사회적 자본을 정의한다. 그는 사회적 자본이 무엇인가라는 질문을 던지고 그것이 신뢰를 촉진한다고 설명하는 것이 아니라, 무엇이 신뢰를 촉진시키는지를 먼저 살펴보고 그 자체를 사회적 자본이라 정의하는 전략을 택했다. 그는 서로 협동하고자 하는 사람들이 직면하는 문제가 무엇인지부터 살펴봤다. 다른 이와 함께 일하는 사람들이 직면하는 기본적인 문제는 결국 신뢰의 문제였고[97], 신뢰를 가능하게 해주는 조건을 사회적 자본이라 명명하기로 한 것이다. 그는 사회적 자본을 "합의된 상호 강제 구조를 통해서 다른 사람이 약속을 지킬 것이라는 믿음을 유지하고 발전시킬 수 있도록 하는 사람들 사이의 네트워크"로 정의한다. 즉, 사람들 사이의 관계나 상호작용이 신뢰를 촉진시킨다면 그것이 사회적 자본이며 짧게 줄이면 신뢰의 네트워크가 곧 사회적 자본이다.

다스굽타는 감베타의 연구를 따라 좋은 사회적 자본과 나쁜 사회적 자본을 구분한다. 예컨대 마을 사람들이 함께 만든 관개 시설이나 상호보험, 상호저축대부조합 등은 좋은 네트워크인 반면 힌두교의 카스트 제도나 마피아의 경우는 나쁜 네트워크다.

신뢰를 촉진하는 조건들

다스굽타는 신뢰란 이타심과 이기심 사이의 어딘가에서 발생한다고 말한다. 이는 인간이 상호성을 서로 주고받는 가운데 신뢰가 생겨난다고 이해할 수 있다. 그는 구체적으로 신뢰가 형성되는 두 가지 조건을 다음과 같이 분석했다. 첫째, 서로 상대방이 약속을 지킬 것이라고 생각해야 한다. 둘째, 상대방이 약속을 지킬 경우 나도 약속을 지키는 것이 나에게 이익이 되어야 한다. 두 번째 조건은 그 자체로 자기 강제적self-enforcing이며, 내시균형을 이루게 한다. 나도 약속을 지키는 게 이익을 가져다준다는 사실이 명확하므로 다른 선택을 할 이유가 없기 때문이다. 또한 두 번째 조건이 만족되어야 첫 번째 조건이 형성될 수 있으며, 반대로 첫 번째 조건이 만족되어야 두 번째 조건이 형성될 수 있다. 즉, 두 조건은 서로 맞물려 있으며, 둘 다 만족될 때 신뢰는 형성될 수 있다. 이를 신뢰의 두 가지 조건이라고 하자.

다스굽타는 신뢰의 두 가지 조건을 형성하는 요인으로 다음의 4가지를 꼽는다. 상호 애정mutual affection, 친사회적 태도pro social disposition, 외적 강제external enforcement, 상호 강제mutual enforcement다. 이 중에서도 상호 강제를 사회적 자본의 핵심으로 보고 있다.[98]

상호 애정과 친사회적 태도, 외적 강제

첫 번째 요인은 상호 애정이다. 가족이나 친구 등 매우 긴밀한 관계를 맺고 상대방을 배려하는 사이에서는 서로 약속을 지킬 것이라고 믿을 수 있다. 단순히 감정적 유대감에 의해서일 수도 있고 나와 친근한 사람이 잘 되는 것이 곧 나에게도 이익이 되기 때문이기도 하다. 이런 경우를 경제학적으로는 상호 의존적인 효용 함수를 가졌다고 표현한다. 자신의 효용뿐 아니라 상대방의 효용도 나에게 영향을 준다는 뜻이다. 다른 말로 사회적 선호를 가졌다고도 표현한다. 더불어 관계가 매우 긴밀하기 때문에 서로 약속을 지키는지 그렇지 않은지를 손쉽게 감시할 수 있다는 점도 신뢰를 강화시킨다. 즉, 도덕적 해이나 역선택이 덜 일어날 것이다. 하지만 구성원의 수가 늘어나면 상호 애정이라는 요인이 가지는 설득력은 떨어진다. 이 요인은 노박의 다섯 가지 규칙 중 혈연선택과 직접 상호성에 해당할 것이다.

두 번째 요인은 친사회적 태도인데, 이는 다른 사람과 협동하려고 하는 상호적 태도를 뜻한다. 자신이 맡은 의무를 다하는 것, 대가에 대해 비용을 지불하는 것, 남을 돕거나 은혜를 갚는 것, 나에게 해를 끼친 사람에게 벌을 주는 것 등이 상호적 태도다. 사람들이 상호적이라는 것이 일반적으로 알려져 있다면 서로 신뢰할 수 있다.

상호성의 기원에 대해서는 크게 두 가지 입장이 있는데, 유전적 요인과 환경적 요인이다. 유전적 요인이란 인류의 오랜 역사를 통해서 상호성이 생존 본능으로 유전자 속에 뿌리박히게 되었다는 것인데, 진화 이론에서 주로 제기하는 주장이다. 자연선택의 압력 속에서 살아남기 위해서 인간은 기본적으로 상호적인 태도를 지니게 되었다는 것이다. 환경적 요인이란 어린 시절의 교육이나 생활 방식을 통해서 보상과 응징의 과정을 거치며 상호적 태도를 습득하게 되었다는 주장이다. 둘 중 어느 하나가 꼭 옳다고 따질 필요는 없으며 또 두 가지 입장은 상호배타적이지 않다. 이것은 집단 선택 이론에서 채택하고 있는 유전자와 문화의 공진화와 통하는 설명이다.

어떤 요인 때문이든지 사람들은 상호성에 기반을 둔 사회규범을 내면화함으로써 이를 따르려고 한다. 규범을 어겼을 때는 부끄러워하고 죄책감을 느끼며, 이는 규범을 어기는 것을 예방한다. 우리가 법을 어기지 않으려고 하는 이유는 꼭 처벌 받기 싫어서만은 아니다. 최근 행동경제학에서도 친사회적 태도 또는 상호성이 인간의 본성에 어긋나지 않음을 보여준다. 하지만 사람의 심성, 태도, 본성에만 의지할 수는 없다.

그래서 세 번째 요인인 외적 강제[99]가 필요하다. 약속을 지키고, 협동하는 것이 모두에게 이익이 되도록 만들어 주는 제도, 기구, 하부 구조가 존재한다면 사람은 서로 신뢰할 수 있게 될 것이다. 이런 외적 강제를 통해 약속은 권력이나 권위에 의해 보장받는 명확하고 강제력 있는 계약으로 확정된다. 실제로 다양한 사회에서 이런 식의 외적 강제를 관찰할 수 있다. 이들 외적 강제의 제도는, 약속을 파기했다는 것이 확실히 증명될 때 약속을 지키지 않은 사람을 응징한다는 공통점을 지니고 있다.

외적 강제의 하나로 국가를 상상해보자. 흔히 국가와 배치되는 것으로 생각되는 자유로운 시장 거래도 법적 구조에 의해 보호받기 때문에 가능하다. 법은 국가의 강제력에 의해 보장된다. 결국 시장에서의 거래는 국가라는 외적 강제에 의해 보호받는 합법적 계약이다.

그렇다면 외적 강제 그 자체는 신뢰해도 괜찮은가? 국가를 믿을 수 있는가? 국가는 사람에 의해 조정된다. 여기서 대리인 딜레마Agency dilemma[100]라고도 하는 주인-대리인 문제Principle-Agency problem가 발생할 수 있다. 개인 또는 집단이 의사 결정 과정을 다른 사람에게 위임할 때, 주인과 대리인 사이에 정보의 불균형, 감시의 불완전성이 존재하면서 도덕적 해이와 역선택 등의 문제가 발생하는 것을 말한다. 국가뿐 아니라 모든 제도나 기구가 대리인 딜레마에 해당한다. 협동을 할 것인지, 배반을 택할 것인지의 의사 결정을 주인 스스로 내리는 것이 아니라 대리인인 외적 강제에 맡긴 것이기 때문이다. 따라서 외적 강제에만 의존해서는 신뢰를 형성할 수는 없다.

물론 민주주의 사회에서는 자유로운 언론과 공정한 선거 제도 등을 통해서 대리인인 국가가 잘못된 결정을 할 경우 국민들이 다음 선거에 이들을 퇴출시킬 수도 있다. 이탈리아 사회를 연구한 미국의 정치학자인 로버트 퍼트넘도 시민들이 자발적으로 사회적 활동에 참여할수록 국가 관료들은 더 정직하고 효율적으로 임무를 수행한다는 사실을 밝혔다. 이는 외적 강제가 지속되기 위해서는 자발적인 상호 강제가 필요하다는 것을 보여준다.

사회적 자본의 핵심은 상호 강제

네 번째 요인은 상호 강제다. 다스굽타는 앞의 세 번째 요인들이 각각 한계가 있다는 것을 지적했다. 상호 애정은 그 범위가 협소하고, 친사회적 태도는 사람의 유형에만 의지한다는 점에서 불완전하고, 외적 강제는 그 자체를 신뢰할 수 없는 상황이 발생할 수 있다는 점이 지적되었다. 때문에 이런 세 가지 요인에 앞서 필수적이고, 핵심적인 요인이 상호 강제다.

상호 강제란 약속을 지키지 않을 경우 이해 당사자들이 함께 정한 규칙에 따라 응징을 가하는 것이다. 집단 구성원에 의한 믿을 만한 응징 위협은 약속을 어기는 것을 막아준다. 단 이때의 응징은 충분히 가혹하고, 위협은 믿을 만해야 한다. 결국 상호 강제란 사회적 규범을 따르자는 구성원 간의 자율적 약속을 통해 신뢰를 형성하는 방안이다.

상호 강제는 장기적 관계일수록, 미래에 대한 기대가 클수록, 협동이 서로 연결되어 있을수록 잘 작동한다. 각각의 경우를 직관적으로 생각해보자. 만약 관계가 일회적이라면 응징을 두려워 할 이유가 없어진다. 장기로 갈수록 평판과 응징이 미치는 영향이 커진다. 미래가 안정적이고 미래에 대한 기대가 클수록, 지금 당장 배반하여 얻을 수 있는 현재의 이익 대신 협동하여 얻을 수 있는 미래의 이익을 추구하게 된다. 협동 관계가 서로 연결되어 있다면 하나의 관계가 끊어지면 다른 관계도 끊어질 수 있기 때문에 서로 배반할 유인을 줄일 수 있다.

이를 다스굽타가 소개한 예를 들어 다시 확인해보자. A와 B가 있다. A는 자본금 4,000원을 가지고 있으며, 상품을 시장에 내다팔 수 있는 유통 구조도 가지고 있다. 그런데 정작 상품을 생산할 수 있는 기술이 없다. 반면 B는 생산기술을 가지고 있지만, 자본금도 유통 구조도 가지고 있지 못하다. 예를 들어 B는 빵을 만들 줄 아는 파티쉐(제과제빵 기술자)지만 자기 가게를 차릴 여유는 없고, A는 빵집을 차릴 돈도 있고 백화점에도 납품할 수 있는 유통망을 가진 경우다. B가 가진 빵 생산기술의 가치를 2,000원이라고 하자. A와 B는 각각 4,000원 어치와 2,000원 어치의 부를 갖고 있는 셈이다.

A와 B가 협동할 경우를 생각해보자. A가 4,000원을 B에게 빌려주면 기술을 가진 B는 그 돈으로 8,000원 어치의 빵을 만들고, A는 그것을 시장에 판매하였다. 협동하기 전에는 A와 B의 부를 모두 합쳐도 6,000원(4,000원+2,000원)에 불과했는데 협동을 함으로써 8,000원이 되었다. 총 2,000원의 이윤이 발생한 것이다. 이를 각각 1,000원씩 나눠가진다고 하자. 즉, A와 B는 협동을 통해서 매번 1,000원의 이익을 더 얻게 된 것이다.

이제 이들의 협동이 한 번에 그치지 않고 장기적으로 계속될 경우를 생각해보자. 한번 협동하면 1,000원을 얻지만, 열 번 협동하기로 했다면 1만 원을 얻을 수 있다.[101] 1,000원이 걸려 있을 때보다 1만 원이 걸려 있을 때 협동의 약속을 더 잘 지킬 유인이 강해진다. 장기적 관계일수록 상호 강제가 잘 작동함을 알 수 있다.

이번에는 장기적 거래를 하되 미래 이익에 대해서는 할인율을 적용해서 계산해보자. 미래에 대한 할인율이란 미래에 받을 수익을 현재 가치로 환산하는 것이다. 오늘의 100원과 미래의 100원은 가치가 다르다. 당장 내 손에 쥐어진 오늘의 100원은 또 다른 수익을 가져올 수 있다. 예를 들어 100원을 투자해서 10원을 얻을 수 있다고 하자. 그러면 오늘의 100원은 내일의 110원이 된다. 반대로 내일의 100원은 오늘의 90원과 같다. 쉽게 말해 내일 받을 돈보다는 지금 내 손에 쥐어진 돈이 더 가치가 크다는 것이다. 할인율은 그 가치 차이의 정도를 나타내는 숫자다. 할인율은 사람마다 다르다. 현재의 수입을 중요시하는 사람은 할인율이 높을 것이고, 상대적으로 미래의 수입을 중요시하는 사람은 할인율이 낮을 것이다.

할인율을 r이라 하고 A와 B가 무한 장기거래를 할 때 이익을 계산하면 다음 식과 같다. 고등학교 때 배운 무한등비급수를 이용하면 된다. 그 결과 둘이 협동하여 얻는 이익은 1,000(1+r)/r 이 된다.

$$1,000 + 1,000/(1+r) + 1,000/(1+r)^2 + 1,000/(1+r)^3 + \cdots = 1,000(1+r)/r$$

A의 입장에서는 협동하여 얻게 되는 이익 1,000(1+r)/r원이 원래 갖고 있던 4,000원보다 크면 계속 협동할 것이다. 이를 계산해보면 할인율 r이 약 0.33보다 작아야 A가 협동할 조건이 된다. 만약 r이 0.3이라고 가정하면 A가 협동하여 얻게 되는 이익은 4,333.33원으로 협동하지 않을 때보다 이득이 된다. 만약 r이 0.4라고 가정하면 A가 협동하여 얻게 되는 이익은 3,500원으로 협동하지 않을 때보다 손해를 본다. 할인율이 0.33보다 작아질수록 협동할 이유는 더 커진다. 할인율이 작아진다는 것은 미래의 수입을 중요시한다는 뜻이다. 즉, 미래에 대한 기대가 클수록 상호 강제는 잘 작동한다.[102]

이번에는 A와 B의 거래 외에 A와 C의 거래도 동시에 존재한다고 생각해보자. 앞의 경우와 비슷하다. C는 1,000원 어치의 생산기술을 가지고 있고, A가 3,000원을 빌려주면 6,000원 어치의 상품으로 만들어낼 수 있다. 이번에는 C가 커피를 만들 줄 아는 바리스타이고, A는 커피 가게를 차릴 돈을 갖고 있다고 생각해보자. 협동하기 전의 A와 C는 각각 3,000원과 1,000원의 부를 갖고 있었는데, 협동을 하면 6,000원으로 늘어나서 2,000원의 이윤을 얻는 것이다. 역시 2,000원의 이윤을 각각 1,000원씩 나눠 가지기로 했으므로 앞서와 같이 1,000(1+r)/r원이 장기적으로 협동할 경우 얻는 이익이 된다. 이 거래에서 A는 1,000(1+r)/r원이 3,000원보다 크면 계속 협동할 것이다. 이를 계산해보면 r은 0.5보다 작아야 한다. 만약 r이 0.4라면 A가 협동하여 얻는 이익은 3,500원으로 협동하지 않을 때보다 이득이다. 하지만 r이 0.6이라면 A가 협동하여 얻는 이익은 2,666.66원으로 협동하지 않을 때보다 손해를 본다.

만약 A와 B의 거래, A와 C의 거래가 따로 존재하고, A의 미래 할인율 r이 0.4라고 가정해보자. 그러면 A는 C와의 거래는 지속하지만 B와의 거래는 배반할 것이다. 앞서 계산했듯이 B와의 거래에서는 미래 할인율 r이 0.33보다 작아야 협동하기 때문이다.

하지만 A와 B의 거래, A와 C의 거래가 모두 연결되어 있어 동시에 일어나야 하는 경우라고 생각해보자. 앞서 B를 파티쉐로, C를 바리스타로 가정했으니 빵과 커피를 동시에 제공하는 카페를 창업하는 것이라 생각하면 되겠다. 또는 A가 대기업이고 B와 C는 부품을 만들어 제공하는 중소기업인데, 하나의 상품을 만들 때 두 개의 부품이 모두 필요한 상황이라고도 가정해볼 수 있다. 이 경우 A가 누구와도 협동하지 않는다면 원래 자본금 7,000원만을 갖게 된다. 하지만 A가 B와 C 모두와 협동할 때 얻게 되는 이익은 다음과 같다.

$$2,000 + 2,000/(1+r) + 2,000/(1+r)^2 + 2,000/(1+r)^3 + \cdots = 2,000(1+r)/r$$

따라서 $2,000(1+r)/r$원이 7,000원보다 크면 A는 B와 C 양쪽 모두와 협동할 것이다. 이때 r은 0.4 이하면 된다. 즉, 두 개의 거래가 연결되어 있다면 A는 C와의 거래뿐 아니라 B와의 거래도 유지하게 된다. 거래가 많이 연결되어 있을수록 이윤율이 낮은 쪽과도 협동할 유인이 생기는 것이다. 신뢰 관계가 네트워크를 이룬다면 상호 강제가 더 쉽게 작동하게 되는 것이다.

신뢰의 네트워크가 경제성장을 가져온다

"합의된 상호 강제 구조를 통해서 다른 사람이 약속을 지킬 것이라는 믿음을 유지하고 발전시킬 수 있도록 하는 사람들 사이의 네트워크"를 사회적 자본이라 했다. 상호 강제의 중요성에 대해서 살펴보았으니 이제 네트워크란 무엇인지 생각해보자.

네트워크는 개인 간 관계를 보호하고 촉진하기 위한 소통 채널이다. 일종의 통로인 셈인데, 이 통로를 통해 서로를 알아가고 공통의 이해관계를 나누면서 신뢰가 형성될 수 있다. 그런 면에서 공동체적 제도라고 할 수 있다. 네트워크는 가족처럼 태어날 때 이미 결정된 것부터 취미에 따라 가입하는 동호회까지 광범위하다. 우리는 어떤 네트워크에 속한 채로 태어나기도 하고, 새로운 네트워크에 들어가기도 한다. 네트워크의 연결은 개인의 선택에 의해 이루어지기도 하고 집단의 선택에 의해 이루어지기도 한다.

네트워크를 만드는 데에는 돈과 시간을 비롯하여 다양한 비용이 들어간다. 기본적으로 네트워크가 확장되어 통로가 늘어날수록 비용은 늘어나지만 추가 이익은 줄어든다. 쉽게 말하자면 친구에 대해서 아는 것보다 친구의 친구에 대해서 아는 것이 더 어렵다는 뜻이다. 하지만 네트워크는 시간이 지날수록 양의 외부성을 창출하여 유지 비용을 상쇄할 수도 있다. 네트워크를 통해 신뢰가 형성되고, 이 신뢰가 또 다른 신뢰를 낳을 수 있기 때문이다.

네트워크의 이런 장점을 경제모델로 설명하면 이렇다. 기본적으로 생산함수는 노동(L)과 물적 자본(K)을 투자하여 생산물(Y)을 만들어내는 함수인데, 여기서는 노동 대신 인적 자본(H)을 대입한다. 그리고 생산함수에 영향을 주는 총요소 생산성(A)[103]이 있다. 이는 지식이나 기술, 제도의 발전으로

증가하게 된다. 이를 식으로 쓰면 다음과 같다

$$Y=Af(K, H) \ (A>0)$$

인적 자본과 물적 자본의 양이 늘어날수록, 그리고 총요소 생산성이 늘어날수록 생산물의 양은 늘어난다. 이때 네트워크를 통한 협동은 인적 자본이나 총요소 생산성의 증가를 가져온다. 네트워크의 외부성이 확대되는 범위가 좁아서 협동에 참가한 사람에게만 영향을 끼칠 경우에는 인적 자본(H)이 증가할 것이다. 네트워크의 외부성이 경제 전체로 확대된다면 총요소 생산성(A)이 증가할 것이다. 어느 쪽이든지 결국 생산물(Y)의 증가로 이어진다. 늘어난 생산물을 다시 물적 자본이나 인적 자본에 투자하면 더 빠른 성장이 일어난다.

말하자면 이런 것이다. 인근 지역에 밀접한 중소기업 간에 네트워크가 있어서 이들이 서로 기술 공유도 하고, 직원들을 위한 교육 훈련이나 사내 복지를 공동으로 제공한다고 하자. 이 과정을 통해서 중소기업 직원들의 생산성이 올라가는 것은 인적 자본이 증가하는 것이다. 또 새로운 기술을 도입하게 되었고, 기업 문화가 창의적으로 바뀌었다면 총요소 생산성이 증가하는 것이다. 이런 변화는 상품 생산 증대로 이어진다. 더 좋은 상품을 더 많이 생산해서 더 많은 수익을 올리면, 그것으로 직원을 더 고용할 수 있고 고급 기술을 더 도입할 수 있다. 이로 다시 한 번 생산성은 늘어난다.

이에 대한 실증 연구로는 퍼트넘이 이탈리아 20개 행정구역을 조사한 연구가 있다. 이 연구에서 퍼트넘은 1900년대 초 시민 참여 지표와 1970년대 초 고용, 소득 간에 강한 상관관계가 있다는 것을 발견했다.[104] 시민 문화가 발달된 지역의 시민들은 동료 시민들이 법을 지킬 것이라는 신뢰를 바탕으로 하여 스스로도 규칙을 준수하게 된다. 이로 인해 시민들 상호간에 자발적인 협조가 이루어지고 정부의 간섭도 불필요해진다.

퍼트넘의 분석에 의하면 이탈리아에서 남부 지방 메초조르노의 경제가 낙후된 큰 이유는 이들 지역에서의 시민들 간의 신뢰가 부족하기 때문이다. 반면 풍요로운 중북부 지방 도시 에밀리아로마냐Emilia Romagna[105]에서는 상호 신뢰가 높은 시민들이 거주하고 있는 것으로 나타났다. 즉, 시민사회라는 사회적 자본이 경제에 영향을 미친다는 것을 증명하였다.

또한 세계은행의 디파 나라얀Deepa Narayan과 란트 프리체트Lant Pritchett는 탄자니아의 50개 마을을 대상으로 조사한 결과 마을의 사회조직에 많이 참여하는 가구일수록 가구 평균 1인당 소득이 높다는 사실을 발견했다.[106] 1995년 4월과 5월 탄자니아의 시골 지역에서 무작위로 선정된 87개 집단의 1,376개 가구를 대상으로 조사를 진행했다. 집단에서 구성원으로서의 정체성을 느끼는 정도 등을 포함하여 마을 사회적 자본Village Social Capital을 측정한 후 그것이 소득에 미치는 영향을 살펴보았다. 그 결과 마을 사회적 자본이 증가하면 가구당 소득이 20퍼센트 정도 증가하는 것으로 나타났다.

네트워크의 문제점 : 배제성과 불평등[107]

하지만 네트워크로 구성된 사회적 자본에도 문제는 존재한다. 네트워크에서의 활동은 구성원 사이에 유대, 애정을 형성하고 이것이 발전하여 개인의 사회적 정체성을 이루게 된다. 하지만 때로는 이런 정체성이 네트워크를 협소하고, 배타적으로 만들기도 한다. 특정 네트워크에서 편안함과 이익을 얻을수록 배타적이기 쉽다. 이를 잠김 효과Lock-in effect라 한다. 태어날 때부터 소속될 수밖에 없는 가족, 민족, 인종 등의 네트워크나 종교적 네트워크의 경우 특히 잠김 효과가 나타난다. 이런 특수한 네트워크뿐 아니라 일반적으로 협동의 네트워크에는 언제나 잠김 효과의 위험이 존재한다는 것을 잊지 말아야 한다.

또한 협동하는 네트워크라 해도 그 내부에 불평등과 착취가 존재할 수 있다. 미국의 정치학자 마가렛 매킨Margaret A. McKean은 지역 엘리트들이 공동체가 소유한 자원의 이익을 부적절하게 획득하고 있는 사례를 밝혔다. 이 외에도 많은 실증 연구들에서 협동을 통해 얻은 이익을 재분배하는 과정에서 불평등이 나타났다. 물론 죄수의 딜레마 상태일 때에 비하면 협동을 통해서 이익을 얻은 게 사실이지만, 공동체적 관계에서도 착취적 현상이 발생할 수 있다는 것을 잊어서는 안 된다.[108]

네트워크와 시장

공동체적 제도인 네트워크와 달리 시장은 익명의 교환이다. 시장은 모든 인간관계를 가격이라는 변수로 단순화한 제도다. 모든 사회는 비인격적 시장과 공동체적 제도의 혼합으로 볼 수 있다. 둘 사이의 관계는 보완적이어서 함께 있을 때 더 좋은 성과를 내기도 하고, 때로는 적대적이어서 서로를 방해하기도 한다.

네트워크와 시장이 보완적인 경우를 살펴보자. 네트워크를 통한 상품의 생산과 교환은 시장을 활성화하는데 매우 중요한 역할을 한다. 우선 경제학자들이 오래 전부터 주목해왔던 지점은 기업의 존재 이유가 바로 내부의 네트워크를 통한 거래 비용 감소라는 것이다. 기업 내의 교환은 기업 간의 관계와는 달리 공동체적 네트워크에 기반하고 있다.

또한 기업 간의 관계에서도 공동체적 네트워크가 작동하는 경우가 있다. 미국의 사회학자 월터 파월Walter W. Powell과 피터 브랜틀리Peter Brantley는 바이오산업에서 경쟁 기업의 연구자들이 특정한 정보를 공유하는 사실을 발견했다.[109] 물론 비밀로 유지하는 정보도 있었다. 공개와 비밀 사이에 미묘한 균형이 존재했다. 만약 정보를 공유하지 않거나 잘못된 정보를 제공하는 과학자라면 네트워크에서 배제당할 것이다. 경영자들 역시 이런 정보 공유의 네트워크를 알고 있었으며, 오히려 이를 장려했다. 정보의 공유를 통해 기술과 산업이 발전할 수 있기 때문이다. 이런 경우 네트워크는 시장이 제대로 작동하기 위해 필수적인 요소다. 네트워크를 통한 정보 공유가 시장의 완전 정보성을 강화시켜주는 보완재 역할을 한 것이다.

반면 시장과 네트워크가 대체재라면 둘은 적대적이다. 시장이 공동체적 제도를 대체하는 경우 반드시 고통 받는 사람들이 나타난다. 이전에는 공동체가 주로 담당해왔던 보육, 교육, 빈곤 구제 등이 그런 사례다. 공동체가 구성원들을 위해 제공하던 것들이 시장으로 넘어가면 수익을 추구하기 위한 도구가 되면서 사업의 목적이 달라진다. 반대로 네트워크가 시장의 원활한 작용이나 존재 자체를 방해하기도 한다. 예를 들어 혈연적 유대가 매우 강력한 전통 사회를 생각해보자. 여기에는 개인이 위험으로부터 보호받을 수 있다는 긍정적 기능이 있지만, 개인의 투자 동기를 저하시킨다는 부정적 기능도 있다.

사회적 자본을 형성하기 위한 제도가 필요하다

정리하자면 사회적 자본이란 구성원들이 신뢰하고 협동할 수 있도록 상호 강제하는 네트워크다. 한 사회에서 사회적 자본은 어떻게 축적되는 것일까? 흔히 승리의 기쁨을 나누는 경험은 신뢰를 촉진한다. 선거에서 승리한다거나 정부가 효과적으로 사회적 딜레마를 해결하는 경험을 공유하는 것은 매우 중요한 신뢰 형성 방식이다. 또한 퍼트넘이 강조한 대로 자발적 시민 단체에 가입해서 활동하는 것은 일반적 신뢰를 제고한다. 특히 그 자체가 오랜 신뢰와 협동의 결정체인 협동조합과 같은 사회적 경제는 사회 전체의 일반적 신뢰를 높이는 역할을 한다. 에밀리아로마냐와 같이 협동조합이 많은 지역에서 민주주의도 잘 이뤄지고 동시에 경제성장률도 높다는 것은 그 때문이다.

지도자의 역할도 중요하다. 지도자는 이타적 행위를 선택함으로써 집단 정체성과 규범을 만드는 데 중요한 역할을 할 수 있다. 무릇 어떤 제도가 성공했다면 거기에 반드시 유능한 지도자가 존재했다고 보면 된다. 스웨덴에서 복지국가가 자리 잡는 데 한손Albin Hansson의 역할이 결정적이었다. 루스벨트Franklin Roosevelt 없이 미국에서 노동법이 자리 잡을 수 있었을까? 지도자의 역할이란 개인이나 소집단의 이익 추구를 전체의 이익 추구로 바꾸는 것이라고 해도 과언이 아니다. 즉, 지도자의 역할이란 협동해를 제시하고 사회 구성원 모두에게 이익이 된다는 점을 확신시킴으로써 사회적 딜레마를 해결하는 것이다.

따라서 한 사회의 역사적 집단 기억은 매우 중요하다. 우리는 신뢰와 협동을 이루어냈던 장기적이고 안정적인 경험이 없다. 대신 폭발적 경험의 기억은 생생하다. 87년 민주항쟁, 97년 외환 위기 당시 금 모으기, 2002년 월드컵과 그해 대선에서의 노풍, 이후 수많은 촛불집회 등을 겪었다.

이런 경험을 제도화할 수 있는 방안이 있을까? 제도가 모든 것을 보장할 수는 없지만 최소한의 장치는 필요하다. 사람들 사이의 자발적 신뢰와 협동까지 제도에 의존하도록 되어서는 안 되지만, 무임승차를 막고 신뢰와 협동의 정체성을 장려하는 제도는 필요하다. 더불어 집단 정체성이 상대에 대한 배제와 내부 불평등을 초래할 수 있고 이때도 지도자의 역할이 중요하다는 점을 잊어서는 안 된다. 집단 내부의 신뢰와 협동을 촉진하려는 시도가 내부의 이견을 억압하고, 외부에 대해서는 적대감을 유발하는 식으로 변질되지 않도록 주의해야 한다. 집단의 개방성, 집단 가치와 보편성, 내부의 다양성을 또 다시 강조한다. 우리의 폭발적 집단 기억을 정당과 정치 지도자들이 주도하지 못했다는 것은 결국 사회적 자본의 안정적 재생산을 가로막은 것이나 마찬가지라는 사실에 주의를 기울일 필요가 있다. 신뢰와 협동의 경제학에서는 정치가 분리되어 있지 않으며 오히려 정치가 우선이라고 말할 수 있다.

10장

네 박자로
굴러가는 경제

시장경제, 사회적 경제, 공공경제, 생태경제

지금까지 이 책에서 우리가 밟아 온 길을 다시 정리해보자. 우리는 '인간은 이기적이고 시장은 효율적'이라는 주류경제학의 전제를 의심하는 것으로 출발했다. 인간은 상호적이며 시장은 만능이 아니다. 주류경제학이 말하는 경쟁의 원리만을 강조할 때, 개인과 사회는 충돌하고 사회적 딜레마는 해결되지 않는다. 죄수의 딜레마, 공유지의 비극, 공공재게임, 집단행동의 문제 등이 그러했다.

그렇다면 사회적 딜레마를 어떻게 해결할까? 신뢰와 협동이 답이며 게임이론으로 보면 죄수의 딜레마나 치킨게임을 사슴사냥게임으로 만드는 것이 첫 번째 단계요, 두 번째로는 사슴사냥게임의 두 균형 중 협동해解를 택하도록 하면 된다. 협동은 인간의 본성이며, 다양한 이유로 인류는 이미 오래 전부터 협동하며 살아왔다. 단지 자본주의가 등장하면서 협동이 아닌 경쟁이 강조되었을 뿐이다. 이제 다시 적절한 제도와 사회규범을 통해 협동하는 사회로 만들어야 한다. 협동의 전제 조건은 신뢰다. 내가 협동하면 상대방도 협동할 것이라는 믿음이 존재해야 한다. 이처럼 신뢰와 협동을 기반으로 한 경제학, 이를 주류경제학과 구분하여 '협동의 경제학'이라 부르자.

우리 현실에서 주류경제학과 협동의 경제학은 네 가지 체제로 존재한다. 먼저 주류경제학에 기반을 둔 시장경제다. 이제까지 우리 주변에서 가장 흔하고도 유일한 체제인 것처럼 여겨졌으며, 가장 강력하게 작동해온 체제다. 시장경제에서 시장이란 구체적인 장소만을 의미하는 것이 아니라, 재화나 서비스를 거래하고자 하는 사람들의 판매와 구매 행위 자체를 의미한다. 수요와 공급이 만나는 곳이 바로 시장이다. 주류경제학에서 시장의 핵심은 가격이요, 경쟁이다. 앞에서 보았듯이 경제학자의 머릿속에서는 완전경쟁이 가장 효율적인 점을 즉각 찾아준다. 시장경제는 경쟁의 원리를 통해서 효율성이라는 목표를 추구한다. 실로 시장경제는 엄청난 생산력 발전을 가져왔다. 자본주의의 이런 힘을 가장 강조한 경제학자는 아마도 마르크스일 것이다. 그 비결은 인간관계를 가격으로 단순화한 데 있다. 가격에 의한 개인행동의 조정은 경쟁이라는 메커니즘을 통해 부의 축적이라는 강력한 동기를 유발시켰고 그 결과 비약적인 생산력 발전을 꾀할 수 있었다. 하지만 인간관계의 단순화, 가치의 왜소화[110]는 곧 사회의 왜소화를 의미했으며 급기야 자연을 파괴하는 데 이르렀다.

그러나 사회에는 시장경제만 존재하는 것이 아니다. 맨눈으로 사회를 볼 수 있다면 사회적 경제, 공공경제, 생태경제를 들여다 볼 수 있을 것이다.[111] 모든 상품이 시장경제에서 거래될 수는 없으며, 모든 사회적 문제가 시장경제를 통해 해결될 수도 없다. 사회적 경제[112]는 시장경제의 수익 극대화 논리에서 벗어나 개인들 간의 자유로운 공동체가 연대라는 가치의 실현을 꾀하는 경제다. 공공경제는 정의론에 입각해서 공공성의 범위와 내용에 먼저 합의하고 이를 주로 국가의 재분배 정책을 통해 실현하는 경제다.[113] 이때는 평등이라는 가치에 초점이 맞춰진다. 생태경제는 자연 환경의 문제를 다룬다. 여기에는 열역학과 엔트로피 이론이 개입된다. 특히 생태 문제는 먼 미래 세대도 포함된 정의와 연관되어서 단순한 사회계약으론 해결할 수 없다. 사회적 경제와 공공경제가 동시대 사람들 사이의 문제라면 생태경제는 시대를 뛰어넘어 현재 세대와 미래 세대 사이의 문제이므로 현재 살고 있는 사람들 간의 투표로 해결되기 어렵다는 난점을 지니고 있다.

사회적 경제는 인류의 탄생과 함께 시작된 영역이라고 볼 수 있다. 인간은 스스로를 위험에서 보호하기 위해서 협동했다. 어느 원시 부족이나 지니고 있었던 식량 공유의 습관도 바로 사회적 경제에 속한다. 현대에서는 수익성과 함께 사회적 연대를 추구하는 협동조합이나 사회적 기업이 대표적인 사회적 경제다. 사회적 경제는 상호성의 원리를 통해서 연대라는 목표를 추구한다.

공공경제는 공공성이 무엇이고 이를 어떻게 실현할 것인지를 다룬다. 물론 공공경제학은 시장실패론과 밀접하게 연관되어 있다. 하지만 역사적으로 볼 때 공공경제, 즉 국가 영역은 시장에 앞서서 존재했다. 뿐만 아니라 우리는 이론적으로도 시장실패론에 입각해서 공공성을 따지는 것, 즉 시장이 실패한 영역에서부터 공공경제가 시작된다는 인식은 잘못되었다고 생각한다.

성경은 "태초에 말씀이 있었다."로 시작하고, 경제학에는 "태초에 시장이 있었다."가 제일 먼저 나온다. 시장실패론은 우선 시장이 우리의 사회적 문제를 해결하되 그게 실패로 판명 나는 경우에 국가가 개입해야 한다고 말하는 것이다. 이 프레임은 대단히 강력해서 민영화에 반대하는 사람들도 이 틀

내에서 얘기를 시작해야 했다. 예컨대 왜 의료는 시장에서 실패하는지 농업을 시장에 맡기면 안 되는지부터 설명할 수밖에 없다. 이런 논의는, 정교해 보이지만 갑갑하기 이를 데 없는 경제 논리와 실증 싸움에 빠지기 일쑤다.

하지만 장구한 인류 역사에서 시장이 인간관계를 대변한 건 지난 300년뿐이다. 뿐만 아니라 논리적으로도 인간이 서로 관계를 맺는 수많은 방법 중 시장이 제일 먼저 나와야 하는 이유는 그 어디에도 없다. 왜 사랑이 먼저 나오면 안 되는가? 물론 시장은 가격이라는 변수만으로 인간관계를 빈약하게 만듦으로써 오히려 원거리의 익명 거래를 할 수 있도록 진화한 신판 교류 방식임에 틀림없다. 그러나 그 때문에 다른 관계를 무시해도 좋다는 경제학의 주장은 전혀 설득력이 없다. 경제학이 자랑하는 효율성이라는 가치가 평등이나 우애와 같은 다른 가치보다 중요하다는 근거도 없다.

인간이 사회적 동물이라는 건 모두 합의하는 어떤 가치가 있을 수 있다는 걸 의미한다. 예컨대 이제 우리는 최소 수준의 의료나 교육, 심지어 식량까지 인간이라면 누구나 누려야 한다는 데 동의한다. 시장의 균형가격을 치를 능력이 없는 사람이 치료나 교육을 못 받거나 굶는 데 반대하는 것이다. 우리 모두 최소한으로 누려야 할 어떤 가치를 우리는 흔히 '공공의 가치public value', 또는 '공공성publicity'이라고 부른다. 그렇다면 공공성의 범위를 결정하는 기준은 무엇일까? 존 롤스가 '기본재'라고 부른 것, 그리고 아마티아 센Amartya Kumar Sen의 '능력'이 그런 기준의 예다. 하지만 구체적으로 그 내용을 정하자면 꽤 의견이 분분할 것이다.

실제로 공공성의 범위는 시대와 사회에 따라 꽤 차이가 난다. 사회 구성원들이 결정하기 나름인 것이다. 예를 들어 스마트폰은 기본재에 속할까? 아직은 아닐지 몰라도 앞으로 스마트폰과 인터넷이 점점 더 많이 우리 생활 속으로 들어온다면 언젠가는 기본재가 될 것이다. 스마트폰으로 결제를 하고, 신분 인증을 한다면, 또 나아가 스마트폰으로 교과서를 보고 공부하게 된다면 모두에게 지급되어야 할 기본재가 될 것이다. 먼 미래를 예측할 필요 없이 2010년 지방선거를 기점으로 우리 사회에 확산된 무상급식 바람만 보아도 공공성의 개념 변화를 알 수 있다. 즉, 공공성의 범위를 결정하는 것은 바로 우리다. 인간이라면 누구나 가지고 있는 공공 이성public reason을 사용해서 우리 모두에게 꼭 필요한 물건이나 서비스, 또는 그런 걸 원하면 가질 수 있도록 하는 '능력'이 무엇인지에 합의하는 것이 우선이다. 바로 정치가 하는 중요한 역할이다. 그런 합의 이후에 그걸 공급하는 방법을 논의하는 것이 올바른 순서다. 즉, 태초에 있어야 할 것은 시장이 아니라 정치다. 그런 의미에서 '정치가 최우선'이다.

생태경제학은 기존의 환경경제학과 다르다. 환경경제학은 생태 문제를 외부성으로 인식하고 이를 경제학의 전통적 방법에 따라 내부화해서 해결하려고 한다. 생태경제는 경제를 에너지와 물질이 흐르는 생태계의 하위 시스템으로 파악한다. 생태경제는 생태계의 법칙과 세대 간 정의라는 원칙에 따라 지속 가능성이라는 목표를 추구한다.[114] 물론 자연은 모든 인간의 사회 제도에 앞서서 존재했고 생태 문제는 인류 전체의 운명을 좌우하는 가장 시급하면서도 해결하기 어려운 문제가 되었다.

사회는 이처럼 다양한 원리에 의해 구성되고 굴러간다. 신자유주의는 시장원리 하나로 모든 문제를 해결하려 했다. 1980년대부터 유행한 규제 완화, 민영화가 바로 그것이고 결과는 현재의 세계경제 위기이다. 반면 1980년대 말에 종말을 고한 국가사회주의는 공공경제의 원리로 모든 사회를 조직하려는 시도였다. 인간의 본성을 무시하고 하나의 틀로 모든 사회를 재단하려 했던 시장 만능주의나 국가 만능주의는 어쩌면 쌍생의 유토피아였는지도 모른다. 우리는 이 다양한 경제 원리들 하나하나를 파악하고 각 원리들이 조화를 이룰 수 있도록 해야 한다.

  네 분야의 경제를 각각 파악하고 이들 간의 연관을 밝혀내는 일, 그리고 그런 바탕 위에서 전체로서의 경제를 다시 그려내는 것이 필요하다. 하지만 이 책은 각 경제의 원리를 파악하는 일도 충실하게 해냈다고 할 수 없다. 각 경제 간의 연관은 몇 가지 사례를 제시했을 뿐 그 성격을 충분히 밝히지 못했다. 앞으로 복잡계 네트워크 이론을 응용하여 조금 더 구체적인 이야기를 할 수 있기를 바란다.

	인간 본성	상호작용의 기제	목표
시장경제	homo economicus 이기성	경쟁(등가교환)	(파레토)효율성
공공경제(국가)	homo publicus 공공성	합의(민주주의)	평등
사회적 경제(공동체)	homo reciprocan 상호성	신뢰와 협동(공정성)	연대
생태경제	homo symbious 공생의 본능	공존 세대 간 정의와 국가 간 정의	지속가능성

〔표 13〕 시장경제, 공공경제, 사회적 경제, 생태경제의 비교

3 사회적 경제

밀과 마르크스가 예찬한 협동조합

에밀리아로마냐는 이탈리아에서 노동조합이 가장 강한 지역이지만 동시에 노동자들이 기업가 정신에도 익숙하여 노동조합이 나서서 기술 변화와 구조조정에 아주 유연하게 대응한다. 사실 노동자라고 해서 시장에 적응하는 데 필요한 창조성을 가지면 안 될 이유는 없다. 왜 노동자는 생산 자체를 늘리는 데 협동하면 안 되고 이미 만들어진 생산물 중에서 임금의 몫을 늘리는 데에만 온 힘을 기울여야 할까? 한국에서라면 반동적일 수도 있는 이런 의문이 에밀리아로마냐에서는 이상한 일이 아니다. 스웨덴이나 네덜란드의 노자 간 역사적 대타협과 사회적 합의를 많이 이야기하는데 에밀리아로마냐에서는 그런 합의가 미시적인 기업 차원에서 일상적으로 일어난다."

3부에서는 사회적 경제에 대해 살펴본다. 이미 인류의 역사와 함께 존재했던 사회적 경제는 최근 전 세계적으로 다시 주목받고 있다. 사회적 경제는 시장도 정부도 아닌 제3의 영역에서 자발적 개인들의 참여로 이루어지며 경제적 목표와 함께 사회적 목표를 함께 추구한다는 특징을 지닌다. 사회적 경제는 시장경제, 공공경제와 조화를 이루며 성장할 수 있다. 협동조합은 자본주의 단계에 등장한 대표적 사회적 경제 형태다.

협동조합은 가입의 자유, 민주적 운영, 조합원의 경제적 참여, 자율적이고 독립적인 운영, 교육, 협동조합 간의 협동, 지역사회 공헌이라는 7가지 원칙을 강조한다. 협동조합은 자본이 노동을 고용하는 일반 기업과는 반대로 노동이 자본을 고용하는 형태다. 노동이 스스로 주인이기 때문에 노동이 원하는 사회적 가치인 일자리 창출이나 사회적 약자 보호, 그리고 지역사회 발전과 같은 목표를 실현할 수 있다.

하지만 자본주의 경제체제 속에서 협동조합은 자본 조달과 우수 인력 확보의 어려움을 겪을 수밖에 없다. 이를 극복하기 위해서는 협동조합 간의 네트워크가 튼튼히 구축되어야 하며, 지역공동체에 뿌리박고 복지의 전달자로서 기능해야 할 것이다. 세계의 성공 사례로 협동조합의 도시 이탈리아 에밀리아로마냐와 캐나다의 퀘벡의 사례도 살펴볼 것이다.

사회적 경제란 무엇인가?[115]

인간 본성의 표현, 사회적 경제

21세기 들어 '사회'에 대한 관심이 부쩍 고조되고 있다. '기업의 사회적 책임'이라든가 '사회적 기업' 등 경제 용어에 '사회'라는 수식어가 붙고 있다. 2011년 말 협동조합법이 제정되고 2012년 말 발효되면서 자발적인 협동조합 설립도 폭발적 붐을 이루고 있다. 나는 요즘도 일주일에 두세 번은 강연을 다니는데 협동조합 운동가나 연구자라면 몸이 모자랄 정도로 전국 각지에서 협동조합의 원리에 귀를 기울이고 있다. 군 단위에서 자발적으로 200명 이상 모인다는 것은 기적에 가까운데, 그런 일이 매일 벌어지고 있는 것이다. 특히 은퇴를 앞둔 50대들, 그리고 협동조합으로 창업을 하려는 20대가 많은 것도 고무적인 현상이다. 이는 우리나라뿐 아니라 전 세계에서 나타나는 움직임이기도 하다. 특히 신자유주의로 사회적 양극화가 급진전

되면서 나타나는 현상이기도 하다.

대표적인 사례로 2009년 2월, 유럽연합EU 의회가 89퍼센트의 찬성으로 '사회적 경제에 관한 결의'를 채택한 것을 꼽을 수 있다. 현재와 같은 "위기 상황은 새로운 경제적, 사회적 모델을 요구"하는데 "사회적 경제는 산업민주주의와 경제민주주의를 강화하는 데 상징적인 의미에서, 그리고 실제 성과라는 점에서 대단히 중요하다."는 것이 핵심 내용이다.

EU는 1990년대부터 사회적 경제에 관심을 기울여 왔는데 이는 복지국가가 직면한 한계 때문이다. 세계화에 따른 압력과 경제의 서비스화에 따른 생산성 저하, 그리고 출산율 저하와 노인 인구의 증가로 인한 고령화 등에 맞설 대안으로 사회적 경제가 주목받는 것이다. 또한 1980년대 시민운동이 활발해진 것도 사회적 경제 활성화에 영향을 미쳤을 것이다. 공동체운동, 여성운동, 환경운동, 문화운동 등 다양한 결사체가 등장하면서 국가와 시장의 새로운 관계 정립을 요구했다.

사회적 경제에 관한 2009년 2월 19일 유럽 의회 결의문
(European Parliament Resolution of 19 February 2009 on Social Economy)

※총 48개의 항으로 되어 있는 결의문 중 사회적 경제에 관한 전반적인 합의사항general remarks을 담은 1항부터 5항까지를 소개한다.

1. 유럽 경제에서 사회적 경제는 사람을 우선에 놓는 민주적 가치를 가진 경제의 하나로 지속 가능한 발전과 사회적, 환경적, 기술적 혁신을 지원하면서 다음과 같은 중요한 역할을 한다. 수익성과 연대의 조화를 이루고, 양질의 일자리를 창출하고, 사회적,경제적, 지역적 결합을

강화하고, 사회적 자본을 생산하고, 시민들의 활동을 촉진한다.

2. 사회적 경제는 산업민주주의와 경제민주주의를 강화하는데 상징적으로나 실질적으로 모두 중요하다.

3. 사회적 경제가 잠재력을 최대한 발휘하여 발전할 수 있으려면 사회적 경제 관련 기관의 특수성과 풍부한 다양성을 인정하면서 적절한 정치적, 입법적, 경영적 조건을 마련해야 한다.

4. 사회적 경제 기업은 일반 기업처럼 똑같은 경쟁의 규칙을 적용받아서는 안 된다. 사회적 경제 기업이 일반 기업과 동등한 경쟁을 하기 위해서는 그들의 특수한 가치를 인정하는 가운데 법적 보호를 받아야 한다.

5. 현재 경제에는 주주의 감시나 규제 기관의 통제로부터 벗어나 있는 기업이 존재하며, 이들로 인해 금융시장은 투기에 노출되어 있다. 사회적 경제 기업은 금융시장이 투기에 노출되는 것을 막아준다는 점에서 중요하다.

사회적 경제라는 용어의 정의는 나라마다, 연구자마다 다양하다. '제3부문the Third Sector', '비영리 조직non-profit organizations', '자원 활동 조직voluntary organizations', '독립 부문independent sector', '연대경제solidarity economy', '시민경제civil economy' 등 다양한 이름으로 불리기도 한다.116) 각각의 용어마다 뜻하는 바는 미묘하고도 상당한 차이가 존재한다.

이들 용어의 공통점을 찾는다면 상호성, 연대, 신뢰와 협동을 강조한다는 점이다. 이런 가치들은 자본주의 원리, 주류경제학의 원리, 시장경제의 원리만으로 사회로 일원화할 때 발생할 수밖에 없는 문제에 대응하기 위해서 형성되고 발전된 것들이다. 최근에 사회적 경제가 각광을 받고 있는 것도 이 같은 맥락에서 이해할 수 있다. 시장도 정부도 아닌 민간 영역에서 자발적 개인의 참여로 이루어진다는 점, 내부적으로 구성원 사이의 민주적 의사결정 구조를 갖고 있다는 점, 공동체와 지역사회에 기여하고자 한다는 점, 경제 영역에서 '사회적인 것'의 중요성을 인식하고 있다는 점 또한 사회적 경제의 특징이다.

> **퀘벡의 사회적 경제연대회의(샹티에Chantier)가 정의한 사회적 경제**
>
> 사회적 경제는 다음과 같은 원칙과 운영 규칙에 따라 운영되는 행위와 조직들을 일컫는다.
>
> 1. 이윤보다 회원과 공동체를 위한 운영
> 2. 국가로부터의 자율성
> 3. 1인 1표의 민주적 경영
> 4. 자본에 대한 개인과 노동의 우위
> 5. 참여의 원칙과 개인·집단에 권한 부여

따라서 사회적 경제는 모든 협동조합과 상호부조 움직임과 결사체를 포함한다. 사회적 경제는 주민과 공동체의 필요를 충족시키기 위한 모든 부문에서 발전할 수 있다.

사회적 경제의 구성요소

구체적으로 사회적 경제 안에는 어떤 것들이 포함될까? 이에 대해서는 캐나다의 비영리 공공정책 연구 기구인 SRDCSocial Research and Demonstration Corporation에서 발표한 논문[117])의 표를 참고하여 살펴보자.

경제 단위 또는 경제 주체들의 목적은 경제적인 것과 사회적인 것으로 나누어 볼 수 있다. 경제적 목적만을 추구하는 경우에는 비사회적 경제로 분류된다. 사회적 경제라면 경제적 목적과 사회적 목적을 동시에 추구해야 한다. 그림에서 흰 부분으로 나타나는 곳인데 신용조합, 상호공제회, 협동조합, 사회적 기업, 자선 단체, 비영리 단체 등이 포함되어 있다. 이 중에서도 사회적 목적만을 추구하는 자선 단체나 비영리 단체의 경우에는 '제3부문', '비영리 부문'으로 따로 구분하기도 한다.

사회적 경제 중 비교적 최근에 생겨난 것이 사회적 기업과 사회적 협동조합이다. 이들을 가리켜 신사회적 경제New Social Economy라고 부르기도 한다. 신사회적 경제는 1980년대 이래 유럽의 경제 침체, 이에 따른 국가 복지의 한계를 극복하기 위해 주로 교육, 보육, 의료 등 사회사업 서비스 분야에서 생겨난 새로운 사회조직이다. 이런 조직들은 특히 관계재[118], 연대 서비스, 친밀 서비스로 불리는 사회 서비스를 제공한다. 이 부문에서는 시장경제보다 사회적 경제가 더 우월할 수 있다. 시장경제에서는 수요자가 돈이 부족하거나 공급자가 수익을 내지 못할 경우 이런 서비스가 아예 존재할 수 없기 때문이다. 즉, 사회적 경제는 우리가 앞서 말했던 시장의 근본적 한계를 보완할 수 있다. 예를 들어 간병 서비스, 노인 돌봄 서비스, 장애인 일자리 창출 사업 등은 이익을 기대하기 어려운 분야며, 수익 극대화의 논리만으로 운영하다가는 서비스의 질이 심각하게 떨어질 수 있다. 이 경우 서비스가

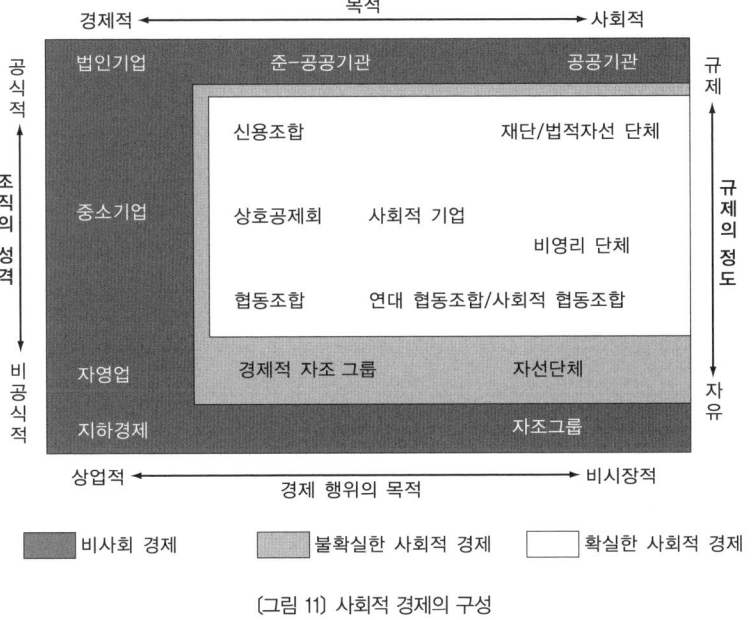

〔그림 11〕 사회적 경제의 구성

필요한 사람들이 협동조합을 구성하여 수익이 아니라 적절한 서비스의 제공을 목표로 해서 운영하는 것이 훨씬 낫다. 이탈리아나 스페인에서는 '사회적 협동조합', 포르투갈에서는 '사회연대 협동조합', 캐나다에서는 '연대 협동조합', 덴마크에서는 '프로젝트 개발', 영국과 미국에서는 '지역개발기업' 등으로 불린다. 이들 기업에는 조합원뿐 아니라 노동자, 소비자, 지역공동체 등 다양한 이해관계자들이 의사 결정에 참여한다는 점에서 과거의 사회적 경제와 차이가 있다.

사회적 경제는 시장경제와 공공경제에도 좋은 영향을 미칠 수 있다. 사회적 경제의 비중이 커지면 시장경제 또한 사회적 경제의 영향을 받게 된다. 예를 들어 소비자 협동조합이 시장의 절반 이상을 차지하고 제품의 질과 공정한 가격을 보장하고, 소비자들이 이에 적극 호응한다면 일반 대형마트나 기업 역시 함부로 행동할 수 없을 것이다. 전반적인 가격 안정과 품질 상승으로 이어질 것이다. 또한 사회적 경제는 공동체 전체의 이익을 증진시키는 유형, 무형의 사회적 자본을 제공하고, 시장경제 또한 이를 이용함으로써 생산성을 높일 수 있다.

공공경제와의 관계는 더 직접적이다. 공공 부문의 사회 서비스의 최종 전달은 결국 지역공동체에서 일어난다. 중앙정부가 큰 틀을 세운다 해도 실제 지역 현황에 맞는 서비스를 계획하고, 그것이 효율적으로 주민들에게 제공되기 위해서는 서비스 전달에서의 말단 조직이 중요하다. 이러한 말단 조직을 사회적 경제가 보완해줄 수 있다. 서구 국가에서 복지의 한계를 극복하기 위해 생겨난 사회적 협동조합이 그런 예다. 또한 우리처럼 사회적 경제가 취약한 경우에는 거꾸로 공공경제의 지원이 필요하다. 예컨대 지역에 재생에너지를 생산하는 사회적 기업이 생겼다고 하자. 지역 주민들에게 직접 판매하는 것과 함께 한전이 일정량의 에너지를 의무적으로 구입해주는 것이다.

의료 생협의 경우 동네 주민들에게 주치의 역할을 하게 된다. 건강보험공단은 이를 보조하는 의미에서 의료 생협 조합원 수에 따른 인두당 수가제를 적용할 수 있다. 특히 우리의 복지는 민간 복지 기관에 공공 보조금을 지원하는 방식으로 이루어지면서 심각한 문제를 발생시키고 있다. 민간 어린이집이 대표적 사례다. 정부 차원에서 아무리 무상보육을 이야기하며 어린이집에 재정을 지원해도, 결과적으로는 민간 어린이집의 보육료 상승만 가져올 뿐 보육의 질을 담보하지는 못하고 있다. 민간 어린이집 대신에 주민들로 구성된 보육 협동조합을 육성하고 이를 지원한다면 사회적 경제와 공공경제가 조화를 이룬 복지 전달 체계를 만들 수 있을 것이다. 결론적으로 사회적 경제, 시장경제, 공공경제는 분리된 존재가 아니라 동행하고 보완하는 존재다.

사회적 경제 형성을 위한 과제

현재 한국에서 사회적 경제를 조성하기 위한 우선 과제는 양적 성장이다. 왜냐하면 한국에는 최근 좋은 먹을거리에 대한 관심 덕분에 빠른 속도로 성장하고 있는 생활협동조합(생협)이나 정부 지원 하에서 양적으로 확대된 사회적 기업 외에는 사회적 경제라고 할 만한 것이 별로 없기 때문이다. 일단 양적으로 일정한 임계치critical mass 또는 티핑 포인트tipping point를 넘어야 사회적 경제 네트워크가 형성될 수 있다. 그래야 사회적 경제가 장기적으로 생존할 수 있고, 효율성도 높일 수 있다. 이를 위해 중앙정부와 지방정부는 사회적 경제에 대한 법제도적 지위의 보장, 기금 형성을 통한 간접 지원, 경영 컨설팅 등의 사업 서비스 제공에 나서야 한다. 이에 관해서는 에밀리아 로마냐와 퀘벡의 사례를 통해 더 자세히 살펴 볼 것이다.

민간 주체 차원에서는 사회적 경제가 공동체와 함께 성장할 수 있는 방안에 중점을 두어야 한다. 사회적 경제는 수익이 아닌 사회적 목표를 추구하므로 구성원 간에 목표에 대한 합의가 명확해야 한다. 민주적 절차를 중시하기 때문에 사업을 운영하는 과정에서도 끊임없는 토론과 합의가 필요하다. 따라서 구성원 간의 신뢰와 협동이 필수적이다. 우리는 앞에서 지역공동체가 협동의 규칙들을 잘 만족시킨다는 점을 보았다. 또한 아직까지 시장경제가 주를 이루는 사회에서 사회적 경제가 살아남기 위해서는 서로 간에 네트워크를 이루어 도움을 주고받아야 하는데 이 역시 지역공동체를 통해서 지원받을 수 있다. 한편으로는 시장경제에서 소외된 지역을 개발할 때 주민들의 참여와 열의를 끌어내는 데도 사회적 경제는 적절한 수단이다.

당장 어떤 일을 선택하고 누구와 할 것인지에 대한 답은 자신이 살고 있는 지역공동체에 있다. 떼돈을 벌 생각만 아니라면 우리가 할 수 있는 일, 또 해야 할 일은 바닷가 모래알처럼 널려 있다. 예컨대 동네 어르신의 집을 에너지 절약형으로 수리하는 일부터 마을 전체를 재개발하는 일까지 사회적 경제가 담당하면 효율과 평등, 연대를 동시에 이룰 수 있다. 지역공동체의 모든 사회적 수요는 곧 사회적 경제의 사업 대상이다.

  사회적 경제 공동체에서는 스스로 자산을 형성하고 관리하는 것도 매우 중요하다. 뒤에서 협동조합의 장단점을 살펴보면서 자세히 다루겠지만 사회적 경제는 자본 조달에 어려움을 겪는 경우가 많다. 캐나다에서는 각 공동체마다 크고 작은 기금을 형성하고 있다. 정부 또한 기본 기금을 형성하거나 매칭 펀드 Matching Fund[119]를 부여하는 방식으로 세제와 금융을 이용하여 공동체의 자산 형성을 돕고 있다. 이렇게 사회적 경제 내에서 형성된 자본은 일반 금융기관이 자본 증식을 추구하는 것과 달리 자산 축적과 이를 통한 지역 내 재투자에 사용되므로 지역 경제에 긍정적 효과를 가져온다.

12장

협동조합은 대안이 될 수 있는가?

협동조합의 7가지 원칙

협동조합은 사회적 경제의 가장 중요한 구성 요소이며 오랜 역사를 지니고 있다. 자유주의 경제학자들이나 마르크스주의자들 모두 협동조합에 커다란 의미를 부여했다. 존 스튜어트 밀John Stuart Mill은 "(협동조합과 같은) 결사체 형태는 인류가 계속 발전시킨다면 결국 세상을 지배할 것임에 틀림없다. (중략) 노동자 자신의 결사체가 평등의 원칙과, 자본의 집단적 소유를 기초로, 스스로 선출하고 또한 바꿀 수 있는 경영자와 함께 자신의 일을 수행하는 형태다."[120]라고 말했다. 마르크스 역시 《자본》 곳곳에서 협동조합을 유력한 이행 대안 중 하나로 상정했다. 러시아의 혁명가 레닌V. Lenin도 신경제정책 이후 협동조합의 중요성을 강조했으며, 이탈리아의 이론가 그람시A. Gramsci는 진지전의 유력한 물적 토대로 협동조합을 상정했다.

협동조합은 마틴 노박의 〈협동 진화의 5가지 규칙〉 중 혈연선택을 제외한 나머지 네 가지 규칙인 직접 상호성, 간접 상호성, 네트워크 상호성, 집단 선택을 모두 만족시킨다. 스페인의 몬드라곤이나 이탈리아의 볼로냐 등과 같이 특정 지역에서 특히 협동조합이 발달했다는 점을 고려한다면 혈연선택도 일정 정도 작용했다고 볼 수 있다.

협동조합은 7가지 원칙을 가지고 있다. 역사 속에서 많은 협동조합이 등장했다 사라지면서 운영 원칙들이 만들어지고 다듬어졌다. 이를 1995년 국제 협동조합연맹ICA 100주년 총회에서 정리한 것이 현재의 7원칙이다.[121]

첫째, 조합원의 참여는 자발적이고 개방적이다. 협동조합은 자발적인 조직이다. 협동조합의 서비스를 이용할 수 있고 조합원으로서 책임을 다할 의지가 있는 모든 사람들에게 성적, 사회적, 인종적, 정치적, 종교적 차별 없이 열려 있다. 개방성은 정보 비대칭성을 극복함으로써 간접 상호성이 보장될 수 있으며, 외부에 배타적이지 않은 네트워크가 될 수 있다.

둘째, 민주적으로 운영된다. 조합원들은 정책 수립과 의사 결정에 참여하며, 선출된 임원들은 조합원에게 책임을 갖고 봉사해야 한다. 조합원은 1인 1표의 동등한 투표권을 가진다. 이는 죄수의 딜레마에서 내가 협동한다 해도 남이 배신할지 모른다는 공포를 줄여줄 것이다. 협동하지 않는 이에 대한 다수의 응징이 가능해지기 때문이다. 물론 잘 되는 협동조합이라면 이미 협동의 사회적 규범이 내면화되어 있어서 응징의 필요는 눈에 띄게 줄어들 것이다.

셋째, 경제적으로 공동 소유하고 공동 이용한다. 인류 최초의 사회적 경제는 식량을 공유하는 관습에서 찾을 수 있다. 이는 일종의 사회적 보험인데 1800년대 중반에 출현한 농민의 협동조합 금융은 협동조합의 대표적인 사례다. 자원 또는 자본의 소유와 이용에 있어서 개인이 아닌 집단이 주체가 되는 것이다. 조합원은 협동조합에 필요한 자본을 조성하는 데 공정하게 참여하며 조성된 자본을 민주적으로 통제한다. 일반적으로 자본금의 일부분인 '비분리 자산indivisible reserve'은 조합의 공동재산이다. 출자 배당이 있는 경우에 조합원은 출자액에 따라 제한된 배당금을 받는다.

  넷째, 자율적이고 독립적으로 운영된다. 협동조합이 정부나 시장 등 다른 조직과 약정을 맺거나 외부에서 자본을 조달하고자 할 때는 협동조합의 자율성이 유지되어야 한다. 정부의 규제나 지원은 협동을 촉진할 수도 있지만 여기에 지나치게 의존할 경우 오히려 구성원의 자발성은 줄어들 수도 있다. 물질적 인센티브가 도덕 감정을 훼손해서는 안 된다.

  다섯째, 교육과 훈련 및 정보를 제공한다. 협동조합은 조합원, 선출된 임원, 경영자, 직원들이 협동조합의 발전에 효과적으로 기여하도록 교육과 훈련에 정성을 쏟아야 한다. 협동조합은 일반 대중, 특히 젊은 세대와 여론 주도층에게 협동의 본질과 장점에 대한 정보를 제공한다. 이는 공유 가치를 확산하여 집단 정체성을 높이고 간접 상호성을 제고하는 효과가 있다. 교육을 통해 기술적 수준을 높여 생산성을 증가시키는 효과도 있다. 협동은 때때로 내적 생산성 향상 수단인 경쟁과 대립되는데, 교육과 훈련, 정보 공유를 통해 이를 보완하는 효과도 있다.

  여섯째, 협동조합은 서로 협동한다. 협동조합은 지방, 전국, 지역 및 국제적으로 함께 협동 사업을 전개함으로써 협동조합운동의 힘을 강화시키고 조합원에게 가장 효과적으로 봉사한다. 이는 네트워크를 확대함으로써 신뢰를 형성하는 네트워크의 외부성을 증가시킨다.

  일곱째, 협동조합은 지역사회에 기여한다. 협동조합은 조합원의 동의를 얻은 정책을 통해 조합이 속한 지역사회의 지속 가능한 발전을 위해 노력한다. 이는 간접 상호성과 네트워크 상호성을 촉진시키며, 사회적 경제 생태계를 형성하고 발전시킨다. 사회적 경제 생태계가 발전할수록 협동조합의 사회적 위치는 커지게 된다.

이렇듯 협동조합의 원칙이란 협동이라는 인류의 오랜 지혜가 체화된 것이며, 앞서 살펴보았던 협동 진화의 규칙들을 제도화한 것이다.

특히 요즘 우리 사회에서 쟁점으로 떠오른 경제민주화를 위해서도 협동조합을 비롯한 사회적 경제의 강화가 필요하다. 1인 1표의 원리로 의사 결정을 하는 협동조합은 그 자체로 경제적 민주주의를 실현하고 있다. 특히 현재와 같이 성장률이 낮은 상태에서는 중소기업 네트워크와 중소상인 협동조합이 커다란 역할을 할 수 있다. 현재 GDP의 1퍼센트 남짓 차지하고 있는 사회적 경제의 비중이 매년 1퍼센트씩 늘어날 수 있다면 2퍼센트대 성장을 거둘 것으로 예상되는 한국경제에 커다란 힘이 될 것이다.

협동조합이 대세가 되지 못한 이유

그런데 왜 현실에서 협동조합은 희귀한 것일까? 기본적으로 협동조합을 둘러싸고 있는 환경은 온통 시장경제다. 협동조합은 시장경제의 바다에 홀로 떠 있는 사회적 경제의 섬인 셈이다. 이런 조건은 분명 불리할 수밖에 없다. 우리는 현재 협동조합의 한계가 무엇인지 정확히 파악하고, 협동조합 내부의 노력과 정부의 정책을 통해서 어떻게 이를 극복할 수 있을 것인지를 찾아야 한다.

일반적인 자본주의 기업이 투자자 관리 기업KMF ; Kapital-Managed Firm이라면 협동조합은 노동자 관리 기업LMF ; Labor-Managed Firm이다. 둘의 차이는 투자자가 기업을 소유하는가, 아니면 노동자가 기업을 소유하는가에 달려 있다. 바꿔 표현하자면 투자자가 노동을 고용하느냐, 노동자가 투자를 고용하느냐의 차이가 있다. 현실에서는 투자자 관리 기업이 월등히 많지만, 경제학적으로 둘 중 어느 쪽이 더 우월하다는 확실한 근거는 없다. 미국의 경제학자 그레고리 다우Gregory K. Dow는 "경제학은 자본주의 기업의 우위에 관해 납득할 만한 설명을 내놓지 못하고 있다."고 지적했으며, 새뮤얼슨 역시 완전경쟁시장 모델에서 자본이 노동을 고용하느냐 아니면 노동이 자본을 고용하느냐는 아무런 차이가 없다고 말했다.

다만 자본과 노동은 근본적 차이를 지니고 있다. 첫째, 물리적 자산의 소유권은 언제든 바뀔 수 있지만 인간에 대한 소유권은 쉽게 이전될 수 없다. 즉, 자본은 쉽게 이동하고 양도될 수 있지만 노동은 그렇지 못하다. 둘째, 노동은 저마다 상당한 이질성을 보이지만 물리적 자산이나 금융 자산은 상대적으로 그렇지 않다. 따라서 자본은 화폐의 양으로 환원이 가능하지만 노동은 사람의 속성이어서 하나의 양으로 환원할 수 없다.

이런 근본적 차이점 때문에, 무엇보다도 자본을 조달할 때 협동조합이 불리하다. 자본주의 기업은 주식시장을 통해 유한책임의 소유권을 자유롭게 이전할 수 있기 때문에 대규모 자본을 동원할 수 있다. 반면 협동조합은 조합비로만 자본을 동원할 수 있으며 자본의 사회적 성격을 강조한다. 이 때문에 많은 자본이 개인에게 반환되거나 상속되지 못하는 비분리 자산의 형태이므로 이기적 인간이라면 이에 반대할 것이다. 협동조합에서 소유권의 이전이 일어나려면 조합원 구성이 변화해야 한다.

또한 협동조합은 자본주의 기업에 비해 금융기관으로부터 대출 받기가 힘들다. 복잡한 이론보다 더 설득력 있는 이유는 금융기관이 협동조합이라는 이질적 존재에 익숙하지 않아서 적절한 신용 평가를 내릴 능력이 없다는 것이다. 또한 금융기관은 통제가 용이하다는 점에서 상대적으로 자본주의적 기업을 선호하는 경향도 보인다.

일반 기업처럼 주식을 발행한다면 어떨까? 하지만 협동조합의 경우 주식을 구입한다는 것은 조합원이 된다는 것을 의미하므로 쉽게 매매가 일어날 수 없다. 한편 조합원의 자격을 매매한다는 점에서 과도한 주식 발행은 노동자의 질을 떨어뜨릴 수도 있다. 그렇다면 비조합원을 상대로 신주를 발행한다면 어떨까? 이 경우 1인 1표의 민주적 결정 원칙을 따르기 때문에 무의결권 우선주를 발행하게 된다. 이를 구매하는 투자자를 안심시키기 위해서는 프리미엄도 부여해야 할 것이다.

다음으로 운영 면에서도 불리할 수 있다. 자본주의 기업에서의 1주 1표에 의한 의사 결정은 최대 주주에 의해 신속한 의사 결정이 가능하지만 협동조합의 1인 1표에 의한 의사 결정은 구성원 간의 갈등을 야기할 소지가 있다. 노동자의 구성이 이질적이고 규모가 클수록 그럴 가능성이 높아진다. 다수결에 따라 의사 결정이 이뤄진다면 평균적 노동자들이 높은 생산성을 가진 노동자의 임금을 깎으려 할 것이므로 숙련 노동자의 경우 노동조합을 기피할 수 있다.

이 외에도 조합원 1인당 순배당의 극대화를 목표로 하다 보면 고용을 줄이거나 비조합원을 고용하여 투자자 관리 기업으로 변질될 것이라는 지적도 있다. 협동조합은 수익이 나면 비분리 자산을 제외하고 조합원들에게 배당을 한다. 수익이 일정할 경우 조합원 수가 많을수록 1인당 배당액은 줄어들게 된다. 따라서 고용된 조합원을 줄이거나 혹은 비조합원을 고용할 요인이 높아진다는 것이다. 또한 은퇴에 가까운 조합원일수록 미래의 투자 수익을 누릴 수 없으므로 현재의 투자에 반대하면서 투자는 줄고, 새로운 조합원을 받지 않게 될 것이라는 지적도 있다. 예를 들어 나는 올해 말에 은퇴를 하여 조합에서 나가게 되는데, 조합에서 5년 후에 성과를 낼 수 있는 사업에 투자를 하기로 결정한다면 그게 나에게는 아무런 이익이 되지 않고 오히려 나의 배당액만 줄인다고 판단하여 반대하게 된다는 것이다.

협동조합의 특징을 장점으로

협동조합의 불리함을 주장한 위의 주장들은 크게 두 가지 범주로 구분할 수 있는데, 첫째는 현대 사회에서 지배적인 기업이 투자자 관리 기업이라는 데서 비롯된 요인들이다. 자본주의 기업이 지배적인 사회에서는 모든 제도가 이에 맞춰 구성되므로 협동조합이 점점 더 불리해지는 경로의존성이 작용할 수밖에 없다. 하지만 협동조합은 이런 제약을 극복하기 위해 많은 노력을 해왔다. 자본 동원의 경우 협동조합은 신규 가입자가 상당한 액수의 입회비를 내고 비분리 자산을 일정한 규모로 축적함으로써 문제를 해결해왔다. 또한 협동조합이 일정한 규모 이상의 네트워크를 갖추게 되면 자체 금융기관을 설립했고 이탈리아의 경우 단위 협동조합 수익의 3퍼센트를 연합회에 내서 기금을 적립했으며 퀘벡의 경우에는 노동조합과 시민사회가 조성한 각종 기금이 그 역할을 하고 있다.

둘째는 호모 에코노미쿠스를 상정한 경제학자들의 눈에 단점으로 보이는 요소가 장점으로 작용하기도 했다. 예컨대 협동조합의 자본 조달상의 특징은 경기 변화에 신속하게 대응하기 어렵게 만들기도 하지만 협동조합 특유의 비분리 자산은 안정적이고 지속적인 축적을 가능하게 한다. 또한 경제침체기에 일반 기업은 주로 해고로 대응하지만, 협동조합은 그렇지 않기 때문에 고용의 안정성을 보장할 수 있다. 실제로 경제학자 존 펜카벨John H. Pencavel이 2004년 발표한 바에 따르면 이탈리아 협동조합은 일반 기업에 비해 평균 임금은 14퍼센트 낮았지만, 고용이 안정되어 있어서 경기가 악화되어도 조합원의 77.6퍼센트가 해고의 위험을 느끼지 않는다고 대답했다. 비분리 자산이 경기변동에 대해서 일종의 자동 안정 장치 역할을 해주면서 노동자에게는 보험을 제공해주는 셈이다.

스페인 바스크 지방에는 몬드라곤Mondragon협동조합기업이 있다. 1956년 다섯 명의 노동자로 시작한 이 협동조합은 현재는 111개의 협동조합과 120개의 자회사 등 총 255개의 사업체를 거느리고, 연간 매출액 150억 유로(약 21조 1,600억 원)를 기록하며 스페인에서 매출 7위의 대기업이 되었다. 삼성과 같은 거대 재벌이 협동조합의 형태로 만들어진 것이라고 생각하면 쉽게 이해할 수 있다. 2009년 말 기준 8만 5,000여 개의 일자리를 공급하고 있다. 2008년 세계 금융 위기가 닥쳤을 때 몬드라곤도 타격을 입었다. 그해 제조업 부문의 총매출은 전년 대비 12퍼센트가 하락했고, 다음해에는 전년 대비 20퍼센트까지 하락했다. 이로 제조업 부문에서 8,000명에 이르는 일시 휴직자가 발생했다. 하지만 이들은 몬드라곤 협동조합기업 내부에 갖춰진 사회보장기금을 통해 80퍼센트의 휴직 급여를 받았으며, 이후 몬드라곤 협동조합 산하의 다른 협동조합으로 이직되었다. 주 5일에서 주 4일로 근무시간을 줄이고, 임금의 5퍼센트를 삭감하는 등의 노력과 함께 그동안 쌓아둔 비분리 자산과 협동조합 금융기관, 그리고 자체 기금이 있었기에 가능한 일이었다. "자본은 주인이 아니라 하인"이라고 외치는 몬드라곤에서는 탈퇴하거나 정년이 되어 은퇴하기 전까지 실업은 존재하지 않는다.

또한 협동조합의 민주주의에서 비롯되는 동료 간의 상호 감시가 주주 감시보다 더 효율적이며, 노동자 간에 상대적으로 높은 합의와 신뢰가 존재한다면 생산성은 훨씬 더 높아질 수 있다. 신뢰게임trust game 실험은 이런 주장을 뒷받침하고 있다. 실제로 현실에서 협동조합은 적은 감시자와 이윤 공유로 높은 생산성을 누리는 경우가 많다. 즉, 우리가 앞에서 본 '협동의 경제학'이 실제로 작동하고 있는 것이다.

다우는 이러한 노동자 관리 기업의 장단점을 고려하여 이것이 성공할 조건을 제시하였는데 대체로 자본의 규모가 작고, 자산의 특수성이 적으며, 동질적 노동자가 팀워크와 정보 공유의 장점을 활용할 수 있는 분야를 들고 있다. 그러나 여전히 노동의 양도 불가능성에서 비롯되는 문제들은 남아 있다. 대규모 자본의 동원과 신속한 의사 결정, 그리고 고급 노동력 유치에서 나타나는 어려움은 하나의 노동자 관리 기업, 하나의 협동조합이 극복할 수 없는 문제다. 이런 문제를 해결하기 위한 노력이 이제부터 살펴볼 협동조합의 네트워크화와 새로운 형태의 협동조합 출현이다.

발전하는 협동조합

최근 연구에 의하면 협동조합 성공의 필수 요건으로 네트워크의 존재가 제기된다. 〔그림12〕에서와 같이 협동조합 생태계는 저밀도 균형(A)과 고밀도 균형(B)의 복수 균형을 가질 수 있는데 네트워크는 외부성을 내부화함으로써 고밀도 균형을 이루는 것이 필수 요건이라는 것이다. 초기에 협동조합이 생겨나면서 그 수가 일정 수준에 이르면, 다시 말해 최소 단위를 넘어서면 저밀도 균형(A)에 이르게 되고 계속해서 밀도가 높아지면 수익성 곡선이 S자 형태가 되면서 체증한다. 이후 네트워크가 형성되어 각각의 협동조합을 연결하여 지원해주면 수익성 곡선 자체가 위로 이동하는 것이다. 당연히 수익성은 더욱 증가한다.

뒤에서 살펴보겠지만 협동조합의 성공 사례로 꼽히는 스페인의 몬드라곤과 이탈리아의 에밀리아로마냐에서도 네트워크가 중요한 역할을 했다. 네트워크가 형성돼 지원 기관, 특히 교육과 사업 서비스 분야의 지원 기관이 생기면서 수익성이 크게 증가할 수 있었다.

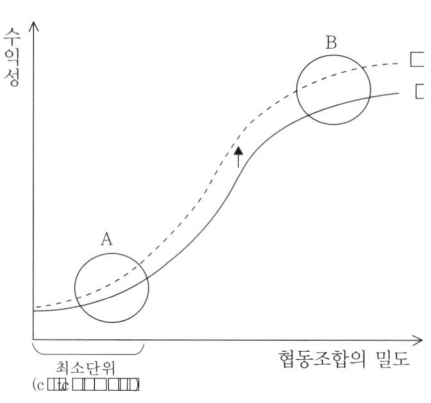

〔그림 12〕 협동조합의 밀도와 수익성

사실 이런 설명은 모든 성공한 클러스터에도 적용될 수 있다. 그러나 클러스터에 비해 상대적으로 소규모인 협동조합의 경우 네트워크의 필요성이 더욱 증대된다. 네트워크는 자본 동원이나 대출의 어려움 등 협동조합의 취약점을 극복하는 데도 필수적이다. 개별 협동조합 능력의 한계를 넘는 돌파 혁신break-through innovation도 가능해진다. 무엇보다도 협동조합 네트워크 내에 가치의 공유에 따른 신뢰가 쌓이고 조합원으로서의 만족도가 증가한다면 고급 노동력의 충원도 가능하다. 네트워크는 노동자 관리 기업의 단점으로 지적되는 대부분의 문제를 극복할 수 있게 해준다. 앞서 협동조합의 7가지 원칙 중 협동조합 간의 협동을 강조하고 교육과 훈련을 원칙으로 삼은 것도 네트워크 효과를 증폭시키기 위한 것이다.

한편 전통적 협동조합의 한계를 극복하기 위해 새로운 협동조합 유형이 나타나고 있다. 신세대 협동조합NGC ; New Generation Co-ops은 조합원이 출자 지분을 거래할 수 있도록 함으로써 자본 조달의 문제와 안정적인 경영의 문제를 동시에 해결하고자 했다. 또한 출자 규모에 따라 조합원이 이용할 수 있는 조합의 권리에 차이를 두었다. 후원자 투자 협동조합PIC ; Patron Investment Co-ops은 조합원 외에도 후원자나 투자자를 허용하여 이들이 출자할 수 있도록 하였다. 대신 후원자와 투자자의 경우에는 조합원으로서의 투표권은 제공되지 않으며, 배당 시 일반 조합원보다 조금 더 혜택을 주도록 했다. 전통적 협동조합이 조합원의 출자로 이루어지며, 모든 조합원이 동등한 권리를 누렸던 것에서 조금씩 변형된 모습이다.

협동조합에 공동체와 공공 부문이 더 많이 결합할 수 있도록 해 이를 지역공동체 발전 전략의 하나로 만들어가는 곳도 있다. 대표적인 것이 캐나다의 공동체 경제발전운동CEDM ; Community Economic Development Movement으로, 협동조합뿐 아니라 지역의 다양한 조직들이 연합하여 지역공동체를 움직이는 방식이다. 초기에는 협동조합이 중요한 역할을 했지만 지역의 공동체가 발전하면서 다양한 비영리 기구와 사회적 경제 조직들이 생겨났다. 캐나다의 퀘벡 지역의 사회적 경제위원회에는 정부까지 포함되어 있다.

13장

협동조합의 도시, 에밀리아로마냐

에밀리아로마냐라는 동네

오늘날 국제 협동조합연맹ICA에는 전 세계 91개국의 227개 협동조합 연합체가 참여하고 있다. 협동조합이 가장 강한 나라는 핀란드, 스웨덴, 아일랜드 및 캐나다인데 이들 국가에서는 인구의 절반이 조합원이다. 국민소득에서 협동조합이 차지하는 비중이 가장 큰 나라는 핀란드, 뉴질랜드, 스위스, 네덜란드 및 노르웨이다. 최근 ICA는 전 세계 300대 협동조합을 선정했는데, 여기에 포함된 협동조합이 가장 많은 나라는 미국, 프랑스, 독일, 이탈리아 및 네덜란드였다.[122]

여기서는 이탈리아의 에밀리아로마냐 지역에 있는 협동조합에 대해 살펴보려고 한다. 이탈리아는 1854년 토리노 노동자들이 만든 소비자 협동조합을 시작으로 하여 150년의 협동조합 역사를 가지고 있다. 헌법에 협동조합

조항이 있을 정도로 협동조합이 매우 강한 나라다. 특히 에밀리아로마냐 주에서 협동조합은 눈부신 성과를 거둬서, 이탈리아의 약 4만 3,000여 개의 협동조합 중 1만 5,000여 개가 에밀리아로마냐 주에 집중돼 있다.

에밀리아로마냐는 이탈리아 20개 주 중 하나로 이탈리아 북동부를 가로지르는 곳이다.[123] 면적이 약 2만 2,000제곱킬로미터이며, 인구는 430만 명 정도다. 우리나라 경기도보다 2배 정도 넓지만, 인구는 3분의 1이 조금 넘는 수준이다.

2010년 여름 〈오마이뉴스〉에서 이 지역의 사회적 경제를 취재하는데 동행한 적이 있다. 당시 이곳의 1인당 GDP는 4만 달러로 이탈리아의 국가 평균의 2배에 달했다. 최근에는 유럽이 경제위기에 빠져 유로가 평가절하되면서 이보다는 낮아졌을 것이다. 한국의 1인당 GDP는 2012년 기준 2만 3,000달러 수준이다. 2006년 캐나다의 존 레스타키스John Restakis가 쓴 〈에밀리안 모델The Emilian Model〉[124]에 따르면 에밀리아로마냐의 인구는 이탈리아의 7퍼센트지만 GDP의 9퍼센트를 생산하고 있다. 이탈리아 전체 수출의 12퍼센트를 차지하며, 각종 기술 등 관련 특허도 30퍼센트가 이 지방의 협동조합이나 기업들이 가지고 있다.

개인적으로 이곳에 대해서 처음 알게 된 것은 대학원 박사 과정 때다. 중소기업만으로 이뤄진 네트워크의 놀라운 경쟁력을 두고 1982년 이탈리아 경제학자 세바스티아노 브루스코Sebastiano Brusco가 처음으로 '에밀리아 모델'이라는 이름을 붙였다. 이후 많은 학자들이 지역을 연구하며 '제3 이탈리아3rd Italy', '유연전문화flexible specialization' 등의 용어로 이 지역을 묘사했다. 이탈리아는 남북의 경제적 격차가 커서 남부 이탈리아와 북부 이탈리아의 경제가 매우 다르다. 그런데 남부와 북부의 구분에서 벗어나 높은 경제적 성장을 이룩한 12개의 주가 있었는데, 이를 가리켜 제3 이탈리아라 불렀다. 제3 이탈리아 지역은 10인 이하의 중소기업 네트워크가 수요의 변화에 유연하게 반응하면서 세계적인 경쟁력을 확보하고 있다는 특징을 가지고 있는데 이를 마이클 피오르Michael Piore와 찰스 사벨Charles Sabel은 유연전문화라고 이름 붙여 포드주의 시대 이후의 모델로 삼았다[125].

에밀리아로마냐를 방문했을 때 주정부의 기안카를로 무차렐리Giancarlo Muzzarelli 경제장관을 만날 수 있었는데, 그는 "우리 주에는 40만 개의 기업이 있다."고 자랑했다. 에밀리아로마냐의 인구가 약 430만 명이니 기업 한 개당 구성원의 수는 10명이 조금 넘는 정도다. 여기에서 노인과 어린아이를 뺀다면 5~6명이 하나의 기업을 구성하고 있는 셈이다. 즉, 이곳에는 대기업이나 수직통합기업이 존재하지 않는다. 수많은 중소기업이 내수와 수출을 담당하며 경제를 떠받치고 있었다. 그리고 이 중 1만 5,000개가 협동조합이며 이들은 대기업에 속하는 경우가 많다.

에밀리아로마냐의 주도州都 볼로냐는 이탈리아 협동조합의 수도로 불린다. 에밀리아로마냐 역내 총생산의 30퍼센트를 볼로냐가 차지하고 있는데, 이곳에서 가장 핵심적인 기업 50개 가운데 15개가 협동조합이다. 볼로냐 주민들에게 협동을 통한 생활 방식은 매우 익숙하다. 소비자 협동조합부터 농업이나 건설 등 각종 분야에서 협동조합이 운영되고 있었다. 소비자 협동조합 코프 아드리아티카Coop Adriatica(이하 코프)의 경우는 등록된 조합원 수만 100만 명이 넘는다. 2008년 말 매출액만 20억 유로(약 2조8,000억 원)에 달할 정도다. 조합마트에 진열된 제품의 70퍼센트 이상이 에밀리아로마냐에서 생산된 것이다. 조합원들이 해당 조합마트에서 지출한 돈이 다른 곳으로 빠져나가지 않고 다시 지역 기업으로 환류되는 것이다.

볼로냐의 다양한 협동조합들

이곳의 대표적인 협동조합을 몇 개 소개한다.[126] 먼저 세계 4대 와인 협동조합인 '리유니트 & 치브Riunite & Civ'(이하 리유니트)를 들 수 있다. 1953년 9개 양조장의 연합체로 출발한 리유니트에는 2010년 현재 25개 양조장 연합과 2,600명의 포도 재배 농민이 가입되어 있다. 리유니트에서 생산되는 와인 브랜드는 9개, 한 해 1억 1,000만 병을 생산하며, 연간 매출액은 1억 4,000만 유로(약 1,976억 원)에 달했다. 생산된 와인들은 전 세계로 수출되는데, 저렴한 가격과 높은 질을 인정받은 덕이다.

영세한 규모로는 독자적인 브랜드를 만들어 와인을 유통시킬 힘이 없었던 농민들과 개별 양조장들은 이윤은 물론 손실까지 모두 나눠 갖는 공동운명체로 협동조합을 만들었다. 조합원이 된 농민들은 단순히 양조장에 포도를 납품만 하는 생산자가 아니라 조합의 의사 결정 과정에 1인 1표의 권리를 행사하는 주체가 되었다. 조합원들은 다른 와인 생산업체에 포도를 공급하는 것보다 더 높은 값을 받으며, 와인 판매에 따른 수익금의 일부도 분배받는다. 조합원에게 분배되지 않은 나머지 수익금은 재투자해서 경쟁력을 강화한다. 물론 조합원으로서의 책임도 따르는데, 개인 매출액의 2.5퍼센트를 출자금으로 내야 하며 만약 손실이 생길 경우 부담을 나눠야 한다. 하지만 아직까지 경영 위기를 겪은 적은 없다.

두 번째로 볼 곳은 주택건설 협동조합 무리Murri다. 무리는 내 집 마련을 꿈꾸는 주택 수요자들이 만든 협동조합이다. 일반 건설 회사들이 공급하는 주택을 수동적으로 구입하는 게 아니라 집을 사려는 수요자들이 원하는 집을 직접 짓는 것을 모토로 지난 1963년에 설립됐다. 지금까지 건설한 주택이 1만 2,000여 채, 현재 가입된 조합원만 2만 3,000명으로 이탈리아에서 가장 큰 주택건설 협동조합 중 하나다. 무리에서 짓는 집은 가격에 비해 높은 품질을 자랑한다. 친환경 자재를 사용하고, 태양광 설비를 갖추는 등 에너지 절약형으로 설계된다. 그러면서도 집값은 최대 20퍼센트까지 싸다. 무리에서 지은 임대 주택의 경우 임대료가 일반 임대 주택의 60퍼센트 수준에 불과하다.

집을 짓는 과정도 민주적이다. 건축 허가 과정부터 조합원들에게 상세한 정보가 제공되고 주택의 설계와 시공에 조합원들의 의견이 반영된다. 건축 사업이 진행되는 지역의 집을 구입하고 싶은 조합원들은 1만 유로(약 1,400만 원)를 조합에 내고 분양 신청을 한다. 경쟁률은 3:1 정도로 조합에 가입한 기간이 길수록 기회를 잡을 확률은 높아진다. 만약 주택에 당첨되면 공사 진척에 따라 6번에 걸쳐 중도금을 납입하면 된다.

무리의 경우 은행 빚이 아니라 조합의 내부 적립금으로 주택을 짓기 때문에 당장 집이 팔리지 않아도 자금 압박에 시달리지 않는다. 경기가 침체돼도 타격이 적다. 2010년 기준 무리의 내부 적립금은 4,700만 유로(약 664억 원)에 달한다.

세 번째는 노숙자의 자활을 돕는 사회적 협동조합 라 루페La Rupe다. 이곳은 시에서 노숙자 시설을 위탁 받아 운영하고 그 대가로 일종의 용역비를 받아 직원들의 월급을 주고 시설을 운영한다. 이런 식의 사회 서비스를 제공하는 협동조합을 사회적 협동조합이라 하는데, 이탈리아에서는 1970년대부터 생겨났다. 1991년에는 사회적 협동조합법이 제정되어 법적 지위가 확립되었고, 2010년 기준 이탈리아 전체 사회 서비스 지출의 13퍼센트에 해당하는 매출을 기록하고 있다. 특히 볼로냐에서는 민영화된 사회 서비스의 60퍼센트 이상을 협동조합이 제공하고 있다.

네 번째는 앞서 잠깐 언급했던 소비자 협동조합 코프다. 코프에서는 이페르 코프Iper Coop 등을 비롯한 대형 쇼핑몰 16개와 중소형 쇼핑몰 138개를 운영하고 있다. 코프의 조합원이 되려면 25유로(약 3만 6,000원)의 가입비를 내야 한다. 2010년 현재 조합원은 105만 명이며, 이들이 낸 기금이 무려 19억 유로(약 2조 6,830억 원)에 달한다. 2009년 매출액 역시 19억 4,900만 유로(약 2조 7,520억 원)에 달했다.

코프 조합원이 아니어도 코프 매장을 이용할 수는 있다. 하지만 조합원은 코프 매장뿐 아니라 코프에서 운영하는 서점, 극장, 식당 등에서 최대 30퍼센트까지 할인을 받는다. 또한 조합원은 코프에 일정 금액을 적립하여 이자를 받을 수도 있고, 돈을 빌릴 수도 있다. 무엇보다 중요한 점은 여기서 발생한 매출이나 수익은 고스란히 해당 지역에 재투자된다는 것이다.

14장

에밀리아로마냐의 성공 요인

시민인본주의와 빨치산의 전통

협동조합과 중소기업을 중심으로 훌륭한 경제적 성과를 내고 있는 이곳의 비밀은 무엇일까? 우선 이 지역의 독특한 문화를 꼽을 수 있다. 이곳은 르네상스 시대의 중심 지역으로 인문주의 전통이 살아 있는 도시다. 세계에서 가장 오래된 대학이며 시인 단테Dante를 배출해낸 볼로냐 대학교가 이곳에 있다. 옛날 건물들도 매우 잘 보존되어 있는데, 유명한 것이 '7개의 성당'이다. 유럽 다른 지역의 성당에 비해서는 아주 작고 초라하지만 무려 11세기에 걸쳐 지어졌다 하여 유명해진 성당이다. 동네가 워낙 가난하다보니 1,100년 동안 조금씩 지어서 성당을 완성했다고 한다. 덕분에 성당을 구성하고 있는 7개의 건물이 모두 다른 건축 양식으로 지어졌다. 이 성당뿐 아니라 도시 곳곳에 중세의 건물이 옛 모습 그대로 있다. 차가 다니지 못하는 샛

길도 많고 건물마다 처마처럼 나와 있는 회랑이 구불구불 이어져 있다. 오늘날에도 자랑스럽게 여기는 시민인본주의civic humanism가 발생했고, 그 전통이 이어지고 있다는 점은 연대와 신뢰를 바탕으로 하는 공동체 의식, 시민 의식이 싹트는 기반이 되었다.

또한 무솔리니에 대항해서 독립을 쟁취한 파르티잔(빨치산)127)의 전통을 갖고 있다. 이러한 사회 분위기는 80년대 인기 있었던 조반니노 과레스키 Giovannino Guareschi의 시리즈 소설이자 테렌스 힐Terence Hill이 주연한 영화 〈신부님 우리들의 신부님The Little World of Don Camilo〉에 잘 나타난다. 영화의 배경인 브레첼로는 에밀리아로마냐 주의 레지오 에밀리아 현에 있는 도시이다. 신부인 돈 까밀로와 기계 수리공인 뻬뽀네 시장은 사사건건, 때로는 치졸하게 다툰다. 하지만 두 사람 모두 파시스트와 싸울 때는 열렬한 빨치산이었으며, 공동체의 삶의 질을 높이기 위해 최선을 다한다. 공산당원 뻬뽀네는 공식적으로는 천주교를 부정하지만 자기 아들에게는 세례를 받게 한다. 돈 까밀로는 동네 유지들로부터 '볼셰비키 사제'라는 별명을 얻지만 개의치 않는다. 이처럼 종교나 정파와 관계없는 끈끈한 공동체 의식이야말로 에밀리아 모델의 핵심이다.

실제로 내가 만나 본 에밀리아로마냐 주민들은 자신의 시민인본주의와 빨치산 전통을 아주 자랑스럽게 여기고 있었다. 한국에서는 친일 인사의 명단을 공개하는 것조차도 대통령 직속 특별위원회를 만들어야 겨우 가능하지만, 에밀리아로마냐에서는 각 동네에 있는 민중의 집128)(우리나라로 치면 마을회관 같은 곳)에서 빨치산 할아버지들이 어린아이들에게 자랑스러운 역사를 설명해주는 풍경이 일상이다. 주민들이나 학자들에게 어떻게 이런 독특한 경제가 가능하냐고 물었을 때도 "우리는 원래 그래. 우리 문화가 그래."라고 답하는 경우가 많다. 이들의 경험을 이식하고 싶은 우리에겐 그야말로 실망스러운 대답이다. 문화와 전통은 다른 나라에서 손쉽게 따라하거나 배울 수 있는 것이 아니기 때문이다.

중소기업의 네트워크, 산업 지구

학계에서는 에밀리아로마냐의 성공 요인으로 산업 지구Industrial district를 꼽는다. 산업 지구란 1890년 영국의 경제학자 알프레드 마샬이 최초로 제시한 개념으로, 동일 산업 내 전문화된 작은 규모의 기업들이 특정한 지리 공간상의 지구에 모여 있는 것이다. 마샬은 분업이 심화되면 대기업에 의한 대량생산방식과 중소기업에 의한 산업 지구 방식으로 발전할 것이라고 전망했다. 마샬은 산업 지구의 특성으로 산업의 국지화를 통한 외부 경제의 확보, 지구 내에서 전문화된 기업들 간의 분업 심화, 지구 내부의 건설적인 협동 관계, 기업 활동을 고취시키는 지역사회의 분위기 등을 꼽았다. 이런 특성 덕분에 지구 내의 기업 간에는 물류비용과 거래 비용이 감소하고, 전문 분야의 노동력을 공유할 수 있으며, 불필요한 재고를 늘리지 않아도 되고, 기술의 학습과 전파를 용이하게 하여 잠재적인 혁신 역량을 강화해준다는 것이다.[129]

그러나 이후 세계경제는 중소기업에 의한 산업 지구보다는 초국적 대기업들의 대량생산 체제가 지배하게 된다. 포드주의가 대표적이다. 그러다가 1970년대 유럽과 미국에서 대규모 공장들이 잇따라 문을 닫은 데 비해 전문 중소기업들의 산업 지구는 경기 침체를 극복하고 지속적인 성장을 이루고 있다는 사실이 주목받기 시작했다. 특히 이탈리아계 사회학자들의 연구를 통해 제3이탈리아 지방이 포스트 포디즘 모델의 하나로 부각되었다.

산업 지구론을 연구한 대표적인 이탈리아 학자들이 산업 지구에 관해 내린 정의를 몇 가지 살펴보자. 베카티니Becatini는 산업 지구를 '제품 생산 과정을 여러 단계로 분리하여 생산하는 중소기업들의 영역적 체계'로, 스포르자이Sforzi는 '특정 산업으로 전문화된 소기업들의 집적체'로 정의했다. 사벨Sabel은 '소규모 기업들로 구성된 마샬의 산업 지구'와 '대기업들이 조직의 각 부분에 자율성을 부여하는 형태로 재구성된 지역 생산 네트워크'로 구분했다. 1990년 포터Porter는 관련 기업 간의 연계를 중심으로 대학, 연구개발, 지방정부 등이 복합된 산업 클러스터라는 개념으로 발전시키면서 이 지역을 대표적 사례의 하나로 포함시켰다. 또한 1991년 이탈리아 법은 '전문적 소기업이 고도로 집적되고 기업과 지역 주민 간에 특별히 친밀한 관계가 형성된 곳'이라고 산업 지구를 정의하였다.

이들에 의하면 이탈리아의 산업 지구는 전통적인 장인 기술에 바탕을 두었다는 점, 유연적 생산기술과 생산방식을 접합하여 소비자들의 기호 변화와 기술혁신에 신속히 대응했다는 점이 추가적인 특징으로 갖고 있다. 이탈리아 학자들이 이탈리아의 산업 지구를 기업과 주민의 공동체로 정의할 정도다. 이는 공동체 내의 신뢰가 단순히 부수적인 요인이 아니라 필수적 요인이며 주민들의 동의, 다시 말해 민주주의가 동반되어야 함을 의미한다. 이런 점에서 이탈리아와 산업 지구는 우리가 흔히 아는 클러스터와는 상당히 다르다.

산업 지구가 발전한다는 것은 동시에 그 지역 주민의 삶이 높아지는 것을 의미한다. 물질적 성장과 함께 그 지역의 가치와 문화 역시 고양되어야 한다. 에밀리아로마냐에서는 정치와 경제의 분리, 사회와 경제의 분리라는 경제학적 이분법의 세계가 적용되지 않는다. 시장경제가 사회 안에 단단히 뿌리 박혀, 묻어 들어간 상태이자 상호성의 원리가 경쟁의 원리를 제약하는 상태다. 이탈리아 경제학자들이 '시민경제'라고 부를 때 그것은 시장경제와 사회적 경제가 결합되어 있는 상태를 뜻하는데 그 역시 이런 현실을 반영하고 있는 것이다.

에밀리아로마냐에는 9개의 현이 있는데 각각에 특화된 산업 지구가 존재한다. 카르피는 섬유 및 의류 산업 지구, 모데나와 레지오 에밀리아는 세라믹 및 농기계 산업 지구, 라베나는 신발 산업 지구, 리미니는 목재 생산 기계 산업 지구, 폴리 세세나는 실내 장식과 가구 산업 지구, 파르마는 식료품 산업 지구, 페라라는 바이오 메디칼 산업 지구, 볼로냐는 포장기계 산업 지구로 유명하다. 우리로 치면 도를 이루는 각 시와 군에 각각 서로 다른 산업이 특화되어 있는 것이다.

산업 지구 내의 중소기업들은 정보, 장비, 사람, 주문을 공유한다. 수많은 중소기업을 지원하기 위해 시장 조사, 기술 훈련, 인력 관리, 연구 개발 등과 같은 사업 서비스 기업과 금융서비스 기업이 등장했다. 마케팅과 유통을 돕는 기업도 생겨났다. 전문화된 소기업들이 지속적이고 효율적인 네트워크를 형성하고 있는 것이다. 물론 이들은 협동과 동시에 치열한 경쟁을 한다. 다만 공동체의 삶의 질을 떨어뜨릴 수 있는 가격 경쟁보다는 제품 차별화 경쟁을 택한다.

예컨대 세라믹 산업으로 유명한 사수올로의 산업 지구에서는 에나멜, 페인트, 풀, 포장, 기술 상담, 그래픽과 디자인, 보관과 수송, 법률과 보험 등 세라믹 산업과 관련된 것이라면 무엇이든 제공하는 소기업들로 우글거린다. 그 결과 세계 최고의 아름답고 내구성 좋은 고품질의 타일이 탄생되고 있다. 물론 대기업의 경우도 이런 기능을 가진 부서를 모두 갖추고 생산할 수 있겠지만, 기업의 위계질서로 각 부서가 최고의 창의성과 다양성을 발휘하지는 못할 가능성이 크다. 사수올로의 여러 소기업들처럼 경쟁하면서 창조하는 관계가 되도록 대기업의 각 부서를 설계하고 운영하기란 지극히 어려운 일일 것이다.

풍성한 사회적 자본과 기업가 정신

산업 지구라는 네트워크가 발생시키는 외부 효과를 좀 더 살펴보자. 각 기업의 기술과 노하우는 산업 지구 내에서 자유롭게 공유되면서 지역 공동의 지식과 제도로 존재하게 된다. 또한 장기 반복 거래와 평판 효과로 쌓인 신뢰는 각종 거래 비용을 획기적으로 낮출 수 있다. 공식적 계약이나 제도보다는 비공식적 관계가 저비용, 고신뢰의 공유 자산이 된다. 만일 공동체 내의 규범을 어긴다면 지역사회에 발붙이기는 어렵다. 지역의 고유문화와 역사는 구성원들의 정체성으로 자리 잡는다. 규범과 정체성은 다시 상호성을 강화하여 협동을 촉진한다. 이런 것들이 모두 이 지역의 사회적 자본이다. 사회적 자본이란 말을 유행시킨 로버트 퍼트넘이 처음 염두에 둔 것도 이 지역이었다.

그중에서도 사업 서비스를 제공하는 조직들이 눈에 띈다. 80년대 이후에 밀리아로마냐의 고용 증가를 주도한 것은 서비스 산업이다. 이는 또한 중소기업으로 구성된 이 지역이 한 단계 더 발전하기 위한 필수 조건이었다. 협동조합 전국연합회인 레가코프Legacoop와 중소기업연합회인 CNA는 회계와 금융, 법률과 정부 로비 등 일반적인 사업 서비스를 제공한다. 1970년대 말에 지방정부는 협동조합과 중소기업들이 변화하는 경제 환경에 대응할 수 있도록 산업진흥공사인 ERVETEmilia Romagna Valorizzazione Economica del Territorio를 세웠다. ERVET에서는 각 지역마다 실질 서비스센터Real service center를 세워 각각 전문화된 산업에 필요한 구체적 정보와 서비스를 제공했다. 흔히 금융, 마케팅, 기술 개발과 같은 사업 서비스는 중소기업의 지속적 발전 앞에 놓인 죽음의 계곡으로 불린다. 하지만 에밀리아로마냐에서는 이러한 사업 서비스들이 네트워크를 통해 공유 자산으로 형성되어 있다.

기업을 운영하는 데 필요한 사회적 자본이 충만하다는 조건은 기업가 정신의 고양으로 이어진다. 지역의 공유 자산을 이용하여 언제든지 기업을 창립할 수 있기 때문이다. 따라서 노동자와 기업가라는 계급적 차이 또한 절대적이지 않다. 사장과 노동자가 공산당(현재의 민주당)에 같이 가입해서 활동한다. 에밀리아로마냐는 이탈리아에서 노동조합이 가장 강한 지역이지만 동시에 노동자들이 기업가 정신에도 익숙하여 노동조합이 나서서 기술 변화와 구조조정에 아주 유연하게 대응한다. 사실 노동자라고 해서 시장에 적응하는 데 필요한 창조성을 가지면 안 될 이유는 없다. 왜 노동자는 생산 자체를 늘리는 데 협동하면 안 되고 이미 만들어진 생산물 중에서 임금의 몫을 늘리는 데에만 온 힘을 기울여야 할까? 한국에서라면 반동적일 수도 있는 이런 의문이 에밀리아로마냐에서는 이상한 일이 아니다. 스웨덴이나 네덜란드의 노자 간 역사적 대타협과 사회적 합의를 많이 이야기하는데 에밀리아로마냐에서는 그런 합의가 미시적인 기업 차원에서 일상적으로 일어난다.

지역정부의 지원과 법제화

공산당이나 지역정부와 같은 공공 부문의 뒷받침도 에밀리아로마냐의 성공 요인 중 하나다. 50년대 국제공산당인 코민테른에서는 '반독점 테제'가

결정되어 각 국가와 지역으로 내려왔다. 하지만 에밀리아로마냐에는 독점적인 대기업이 없었다. 때문에 이 지역 공산당과 지역정부는 반독점을 중소기업 육성으로 해석하고 실천에 나섰다. 당시 기술은 있지만 돈이 없는 중소기업들에게 놀고 있는 땅을 개발해서 시장가격 이하로 제공했다. 산업 지구의 인프라 건설과 금융 지원에 나섰다. 이후 70년대에는 앞에서 본 바대로 ERVET와 실질 서비스센터 등을 설립하여 사업 서비스 지원에 나섰고 80년대에는 공동 브랜드를 개발하고, 해외 마케팅을 지원하는 등 수출 촉진 정책을 폈다. 90년대에는 혁신 지구 프로젝트에 나서 에밀리아로마냐의 중소기업 네트워크는 최신 기술의 혁신 클러스터의 면모까지 지니게 되었다. 특히 주정부는 사회적 합의를 이끌어내는 데 탁월하여 공동체 내에서 신뢰와 협동이 유지되도록 했다.

 또한 협동조합과 관련된 법제화도 많은 영향을 미쳤다. 이미 1947년 제정된 이탈리아 헌법 제45조에는 협동조합의 역할이 규정되어 있다. 같은 해 제정된 바세비법Basevi law에서는 협동조합의 비분리자산을 인정하고 그에 대해서는 법인세를 면제하도록 하였다. 1983년 비센티니법Visentini law은 협동조합이 주식회사나 유한회사를 설립하거나 지분을 인수 보유하는 것을 인정하였다. 1992년에는 모든 조합이 이윤의 3퍼센트를 갹출해서 협동조합 발전 기금을 만들 수 있도록 하였다. 이 기금은 새로운 협동조합을 설립하거나 운영이 어려운 협동조합에 자금을 빌려주는 데 쓰였다. 협동조합을 위한 이런 법제화에 레가코프와 에밀리아로마냐가 앞장선 것은 물론이다.

네트워크 안팎에서 오는 위기

하지만 앞서 보았듯이 집단 네트워크의 단점 중 하나는 폐쇄성을 가질 수 있다는 것이다. 이른바 잠김 효과다. 잠김 효과는 산업기술적 측면에서도 나타나고 사회문화적 측면에서도 나타날 수 있다. 기존 기술 체계의 성공에 대한 집착은 외부의 커다란 변화를 제때에 알아차리지 못하게 할 수 있다. 또한 변화를 인식했다 하더라도 수많은 중소기업들이 상호작용하고 있으므로 새로운 기술 체계로 전환하는 것이 어려울 수도 있다. 구성원 간의 친밀성이나 유대감은 외부 구성원에 대한 배타적 태도로 나타나거나 새로운 구성원을 유입하는데 장애가 될 수 있다. 산업 지구의 성공을 가져왔던 요인들이 역설적으로 위기를 불러올 수 있는 것이다.

뿐만 아니라 대외 환경의 변화 속에서 과연 에밀리아 모델이 건재할 수 있을 것인가에 대한 의문도 제기되고 있다. 과연 세계화와 정보 통신 혁명 속에서, 중국이 세계의 공장으로 부상하는 환경에서 에밀리아의 중소기업들도 몰락하지는 않을 것인가? 보통 치열한 국제 경쟁 속에서 자산 특수성과 시장의 불확실성이 높아지면서 중소기업들은 수직적으로 통합되거나, 하청기업으로 전락하거나, 해외로 이전하는 등의 길을 걸을 수밖에 없다는 것이 경제학자들의 일반적인 예측이었다.

하지만 이런 우려들은 아직까지는 현실화되지 않고 있다. 먼저 에밀리아로마냐가 가진 매우 강한 시민인본주의의 전통이 사회문화적 잠김 효과를 방지하고 있는 것으로 보인다. 인구 40만 명의 소도시 볼로냐에서 온갖 인종을 다 만날 수 있으며, 최대 노동조합인 CGIL(이탈리아의 좌파 계열 노동조합 총연맹)은 외국인 노동자의 권리 증진에도 힘쓰고 있다.

에밀리아로마냐의 중소기업들은 서로 연계된 기계제조업을 바탕으로 하고 있어서 외부 환경 변화에 쉽게 흔들리지 않을 수 있었다. 앞서 사업 서비스를 담당하는 중소기업들이 우글대고 있다고 하지만 전체적인 비중으로 보았을 때 서비스업에만 치중되어 있지 않다. 특화된 상품을 만들기 위해서 필요한 모든 기계 장비를 해당 지역에서 생산해내고 있기 때문이다. 예컨대 앞서 보았던 타일을 주로 생산하는 세라믹 산업 지구에서는 역시 세계 1, 2위를 자랑하는 세라믹 기계 산업이 발전되어 있다. 세라믹을 생산하는 전 과정에서 필요한 기계들이 세라믹과 함께 그 지역에서 만들어지고 있다.

농업 지구에서 우유를 생산하는 농가가 있다면, 그 주위에는 우유팩을 생산하는 기업이 있고, 우유팩 생산에 필요한 기계를 만드는 기업이 함께 존재한다. 세계적인 스포츠카 페라리나 람보르기니, 세계적인 오토바이 두카티도 에밀리아로마냐에서 생산되는데 그 역시 마찬가지다. 최종적으로 부품을 조립하여 자동차와 오토바이를 만드는 중소기업, 그에 필요한 수많은 부품을 만드는 중소기업, 또 그 부품을 생산하는 기계를 만드는 중소기업이 함께 존재한다.

변화하는 경쟁 환경에 적응하고자 외부와의 연계를 강화하고 내부의 기술혁신을 촉진하기 위한 다양한 노력도 기울이고 있다. 이 지역에 독특한 개방성도 이런 변화에 일조하고 있을 것이다. 물론 변화도 있다. 브랜드, 마케팅, R&D 등 전략 부문에 집중하면서 산업 지구 전체의 기술 및 조직 변화를 주도하는 선도 기업과 지구 그룹district group이 등장하고 있다. 선도 기업이란 말 그대로 새로운 기술과 체계를 가장 먼저 도입하여 변화하는 기업이다. 이런 기업이 있으면 서로 긴밀하게 형성하고 있는 네트워크를 통해 혁신과 변화의 성과가 전파될 수 있다. 지구 그룹은 몇 개의 중소기업들이 법적 독립성을 유지한 채 주식의 교차 소유를 통해 하나의 집단을 이룬 것을 말한다. 쉽게 말해 여러 기업이 뭉쳐서 선도 기업의 역할을 하는 것이다.

과거에는 친밀함이나 연대감 등으로 이어진 비공식적 관계가 계약을 통해 공식적인 것으로 변하고 있는 것도 사실이다. 이들은 소기업이 담당하기 어려운 마케팅, 금융, 신기술 개발 등 전략 분야를 담당한다. 고용 규모가 클수록, 글로벌 경쟁에 노출되는 기업일수록 그룹화의 경향은 강하다.

그렇다고 이들을 한국의 재벌이나 일본의 게이레츠系列 같은 대기업의 폐쇄적 네트워크로 볼 수는 없다. 제품 차별화를 강화하기 위한 수평적 네트워크와 함께 품질 향상을 위해 수직적 네트워크를 강화하는 것은 사실이지만, 기존의 중소기업 네트워크가 대기업에 흡수된 것은 아니기 때문이다. 오히려 중소기업 간의 네트워크는 더욱 강화되고 있다. 중소기업 간의 인수 역시 합병을 하기보다는 기존의 브랜드와 시설은 그대로 유지한 채 소유 지분을 합하는 방식으로 통합이 이루어지기 때문이다. 즉, 중소기업 간 네트워크와 유연성 있는 체계라는 산업 지구의 특징은 지금도 여전하며 위기와 정보의 공유가 얼마나 경쟁력이 있는지 실증하고 있다.[130]

15장

차별과 위기를 극복한 퀘벡의 사회적 경제[131]

프랑스계의 역사를 간직한 퀘벡

2012년 여름에 캐나다 퀘벡 주를 방문했다.[132] 퀘벡은 캐나다 10개 주 중 하나로 캐나다 남동부에 위치하며, 미국과 국경을 맞대고 있다. 면적은 154만 제곱킬로미터로 서울의 2,000배가 넘지만, 인구는 790만 명으로 서울보다 적다. 퀘벡은 아메리카 대륙에서 협동조합이 가장 발전한 곳이다. 3,000개의 협동조합이 존재하며, 조합원은 880만 명을 넘는다. 조합원 수가 퀘벡의 전체 인구보다 많은 것은 한 사람이 두 개 이상의 협동조합에 가입했기 때문이다. 협동조합이 창출하는 일자리는 7만 8,000개에 이르며, 연간 매출은 180억 달러(약 19조 8,000억 원), 자산은 1,000억 달러(약 110조 원)를 기록하고 있다. 협동조합을 포함한 사회적 경제는 퀘벡 주 전체 경제의 8~10퍼센트를 차지하는 것으로 알려져 있으나[133] 공식적인 통계는 없고 기관마다 조금씩 차이가 난다.

퀘벡 역시 에밀리아로마냐처럼 사회적 경제가 발전할 수 있는 독특한 역사와 문화를 갖고 있다. 캐나다는 1500년대 프랑스 식민지였다가 1700년대 영국의 식민지로 넘어간 역사를 갖고 있다. 프랑스계와 영국계가 300년 이상 함께 살고 있는 나라다. 하지만 캐나다를 두고 벌인 전쟁에서 최종 승자는 영국이었고, 패자는 프랑스였다. 때문에 영국계가 사회의 주류 세력이 된 반면 프랑스계는 많은 차별을 받게 된다. 영어 사용자가 프랑스어 사용자보다 2배 정도 많다. 프랑스계는 박해받는 소수 민족이었던 셈이다.

원래 외부의 적이 있으면 내부의 집단 정체성은 더 명확해지기 마련이다. 프랑스계가 모여 살던 퀘벡 역시 강한 독립성과 자치성을 갖게 된다. 퀘벡은 프랑스어만을 공식어로 인정하는 캐나다 유일의 주다. 1980년과 1995년에 캐나다로부터 분리 독립을 요구하는 국민투표가 진행되었고, 이 중 1995년에는 1.36퍼센트 포인트의 근소한 차이로 부결되었다. 최근에는 분리 독립에 대한 요구가 잦아들었지만 여전히 지역 정당인 퀘벡당이 높은 지지를 받고 있다.

사회적 경제가 만든 '태양의 서커스'의 기적[134]

'태양의 서커스'는 1984년 캐나다 퀘벡에서 시작됐다. 현대공연 예술이 보여줄 수 있는 모든 것을 보여주는 것으로 유명하다. 미국을 비롯해 전 세계 상설 공연장과 순회공연 등으로 벌어들인 돈만 2012년 한 해 1조 원을 넘는다. 지금까지 공연을 본 사람만 1억 명이 넘는다. 2011년 서울에서도 세 번째 공연이 있었다.

'태양의 서커스'는 캐나다와 퀘벡의 상징이 됐다. 이들은 1984년 퀘벡 주의 몬트리올에서 10명의 단원으로 시작했다. 1980년대 서커스는 캐나다에서도 사양 산업이었다. 우리로 따지면 유랑 극단이나 다름없었다. 마치 우리나라의 '동춘서커스'를 연상시킨다. 하지만 '태양의 서커스'는 이제 세계 최대의 서커스 공연 기업이 됐다. 창단 27년만의 일이다.

무엇이 '태양의 서커스'를 만들게 했을까. 이들이 둥지를 튼 곳은 퀘벡 주 몬트리올 북부 지역이다. 이곳은 원래 석회석 채석장과 쓰레기 매립장이었다. 악취와 유독가스가 가득한 곳이었다. 4,000톤 이상의 독성 화학 쓰레기를 묻다보니, 지하수와 먹는 물까지 위협을 받았다. 주민들의 항의가 빗발쳤고, 몬트리올 시는 쓰레기 매립을 중단했다. 모두가 버려진 땅으로 여겼다.

이곳을 세계 서커스의 메카로 탈바꿈시킨 것은 이 지역 출신 젊은 여성 무용가였다. 그는 이곳을 주민들을 위한 예술 공간으로 만들자고 몬트리올 시에 제안했다. 그리고 사회적 기업 '라 토후 La Tohu'를 세웠다. 목표는 "서커스를 통해 지구와 인간의 지속 가능한 발전의 길을 모색한다."는 것이다.

재원은 노동연대 기금을 통해 지원받았다. 지하에 오염된 침출수는 파이프를 연결해 빼내고, 메탄가스는 화력발전 연료로 재활용했다. 주변 지역 1만 가구에 전기를 공급했다. '태양의 서커스' 본부와 서커스 공연장을 지었다. 1987년엔 국립 서커스 학교까지 세웠다. 지역 청소년을 대상으로 직업 교육도 하고, 서커스도 가르쳤다. 일자리도 제공했다. 지역 주민의 아이디어와 지방정부, 그리고 시민사회의 협동이 이뤄낸 결과였다.

'태양의 서커스' 최고경영자인 기 라리베르테 Guy Laliberte는 언론과의 인터뷰에서 삶의 철학을 길거리 문화로 이야기했다. 그는 "길거리는 신

> 뢰와 충성을 배우게 한다."고 말했다. "내가 너를 돌봐주면, 너 역시 나를 도울 것."이라는 신뢰가 바탕이라는 것이다. 꺼져가는 서커스를 되살리고, 세계적인 공연으로 자리 잡게 한 원동력인 셈이다.

경제위기 앞에 뭉친 샹티에

퀘벡의 변화는 1960년대부터 시작되었다. 프랑스계의 사회적 경제적 위상 개선을 위한 정치, 경제, 문화 개혁이 진행되었다. 사람들은 이를 '조용한 혁명'이라고 불렀다. 1974년 프랑스어가 퀘벡의 공식어로 선포되었고, 1977년 퀘벡당이 프랑스 언어법을 선포했다. 프랑스인이 차별받지 않도록 만인의 평등을 보장하는 종교, 교육, 사회복지 제도의 개혁이 이루어진다. 하지만 정말 중요한 변화는 1980년대에 일어났다. 당시 서구 자본주의가 그랬듯이 캐나다도 심각한 경기 침체를 겪었다. 연방정부의 재정 적자로 정부 주도 발전 전략도 한계에 부딪혔고 당연히 사회복지 지출도 줄어들었다. 돌이켜 보면 당시 두 갈래의 대응책이 있었다. 하나는 우리도 익히 아는 민영화, 즉 시장에 맡겨서 효율성을 높이는 길과 또 하나는 지역공동체의 사회적 경제를 활용하는 길이었다. 전자의 길은 값비싼 고급 서비스를 만들어낼지는 몰라도 가난한 사람들의 복지를 축소시키는 결과를 낳았다. 후자의 길 끝에는 비용 감축과 동시에 만족도의 증가라는 두 마리 토끼가 기다리고 있었다. 퀘벡은 후자의 길을 선택했다.

경제위기 앞에서 퀘벡은 노동운동 내의 논쟁, 정부와 공동체 간의 시끄러운 논쟁을 거친 끝에 시민들이 적극적으로 참여하는 사회적 경제를 통해서 지역 경제를 개발하기로 결정했다. 지역개발이란 보통 국가나 정부의 일로 여겨진다. 하지만 퀘벡에서는 협동조합과 같은 사회적 경제를 중심으로 민간과 공공 부문이 공동의 주체로 나섰다. 중앙정부와 주정부는 재정을 담당한 것은 물론, 필요한 법과 제도를 만드는 방식으로 사회적 경제를 지원했다. 지역운동, 여성운동, 환경운동 그리고 노동운동과 같이 다양한 시민사회운동은 협동조합의 장점을 살리기 위해 주도적으로 나섰다.

이처럼 퀘벡의 사회적 경제는 시민운동과 지방정부가 위기를 극복하기 위한 정책적 의도를 갖고 이룩해낸 합작품이다. 그리고 바로 이 점 때문에 이제 막 사회적 경제가 형성되기 시작한 우리나라에 시사하는 바가 크다. 퀘벡의 특징을 가장 잘 보여주는 것이 사회적 경제의 연합체인 샹티에 Chantier다. 프랑스어로 '작업장'이라는 뜻을 가진 샹티에는 1995년 만들어졌다. 당시의 퀘벡은 12퍼센트에 달하는 높은 실업률로 애를 먹고 있었다. 이때 퀘벡의 여성운동이 '빵과 장미를 위한 행진'이라는 이름의 경기 침체와 실업에 대한 대책을 요구하며 거리로 나섰다. 이어서 퀘벡 주정부와 협동조합, 사회적 기업, 각종 시민 단체들이 빈곤과 실업을 해결하기 위한 대책을 찾기 위한 연석회의를 갖게 된다. 그 결과 〈자, 연대로 나아가자Osons la solidarité〉라는 제목의 보고서가 탄생됐는데, 여기에는 퀘벡의 사회적 경제에 대한 정의부터, 각종 사업 프로젝트 등 구체적인 경제 위기 해결 방안이 담겨 있었다. 주정부는 이 보고서를 받아들였고 보육과 주거, 환경, 문화 분야에서 각종 사회적 기업과 협동조합 설립 등을 적극 지원했다.

샹티에의 실험을 통해 이후 10여 년 동안 탁아 서비스 부문에서 2만 5,000명의 일자리가 만들어졌고, 저소득층을 위한 주택 1만 호가 새롭게 지어졌다. 쓰레기 재활용 등을 위한 사회적 기업 수십여 개가 만들어졌고, 이 과정에서 실업자 등 사회적 약자의 취업도 이루어졌다. 각종 문화 사업을 위한 협동조합 등도 생겨나면서, 일자리 역시 크게 늘었다. 단순한 연대조직에서 출발한 샹티에는 이제 상설 기관으로 자리를 잡았다. 이 같은 실험은 캐나다 연방정부에까지 영향을 끼쳤다. 2004년 폴 마틴Paul Martin 당시 총리 역시 사회적 경제를 핵심 사회정책으로 선언했고, 이 정책은 캐나다 전역에서 사회적 경제 열풍이 일어나도록 했다. 물론 이후 보수 성향의 정권이 들어서면서 주춤하는 모습을 보이기도 했지만 퀘벡을 비롯한 캐나다 각 주에서 사회적 경제는 여전히 발전하고 있다.135)

사회적 경제를 지원하는 전방위 네트워크

그림은 퀘벡의 사회적 경제 지원 체계다. 샹티에를 중심으로 퀘벡 시민사회의 모든 역량이 총동원되는 것을 한 눈에 볼 수 있다. 퀘벡 사회적 경제의 가장 강력한 장점은 기금이 풍부하게 형성되었다는 것이다. 주정부도 재정을 지원하지만, 금융 협동조합인 데자르댕Desjardings 은행과 퀘벡 노동조합총연맹이 기금의 큰 두 축을 형성하고 있다. 이와 관련하여 특히 강조하고 싶은 것은 퀘벡 노동운동의 역할이다.

노동조합은 1980년대 초부터 노동자 연대 기금을 만들어서 사회적 경제에 기여하고 있다. 노동자들은 노후 연금 마련을 목적으로 조성한 기금 중에서 60퍼센트를 사회적 경제를 통한 일자리 창출과 보전에 쓰도록 하는 데 합의했다. 샹티에 위원장 낸시 님탄Nancy Neamtan은 2010년 '인간 중심 경제에 관한 캐나다 전국회의'에서 "노동조합과의 통합이 사회연대경제 성공의 열쇠"라고 말한 바 있다. 데자르댕 은행과 노동조합이 제공하는 것 외에도 매우 다양한 형태의 기금이 존재하며, 필요에 따라 계속해서 새로운 기금을 만들어내고 있다. 일자리 마련을 목적으로 하는 노동자 후원기금 투자

〔그림 13〕 퀘벡의 사회적 경제 지원체계

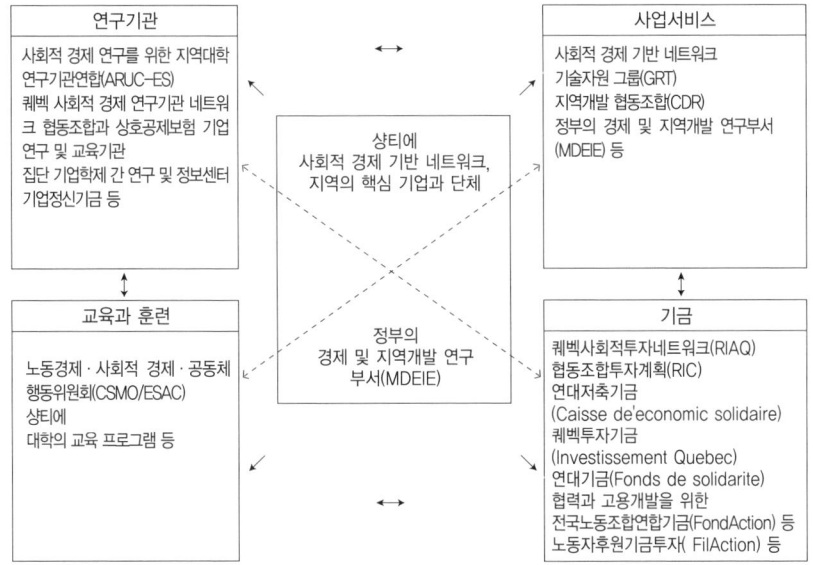

FilAction가 그런 사례다. 정부는 기금 투자에 대해 각종 세제 혜택을 주고 대부분의 경우 직접 출자하며 매년 운영비도 지원한다. 퀘벡의 사회적 경제 기금은 매우 다양해서 전체 규모나 범주를 정리하기 어려울 정도다.

또 사회적 경제의 발전에 필수적인 각종 사업 서비스를 제공하는 네트워크들이 생겨났고, 이들은 특히 교육과 훈련에 힘을 쏟는다. 뿐만 아니라 대학과 연구소들은 협동조합을 위한 각종 정보 수집, 캐나다의 사회적 경제에 대한 연구를 수행하여 단기 컨설팅뿐 아니라 장기계획 수립을 위한 자료를 제공한다. 매년 평균 15개의 협동조합을 설립하고 협동조합들이 겪는 크고 작은 문제의 해결을 지원하는 지역개발 협동조합CDR이 대표적 단체다. 이처럼 퀘벡에서 탄생한 협동조합이나 사회적 기업이라면 주변 곳곳에서 사회적 경제를 지원하기 위한 각종 제도와 자금을 만날 수 있다.

퀘벡 사회적 경제의 노동자 연대 투자 기금

퀘벡 사회적 경제의 특징 중 하나는 다양한 지원 기금이 존재한다는 것이다. 그중에서도 노동조합이 앞장서서 연대 투자 기금을 마련하며 사회적 경제 지원에 나서는 모습은 부러움의 대상이다. 퀘벡의 노동자 연대 투자 기금 중 대표적인 것 두 가지를 소개한다.

첫 번째는 '연대의 기금Fonds de Solidarité'으로 1983년에 퀘벡의 가장 큰 노동조합연맹인 FTQFédération des travailleurs et travailleuses du Quebec에 의해 만들어졌다. FTQ는 북미와 캐나다 전체를 아우르는 40개의 노동조합이 연합한 형태로 17개 지역위원회와 5,000개의 지부를 보유하고 있다. 현재 조합원은 약 50만 명이며, 조합원의 3분의 2 이상이 여성이고, 30퍼센트 이상이 35세 이하로 여성 노동자와 젊은 노동자를 대변한다는 자부심을 갖고 있다.

1980년대 퀘벡 지역이 경제 위기와 심각한 실업 상태에 처하자 FTQ는 내부 토론을 거쳐 이러한 문제 해결에 나서기로 결정하고 연대의 기금을 만들었다. 이 과정에서 연방과 주정부와 합의를 통해 기금에 대한 세제 혜택도 얻어냈다. 기금은 퀘벡 지역의 일자리 창출과 경제 발전을 위해 쓰이도록 그 목적이 정해져 있으며, 기금의 최소 60퍼센트는 퀘벡에 소재한 기업에 투자해야 한다고 법적으로 명시되어 있다. 최근에는 환경보호를 위한 목적이 더해졌다.

2008년 기준 기금의 총 자산은 73억 달러(약 8조 300억 원)이며, 그동안 퀘벡 경제에 41억 달러(약 4조 5,100억 원)를 투자했고 10만 개의 일자리를 만들었다. 현재는 부문별로 사회적 경제 기업에 투자하는 SOLIM과 지역별로 투자하는 SOLIDE로 분화되었다. 초기에는 중소기업에만 투자하다가 2005년부터는 최대 자산 1억 달러(약 1,100억 원) 이상의 대기업에도 투자하고 있다.

2006년에는 샹티에의 금융 파트너가 되어서, 사회적 경제 기업을 지원하기 위한 장기 자본 마련을 위해 설립된 샹티에 투자 기금 5,280만 달러(약 580억 8,000만 원) 중 1,200만 달러(약 132억 원)를 투자했다. FTQ는 이 기금 자체를 하나의 사회적 경제 기업이라고 소개하고 있으며, 기금 운영은 철저히 소속 노동자들의 의견에 따라 이루어지고 있다.

두 번째는 '펀드 액션FondAction'으로 1996년에 퀘벡에서 두 번째로 큰 노동조합연맹인 CSNConfédération des syndicats nationaux이 설립하였다. CSN은 1921년 만들어진 노동조합으로 현재 조합원은 약 30만 명이며 4,000여 개의 작업장이 소속되어 있다. CSN는 자신들의 활동 자체가 퀘벡의 발전과 긴밀히 연결되어 있음을 강조하고 있으며, 사회적이고 경제적인 불평등과 싸우는 것을 목적으로 한다고 밝히고 있다. 펀드 액션은 협동조합 설립과 일자리 창출을 통해 퀘벡 경제를 부흥시키는 것을 목적으로 만들었다. 사회적 경제 분야에서 집단적으로 소유되고 참여적으로 운영되는 기업에만 투자하고 있다. 소속 노동자들의 퇴직 기금을 바탕으로 운영한다. 역시 연방과 주정부으로부터 세제 혜택을 받고 있다. 2008년 기준 기금의 총 자산은 6억 3,560만 달러(약 6,900억 원)이며, 그동안 8,000개의 일자리를 창출했다.

퀘벡의
협동조합들

퀘벡 사회적 경제의 기둥, 데자르댕

퀘벡에는 어떤 협동조합들이 있을까? 우선 퀘벡 사회적 경제의 시작과 끝이라 해도 과언이 아닌 금융 협동조합 데자르댕을 소개하지 않을 수 없다. 데자르댕은 1900년 퀘벡시티 인근 레비 지역에서 알퐁소 데자르댕Alphonse Desjardins과 그의 부인 도리멘 데자르댕Dorimene Desjardins의 주도 아래 만들어졌다. 초기에는 가톨릭 교구를 중심으로 하여 조합비 5달러(약 5,500원)의 작은 신용 협동조합인 인민금고Caisses Populaire로 시작했다. 1901년부터 본격적 영업을 시작하여 이후 데자르댕 운동Mouvement Desjardins으로 불리면서 퀘벡 인근 캐나다와 미국 지역으로 확산되었다.

당시부터 현재까지 레비 지역을 비롯한 퀘벡의 대다수는 프랑스계로, 이들은 영국계에 비해 사회적 경제적 지위가 낮았다. 당시 기존 은행들은 시

내에만 있어서 시골인 레비 지역 사람들이 사용하기에는 거리가 멀었다. 또한 대부분 은행이 영국계 소유였기 때문에 대출이 쉽지 않았다. 은행 외에 고리대금업이 있었지만, 이자율이 무려 3,000퍼센트에 달했다. 가난한 농부들이 농사에 필요한 자금을 융통할 수 있는 금융이 절실히 필요했다.

데자르댕 부부는 이 문제에 관심을 갖고, 당시 국제협동조합연맹의 도움을 받아 유럽의 협동조합을 연구한 끝에 지역에 맞는 새로운 협동조합의 형태를 고안했다. 기존 유럽 협동조합과의 차이점은 첫째, 유한책임이라는 점. 둘째, 출자금을 빼서 조합을 탈퇴할 수 있게 했다는 점. 셋째, 조합비를 할부로 납부할 수 있게 하여 가입을 원활하게 하는 동시에 조합원의 저축을 장려했다는 점[136]. 넷째, 소규모의 가톨릭 교구별로 운영하여 신뢰와 안정성을 담보했다는 점이다.

초기 설립 과정에서 눈에 띄는 사실이 몇 가지 있는데, 당시 협동조합 가입 조건으로는 5달러의 조합비 납부 외에도 금주禁酒를 약속해야 했다. 조합원이 되면 금주의 징표로 검은 십자가를 집에 걸어놓아야 했는데 지금은 기념관으로 쓰이고 있는 알퐁스 데자르댕의 집에서도 이 검은 십자가를 볼 수 있다. 이렇듯 금주를 강제한 이유는 가난한 이들이 술로 성실한 생활과 저축을 하지 못하는 것을 방지하고자 했기 때문이다. 한편 알퐁스 데자르댕보다 훌륭한 역할을 한 것은 그의 부인인 도리멘 데자르댕이다. 알퐁스가 연방 의회의 서기관이 되어 오타와에서 지내는 몇 년 동안 도리멘은 혼자 10명의 아이들을 돌보면서 인민금고의 일을 도맡아 했다. 놀라운 여성이다. 퀘벡 주의 사회적 경제를 이끄는 님탄이 여성인 것도 단지 우연으로 보이지 않을 정도다.

인민금고가 확산되자 1910년 주정부는 협동조합은행에 관련된 법을 제정했다. 1920년에는 지역별로 인민금고 연합회가 만들어졌는데 이곳에서

예금과 대출에 대한 관리 감독 역할을 맡으면서 금융 사업을 확장할 수 있게 되었다. 그 결과 1948년 데자르댕 생명보험DLA ; Desjardins Life Assurance을 설립하고 1952년에는 퇴직보험을, 1953년 가족보험, 대출보험, 그룹보험을 상품으로 내놓았다. 1965년에는 데자르댕 펀드Fonds Desjardins, 데자르댕 모기지 펀드Desjardins Mortgage Fund, 1988년 데자르댕 머니마켓 펀드Desjardins Money Market Fund 등을 시작하며 현대적 금융기관으로 변모했다.

1971년 데자르댕 연대저축기금Caisse d'économie solidaire Desjardins을 설립한다. 이것이 앞서 강조했던 퀘벡의 사회적 경제 기금의 시작이다. 1994년에는 데자르댕 국제개발Développement international Desjardins을 설립하여 국제 협동에도 나섰다. 데자르댕의 첫 시작이 가난한 프랑스계 캐나다인들에게 금융 서비스 접근성을 높이는 것이었듯이 개발도상국의 금융 서비스 접근성 확대에 주력하고 있다. 현재 아프리카, 남미, 동아시아 등 세계 34개국을 지원하고 있다.

데자르댕 은행은 퀘벡에서 가장 큰 금융 그룹이자 캐나다에서 가장 큰 금융 협동조합 그룹이고, 세계 6위의 금융 협동조합 그룹으로 우뚝 섰다. 2012년에는 세계에서 가장 안전한 금융기관 18위로 선정되기도 했다. 금융 위기를 거치면서 많은 금융기관들이 무너지는 와중에 선정된 것이라 더욱 의미가 있다.

2011년 기준으로 자산은 1,900억 달러(약 209조 원)에 이르며, 수입은 132억 달러(약 14조 5,200억 원), 순이익은 15억 8,200만 달러(약 1조 7,400억 원)에 이른다. 자기자본 비율은 17.3퍼센트에 이른다. 보통 국제적으로 은행에 요구되는 자기자본 비율이 8퍼센트인데 이를 훨씬 뛰어넘는다. 지점 수는 433개에 달하며, 직원 수는 4만 7,000명이다. 중요한 것은 퀘벡에서 가장 많은 노동자를 고용하고 있는 기업이라는 사실이다. 협동조합이 일자리 창출에 어떻게 기여할 수 있는지를 보여준다. 뿐만 아니라 매해 800만 달러(약 88억 원) 이상을 지역사회에 기부하거나 후원하고 있다. 초기에 아무도 성공하리라 생각하지 않았던 '태양의 서커스'에 자금을 지원해준 것도 데자르댕 은행이었다. 단순히 수익만을 생각하지 않고, 지역사회를 살릴 수 있는 사업이라 생각했기 때문에 그랬을 것이다.

2011년 현재 조합원 수는 560만 명인데, 초기 설립 때와 마찬가지로 여전히 조합비 5달러만 내면 누구나 조합원이 될 수 있다. 같은 해 전체 조합원들에게 배당된 금액은 3억 2,000만 달러(약 3,520억 원)이다. 조합원으로 가입하여 데자르댕 은행 및 데자르댕 금융기관[137]을 이용하면 이용 정도에 따라 배당을 받을 수 있다. 조합원들은 400여 개 인민금고 지점별로 인민금고 조합원 총회Caisse general meeting를 열어 인민금고 이사회Caisse boards of deirectors와 관리위원회Caisse boards of supervision의 이사와 위원들을 선출하여 자신이 속한 인민금고의 운영을 맡긴다. 또한 조합원들에 의해 255명의 대의원들이 선출되어서 데자르댕 최고경영자CEO와 함께 대의원 총회에 참여한다. 그리고 1,100여 명의 인민금고 대표 조합원들로 구성된 전체 조합원 연차 총회도 진행된다.

데자르댕은 돈은 인간의 발전을 위해 사용되어야 하며, 조합원들의 도덕적 헌신과 자조 정신이 중요하며, 민주적으로 운영되어야 하며, 정직하고 성실하게 협동해야 하며, 지역사회와 연대해야 한다는 다섯 개의 가치를 내세우고 있다. 그래서 그들은 조합원들이 꾸준히 경제 교육을 받을 수 있도록 노력하고 있으며, 대출보다는 저축을 강조하고, 위험한 투기보다는 자본 축적과 이를 통한 지역 내 투자를 강조한다.

농산물 판매에서 주유소까지, 라꿉 페데레

생산자 협동조합인 라꿉 페데레La Coop fédérée는 1922년 퀘벡, 몬트리올, 생 로잘리 지역의 세 개 협동조합이 통합 결성한 퀘벡 농업협동조합연맹에서 시작되었다. 이듬해 라꿉 페데레로 개칭한 후 1930년대부터 시설과 공장의 현대화를 꾀하며 버터와 치즈, 비료, 종자, 농산물 판매에 나섰다. 1955년에는 도축 전문 기업을 설립했다. 1958년에는 주유소 산업에도 진출했다. 주로 농업에 종사하는 이들이 조합원인데 시골 지역에는 주유소가 부족하여 불편을 호소했기 때문이다. 대기업 주유소들이 수지 타산을 맞추느라 시골 지역에서 주유소에서 철수하면 라꿉 페데레가 그것을 인수하였다. 협동조합에게 수익보다 중요한 것은 조합원들의 요구이기 때문이다.

현재는 캐나다 최대 농업시험장 보유 기업, 최대 비료 공급 업체, 최대 돼지고기 및 닭고기 수출 업체로 자리 잡았다. 2011년 기준으로 자산은 3억 8,000만 달러(약 4,180억 원)에 달하며, 수입은 45억 5,300만 달러(약 5조 원), 순이익은 9,139만 달러(약 1,005억 원)이다. 보유하고 있는 대표적인 자회사로 주유소 소닉Sonic, 육류 수출업체 올리메르Olymel, 주택 건설 자재 구매 협동조합 유니마트Unimat, 농산물 판매 협동조합 아그로마트Agromart 등이 있다. 특히 정부의 농림수산부와 긴밀한 관계를 맺고 있다.

즐거운 일터를 통해 사회에 기여하는 세탐

성공한 노동자 협동조합 모델로 꼽히는 구급차 노동자 협동조합 세탐CETAM ; Coopérative des techniciens ambulanciers de la Monterégie은 1988년 민간 구급

업체가 파산하게 되자 당시의 노동조합이 노동자 협동조합 형태로 회사를 인수하면서 탄생했다. 40명의 노동자가 1,000달러(약 110만 원)씩 출자하고 나머지 금액은 데자르댕 금융그룹에서 대출을 받았다.

여기서도 데자르댕 은행의 중요성을 확인할 수 있다. 조합원은 최장 5년 동안 총액이 1만 5,000달러(약 1,650만 원)가 될 때까지 출자금을 분할 납부하는데, 5년이 지나면 출자금을 찾을 수 있으며, 다시 5년 동안 1만 5,000달러의 출자금을 납부한다. 현재 퀘벡 지역 최대 구급 업체이며 이 지역 구급차 서비스의 30퍼센트를 담당하고 있다. 연간 6,000건의 응급 요청에 대응하고 있다. 보유한 구급차 수는 46대며, 7개의 지부를 두고 운영 중이다. 조합원 수는 340명인데, 평균 연봉은 4만 6,000달러(약 5,060만 원)이고 평균 연간 근무 시간은 1,500시간이다. 평균 배당액은 8,000달러(약 880만 원)로, 세탐의 구조사들은 연봉에 배당액을 추가하여 받게 된다. 이 때문에 세탐은 구조사들에게 인기 직장이다. 배당액은 일한 시간에 따라 정해진다.

세탐은 이윤을 내는 동시에 협동조합의 정신을 지키려고 한다. 특히 노동자 협동조합인 만큼 일하는 노동자들에게 최고의 장비를 제공하고, 즐거운 근무 여건을 만들고자 노력한다. 이런 활동은 단지 세탐이라는 하나의 직장 내에서만 그치지 않고 전체 구조사의 역할과 질을 높이는 방향으로 이어졌다. 1990년에는 세탐의 노동자들이 주도적으로 주정부를 설득하여 퀘벡 주 전체 주요 장소에 응급 환자에게 필요한 제세동기(전기 충격을 통해 심장 박동을 다시 뛰게 하는 의료 기구)가 설치되도록 만들었다. 또한 과거에는 125시간의 훈련만 받으면 구조사가 될 수 있었지만 3년제 전문학교를 졸업해야만 구조사가 될 수 있도록 교육과 훈련을 강화하여 구조사의 전문성을 높이는 데도 기여했다.

협동조합을 통한 지역개발, CDR

사회적 협동조합인 지역개발 협동조합CDR ; Coopératrire de Développement Regional은 협동조합들의 협동조합이다. 퀘벡 주에 지역별로 11개의 CDR이 존재한다. CDR의 기본 목표는 협동조합 육성과 지역개발이다. 지역 활동가들이 중심이 되어 주정부와 협동조합협의회 등의 재정 지원을 받아서 운영하는데 우리나라의 시민 단체와 비슷한 성격이다. 퀘벡 주정부의 경제개발혁신수출부MDEIE에 있는 협동조합국과도 긴밀한 관계를 유지하고 있다.

몬트리올과 라발 지역의 CDR은 퀘벡에서 가장 먼저 만들어진 CDR로 1986년 주정부의 장관 다니엘 존슨Daniel Johnson의 제기로 설립되었다. 이전까지 이 지역의 CDR은 생산자 협동조합으로 운영되었으나 2012년 6월부터 조합원이 아닌 후원자, 지지자, 이해관계자들까지 폭을 넓힌 사회적 협동조합의 형태로 바뀌었다. 현재 130개의 협동조합이 조합원으로 참여하고 있다. 직원은 8명이다. 한 해 예산은 90만 달러(약 9억 9,000만 원) 정도인데 이 중 주정부의 지원금이 3분의 1을 차지하고 나머지 금액 역시 각종 사회연대기금들에서 지원받고 있다. 퀘벡 특유의 사회적 경제 기금 때문에 CDR도 존재할 수 있음을 알 수 있다.

이들이 주로 하는 일은 시민들의 생활 속에서 협동조합에 대한 인식을 개선하도록 캠페인이나 교육 프로그램을 진행하고, 협동조합을 만들려는 사람들에게 컨설팅을 제공한다. 예컨대 협동조합 정관 작성, 재정 및 회계, 총회 진행 등 구체적인 일들을 돕는다. 특히 최근에는 지역의 젊은이들이 협동조합으로 지역에서 창업을 하도록 돕는 사업과 이민자들이 지역에 정착할 수 있도록 하는 사업에 관심을 기울이고 있다.

경제의 모든 곳에 자리 잡은 협동조합

이상의 퀘벡의 협동조합을 정리해보자면, 크게 금융 부문과 비금융 부문으로 나눌 수 있다. 금융 부문이 매우 발전해 있는 것은 중요한 특징이자 매우 큰 장점이다. 협동조합을 비롯한 사회적 경제의 가장 큰 취약점 중 하나가 자본의 조달인데 금융 협동조합들의 재정 지원 덕분에 많은 협동조합과 사회적 경제가 건설되고 유지될 수 있었다. 데자르댕 외에도 대부분의 금융 협동조합에서 사회연대 기금을 조성하여 지역사회에 기여하고 있다.

비금융 부문에서는 생산자 협동조합의 대표로 농업 분야를 살펴볼 수 있는데 라꿉 페데레 외에도 아그로포르Agropur라는 농산물생산 협동조합이 있다. 퀘벡 최대의 농식품 기업인 라꿉 페데레와 함께 아그로포르 역시 퀘벡 가공식품 소비의 50퍼센트를 담당하고 있다. 농업 분야에서도 협동조합이 핵심적인 비중을 차지하고 있다.

소비자 협동조합의 수는 전체 협동조합의 63퍼센트로 비금융 부문 중에서 가장 많다. 우리나라와 일본이 주로 식료품 부문에서 소비조합이 발달한 것과 달리 퀘벡에서는 비식료품 부문에서도 소비조합이 발달해 있다. 대표적인 것이 최대 등산 야외 활동용품 소비 협동조합인 MECMountain Equipment Coopérative이다. 소비자 협동조합의 한 형태로 대학생협School Coop도 활성화돼 있다.

노동자 협동조합은 200개 정도가 있다. 앞서 살펴본 세탐 외에 택시 노동자 협동조합인 쿱택시Coop Taxi가 유명하며, 자연 조건에 의해 발달해 있는 임업, 산업 특성상 일반 기업보다 협동조합이 더 적절한 문화예술 분야에서 발전했다.

사회적 협동조합은 최근 성장률 35퍼센트를 기록하며 급속도로 성장하고 있다. 갈수록 사회 구성과 현실이 복잡하고 다양해진 탓에, 협동조합이 단지 조합원만을 대상으로 한다면 역할에 많은 제한이 있을 수 있다. 때문에 조합원 외에 협동조합의 직원, 지역 주민, 후원자, 지지자 등 다양한 사람을 포괄하는 다수 이해당사자multi-stakeholder 유형의 협동조합으로 진화하고 있다. 상조 장례나 노인과 장애인 재택 돌봄, 보육 등의 사회 서비스 분야가 주요 대상이다.

4 공공경제

보편적 복지국가와 평등의 달성

"공공성이나 정의는 둘 다 주류경제학에 존재하지 않는 가치다. 사실 인간이 추구하는 가치는 수없이 많지만, 경제학에서는 파레토 효율 외의 가치는 다루지 않는다. 하지만 경제학자들은 경제학이 가치를 추구하지 않기 때문에 가치중립적이며 자연과학에 가까운 과학이라고 자랑스러워한다. 경제학자들이란 참으로 신기한 생각을 하는 사람들이다."

우리는 '의료의 공공성, 교육의 공공성'이라는 말처럼 공공성이란 말을 자주 사용한다. 하지만 학계에서 공공성의 정의를 제대로 내린 적은 없다. 공공성이란 공공의 가치나 공익을 추구하는 것이며, 공공 이성이 공론의 장에서 공공성의 범위와 내용에 합의한다. 따라서 무엇이 공공성인지 결정하는 것은 시민 참여의 숙의민주주의다.

우리는 공공성을 정하는 이론적 자원으로 정의론을 동원했다. 자연권적 자유지상주의, 경험적 자유지상주의, 평등적 자유주의, 공동체적 자유주의, 마르크스주의에서 말하는 정의론은 내용이 서로 다르다. 각각의 정의론은 재산권의 위상에 대한 견해에 차이가 있으며, 이에 따라 재분배에 대한 생각도 다르다. 자유지상주의에서는 재분배 자체를 아예 금기시하거나 아주 최소한의 재분배만 인정한다. 평등주의적 자유주의는 공정한 사회를 위해 적극적으로 재분배를 옹호한다. 마르크스주의는 생산수단의 공유와 생활수준의 균등을 이루는 재분배를 주장한다. 하지만 결국 무엇이 공공성을 가진 재화와 서비스가 되어 재분배 대상이 되어야 할지, 또한 재분배를 어느 수준까지 허용할지는 사회 구성원 간의 합의에 달려 있다. 공공성이 국가 차원에서 실현된 모습이 복지국가라고 할 수 있다.

여기서는 성공한 복지국가 모델로 꼽히는 스웨덴에 관해서 들여다본다. 스웨덴 복지국가 모델의 특징을 알아보고, 80년대 중반 잘못된 거시경제 정책 운용으로 위기에 빠졌던 경험도 중요하게 살펴본다. 올바른 거시경제 정책 없이는 복지국가가 불가능하다는 사실을 실감할 수 있을 것이다. 우리나라에서도 복지국가를 건설하려면 수출 중심에서 내수 중심으로 경제성장 방식을 전환하고, 자본 통제와 재산세 강화를 통한 자산 가격 안정이라는 거시 정책이 필수적이다. 보편 복지는 전형적인 공유 자산이다. 여태까지의 협동의 경제학은 보편 복지를 이루기 위해 필요한 것들이 무엇인지 알려줄 수 있을 것이다.

17장

공공성과 정의의 경제학

공공성이란 무엇인가?[138]

한국 사회에서 공공성이라는 단어는 남용된다는 비판이 있을 정도로 흔하게 쓰이지만 학계에서 제대로 정의된 바는 없다. 지난 10년간 한국 사회의 굵직한 의제 가운데 공공성이라는 단어가 사용된 경우는 국민연금 개악 저지, 의료 민영화 저지, 신자유주의 교육 반대, 한미 FTA 반대 운동 등을 할 때였다. 여기서 공공성은 모두 시민의 삶의 질이 추락하는 것을 막아야 한다는 뜻과 동의어였다. 즉, 시장에 맡기면 삶의 질을 보장받지 못하는 영역, 따라서 시장에 맡기면 안 되고 어떤 방식으로든 국가가 맡아야 하는 영역에서 제기된 가치였다. 그러나 여전히 애매하다.

영어로도 적절한 단어를 찾기가 쉽지 않다. 굳이 번역하자면 publicness나 publicity가 되겠지만 잘 쓰이지 않는 용어인데다, 우리말로 공공성이라고 할 때와 비교하면 무엇인가 부족해 보인다. 서구 문헌에서 우리의 공공성에 해당하는 용어들을 찾아보면 일반 이익 서비스services of general interest, 공공의 가치public value, 공공의 목적public objectivity, 공익public interests, 공공 규범public norm, 집단 이익collective interest 등이 있다. 위의 용어들은 모두 사적인 것에 대립하는 것, 사적인 것을 넘어서 하나의 총체로 집계하거나 대표할 수 있는 것을 의미하고 있다.

그러면 공公과 사私의 구분은 어떻게 이루어질까? 전통 사회에서 '공'은 국가, '사'는 주로 개인이나 가족을 의미했다. 하지만 근대 자본주의 사회에서는 '공'은 국가를, '사'는 시장을 의미하게 된다. 나아가 자유주의 경제학에서 '사'는 시장에서의 자유, 결국 재산권을 의미하는 것으로 발전했다. 여기에서 '공'인 국가는 '사'의 재산권을 침범해서는 안 되며 보호하고 지키는 역할을 한다.

한편 공공성과 관련된 용어들은 매우 폭넓게 선함goodnes과 연결되어 있음을 알 수 있다. 토벤 요르겐센Torben Beck Jorgensen과 배리 보즈만Barry Bozeman이 230개 논문을 조사한 결과 공공성과 관련된 가치들은 크게 인간의 존엄성, 지속 가능성, 시민 참여, 개방성, 안전성, 타협, 진실, 견고함이 있었다. 이 가치들마다 또 세부적인 가치들이 매우 다양하게 포괄되어 있었다. 공공성이 추구하는 이런 가치들은 시대에 따라, 사회에 따라 그 내용이 달라졌다. 예컨대 중세 시대 주요 도로변의 여인숙은 손님을 거부할 수 없었다. 사적 소유물이지만 손님을 거부하는 경우 이들의 안전이 보장되지 않으므로 여인숙도 공공성을 가진다는 사회적 합의가 있었던 것이다.

결국 사적인 것과 대립되는 공공성이 구체적으로 어떤 가치를 추구할 것인가는 시대와 사회를 살아가는 구성원들의 합의에 의해 정해진다. 이런 점에서 공적인 영역, 또는 공론장이란 개방과 소통의 광장이라 표현했던 위르

겐 하버마스Jurgen Habermas나, 시민이 공동의 관심사를 다루는 곳이라 표현했던 한나 아렌트Hannah Arendt의 지적은 공공성의 내용 구성과 밀접하게 연관되어 있다. 존 롤스와 아마티아 센의 정의론을 여기에 더한다면 공공성이란 "공공 이성에 기초한 숙의민주주의에 의해 합의된 공공의 가치"라고 정의할 수 있을 것이다.

정의란 무엇인가?

결국 공공성은 사회적으로 합의되어야 한다는 점에서 규범적 판단이 개입될 수밖에 없고, 이를 해결할 이론적 자원으론 단연코 정의론이 돋보인다. 따라서 한 사회가 어떤 정의론을 택하느냐에 따라 공공성의 내용은 달라질 수 있다. 서구의 정의론은 크게 자유지상주의libertarianism, 평등주의적 자유주의egalitarian liberalism, 공동체적 자유주의communitarian liberalism, 마르크스주의 네 가지로 구분할 수 있다.

먼저 자유지상주의는 자연권적 자유지상주의natural-rights libertarianism와 경험적 자유지상주의empirical libertarianism로 구분된다. 로버트 노직Robert Nozick과 같은 자연권적 자유지상주의자들은 사적 재산권을 자연권으로 받아들인다. 따라서 다른 사람에게서 강탈하지만 않았다면 부를 상속받거나 보유하거나 거래하는 것은 당연한 권리이며 정의다. 단, 부당한 방법으로 획득한 부는 재분배의 재원으로 사용할 수 있다. 따라서 국가 개입은 매우 제한된 상황을 제외하고는 도덕적으로 잘못된 것이라고 주장한다. 국가는 거래 질서 및 재산권을 보호하고, 기본적인 공공재 공급에만 개입해야 한다. 불평등과 빈곤은 개인 선택의 결과라고 생각하는 극단적 개인주의다.

프리드리히 하이에크Friedrich August von Hayek나 밀턴 프리드먼과 같은 경험적 자유지상주의자들은 개인의 자유를 가장 중요하게 생각하며, 시장이야말로 개인의 자유를 침해하지 않으면서도 사회 전체에 이익을 가져다주는 가장 효율적인 기구라 생각한다. 따라서 시장이 존재하는 한 국가가 나서서 사회정의를 추구하는 것은 불필요하며, 국가의 개입은 결국 전체주의를 초래하거나 특정 집단의 이익을 도모하는 결과를 초래할 뿐이라고 생각한다. 다만 개인의 생존권 보장 차원에서 공공재 공급과 빈곤 구제를 위한 최소한의 국가 개입은 허용한다. 자연권적 자유지상주의자들이 국가의 개입은 개인의 자연권을 침해하므로 도덕적으로 잘못된 것이라 생각한다면, 경험적 자유지상주의자들은 정부의 개입이 비효율적 결과를 낳을 것이기에 반대하는 것이다.

평등주의적 자유주의는 우리나라에서 종종 진보주의로 번역되기도 한다. 평등주의적 자유주의는 공리주의와 롤스의 사상을 토대로 하는데, 자본주의가 효율적인 제도지만 빈곤과 불평등이라는 사회적 비용을 초래하고 있다는 것을 인정하며, 정부가 이를 개선할 수 있다고 생각한다. 공리주의는 '최대 다수의 최대 행복'이라는 말로 잘 알려져 있는데 사회 전체 총효용의 극대화를 추구한다.

롤스는 정의를 찾아내는 일반 원칙을 다음과 같이 제시했다. 첫 번째는 자유의 원칙이다. 이는 각각의 개인들이 타인의 자유와 양립할 수 있는 기본적인 자유를 최대한 누리는 것을 의미한다. 두 번째는 적극적 기회의 평등 원칙이다. 같은 능력, 같은 조건을 가진 사람은 차별받지 않아야 한다는 주장이다. 롤스는 이 원칙을 생산수단 소유의 평등에도 적용하였다. 세 번째는 차등의 원칙이다. 불평등이 존재하더라도 그것이 가장 어려운 사람에게 혜택이 된다면 받아들일 수 있다는 것이다.

롤스는 사람이 살아가는 데 꼭 필요한 기본재primary goods는 모두에게 공급되어야 한다고 생각했다. 예를 들어 부모를 잘 만나서 높은 사회적 지위를 누린다면 롤스의 관점에서는 정의롭지 못하다. 그럼 어떻게 보완해야 할까? 롤스는 차등의 원칙에 따라 무조건 약한 사람에게 혜택이 돌아가도록 해야 한다고 대답할 것이다. 롤스는 정의로운 사회의 기준을 도출하기 위해 무지의 장막veil of ignorance이라는 개념을 도입했다. 자신이 어떤 조건에서 태어날지 모르는 상태에서 정의의 원칙에 합의하자는 것이다. 이런 가정을 통해 우연히 형성된 개인적 초기 조건과 당장의 이해를 떠나서 불편부당한 정의의 원칙을 도출할 수 있다고 본 것이다[139].

1998년 노벨 경제학상을 수상한 아마티아 센은 사회적 맥락을 벗어나 정의의 개념을 논하면 안 된다고 지적한다. 그는 어떤 사회에도 적용되는 '초월적 제도주의transcendental institutionalism'는 오히려 현실에서 정의를 실현하는 데 방해가 될 수 있다며 롤스의 정의론을 비판했다.[140] 정의란 공동체와 사회의 특수성을 반영하여 결정되는 것이며 초월적인 어떤 제도를 갖추어야 정의가 실현되는 것이 아니라는 주장이다. 그의 입장은 상호 비교를 통해 명백하게 부정의하다고 합의된 것을 개선하는 쪽이 정의를 실제로 구현하는 방법이라는 것이다. 또한 그는 모두에게 똑같은 기본재를 지급하는 것은 평등이 아니라고 비판했다. 그에게 문제가 되는 것은 개인이 각자의 자유를 실현할 수 있는 능력capability이다. 따라서 각 사람에게 결핍된 능력을 갖추도록 하는 것이 정의다. 예를 들어 비장애인과 장애인에게 필요한 기본재가 동일한가, 또는 장애인에게 기본재만 지급되면 그가 자신의 능력을 충분히 발휘할 수 있는가를 묻는 것이다.

마르크스주의에서는 생산수단의 소유가 분배를 결정한다. 따라서 평등한 분배를 원한다면 생산수단을 공유해야 한다. 마르크스는 자본주의 경제에서 공황이 필연적으로 발생할 수밖에 없으며 위기의 시대에 프롤레타리아 계급이 혁명을 통해 생산수단을 공유하는 사회주의 사회를 열 수 있을 것이라고 생각했다. 이런 시각에 따르면 복지국가는 역시 노동자 계급이 자본주의에 저항하지 않도록 하기 위해 일정 정도 혜택을 분배하는 역할을 할 뿐이다.

정의론		대표적 학자	재분배에 대한 입장
자유지상주의	자연권적 자유지상주의	노직	다른 사람으로부터 강탈하지만 않았다면 모든 사적 재산권은 그 무엇보다 보호받아야 할 자연권이다.141)
	경험적 자유지상주의	하이에크, 프리드먼	사적 재산권은 자연권이며, 이에 대한 국가의 개입은 최소 수준의 공공재 공급과 빈곤 구제에 그쳐야 한다.
자유주의	평등주의적 자유주의	롤스	자유의 원칙, 적극적 기회의 평등 원칙, 차등의 원칙을 사전적 순서로 적용해서 재분배가 이루어져야 정의로운 사회를 이룰 수 있다.
	공동체적 자유주의	샌델, 센	공동체의 특성을 반영하여 개인이 자신의 능력을 발휘할 수 있도록 재분배가 이루어져야 한다.
마르크스주의		마르크스	생산수단을 공유하고 생활수준을 균등하게 해야 한다.

〈표 14〉 정의론의 분류

각 정의론의 차이는 사회정책에 대한 입장을 살펴보면 잘 드러난다.142) 사적 소유권, 조세, 재분배, 공공 생산으로 나누어 살펴보자. 자연권적 자유지상주의자들은 사적 소유권을 누구의 간섭도 받아서는 안 되는 신성한 권리, 즉 자연권으로 여긴다. 때문에 조세는 국가가 시민의 소득을 착취하는 도둑질이라고 비난한다. 당연히 사회적 재분배에 대해서도 반대하며 개인이 생산한 자원은 오로지 개인이 배타적으로 처분할 수 있어야 한다고 주장한다. 국가에 의한 공공 생산은 시장에서 공급될 수 없는 제한적 공공재에만 허용하고 있다.

경험적 자유지상주의자들은 사적 소유권을 중요하게 여기지만 가장 중요한 것이라고 보지는 않는다. 누진세는 반대하지만 공공재 공급이나 빈곤 구제를 위한 약간의 조세는 필요하다고 생각한다. 재분배와 공공 생산에서도 국가의 역할은 최소한이어야 한다. 자유주의자들은 사적 소유권, 조세, 재분배, 공공 생산에 대해서 절대적 입장을 갖기보다는 경제의 효율성을 크게 저해하지 않는 수준으로 실용적 차원에서 적절히 사용해야 한다고 생각한다. 마지막으로 마르크스주의자들은 사적 소유권은 착취의 결과이며 자원은 필요에 따라 집단적으로 이용되어야 하고 이를 위해서는 공적 소유가 필수적이라고 주장한다. 따라서 사회 목적 조세는 전적으로 합법적이며, 국가의 재분배를 적극 인정할 뿐 아니라 모든 기본적인 재화는 국가가 공적으로 생산해야 한다.

경제학의 가치는 오로지 효율

공공성이나 정의는 둘 다 주류경제학에 존재하지 않는 가치다. 사실 인간이 추구하는 가치는 수없이 많지만, 경제학에서는 파레토 효율 외의 가치는 다루지 않는다. 하지만 경제학자들은 경제학이 가치를 추구하지 않기 때문에 가치중립적이며 자연과학에 가까운 과학이라고 자랑스러워한다. 경제학자들이란 참으로 신기한 생각을 하는 사람들이다.

경제학에서 효율성이라는 가치는 파레토 효율Pareto efficiency이라는 이름으로 정의된다. 파레토 효율 상태란 한 사람이 조금이라도 더 이득을 얻고자 할 때, 다른 사람들 중 누군가는 손해를 보아야 하는 상태를 의미한다. 다시 말해 가장 효율적으로 자원이 배분된 상태이기 때문에 그것을 바꾸면 손해를 보는 사람이 발생할 수밖에 없는 그런 상태를 말한다.

파레토 개선Pareto improvement이란 한 사람 이상의 효용이 늘어나는 것을 말한다. 즉, 효용이 늘어나는 사람은 있어도 줄어드는 사람이 없다면 효율성이 개선되는 것을 의미하며 이런 변화에는 만장일치로 찬성할 수 있을 것처럼 보인다. 하지만 파레토 효율성은 분배 상태에 대해서는 침묵한다. 예를 들어 한 사회에 독재자가 1명 있고, 현재 독재자와 일반 국민 사이의 자원의 분배 상태가 9:1이라고 하자. 독재자 한 사람이 9를 갖고 나머지 국민이 1을 갖고 있는 상황이다. 여기서 독재자의 몫만 증가해서 10이 되었다고 하자. 나머지 국민들의 몫은 줄어들지 않고 그대로 1을 유지했다. 이는 분명 파레토 개선이다. 하지만 이것이 과연 사회적으로 바람직한 상태일까? 우리가 최후통첩게임에서 보았듯이 상호성에 입각해 행동하는 사람이라면 당연히 이런 초기 상태와 분배의 상대적 악화에 반대할 것이다.

파레토 효율에는 상대성 개념이 없다. 이 역시 로빈스 이후 경제학의 특징인데, 사람들의 효용은 비교 불가능하다고 생각하기 때문이다. 독재자가 1을 추가로 얻었을 때의 효용과 일반국민에게 1을 돌려주었을 때의 효용을 비교할 수 없다는 것이다. 이는 굉장히 엄격하고 과학적인 정의 같지만, 사실은 굉장히 반사회적인 정의다. 언제나 남을 의식하며 불공정하다고 판단되는 경우 손해를 보면서까지 응징한다는 상호적 인간이라면 도저히 받아들일 수 없는 개념일 것이다.

그럼에도 불구하고 경제학에서는 파레토 효율만을 인정하며, 완전경쟁시장에서 파레토 효율이 달성된다고 본다. 여기서 나오는 것이 후생경제학 welfare economics이다. 후생경제학의 제1명제는 시장 경쟁균형은 파레토 효율적이라는 것이며, 제2명제는 어떠한 배분적 효율성도 시장 경쟁균형을 통해 달성할 수 있다는 것이다. 제2명제는 럼프섬lump-sum 재분배[143]를 옹호하는 논리로 사용되었다. 가격체계에 영향을 미치지 않고 초기 분배를 바꾸면 그 다음엔 가장 효율적인 배분을 시장이 찾아줄 것이라는 얘기다.

파레토 효율은 정당한가?

이를 그림으로 살펴보자. 경제학에서 파레토 효율은 주어진 투입 요소로부터 최대의 생산물을 획득하는 생산의 효율성, 주어진 생산기술과 소비자의 선호를 조건으로 가장 최적의 생산물 조합을 선택하는 생산물 조합의 효율성, 소비자들이 자신의 효용을 극대화하는 소비의 효율성을 모두 만족한다.

에지워드 상자Edgeworth Box는 위에서 얘기한 후생경제학 제1, 제2명제를 간단하게 보여준다. 〔그림 14〕의 에지워드 상자는 승연이와 다연이 사이에 배분되는 옷과 음식을 나타낸다. 옷의 총생산량은 100이고, 음식의 총생산량은 200이다. 상자를 가로지르는 선분 GH 위의 점들은 승연이와 다연이의 선호 체계를 나타내는 무차별곡선이 접하는 점들의 집합(계약 곡선)으로 모두 파레토 효율을 만족시킨다. 승연이의 무차별곡선은 X로 다연이의 무차별곡선 Y로 표시한다.

무차별곡선이란 두 상품의 소비에 따른 효용 상태를 표시하는 선이다. 옷을 1만큼 소비할 때 음식은 얼마만큼 소비해야 가장 효용이 높아지는지, 옷을 2만큼 소비할 때는 어떤지를 표시한 선이다. 따라서 두 사람의 무차별곡선이 접한다는 뜻은 옷의 분배량이 정해진 상태에서(음식의 분배량이 정해진 상태라

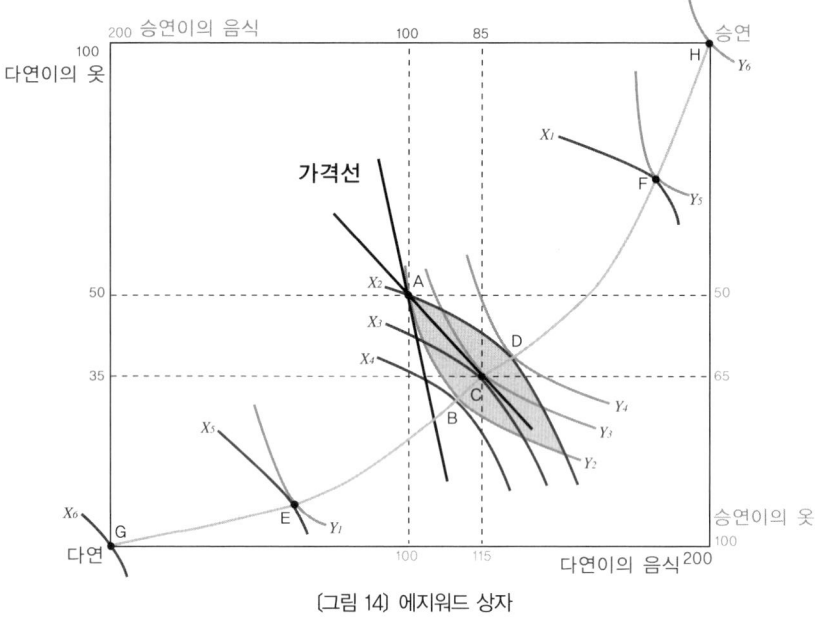

(그림 14) 에지워드 상자

고 해도 좋다) 둘 다 가장 만족하는 상태를 뜻한다. 이것이 파레토 효율이다. 옷의 초기 분배량이 어떠한 상태로 정해졌는지에 대해서는 따지지 않는다.

A점은 균등 분배점으로 승연이와 다연이가 각각 옷과 음식을 절반씩 나눠 갖는 경우다. 하지만 선분 GH 위에 있지 않으므로 A점은 파레토 효율이 아니다. 승연이에게 D점은 A점과 동일한 효용 X_2를 준다. 하지만 다연에게는 D점의 효용 Y_4가 A점의 효용 Y_2보다 우월하다. 따라서 A점에서 D점으로 이동하는 것은 파레토 개선이다. 다연이에게 B점은 A점과 동일한 효용 Y_2를 준다. 하지만 승연이에게 B점의 효용 X_2는 A점의 효용 X_2보다 우월하다. 따라서 A점에서 B점으로 이동하는 것은 파레토 개선이다. 종합하면 회색의 볼록렌즈 모양의 안쪽에 있는 선분 BD위의 점은 A점보다 파레토 우월한 점들의 집합이다. 즉, 승연이와 다연이에게 옷과 음식을 똑같이 절반씩 주는 것보다 승연이에게 옷을 조금 더 주고, 다연이에게는 음식을 조금 더 주는 것이 파레토 효율이다.

파레토 효율과 정의론

앞서 살펴본 네 가지 정의론을 에지워드 상자에서 표현해 보자[144]. 먼저 자유지상주의 중 노직이 주장한 자연권적 자유주의는 파레토 효율을 만족시키는 상황이 가장 정의로운 상황이다. 따라서 초기 분배점이 어떤 점이든지 상관없이 자유로운 계약을 통해 파레토 효율을 뜻하는 GH 위의 점으로 이동해야 한다. 예를 들어 초기 분배점이 A점이라면 선분 BD 중 한 점으로 이동하는 것이 최적의 분배 상태가 된다. 이 상태에서 국가의 개입에 의한 재분배는 필요하지 않다. 하이에크와 프리드먼이 주장한 경험적 자유주의의 경우 생존권 보장을 위한 국가의 재분배를 인정하므로, 승연이와 다연이의 최적 생계 수준이 각각 E점과 F점이라면 선분 EF 위의 점이 모두 최적 분배 상태다.

롤스의 정의는 최약자에게 도움이 되는 배분을 추구한다. 예를 들어 초기 분배점이 승연이가 불리한 상황일 때 승연이의 효용이 증가하는 쪽으로 이동하는 것은 정의롭다. 다연이의 효용이 줄어들더라도 그것은 정의롭다. 따라서 롤스의 정의론에 따르면 그 점은 A점에 가까워질 테지만 시장에 의한 효율성 증대를 허용하므로 다시 C점 부근으로 이동하게 될 것이다.

마르크스주의는 자원의 평등한 분배를 주장하기 때문에 A점이 최적 분배 상태가 될 것이다. 만일 시장사회주의라면 A점에서 C점으로 이동하는 것도 허용될 것이지만 마르크스주의의 평등이 롤스의 재분배보다 더 단순 평등에 가까울 것이다.[145]

공공선택이론과 사회선택이론

우리의 주장에 따르면 공공성은 각 집단 고유의 정의 관념에 입각하여 사회적 공론에 의해 결정돼야 한다. 반면 주류경제학의 공공경제학public economics은 시장실패론에서 출발한다. 앞에서 본대로 경제학에서 인정하는 시장실패에는 외부성, 공공재, 독점의 3가지가 있었다. 경제학자들이 시장실패에 대해 우선적으로 제시하는 해결책은 시장 외부에 있는 것들을 시장 안으로 끌어 들이는 것, 즉 내부화다.

우선 공공재에 대해서는 린달균형Lindahl equilibrium이란 것을 통해 해결한다. 에리크 린달Erik Robert Lindahl은 스웨덴 경제학자다. 시장경제에서 시장 수요곡선은 개별 수요곡선을 합하여 구한다. 예를 들어 음료수 한 병의 가격이 500원일 때 각 사람마다 원하는 개수를 구한 후 이를 다 더한다. 하지만 공공재는 이렇게 할 수가 없다. 비배제성과 비경합성이라는 특수한 성질을 갖고 있기 때문에 재화가 공급되면 비용을 지불하지 않은 사람도 소비가 가능하다. 즉, 무임승차자가 발생할 수 있다. 그래서 린달이 내놓은 해법은 수량이 정해져 있을 때 이를 사용하고자 하는 사람을 더해서 가격을 구하는 방식이다.[146] 하지만 공공재의 경우 이기적인 인간이라면 자신의 선호, 자신이 필요한 재화의 양을 솔직하게 말하지 않을 것이기 때문에(제3장에서 논의한 가로등 세우기를 상기하라) 앞에서 논의한 린달균형은 현실적으로 불가능하다.

독점의 경우, 경쟁을 도입하여 해결하고자 한다. 하지만 자연독점의 경우에는 경쟁을 도입하는 것이 지극히 어렵다. 자연독점이란 생산량이 늘어날수록 한계비용이 계속 감소하는 규모의 경제가 발생하는 상황이다. 예를 들어 IT산업에서 다양한 소프트웨어의 경우 복제 비용은 0원이다. 그렇다면 최대로 생산하여 0원에 파는 것이 사회적으로는 가장 이로운 상태다. 하지만 그럴 수 없으므로 지적재산권 등을 도입해서 가격을 상승시킨다. 이외에도 네트워크 산업이라 불리는 전기, 철도, 수도, 가스, 우편 등도 모두 자연독점의 성격을 지니고 있다. 이 같은 자연독점은 그 자체를 분할시켜서 경쟁을 도입하기도 하는데 이 경우 효율성이 떨어질 수 있으므로 별도의 규제체계가 필요하게 된다.

또 외부성에 대해 피구는 긍정적 외부성을 창출하는 외부선에 대해서는 보조금을 주고, 부정적 외부성을 창출하는 외부악에 대해서는 세금을 부과하는 방안을 제시했다. 이것이 앞에서도 설명한 바 있었던 피구 해법이다. 그에 비해 코즈는 재산권이 정확하게 규정되어 있고 비용과 편익을 계산할 수 있다면, 그리고 거래 비용이 없다면 국가가 개입하지 않아도 개인들끼리 거래를 통해 해결할 수 있다는 코즈 정리를 내놓았다. 코즈 자신이 그렇게 주장한 것은 아니지만, 경제학자들은 코즈 정리를 국가 개입 배제의 원리로 사용해왔다.

주류경제학에서도 애로우와 센이 발전시킨 사회적 선택이론은 결국 정의를 다루고 있다. 사회선택이론이란 개개인의 이해관계가 일치하지 않을 때 개개인의 의사를 존중하면서도 사회 전체적인 복지와 후생을 극대화하는 자원 배분 절차를 연구하는 학문이다. 과연 개개인의 의사를 집계해서 사회적 후생을 극대화하는 결정을 내릴 수 있을까? 만일 사회적 후생함수[147]가 존재한다면 사회적 무차별곡선을 도출해서 상대 가격선과의 접점을 찾을 수 있을 것이다. 그렇다면 이 책의 주요 주제인 사회적 딜레마는 깔끔하게 해결될지도 모른다.

1974년 노벨 경제학상 수상자인 애로우는 제한 없는 영역Unlimited domain,[148] 파레토 효율성Pareto efficiency 조건,[149] 비독재non-Dictatorship, 제3의

대안으로부터의 독립성150) 등 일반적으로 받아들일 수 있는 4개 공리를 모두 만족시키는 사회적 선택은 불가능하다는 '불가능성 정리impossibility theorem'를 내놓았다.151) 하지만 센은 개인 간의 효용이 비교 가능하다면, 그리고 완벽한 비교는 아니더라도 부분적 비교를 허용한다면 사회적 선택이 가능하다고 주장했다. 이를 위해서는 효용이 아닌 정보도 추가로 제공되어야 한다.

예컨대 센은 인도의 기근 문제, 여성의 사망률을 검토하면서 정의의 문제가 단순하게 부족분을 보조해주는 답이 아니며 배후의 사회관계에 주목해야 한다는 결론에 도달한 것이다. 즉, 너무나 명백한 부정의를 교정하기 위해 개인 간의 효용을 비교할 수 있다고 가정하고 추가적인 비효용 정보를 고려하면 사회 전체의 후생을 증대시킬 방법은 명백히 존재한다.152) 이와 함께 센은 그동안의 경제학이 주로 합리성과 효율성만을 주된 목표로 삼았으나 앞으로는 인간의 자유와 권리, 정의라는 정치사회학적 요소도 함께 고려해 분배 정의 실현에 중점을 둬야 한다고 주장하여 경제학에서도 정의와 공공성의 문제를 다룰 수 있는 통로를 열었다. 실천적으로도 스스로 유엔에서 인간개발지수를 만들었고, 최근에는 스티글리츠와 함께 GDP를 대신할 스티글리츠–센 지수를 만들어냈다. 가장 추상적인 철학을 우아한 수학으로 설명하고 동시에 현실의 빈곤 문제를 해결하기 위해 지수를 만드는 등 지상의 정의를 실현하는 데 발 벗고 나선 센은 참으로 몇 안 되는 존경할 만한 경제학자다.153)

공공성을 갖는 재화의 종류

공공성이란 공공 이성이 공론의 장에서 숙의민주주의를 통해 공공公共의 가치에 대해 합의하고 함께共 문제를 해결하는 것을 의미한다고 설명한 바 있다. 우리는 이 과정이 역사적으로도, 또 논리적으로도 시장에 우선한다고 생각한다. 공공의 가치나 공익이라는 목표는 사회 구성원들의 합의를 거쳐 형성되는 가치로 시대와 문화에 따라 달라지는 것이 당연하다.[154] 합의에 이르는 판단 기준은 사회 구성원이 채택하는 정의론에 따라 달라질 것이다. 재분배의 원리로 평등을 추구하는 공공경제는 어떠한 정의론에 입각하느냐에 따라 내용이 달라질 텐데 주류경제학은 사실상 자유지상주의적 정의론을 유일한 것으로 받아들인 것이다.

이제까지 주류경제학에서 공공경제가 차지하는 비중은 우선적으로 모든 것을 시장에 맡긴 후에 남은 문제를 해결하는 수준이었다. 시장에서 해결하지 못하는 것, 시장에 맡기면 오히려 비용이 많이 드는 문제와 같이 '나머지'를 처리하는 영역이 공공경제였다. 효율성보다 기본적 생존권[155]과 인간다운 삶을 우선한다면 공공경제를 통해서 정의로운 재분배를 이루는 것이 기본 바탕이 되고, 그중에 시장에 맡기는 것이 더 바람직한 경우에 시장경제의 몫이 되어야 한다. 경제학이 합리성과 효율성을 넘어 정치사회학적 요소도 고려하여 분배의 정의를 실현해야 한다는 센의 말은 이런 의미를 담고 있다고 볼 수 있다.

물론 이런 논의를 하는 데도 기존의 경제학 지식이 필요하다는 사실을 부인할 수는 없다. 특히 재화와 서비스의 기술적 성격에 따른 분류는 정의론에 입각한 공공성 논의에도 훌륭한 참고 자료가 된다. 따라서 경제학에서 공공성의 기술적 기초를 최대한으로 찾아내는 것도 의미 있는 일일 것이다.

표준 경제학 교과서에는 시장 거래의 가능성을 기준으로 한 재화 분류가 소개된다. 새뮤얼슨과 오스트롬은 공급 쪽의 배제성 여부와 소비 쪽의 경합성 여부에 따라 재화를 네 가지로 분류한다.

	배제 가능	배제 불가능
경합적	사적 재화(private goods) 사과, 콜라 등	공유 자원(common resource pool) 공유지, 바다 물고기, 출퇴근길의 도로
비경합적	클럽재(club goods) 유선 TV, 수도, 전기, (한산한) 유료 도로	공공재(public goods) 국방, 공중파 방송, 민주주의 등 제도

[표 15] 재화의 분류

이 중 공공재와 공유 자원은 대표적인 사회적 딜레마에 속하며, 클럽재는 기술적 발전(계량이나 톨게이트), 경합성의 증가에 따라 공유 자원이나 공공재 일부를 사적 재화로 만든 것이다. 그러나 클럽재에도 요금 인상, 서비스의 질 저하, 나아가서 생태 문제의 야기 때문에 공공성이 적용될 수 있다. 또한 사적 재화로 분류할 수 있지만 앞서 설명한 시장의 근원적 한계 세 가지 때문에 공공성을 지니게 된 재화도 존재할 것이다. (3장 '시장실패는 숙명이다' 참조)

이런 점을 고려하여 공공의 가치, 즉 재화나 서비스의 사용가치에 관한 사회적 합의에 따라 재화의 성격을 분류하고 해당 재화의 공급 방식을 제시해야 하는데 아래에 그 사례를 일부 제시한다. 이런 분류에 따르면 어떤 재화는 여러 면에서 동시에 공공성을 띨 수 있다. 예컨대 물은 공유 자원인 동시에 필수재다.

공공재와 공유 자원

공공재와 공유 자원은 사회적 딜레마에 속하므로 명백히 공공성을 지닌다. 따라서 시장경제에서는 공급할 수 없거나 자원 고갈의 문제를 해결할 수 없으므로 공공경제나 사회적 경제에서 공급하거나 관리해야 할 분야다.

공공재와 공유 자원은 경제학에서 명확하게 정의되어 있는 개념이다. 공공재는 앞서 살펴보았듯이 배제성과 경합성이 없는 재화를 말한다. 국방, 방송 등이 해당한다. 공유 자원은 경합성은 있지만 배제성이 없는 재화를 말한다. 비용을 지불하지 않은 사람도 사용할 수는 있지만, 남이 많이 사용하면 내 몫이 줄어드는 경우다. 바닷속의 물고기나 혼잡한 도로가 해당한다. 이와 달리 공공성을 갖는 재화나 서비스는 위에서 제시한 경제학적 정의에 들어맞지는 않지만 사회적 합의를 거쳐 공공성을 인정받은 경우를 뜻한다.

필수재

필수재necessary goods는 식량, 의료 등 인간의 생존에 필수적인 재화나 서비스를 말한다. 일반적으로 모든 사람에게 생존에 필요한 최소량 이상이 공급되어야 한다고 합의하는 재화다. 롤스의 기본재나 센의 능력에도 필수재는 포함될 것이다. 수요곡선의 균형가격 아래에 생기는 수요, 다시 말해 돈이 없어 소비할 수 없는 사람들의 문제는 시장의 근본적 한계이며 이는 애덤 스미스와 알프레드 마샬도 지적한 바 있다. 이런 재화의 공급에는 국가 재정을 쓰는 것이 적절하다.

네트워크재

네트워크재network goods 는 규모가 커지면 커질수록 한계비용은 감소하고 한계효용은 증가하는 산업을 말한다. 이에 따라 기술적 자연독점이 발생한다. IT산업이나 전기, 철도, 수도, 가스, 우편 등 네트워크를 가진 산업들이 이런 성질을 가진다. 우리가 흔히 공공 서비스라고 부르는 산업이 여기에 속한다. 대부분의 네트워크재는 필수재에 속하므로 평등의 요구가 강해서 교차 보조금을 주어 지역별, 계층별로 고른 공급을 할 필요가 있다. 또 초기 설립 비용이 커서 국가가 담당하는 경우가 많다.

가치재

리처드 머스그레이브Richard Abel Musgrave는 예방 의료, 의무 교육 등 개인에게 맡겨둘 경우 과소 소비의 가능성이 있는 경우를 가치재merit goods로 정의했다. 최근 행동경제학이 밝힌 것처럼 인간은 대부분 미래에 대한 할인율이 대단히 높거나 자신에 대한 낙관이 과도하기 때문에, 자신에게 도움이 되고 필요한 재화라는 것을 알면서도 소비하지 않는 경우가 많다. 때문에 의료, 교육 등은 국가 차원에서 보편적으로 공급하는 것이 필요하다.

반면 음의 가치재는 똑같은 이유로 과잉 소비의 가능성이 있는 경우를 말한다. 음주, 흡연이나 도박 등이 여기에 해당된다. 각 가치재의 성격에 따라 국가가 공급하거나 사회적 보험을 만들고 관리하는 방식, 사적 공급을 하되 규제하는 방식(예컨대 죄악세를 부과하는 경우), 사회적 유도와 도덕적 설득 등이 제시된다.

안보재

안보재security goods란 식량, 에너지, 국방 등 국가나 공동체의 안보에 필수적인 재화를 말한다. 시장이 균형을 찾아가기 위해서는 가격의 변화와 함께 시행착오를 겪어야 하는데, 안보재의 경우 이 같은 불안정한 상태를 허용할 경우 개인이나 공동체, 국가가 존립의 위험에 처할 수 있기 때문에 국가나 공동체가 체계적으로 관리하여야 한다. 식량의 경우 필수재와 안보재로 중복 분류도 가능하다.

체제재

금융, 언론 등 사회적 경제 체제를 구성하고 작동시키는 주요 기관이나 기구들을 의미한다. 이들도 하나의 재화나 서비스로 볼 수 있다. 체제는 그 자체로 공공재이며 여기에 문제가 생기면 사회 전체가 불안정해진다. 최근의 세계 금융 위기는 '시스템적으로 중요한 은행'이라는 규제 대상을 설정하여 금융이 체제재system goods라는 것을 인정하고 거시 건전성 규제macro prudential regulation라는 새로운 규제 수단을 채택하도록 했다.

한편 민주주의는 공공재이며 언론은 민주주의의 존립에 필수적인 재화라는 점에서 체제재에 속한다. 그러나 언론은 국가와 자본으로부터의 독립이 필수적이므로 공공성이 강하다 하더라도 국가가 소유하거나 통제해서는 안 된다. 하지만 안타깝게도 이명박 정권 시절에 언론은 정권의 노골적 통제를 받았으며 이는 체제재로서의 성격을 손상시키는 행위다. 이 경우 공공성을 관철시키는 방식은 시민의 참여와 협동이 되어야 한다. 앞서 보았던 사회적 경제의 원리를 활용하여 MBC나 KBS를 협동조합으로 만들고 전 국민이 1표씩 행사하는 조합원이 되는 것도 상상해볼 수 있다.

기타

공공성은 사용가치의 특성에 주목하며 공공의 가치를 어떻게 정의하느냐에 따라 폭넓고 다양하게, 또 구체적으로 정의될 수 있다. 위에서 제시한 공공성을 지닌 재화의 목록은 상식에 기초한 아주 소박한 설명이다. 더구나 주류경제학의 시장실패론을 크게 벗어나지 못하므로 미래에 새롭게 등장할 공공성에 대해서는 본격적인 논의를 시작하지도 못하고 있다.

이와 관련해 당장 검토해 볼 만한 이론을 몇 가지 더 소개하면 우선 사회철학자 찰스 테일러Charles Taylor가 제시한 환원할 수 없는 사회재irreducibly social goods라는 개념이 있다. 이는 개인이 소유할 수 없으며, 개인에게 발생하는 하나의 사건으로 분해될 수 없는 성질의 재화를 말한다. 오직 공통의 경험과 이해를 배경으로 했을 때만 포괄될 수 있는 경우인데, 문화나 언어가 대표적이다. 예를 들어 고개를 위아래로 끄덕이는 것이 긍정의 의미로 소통되는 것은 특수한 사회적 배경이 존재하기 때문이다. 테일러에 따르면 이런 사회재는 시장 밖의 조직인 국가나 공동체, 협동조합 등 사회적 경제, 자선단체 등에 의해 공급되는 것이 효율과 평등을 높일 수 있다.

다음으로 이탈리아 경제학자들이 강조하는 지위재position goods와 관계재relational goods가 있다. 지위재란 자신의 지위를 과시하기 위해 소비되는 재화다. 소위 말하는 명품이 여기에 해당한다. 이는 사회적 분리와 질투를 유발하여 자신의 만족감을 높이는 재화나 서비스들이다. 반면 관계재란 사람들 간의 관계, 공유 속에서 효용이 더 높아지는 재화를 말한다. 사회 서비스 중에서도 돌봄 노동 서비스가 대표적이다.

지위재가 부정적인 외부성을 발생시킨다면 관계재는 긍정적인 외부성을 창출한다. 따라서 사회 전체의 이익을 위해 지위재에는 세금을 부과하고, 관계재에는 보조금을 지급하거나 면세를 해줄 수 있다. 특히 생태경제학자들은 지위재로 인한 소비의 증가에 주목하여 지위재에 중과세해야 한다고 주장한다.

로버트 프랭크는 《경쟁의 종말》에서 상대적 지위 경쟁의 문제를 지적한다. 시장 경쟁이 고강도 유인high powered incentive을 제공하여 비약적인 생산력 발전을 가져온 것은 사실이다. 하지만 이런 유인이 적합하지 않은 분야도 있다. 대런 아체모글루Daron Acemoglu 등은[156] 교육 분야 경쟁이 시험 점수 올리기 쉬운 과목에 집중하도록 만들어 교육 본연의 목표를 흐트러뜨리고, 민간 연금은 별로 정보적 가치가 없는 광고 경쟁에 몰두하게 하는 등 행정 비용을 상승시키며, 민간 의료보험은 가시적 신호를 보내기에 좋은 비의료적 서비스, 예컨대 호화로운 병실 같은 곳에 자원을 투입하는 왜곡을 낳는다고 지적한다. 또한 법 집행 담당자에게 고강도 유인을 제공하면, 예컨대 높은 기소율을 보이는 검사에게 승진의 기회를 더 준다면, 그는 무고한 사람을 죄인으로 간주하려고 할 것이다. 일반적으로 말해서 유인의 적정도는 경쟁이 바람직한가, 그렇지 않은가에 따라 결정될 것이다. 즉, 사회가 합의한 공공성을 달성하기 위해서 어떤 방식의, 어떤 강도의 유인이 필요한가도 결정해야 하는 것이다.

공공성이란 사적으로 실현할 수 없는 공적 가치를 공론장에서 숙의민주주의 방식으로 합의하고, 그러한 가치를 가진 재화와 서비스를 조달하고 관리[157]함으로써 이루어진다. 우선 우리가 해야 할 일은 공공성의 대상이 되는 재화와 서비스에 관해 어떤 공공의 가치를 실현하는 것인지, 사회적 합의를 이끌어내는 일이다. 이후 시장실패론 등 산업 구조를 분석하여 특정 재화나 서비스의 공공성의 특징을 파악하여 적절한 해결책을 선택해야 한다. 또한 공공성이라고 해서 언제나 공공경제 혹은 국가가 보장해야 하는 것은 아니다. 특정 재화나 서비스, 산업 분야에서 공공경제와 시장경제, 그리고 사회적 경제의 최적 조합을 의식적으로 찾아내야 한다.

아래는 이런 원칙을 고려해서 의료공공성과 방송공공성을 정의해본 사례다. 이런 구체적인 제안이 많이 제출되어 사회 전체의 충분한 토론을 거쳐 공공성은 비로소 합의될 수 있을 것이다.

의료공공성 – '건강보험 하나로의 경제학'

의료 부문에서는 시장이 제대로 작동할 수 없다는 것은 애로우 고전적 논문 〈불확실성과 의료의 후생경제학 Uncertainty and the welfare economics of medical care〉이 발표된 이래 경제학자들에게도 상식이다. 표준 경제학 교과서에 나오는 '시장실패'가 다 관찰될 뿐 아니라 가장 높은 수준의 위험과 불확실성이 넘실대는 곳이 바로 의료 부문이다.

우리는 누구나 암에 걸릴 수 있고 암을 치료하려면 천문학적 비용이 든다. 그러나 어떤 은행도 암에 걸린 사람에게 치료비를 빌려주지는 않을 것이다. 그가 병이 나아서 돈을 빨리 갚을 수 있을까, 지극히 불확실하기 때문이다. 이럴 때 쓰라고 만든 것이 보험이다.

그러나 민간 보험 시장은 소비자의 역선택과 보험사의 위험 선택 risk selection에 시달릴 수밖에 없다. 호모 에코노미쿠스라면 가난한 사람, 노인, 임산부 등 병에 걸릴 가능성이 높은 사람과 함께 보험에 들지 않으려 할 것이고 반면 보험회사는 건강한 사람, 젊은 사람, 부자들만 뽑아서 보험에 가입시키려 할 것이다. 결국 보험의 원래 기능은 사라지고 만다.

후자의 경우를 특히 '단물 빨아먹기 cream skimming'라고 부르는데 교육 등 서비스 시장에서 흔히 관찰되는 현상이다. 최근 정부는 보험업법 개정안을 제출했다. 보험사기(보험에 가입할 때 당신이 앓았던 질병 리스트를 하나도 빼 놓지 않고 말해야 사기가 아니다.)를 막으려 한다지만 국민건강관리공단의 질병 정보가 민간 보험회사에 넘어간다면 과연 어떤 일이 벌어질까? 그들은 사람들을 그룹별로 분리한 상품을 만들어 가격차별화를 통해 최대의 이익을 얻으려 할 것이다. 원리 상 늙고 가난한 사람들을 위한 '묻지도, 따지지도 않는' 보험시장은 존재할 수 없다.

또한 거대한 자본과 방대한 정보를 필요로 하기 때문에 몇 안 되는 보험회사들이 시장에 진입장벽을 치고 카르텔을 형성하기 십상이다. 즉, 독과점이라는 시장실패도 필연적이다. 보험시장이 분리되고 또한 독점이 형성되면 당연히 보험료가 증가할 수밖에 없다. 최근 실손형 보험이 한국의 의료비 급증을 주도하는 것도 이 때문이다.

공급자와 소비자가 알고 있는 정보가 서로 같지 않은 경우를 정보의 비대칭성이라고 한다. 의사와 환자 사이만큼 정보의 비대칭성이 극심한 경우는 좀처럼 찾을 수 없다. "MRI를 찍어야 하고 3일 입원해야 한다."는 의사의 말을 거부할 수 있는가? 응급 상황이라면 문제는 더 심각할 것이다. 또한 치료의 불확실성이 존재하기 때문에 병원비를 미리 알 수 없으니 값싼 진료를 선택할 방법도 없다. 병원에서 소비자 주권을 찾는 것은 불가능에 가깝다.

한편 영리법인은 건강보험 비급여 부분을 늘리는 가격차별화를 꾀할 수 있다. 의료의 질을 보장하기 위한 면허제도는 의사의 공급을 제한하고 대형병원은 각 지역에서 독점적 지위를 누린다. 이 역시 의료비 증가를 가져오는 요인이다. 또한 전염병의 예방이나 위생 관리는 그 자체로 외부성이 강한 공공재이므로 시장이 공급할 수 없다.

다행히 우리의 건강보험은 이런 실패들을 거의 다 막을 수 있다. 건강보험은 전 국민이 하나의 보험에 들어 있으니(강제가입) 규모의 경제를 통해 관리비용을 줄이고 모두가 위험을 공유하도록 만든다.

또한 건강보험은 환자들을 대신해서 모든 병원에 대해 수요독점자의 역할을 하고 있으니(병원 당연지정제) 정보의 비대칭성과 독점으로 인한 폐해를 어느 정도 교정할 수 있다. 병원이 제출한 보험금 신청서를 일일이 검사해서 고가 약품 사용, 고가의 의료기기 사용 등 과잉진료를 억제할 수 있다. 현재 병원이 비영리법인인 것도 투자자들을 위한 수익성 추구를 일정하게 견제할 수 있다.

문제는 건강보험의 보장성이 평균 60퍼센트 수준에 머물러 있어서, 중병에 걸리는 경우 본인부담금 40퍼센트 때문에 집안이 망할 수도 있다는 데 있다. 그래서 값비싸고 비효율적인 민간보험이 급증하고 있는 것이다. 한 사람이 월 평균 1만 1,000원을 더 내서 건강보험 보장성이 90퍼센트까지 오르고 연간 내야 할 치료비를 최대 100만 원에서 막을 수 있다면 위에서 말한 문제를 거의 다 해결할 수 있다. 이처럼 모든 병원비를 '국민건강보험 하나로' 해결하자는 제안을 내놓고 있는 곳이 있다. '건강보험 하나로 시민회의'라는 이름의 시민단체다. '건강보험 하나로 시민회의'는 민간 의료보험 가입자가 내는 민간 보험료는 1인당 월평균 12만 원이나 되기 때문에 이 중 일부만 국민건강 보험료로 돌리면 건강보험만으로 병원비 걱정에서 벗어날 수 있다고 설명한다.

의료는 필수재며 가치재다. 수요에 따라 공급되는 것이 아니라 필요에 따라 공급되어야 한다. 가난하다고 해서, 임신했다고 해서, 늙었다고 해서 차별을 받아서는 안 된다. 누구나 늙고 병든다. 지금 어르신의 의료비를 우리가 치르면 우리가 늙었을 때 다음 세대에게서 도움을 받을 수 있다. 천정부지로 뛰어 오르는 의료비 상승을 막기 위해서도, 그리하여 우리 아이들이 평생 걱정 없이 살게 하기 위해서도 건강보험 보장성 강화는 필수적이다.

물론 일각의 염려대로 민간병원으로 이뤄진 전달체계가 구멍일 수 있다. 그래서 '건강보험 하나로' 제안서는 행위별 수가제를 포괄 수가제, 또는 총액 수가제로 바꾸는 방안을 제시하고 있다. 만일 1차 의료기관, 즉 마을 의원들이 의료생협을 구성하고 회원 1인당 1만 원정도의 재정지원을 하면 영국 NHS의 GP와 같은 주치의 제도를 도입할 수도 있다. 즉, 병원은 포괄수가제, 의원은 인두 수가제를 채택해서 공급 측면의 효율성도 동시에 달성할 수 있는 것이다. 마을마다 있는 의료생협 주치의들은 예방을 목표로 하기에 의료비를 획기적으로 줄일 수 있을 것이다. 이런 모든 개혁의 첫걸음이 '건강보험 하나로'다.

방송의 공공성 - 방송, 광고, 민주주의의 삼각함수

공중파 방송은 경제학 교과서에서도 인정하는 공공재다. 새뮤얼슨의 고전적 논문 이래로 현재의 표준적 교과서는 공공재를 비경합성non-rivalry과 비배제성non-excludibility으로 정의한다.

인기 드라마 〈그 겨울 바람이 분다〉를 내가 소비한다(본다)고 해서 다른 사람이 소비하는 것을 전혀 방해하지 않는다. 흔히 공공재의 예로 드는 국방과 마찬가지다. 이름하여 비경합성인데 이는 내가 사과를 사서 먹으면 다른 사람이 동시에 그 사과를 절대로 소비할 수 없는 일반 재화와는 대조적이다. 흔히 이런 재화의 경우에는 공급자가 돈 안 낸 사람을 배제할 수 없다(자본주의 사회에서는 돈 안 낸 사람을 배제하기 위해 다양한 기술을 발전시켰는데, 예컨대 수량이 풍부한 마을 공동우물은 공공재지만 계량기가 달린 상수도는 '클럽재'가 된다.). 그렇기 때문에 공공재의 공급과 소비에는 무임승차free riding의 문제가 발생한다. 만일 이기적인 소비자('호모 에코노미쿠스'는 경제학의 기본 가정이다)에게 현재의 방송에 얼마를 낼 용의가 있는지 묻는다면 "나는 백해무익한 TV를 보지 않는다."고 대답할 것이다. 물론 다른 사람이 낸 돈으로 방송이 나온다면 나는 언제든 공짜로

〈무한도전〉을 즐길 수 있다. 모두 이런 생각을 한다면 아무도 방송사를 경영할 수 없을 것이다. 돈을 벌기는커녕 〈무한도전〉 제작에 드는 그 엄청난 비용을 어디서 조달할 것인가? 따라서 시장에서는 방송이 공급되지 않는다.

한편 민주주의도 공공재다. 내가 민주주의를 한껏 누린다고 해서 다른 사람이 민주주의의 덕을 보는 걸 방해하지 않는다. 전두환 같은 희대의 독재자에게만 민주주의가 적용되지 않도록 하는 방법도 없다. 당연히 민주주의는 시장에서 만들어지지도 않고 돈으로 살 수 없다. 만일 우리가 모두 이기적이었다면 우리나라에는 아직도 민주주의가 존재하지 않을 것이다. 목숨까지 거는 비용을 치러 민주주의가 달성된 후 그 과실은 전체가 골고루 누린다면 아무도 스스로를 희생하지 않을 것이기 때문이다. 물론 역사는 그렇지 않았다. 인간은 자기만 아는 이기적인 동물이 아니라 때론, 또 어떤 사람들은 전체를 위해 희생하고 협력할 줄 알기 때문이다. 그러나 여전히 민주주의는 공공재이고 따라서 민주주의를 지키고 더욱 발전시키기 위해서는 많은 사람의 피와 땀을 필요로 한다.

지금 방송은 거의 하루 종일 나가고 있으며 방송 3사, 나아가서 유선방송, 인터넷, 신문과 잡지가 치열하게 경쟁하고 있다. 방송이 공공재라는 것은 방송의 한계비용(한 사람이 더 방송을 보는 데 드는 비용)이 0이라는 것을 의미하고 일반적인 시장 원리에 따른다면 방송의 시청 가격 역시 0원이 되어야 한다. 그리고 이럴 경우 사회의 후생이 최대가 된다고, 즉 파레토 효율이 달성된다고 경제학은 가르치고 있다. 그렇다면 이들은 무슨 돈으로 프로그램을 생산해내는 것일까? KBS1은 시청료로 운영한다. 나머지 방송 3사는 광고 수입으로 운영하고 유선방송은 돈 낸 시청자에게만 방송을 내보내고 이와 함께 광고수입도 챙긴다. 한편 신문과 잡지는 구독료와 광고에 의존한다. 한국의 인터넷 언론은 미미한 광고 수입과 자발적 기부금으로 수지를 겨우 맞추고 있다.

결국 언론은 자발적, 또는 강제적 요금(시청료나 구독료)과 함께 주로 광고에 의존한다. 상업방송으로 분류되는 SBS는 물론, 공영방송이라는 MBC나 KBS2도 거의 전적으로 광고에 의존한다. 각 방송이 시간대 별로 치열한 시청률 경쟁을 하는 것은 이 지표에 따라 광고의 양과 가격이 결정되기 때문이다. 결국 방송사는 시청자와 광고주 양쪽의 눈치를 볼 수밖에 없다.

경제학에서는 이런 상황을 양면시장two-sided market이라고 부른다. 신용카드회사는 소비자와 가맹점을 매개하면서 수수료를 받는다. 마찬가지로 방송사는 시청자와 기업을 매개하는 플랫폼 역할을 한다. 그리하여 방송사의 비용과 이익을 기업이 광고료로 지불하고 시청자는 공짜로 방송을 보는 것 같은 모습을 띠게 된다.

시청자는 채널을 선택함으로써 특정 프로그램에 투표하고 동시에 광고된 물건을 선택함으로써 특정 상품에 돈으로 투표한다. 만일 기업이 광고료를 물건 값에 전가할 수 있다면 기실 시청자는 소비자로서 프로그램 가격을 지불한 것이 된다. TV에 광고하는 기업은 대부분 독과점이기 때문에 이런 설명은 설득력이 있으며 실제로 광고료는 기업 회계에서 비용으로 처리된다.

방송사는 시청자의 (한계)짜증비용nuisance cost (광고가 너무 많이 나온다면 시청자는 채널을 돌려 버릴 것이다.)과 (한계)광고수입을 비교해서 광고의 양과 가격을 결정할 것이다. 다른 한편 광고주는 광고로 상품이 더 팔려서 생기는 한계수입과 광고 비용을 비교해서 광고할 프로그램과 가격을 결정할 것이다. 결국 광고의 양과 가격은 두 시장의 균형이 일치하는(또는 적절히 협상되는) 지점에서 결정될 것이다. 이제 방송은 마치 시장에서 거래되는 일반 상품과 유사하게 느껴진다.

공공재와 관련한 골치 아픈 문제가 해결된 것 같지만 정작 중요한 결함은 다른 곳에서 발생한다. 즉, 이런 시스템이 언론의 '공공성'을 유지하고 확대하는 데 어떤 영향을 미칠 것인가라는 문제다. 공공성이라는 개념 자체가 학술적으로 정확히 정의되어 있지 않지만(개인 견해로는 각 재화나 서비스의 기술적 특성과 시장 구조, 그리고 사회가 합의하는 공공의 가치를 동시에 고려해야 그 재화의 공공성을 정의하는 동시에 가장 적절한 조달 방식을 결정할 수 있다고 생각한다.) 언론의 공공성이 민주주의의 유지와 발전에 있다는 것은 누구나 인정할 수 있을 것이다.

민주주의가 사회체제를 유지하는 데 필수적이라면 언론은 그런 의미에서 체제재에 속한다. 세계 금융 위기 이후 '시스템적으로 중요한 금융'이라는 인식 하에 '거시 건전성 규제'가 논의되고 있는 것과 마찬가지로 언론도 사회 시스템을 유지하기 위해 '사회적 합의에 의한 규제'가 필요하다. 하버마스와 롤즈가 (숙의)민주주의의 실현 조건으로 언론의 공정성, 특히 견해의 다양성viewpoint diversity을 들고 있는 것도 이 때문이다. 굳이 시장에 빗대어 말한다면 언론은 경제학에서 말하는 '양면의 시장'을 넘어 '삼면의 시장three-sided market'의 플랫폼이다.

이런 체제재의 공급 비용을 광고로 충당한다면 어떤 일이 발생할까? 방송사의 사활이 걸린 시청률 경쟁은 언론의 공공성에 어떤 영향을 미칠 것인가? 모델을 어떻게 만드느냐에 따라 다양한 결론이 나올 수 있지만 고전적인 주장들은 여전히 설득력이 있다. 예컨대 스타이너Steiner는 이미 1953년에 인기 있는 프로그램 유형이 과도하게 복제될 것이라고 예측했고(최근 한국의 각종 서바이벌 프로그램을 보라.) 노벨상 수상자인 스펜스Spence와 오웬Owen은 특정 프로그램 유형은 공급되지 않을 것이라고 판정했다(황금시간 대에 시사 프로그램은 결코 방영되지 않는다). 일반적으로 광고로 운영되는 방송사들은 시청료로 유지되는 방송사에 비해 다양한 프로그램을 내놓지 않는다.

광고주는 잠재 고객의 호주머니에 관심이 있으므로 시청자의 연령과 성별, 직업을 고려하게 될 것이고 그런 시선에 부응하는 프로그램을 만들게 될 것이다. 예컨대 가전제품은 30~40대 여성이 주로 구매 결정을 한다면 이들을 타깃으로 한 드라마가 방송될 것이다. 광고가 뉴스의 내용마저 결정할 수 있다는 점은 더 심각하다. 이미 신문에서 드러났듯이 최대의 물주인 특정 재벌에 대한 비판은 아무래도 껄끄러울 것이고 주식시장이나 부동산시장에 관한 뉴스는 분홍빛 전망으로 물들 가능성이 높다. 나아가서 지방방송이나 종교방송 등은 다양한 견해, 특히 소수자의 견해를 드러낸다는 점에서 필수적인데 광고는 시청률이 떨어지는 이 방송들을 외면할 가능성이 높다. 따라서 광고시장은 언론의 공공성을 위해서 규제되어야 한다. 과거 한국광고공사, 그리고 현재 논의되고 있는 미디어렙은 견해의 다양성을 보장하기 위해서도 필수적인 규제 중 하나다.

모든 공공성 논의가 그렇듯 언론 공공성의 내용도 사회와 역사에 따라 다르게 구성된다. 특히 지금 한국 사회에 필요한 민주주의가 무엇인가, 어떤 사회를 만들 것인지를 시민들이 결정해야 한다. 다양한 견해가 언론에 반영되어야 하며 언론은 그 토론의 장(하버마스의 '공론장')이 되어야 한다. 재벌과 조중동, 그리고 경제 관료라는 삼각동맹이 지배하는 한국사회에서 언론의 역할은 무엇보다도 중요하다. 종합편성 채널은 현재의 심각한 불균형을 위기 상황으로 몰아넣을 가능성이 높다.

문화 역시 다양성이 중요하다. 그 누구도 1970년대의 '촌스러운' 드라마나 뉴스를 원하지 않겠지만 지금처럼 선정성 일변도로 나가는 것 (불행히도 '막장드라마'의 시청률은 매우 높다) 역시 바람직하다고 생각하지 않을 것이다. 어느 순간 구질구질한 우리의 일상을 그대로 보여주는 화면이 사라지고 온통 '까도남'과 '캔디'의 환상적 사랑 이야기 속에서 현실을 잊게 하는 것도 정도가 있을 것이다. 요즘 토요일자 신문에서 가장 먼저 펼쳐보는 서평란이 방송이라고 불가능할까.

광고로 유지되는 언론은 삼각형의 한 꼭짓점인 시청자의 목소리를 사실상 빼앗아 갔다. 기업이 돈을 대고 시청자는 공짜로 방송을 본다는 외양이 시민으로서의 의무, 즉 민주주의와 언론 공공성 수호의 의무마저 잊게 만든 것은 아닐까. 물론 세금으로 언론을 보조한다고 해서 정부가 그 역할을 할 수는 없다. 국가권력 역시 언론이 견제해야 하는 가장 중요한 대상이기 때문이다. 자본과 국가를 동시에 견제해서 민주주의의 틀 안에서 움직이도록 하는 것이 언론의 사명이라면 시민이 그 주체일 수밖에 없다. 이강택 언론노조 위원장이 한탄한 것처럼 언론인 스스로 자신의 사명을 잊어버린 "언론인 위기의 시대"라면 더욱 더 그러하다.

단순히 양면시장의 균형을 찾는 경제학을 넘어서 삼면의 균형을 꾀할 방법과 원리를 찾아야 한다.

18장

보편적 복지국가의 길

복지국가, 공공성의 실현 – 스웨덴 모델의 경우

우리는 앞에서 공공성이 무엇인지에 관한 이야기를 하면서 제일 중요한 것은 공공의 가치public value에 대한 사회적 합의가 이루어지는 것이라고 했다. 공공의 가치가 무엇인지 합의되고 나면 이를 어떻게 실현하느냐의 문제가 남는다. 예를 들어 공공의 가치로 모두의 건강을 위해 1인당 하루 사과 두 개를 먹는 게 좋다고 합의되었다면, 이제 사과를 어떻게 배분할 것인가의 문제를 해결해야 하는 것이다. 이에 대한 가장 일반적인 주장은 시장에 맡기는 것이다. 각각 개별적으로 시장에서 사과 두 개씩 사먹을 수 있도록 하면 된다. 만약 사과 살 돈이 없는 사람이 있다면 보조금을 주고, 사과 물량이 부족하다면 과수원에 보조금을 주면 된다. 사실 많은 재화는 시장에서 국지적 정보를 바탕으로 공급하는 것이 효율적이며 과잉 생산과 과소 생산이 우려된다면 국가가 세금이나 보조금을 부과해서 보완할 수 있다.

이런 문제를 국가 차원에서 해결한 체제가 복지국가라고 할 수 있을 것이다. 많은 사람이 가장 성공한 보편적 복지국가로 스웨덴을 꼽을 것이다. 스웨덴 모델은 한 번 실패했다고 집중 공격을 받았다. 80년대 중반부터 스웨덴병 또는 복지병이라는 비난을 받을 정도로 침체를 겪었고 80년대 거시 정책마저 실패한 결과, 급기야 90년대 초반에는 스웨덴뿐 아니라 노르웨이, 핀란드 등이 외환 위기를 맞았다. 93년 스웨덴 복지국가 모델의 설계자인 루돌프 마이드너Rudolf Meidner가 스웨덴 모델이 실패했음을 자인하고 그 원인을 분석하는 글을 쓰기도 했다. 하지만 스웨덴은 95년경부터 다시 살아났고 세계경제가 장기 침체에 빠진 지금도 여전히 세계 최고의 복지국가로 불리고 있다.

스웨덴 모델은 렌–마이드너Rehn-Meidner 모델로도 불린다. 고스타 렌Gosta Rehn과 마이드너는 우리나라의 민주노총이라고 할 수 있는 스웨덴 LO(노동조합총연맹)의 경제이론가들이다. 이들은 직접 임금 중앙 교섭에 들어가며 LO의 경제정책을 만든다. 스웨덴은 LO와 사민당이 밀접한 관계를 맺고 있다. LO는 한때 노조 조직률이 93퍼센트에 이르렀고 지금도 70~75퍼센트에 이른다. 조합원들의 가족까지 고려하면 전체 유권자의 절반 이상이 LO와 관련된 셈이다. 이런 LO를 기반으로 하여 사민당은 지금까지 약 90년 정도를 집권해왔다. 현재는 보수당이 집권하고 있다. 사민당이 얻는 득표율은 약 35퍼센트 정도라 언제나 다른 정당과 연정을 한다. 사민당은 LO가 만든 정책 대부분을 정책에 반영한다.

렌–마이드너 모델은 참 기가 막힌 모델인데 핵심은 연대 임금정책이다. 스웨덴은 수출 주도, 대기업 주도 경제라는 점에서 우리나라와 비슷한 점이 많다. 이런 경제에서는 수출 대기업과 내수 중소기업의 생산성 격차에 따라 산업간 임금격차가 점점 더 벌어질 수 있다. 이를 줄이기 위해 스웨덴의 LO는 수출 대기업 노동자의 임금을 깎아서 내수 중소기업 노동자의 임금을 보조해주는 연대 임금정책을 채택했다. 이는 전국의 모든 직장이 함께 임금 협상을 하는 중앙 교섭을 하기 때문에 가능하다. 전체 자본가 대표와 전체 노동자 대표가 만나서 임금을 정하는 것이다.

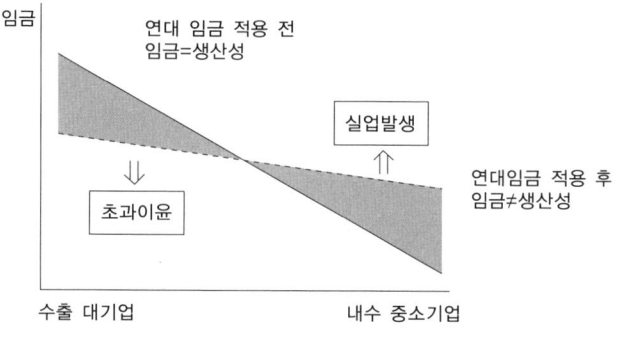

〔그림 15〕 스웨덴의 연대 임금정책

이렇게 조정하면 당장 수출 대기업의 노동자는 손해를 볼 수밖에 없다. 이 정책이 관철되던 60년대 스웨덴의 수출 대기업은 자동차, 철강, 조선업이었다. 우리나라로 치면 현대자동차, 포스코 노동자들이 자신들의 임금을 깎는 것에 합의한 것이다. 수출 대기업은 생산성보다 낮은 임금을 주기 때문에 국제 경쟁력을 확보해서 초과이윤을 얻게 될 것이다. 한편 내수 중소기업 노동자는 연대 임금의 덕을 톡톡히 보고 중소기업은 생산성보다 높은 임금을 주어야 하므로 파산의 위협에 시달릴 수 있다.

적극적 노동시장과 임노동자 기금

이렇게 되면 두 가지 문제가 나타난다. 먼저 〔그림 15〕의 오른쪽의 빗금 친 부분은 내수 중소기업에서 발생하는 실업을 의미한다. 생산성보다 높은 임금을 주어야 하는 내수 중소기업이 이를 감당하지 못해서 고용 인력을 줄이거나 파산하기 때문이다. 한편 그래프 왼쪽의 빗금 친 부분은 수출 대기업의 초과이윤을 의미한다. 생산성보다 낮은 임금을 준 결과다.

이 두 가지 문제에 대해 렌-마이드너 모델은 역시 기가 막힌 해법을 냈다. 첫 번째는 적극적 노동시장 정책이다. 요즘은 다른 나라들도 적극적 노동시장 정책을 많이 도입했지만 스웨덴이 그 시초라 할 수 있다. 굉장히 관대한 실업보험을 기초로 파산한 중소기업의 노동자를 재교육시켜서 고생산성 부문으로 이직시키는 것이다. 이를 전부 노동조합이 관리한다. 스웨덴의 실업보험은 국가 차원에서 도입하기 전에 이미 오래전부터 노동자들이 자체적으로 운영하는 지역별, 산업별 실업보험의 형태로 존재하고 있었다. 이를 겐트Ghent라 했는데, 이미 존재하던 것을 국가가 통합하고 그 관리를 노조에게 맡긴 것이다. 스웨덴 노조의 가입률이 높은 것은 이 때문이다. LO 소속이 되면 실업보험에 가입되고, 퇴직하면 LO의 관리 속에서 재교육과 이직을 할 수 있다. 노조가 실업을 관리하는 것이다. 말하자면 노동자 주도의 구조조정이라 볼 수 있을 것이다.

두 번째로 대기업의 초과이윤에 대한 해결책으로는 임노동자 기금이 도입되었다. 70년대 초에 제시된 최초의 안은 초과이윤의 20퍼센트를 신주로 발행하여 노조가 소유하도록 한 제도다. 신주의 20퍼센트를 노조가 계속 소유할 경우, 20~30년 지나면 모든 기업이 노조의 소유가 될 수 있다. 사회주의로 가는 매우 창의적인 길이라 할 수 있다. 물론 자본가들의 반대가 격렬했고, 이 제도에 대한 입장을 놓고 사민당의 입장도 세 개로 찢어지고 말았다. 결국 LO와 사민당의 관계는 서먹해졌으며 끝내 사민당은 선거에서 패배하여 이 꿈은 물거품이 되었다. 하지만 적극적 노동시장과 임노동자기금을 바탕으로 연대 임금정책을 실현한 것이 스웨덴 모델의 핵심이다. 이를 통해 스웨덴 경제는 성장과 안정이라는 두 마리를 토끼를 잡을 수 있었으며 사회주의로의 장기 전망도 세울 수 있었다. 만일 임노동자기금 안이 50년대에 연대 임금 제도와 함께 제출되었으면 어땠을까? 〔그림 15〕에서 보듯이 이 안은 명백하게 하나의 구조에서 나타난 두 개의 문제를 해결하는 방법 중 한쪽이다.

흔히 복지국가는 완전고용을 목표로 하는 케인스주의 경제학을 따른다. 렌과 마이드너도 자신들을 케인스주의자라고 지칭했다. 그러나 완전고용과 함께 렌과 마이드너가 신경을 썼던 부분은 임금 상승에 따른 물가 상승을 억제하는 것이었다. 마침 당시 전후 유럽은 부흥 사업을 통해 수출 대기업이 돈을 많이 벌었고 임금이 상승하던 중이었다. 임금 상승으로 인한 물가 상승을 억제하기 위한 방안이 필요했고, 그것이 바로 연대 임금이었다.

우리에게는 매우 낯선 모습인데, 노동조합이 임금 인상을 억제하면서까지 거시경제 정책을 고려한 것이다. LO의 경제학자로서 매번 중앙 교섭에 참여했던 렌과 마이드너의 경험은 독특한 물가 상승 이론을 가지도록 만들었다. 부흥 사업으로 호황을 누리던 수출 대기업이 높은 임금을 제시하면 그것이 다른 산업과 기업의 노동자에게 연쇄적으로 영향을 미쳐서 전반적인 임금과 물가 상승을 가져온다는 것이다. 이는 20여 년 후에 효율임금 이론이라는 이름으로 불리게 된다. 이렇듯 스웨덴 모델은 처음부터 물가 안정을 위한 정책이었다. 또한 세금을 많이 걷어서 재정 흑자를 유지했다. 소득과 자산에 따라 차등적 세금을 부과했지만 기본적으로 모든 구성원들에게 높은 수준의 세금을 부과했다. 모든 사람이 비용을 내고 모든 사람이 혜택을 받자는 의도였던 것이다. 재정 흑자를 유지하며 물가 상승 억제를 강조했다는 점에서 볼 때 렌-마이드너 모델은 순수한 케인스주의 정책과는 차이가 있다.

그러나 70년대 중반이 되면서 스웨덴 모델이 흔들리기 시작한다. 미국 등과 비교해서 국내총생산 성장률이 떨어지고, 외환 위기 등까지 겪게 된 것이다. 이를 두고 주류경제학자들은 스웨덴병을 운운하며, 복지국가의 사망을 선언하기에 이른다. 그들은 스웨덴 등 북유럽의 평등주의와 그 결과물인 지나친 복지가 노동자들의 노동 유인을 없애고 도덕적 해이를 불러와 망할 수밖에 없었다고 비판했다. 실업수당으로 월급의 80퍼센트가 지급되고, 특별한 절차 없이 병가를 사용할 수 있는데 누가 열심히 일을 하겠냐는 것이다. 사실 보편 복지국가는 대표적인 공유 자원이다. 세금을 내는 문제에서는 공공재게임이 그대로 적용된다. 무임승차자가 발생할 수 있다. 실제로 스웨덴에서도 어느 정도 복지병이 나타난다. 독일과의 축구 중계가 있는 다음 날이면 직장인들의 병가 사용이 늘어나는 것은 그런 사례다. 하지만 이는 미시적 요인일 뿐이다. 이것만으로 스웨덴 모델의 붕괴를 설명하는 것은 부족하다.

스웨덴 모델의 붕괴

"스웨덴 모델은 왜 실패했는가?" 마이드너가 1993년 비통한 마음으로 쓴 글의 제목이다. 1970년대 중반부터 80년대까지 내내 인플레이션의 문제를 노정하던 스웨덴은 그예 1991년 통화 위기를 맞았다. 1984년에서 1994년까지 미국의 1인당 실질 GDP는 3.0퍼센트 증가한 반면 스웨덴은 1.4퍼센트 증가에 머물렀다. '스웨덴병'이라는 말이 유행하고 미국과 스웨덴의 주류 경제학자들은 앞 다퉈 '복지국가의 사망'을 선언했다. 소련-동구가 그렇게 망했는데 북구 사회주의는 또 어디 가겠는가?

이기적 인간의 행동원리라는 미시 논리로 보면 그럴듯하고, 또 주위에서 흔히 관찰할 수 있어 바로 수긍되는 이런 주장은, 훗날 피터 린더트Peter H. Lindert에 의해서 철저히 실증적으로 반박되었다. 현실에서도 스웨덴은 95년부터 2007년까지 연평균 3.1퍼센트를 성장해서 미국의 2.8퍼센트보다 높은 성장률을 거둠으로써 '부활'하게 된다. 물론 임금격차 등 각종 평등 지표에서 스웨덴은 여전히 수위를 달리는 반면 미국은 선진국 중 최하위권이다.

그렇다면 렌-마이드너 모델은 왜 70년대 중반부터 작동하지 않았을까? 또 90년대 중반 이후에 다시 효율과 평등의 균형을 찾은 것은 어떻게 설명해야 할까? 첫 번째 원인에 대에 마이드너 스스로는 이렇게 진단한다.

우선 네 번에 걸친 대규모 평가절하 등 인플레이션 유발 정책으로 이윤은 급증했으나 투기에 의해 자산 가격이 폭등하고 경쟁력이 떨어져 결국 성장이 정체되었다. 반면 원래부터 이런 상황을 막기 위해 고안되었던 연대 임금정책은 효력을 상실했다. 그는 첫 번째 이유로 그 스스로 심혈을 기울였던 동일노동가치=동일임금이라는 사회적 가이드라인을 설정하는 데 실패했다고 자책한다. 기업가 집단이 중앙 교섭을 거부하면서 기업의 이윤격차가 임금격차를 낳았고(효율 임금의 적용) 노동자 연대는 훼손되어 임금 부상wage drift과 와일드캣 파업wildcat strike(노동조합 지도부가 주관하지 않는 파업)이 빈번해졌다. 마이드너의 확신대로 임금격차와 노동자 간의 경쟁은 자본가의 통제 능력을 극대화한다. 노동자들은 스스로를 지키기 위해 최저임금법 등을 법제화하고 임노동자 기금을 강력하게 추진했는데 이것은 곧 사회적 합의 모델이 붕괴한 것을 의미했다.

마이드너는 애써 희망을 찾는다. "노동계급을 동원할 수 있는 역사와 전통, 이데올로기적 힘과 지도자의 능력, 그리고 다른 계급에서 동맹을 찾아내는 능력이 사회민주당이 지도적 역할을 하도록 했다." 스웨덴 사회주의가 다시 일어서려면 "스웨덴 노동운동이 원래 모델을 회복할 수 있을 만큼 강력해"져야 하며 여전히 연대 임금과 집합적 자본 형성이 그 핵심이다. 무엇보다도 "도덕적 가치에 기초한 사회라는 개념은 비인간적 시장의 힘에 의해서 절멸되기에는 너무나 고귀하다." 역사가 언제나 그렇듯이 마이드너가 이 글을 썼을 때 이미 스웨덴은 재기하고 있었다. 그의 희망대로 "도덕적 가치에 기초한 사회"는 그리 쉽게 시장에 굴복하지 않았고 글로벌 시대의 복지국가로 재탄생하고 있었다.

앞에서 본 것처럼 렌-마이드너 모델은 훗날 단순화된 케인스 모델이 아니다. 1920~30년대의 케인스의 정책 처방만 놓고 본다면 1970~80년대 스웨덴 좌우파 정부의 정책이야말로 케인스주의에 가깝다. 예컨대 위기 시의 평가절하 정책이라든가(물론 케인스의 주장은 처칠 정부의 금본위제 집착에 대한 비판이었지만), 유효수요 부족을 메우기 위한 재정 확대 정책이 그러하다. 그러나 대외적으로 금융 세계화와 기술 혁명이라는 조건에서 이런 정책이 어떠한 결과를 낳을 것인지에 대한 인식이 부족했으며 대내적으로는 과거의 스웨덴 모델, 즉 노조나 기업가 등 주요 행위자들의 행동 양식과 정면으로 부딪힌다는 점에서 1970~80년대의 정책은 대위기를 낳았다.

분명 관대한 복지 제도가 이미 70년대부터 노동 규율을 약화시킨 것은 사실이다. 더구나 국제 분업의 측면에서 포드주의가 세계적으로 일반화되면서 스웨덴의 철강, 조선 산업이 일본, 그리고 뒤이어 한국 등에 밀리기 시작했다. 장기적인 타개책이 보이지 않는 상황에서 부르주아 연립정부나 사민당 정부가 모두 선택한 것이 대규모 평가절하 정책이다. 1976~82년에 집권한 부르주아 연립정부는 사양 산업에 대한 보조금과 고용 유지 지원금도 지급했다. 이 모두 인플레이션 억제와 생산성 향상(즉, 한계기업 구조조정)을 통한 완전고용 달성이라는 렌-마이드너 모델과는 정반대의 정책이다. 대규모 보조금이 가져온 재정 적자는 공공 저축의 증대라는 또 하나의 축도 무너뜨렸다.

인플레이션은, 어쩌면 당연하게 렌-마이드너 모델을 붕괴시켰다. 자본자유화와 금융자유화(특히 85년의 대출 상한 규제 철폐), 조세개혁(특히 91년 이자에 대한 조세 감면)은 전반적 인플레이션을 넘어 폭발적인 거품경제를 불러일으켰다. 평가절하로 인한 무역 흑자에 대해 불태화 정책(통화 환수)을 쓴다면 수출-내수 부문 간 양극화는 더욱 심화되고 수출 분야의 남아도는 돈이 부동산과 주식시장으로 더 쏠리게 만든다. 이 상황에서 외국자본이 빠져 나가면(투기 공격) 바로 외환 위기다. 변동환율제 하에서 외자를 붙잡기 위해 이자율을 무려 500퍼센트까지 올려도 이 상황을 막지는 못했다.

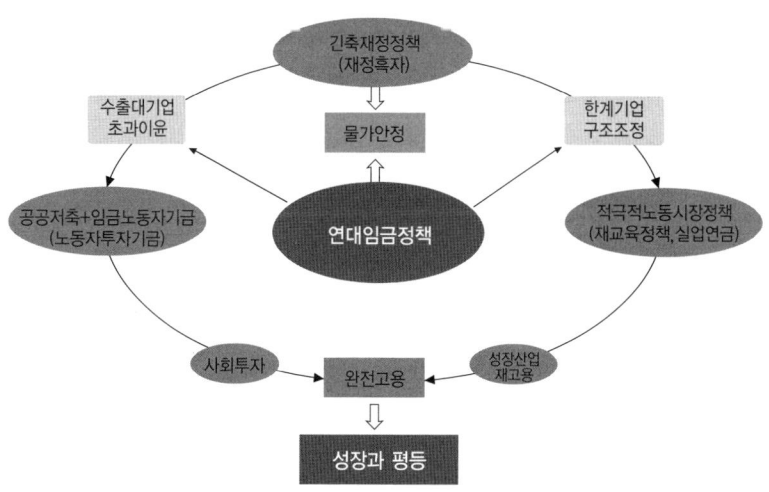

〔그림 16〕 렌-마이드너 모델

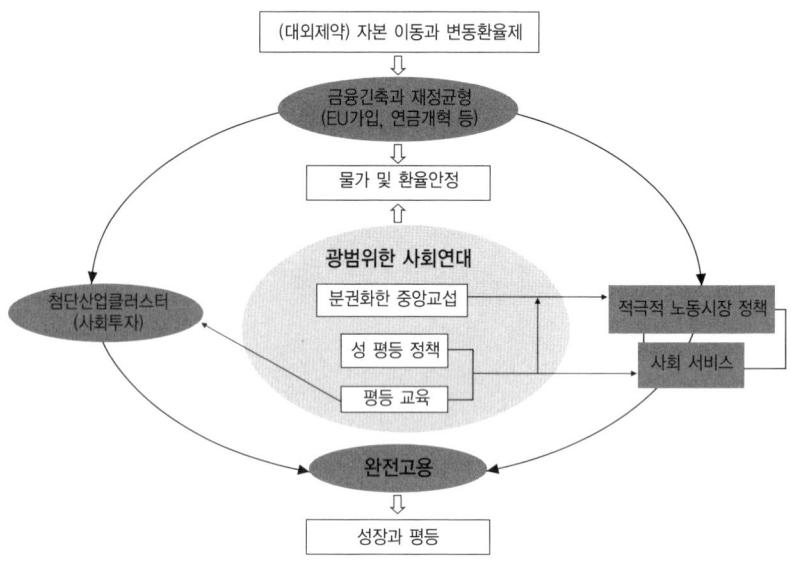

〔그림 17〕 스웨덴 모델의 부활(1990년대 중반 이후)

스웨덴은 어떻게 부활했나?

스웨덴 모델은 90년 중반부터 기적적으로 부활했다. 90년대 초반에 정립된 정책 기조인 '통화주의적 사민주의'[158)]가 정권에 관계없이 지속되고 있다는 점을 고려해 본다면 '스웨덴의 부활' 또는 성장과 평등의 균형이란 "80년대의 혼란기를 거치면서 형성된 새로운 시스템이 스웨덴 고유의 장점들을 흡수해서 제도적으로 안정적인 국면에 들어간 데서 비롯된 것"이라는 게 내 가정이다.

그동안 보았듯이 렌-마이드너 모델은 거시적으로 볼 때 안정 정책이었으며 동시에 동학적으로 볼 때는 노동자 주도의 구조조정 정책이었다. 그리고 마이드너의 기대와 달리 연대 임금정책은 원래 모습대로 복원되지 않았다. 경제의 구조 변화와 함께 주로 수출 대기업 산하인 금속노조의 영향력은 눈에 띄게 줄어들었고 화이트칼라 노조와 공공노조 등이 하나의 중앙 교섭으로 임금을 결정하는 것이 불가능해졌다. 앞으로도 첨단 벤처기업이 늘어나게 되면 업종의 다양화를 포괄하는 임금 결정 제도를 만드는 일은 더 어려워질 전망이다.

그러나 자본 쪽에서도 기업별 분권 교섭과 와일드캣 파업이 비효율적이었기 때문에 1997년 '산업 발전과 월급 형성을 위한 협약'을 제의했다. 산별, 지역별로 가이드라인을 설정하는 분권화된 중앙 교섭이 복원되었고 부분적으로 금속노조의 리더십도 회복되었다. 여전히 80퍼센트에 가까운 조직률은 노조가 언제든 적극적으로 거시 정책 결정에 참여할 수 있는 필수불가결의 조건이다.

산업의 다양화와 불확실성의 증대로 적극적 노동시장 정책의 유효성도 의심을 받고 있지만(급변하는 환경에서 미래에 어떤 산업이 잘 나갈 것이라고 예측하고, 거기에 맞는 맞춤교육을 할 수 있겠는가?) 지방분권형 노동시장 정책이 클러스터와 결합된다면 네트워크 정보 효과 때문에 이 문제는 더욱 쉽게 해결될 것이다.

교육, 보육, 의료 등 전통의 보편적 사회 서비스도 과거처럼 증가 일변도는 아니지만 GDP의 25퍼센트 수준을 유지하고 있어서 스웨덴 국민의 복지와 고용을 동시에 지지하는 역할을 하고 있다. 여기에는 성 평등 정책이 결정적인 역할을 했다. (실제로 노르웨이, 스웨덴, 핀란드 북유럽 3국은 돌아가면서 성 평등 지수 1, 2, 3위를 차지하고 있다.) 이는 스웨덴 특유의 개인 과세와 고령화 사회에 대한 대응이기도 했지만 출산휴가와 육아 제도 등 성 평등 정책은 과거에 비해 상대적으로 높은 실업률에도 불구하고 세계 최고 수준의 고용률을 유지하도록 하고 있다. 앞으로 성 평등이 더욱 진전되면 첨단 산업이나 서비스 산업의 생산성 향상에도 크게 기여할 것이다.

또 하나 주목할 것은 90년대를 거치면서 스웨덴이 산업구조 고도화에 성공했다는 점이다. 세계적 통신장비업체 에릭슨이 상징하는 IT 산업이나 바이오산업, 그리고 사업 지원 서비스 분야의 클러스터가 형성되었는데 요나스 폰투손Jonas Pontusson 등 일부 학자들은 이를 독일의 도제식 직업 교육과 비교해, 기초 교육을 특히 강화하는 스웨덴의 평등 교육과 연관시켜 설명하고 있다. 협동을 체계적으로 훈련하는 북유럽형 교육이 네트워크형 협동을 필수로 하는 클러스터 발전과 무관하지는 않으리라.

과거의 모델에 비해 확연하게 달라진 것은 거시적 안정의 메커니즘이다. 자본 이동과 변동환율제 하에서 안정의 닻을 과거처럼 노동 부문이 떠맡는 것은 불가능에 가깝다. 좌파나 케인시안 쪽에서 격렬하게 비판하는 지점이지만 내가 보기에 스웨덴의 EU 가입과 중앙은행 강화는 환율과 금리의 안정에 필수불가결하다고 할 수 있다. 케인스 역시 인플레이션을 줄곧 경계했으며 물가는 잉글랜드 은행과는 다른 중립적 위원회가 관리해야 한다고 한 바 있다.

결국 [그림 17]에서 보듯이 렌-마이드너 모델은 수정된 상태로 보완되었다. LO-사민당의 거시 안정 정책은 EU의 안정 협약과 중앙은행이 사전적으로 담당하게 되었다. 과거 산업사회 시절에 연대 임금정책이 담당하던 역할은 더 넓은 사회 제도와 정책들, 즉 분권화된 임금 교섭, 성 평등 정책, 평등 교육 정책 등이 나눠 맡고 있는 것으로 볼 수 있다. 과거처럼 노동자 주도의 구조조정이라고 말할 수는 없지만 적극적 노동시장 정책과 클러스터의 발전은 지속적인 구조조정 역할을 하고 있다. 가설적으로 말하자면 스웨덴, 조금 더 넓혀서 북유럽의 사회적 경제를 지배하는 정신은 기본적으로 '자제의 경제학economics of self-restraint' 이면서 스스로 변화에 적극적인 '자조의 대응 경제학economics of self-help response' 이다.

다만 마이드너가 시도했던 임노동자 기금과 같은 장기적인 소유의 사회화 전략은 찾을 수 없다. 금융자본주의가 아직도 기승을 부리는 이때, 노르웨이 국부 펀드의 사회 공헌 투자 등의 역할은 분명 바람직해 보이지만 여기에서 길을 찾는 것은 아무래도 과장이다.

우리가 스웨덴 모델을 살펴보면서 발견한 흥미로운 사실은 앞서 잠깐 언급했듯이 한국과 스웨덴의 유사한 성장 전략이다. 우선 수출 경제라는 점이 그렇고 또한 대기업 위주의 성장을 이뤘다는 점이 그렇다. 외환 위기를 공통으로 겪었고 교육에 힘입어 IT 등 산업구조 고도화에 성공한 몇 안 되는 나라에 속한다는 점도 흥미롭다.

그러나 그런 성장을 이룩하기 위해 밟아온 길은 거의 정반대다. 스웨덴이 우여곡절 속에서도 평등 전략을 고수했다면 한국은 줄곧 불평등 전략을 구사했다. 똑같이 임금을 억제했지만 스웨덴에서는 노동자가 스스로 했다면 한국은 군홧발과 제도로 짓밟았다. 한쪽은 80~90퍼센트 조직률을 가진 노조가 거시 정책을 결정한다면 한쪽에서는 10퍼센트 남짓의 노조가 극한의 생존 투쟁을 한다.

똑같이 교육면에서 최고의 성과를 자랑하지만 한 쪽은 평등과 협력 교육이, 다른 한 쪽은 극단적 경쟁 교육이 중심을 이룬다. 결국 성장률은 한국이 조금 높지만 평등에 관한 모든 지표는 극과 극을 보이고 있다. 우리의 이해가 맞는다면 스웨덴이 신자유주의의 압력을 평등의 성장 흐름 안에 외적 규제로 흡수했다면, 한국은 전 사회의 운용 원리로 받아들여 사회의 모든 부문에서 극단적 경쟁을 벌이고 있다. 사회에 대한 개인의 마지막 대응 양식은 출산인데, 한쪽에서는 인구를 유지할 수 있을 정도로 출산율이 늘어나고 있지만 다른 한쪽에서는 출산율이 1.13까지 떨어졌다.

바람직한가, 그렇지 않은가라는 가치를 떠나서 과연 어느 모델이 지속 가능할까? 나의 원래 전공이 클러스터와 산업 정책이어서 그런지 나는 클러스터의 발전에서 두 모델의 지속 가능성을 본다. 평등이 다양성을 낳는 사회, 자발적 협력이 이뤄지는 사회가 아니고선 아무리 정부가 돈을 쏟아 부어도 클러스터는 위에서부터 쉽사리 만들어지지 않는다. 시민이 정책을 결정하는 사회에서는 생태의 가치가 바로 주목받지만 건설업의 이해를 바탕으로 정책을 결정하는 사회에서 자연은 생명을 위협 받는다. 스웨덴이 '자제와 자조'의 모델이라면 한국은 '강제와 타율'의 모델이다. 한 쪽은 생명을 북돋우고 한 쪽은 생명을 죽인다. 과연 우리는 어디로 가야 할까?

19장

한국은 복지국가가 될 수 있을까?

거시경제 정책 없이 복지국가도 없다

그러면 복지국가로 가기 위해서 우리나라의 거시경제 정책은 어떠해야 하는지 살펴보자. 흔히들 복지국가가 되려면 진보정당과 노조가 강력해야 된다고 말한다. 하지만 그런 조건이라면 우리나라에서는 복지국가가 거의 불가능하다고 봐야 한다. 또 다른 길은 존재하는 것일까?

지니계수는 불평등 정도를 나타내는데, 가장 불평등한 상태가 1이고 완벽하게 평등한 상태가 0이다. 우리나라의 지니계수는 90년대 중반부터 일관된 속도로 나빠진다. 국민의 정부나 참여정부 시절에도 지니계수는 계속 악화되었다. 다만 시장소득 지니계수와 가처분소득 지니계수의 차이가 벌어졌을 뿐이다. 시장소득 지니계수는 시장에서 소득이 배분된 그대로를 측정하며, 가처분소득 지니계수는 세금을 걷고 보조금을 지급해서 재분배가 이루어진 상태를 측정한다. 즉, 이 두 계수의 차이가 벌어진다는 것은 국민의 정부와 참여정부 시절에 복지 정책을 확대했다는 것을 의미한다. 하지만 가처분소득 지니계수로 봐도 소득 불평등은 지속적으로 심화되고 있다.

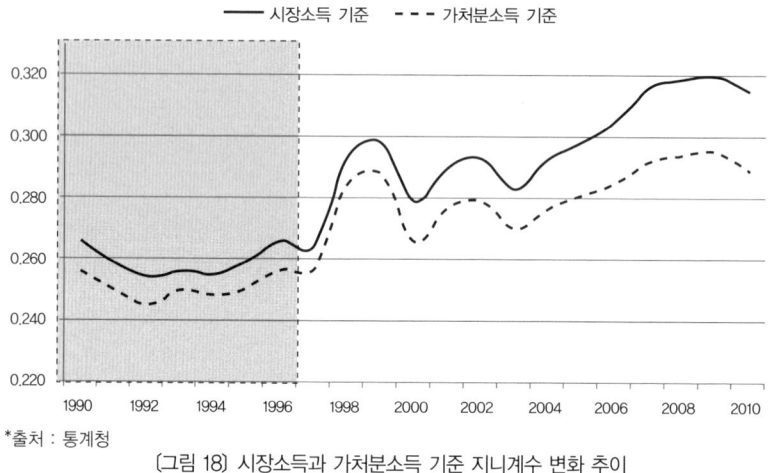

*출처 : 통계청

〔그림 18〕 시장소득과 가처분소득 기준 지니계수 변화 추이

복지국가는 결국 불평등을 완화하는 것이다. 그런데 시장의 불평등은 그대로 둔 채, 복지 재정을 투입하는 것만으로는 해결이 불가능할지도 모른다. 말하자면 재벌의 횡포와 그로 납품 단가 인하에 시달리는 중소기업, 상권을 빼앗긴 골목 상인의 문제를 해결하지 않고, 갈수록 늘어가는 저임금의 비정규직을 해소하지 않고, 비현실적인 최저임금을 올리지 않고서는 아무리 복지 재정을 쏟아 부어도 현실에서는 보통 사람들의 상대적 지위가 계속 떨어진다. 결국 시장 지니계수 자체의 악화를 막아야 복지에 의한 평등도 가능해진다. 시장에서부터 양극화와 불평등이 해소되어야 하는 것이다. 고용이나 인플레이션, 성장과 분배를 다루는 거시 정책은 시장에서 이 문제를 해결하는 수단이다. 따라서 진정한 복지국가 건설을 꿈꾸는 이라면 거시

경제 정책에 대한 계획을 함께 제시해야 한다. 하지만 한국 사회에서 복지국가를 말하는 많은 사람들 중 거시경제 정책을 함께 논하는 사람은 거의 없다.

현재 세계경제는 대침체Great Recession에서 장기 침체Long Recession로 변화하고 있다. 지금 세계경제 성장률은 2퍼센트대이고, 특히 선진 경제권인 미국, 유럽, 일본 등이 1퍼센트 부근에서 허덕이고 있다. 이런 상태가 앞으로 10년 이상은 지속될 것이다. 그간 수출에 의존해서 경제를 이끌어왔던 한국은 세계경제의 침체에 바로 영향을 받게 될 것이다. 한국도 2012년 2.0퍼센트 성장률을 기록했다. 아마 2013년도 마찬가지일 것이다.

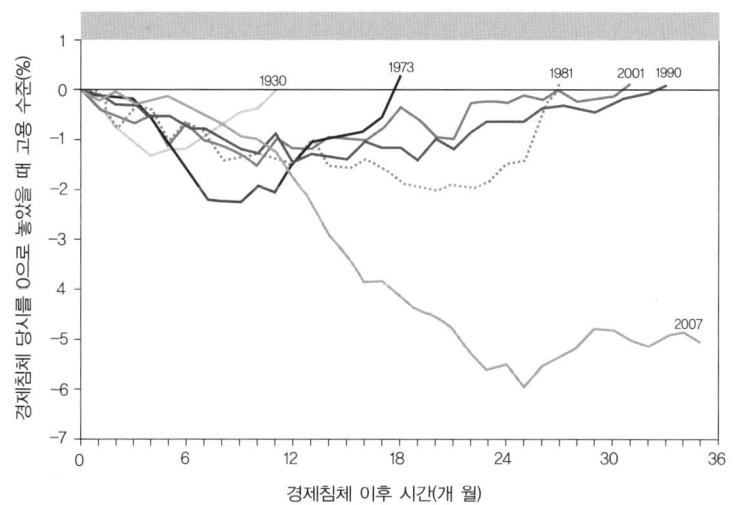

*출처 : UN, 미국 노동부, 미국 노동통계청

〔그림 19〕 경제침체 이후 미국의 고용 회복

〔그림 19〕는 위기가 발발한 후 미국의 실업률이 위기 발발 전으로 회복되는 시기를 그린 것이다. 1973년 1차 오일쇼크는 회복되는 데 18개월 그러니

까 1년 반이 걸렸다. 1981년 위기는 2년이 걸렸다. 그런데 2007년 위기는 좀체 회복될 기미가 보이지 않고 있다. 세계경제가 장기 침체로 가고 있다는 것을 보여준다. 여기에 유럽의 재정 위기까지 겹쳤다. 이제 한국은 어떻게 해야 할까?[159]

수출 중심에서 내수 중심으로 전환

이런 상황에서 우리나라의 거시경제 정책은 완전히 바뀌어야 한다. 현재 우리의 거시경제 정책은 수출 주도 정책이다. 수출 주도 정책은 한 축은 임금을 중심으로, 다른 축은 환율을 중심으로 운영된다. 우선 수출을 할 때 국내 임금은 낮을수록 좋다. 그래야 생산 비용이 줄어들면서 수출에서 가격 경쟁력을 확보할 수 있기 때문이다. 하지만 임금은 생산 측면에서는 비용이지만 동시에 수요를 구성한다. 노동자들은 임금을 받아서 소비하기 때문이다. 따라서 기업가 입장에서는 자기 공장 노동자의 임금은 낮추고 싶어 하고, 옆 공장 노동자의 임금은 올라가기를 바랄 것이다. 하지만 수출을 많이 한다면 이런 딜레마는 줄어들어서 오직 낮은 임금을 선호하게 될 것이다.

환율은 높을수록 수출에 유리하다. 환율이 높다는 것은 원화 가치가 낮다는 것이다. 예를 들어 1달러가 1,000원일 때보다는 1달러가 2,000원 일 때가 원화 가치가 낮으며, 1달러짜리 같은 상품을 수출해도 원화로는 두 배를 벌어들일 수 있다. 반면 수입 물가가 높아지게 되면서 일반 소비자들의 생활에는 부담이 된다. 우리나라의 환율은 2008년 세계 금융 위기 이후에도 1,100원 선을 유지하고 있다. 금융 위기 이후 우리나라에 유입된 돈이 많았다. 국내에 자본이 들어오면 한국 채권이나 주식을 사야 하므로 원화의 수요가 증가하고, 원화 가치가 높아지면서 환율은 낮아져야 한다. 하지만 계속해서 일정 수준의 환율을 유지했다는 것은 수출에 유리하도록 정부가 달러를 매입했다는 뜻이다.

이처럼 수출 대기업에 유리하도록 환율은 높이고 임금은 최대한 낮추는 것, 이게 지난 60년간 우리의 거시경제 정책이었다. 하지만 앞으로는 세계 경제의 침체로 수출 자체가 힘들어질 것이다. 전 세계의 제품을 수입해주던 미국마저 3차에 걸친 양적 완화 정책으로 달러 가치를 낮추려고 노력하고 있다. 일본도 마찬가지다. 2011년 미국은 환율법을 통과시켰는데, 이는 상대 국가가 환율을 조작한다고 판단될 때 무역 보복을 할 수 있도록 한 자의적 보호무역주의 법안이다. 물론 이 환율법은 중국을 겨눠 제정됐겠지만, 막상 중국을 향해 시행하기에는 부담이 될 테니 만만한 우리나라를 대상으로 가장 먼저 시행될 가능성도 있다.

이제 환율은 절상되어야 한다. 하지만 지금처럼 자본시장이 개방된 상태에서는 환율의 변동성이 너무 커져 경제가 불안정해질 수 있다. 따라서 국경을 넘는 자본의 통제는 환율의 변동성을 낮출 수 있다. 지금 한국 상황에서 필요한 것은 나가는 돈보다 들어오는 돈에 대한 규제다. 지금까지는 해외 자본을 유치하려고 애를 썼지만 유입 해외 자본은 장기적이고 건설적인 투자를 하기보다 주식시장과 부동산시장으로 스며들어 주가와 부동산 가격을 부추겼다. 이런 거품이 생기지 않도록 토빈세Tobin tax, 지급준비금 예치제URR ; Unremunerated Reserve Requirement 등의 제도를 통해서 유입 자본을 적절히 조절해야 한다. 하지만 우리나라만 하면 아무 실효성이 없다. 해외 자본 입장에서는 자본 통제를 하지 않는 다른 국가로 이동해버리면 그만이기 때문이다. 따라서 동아시아 차원에서 함께 자본 통제를 실시하여 안정적인 환율과 거시경제를 유지할 필요가 있다.

토빈세와 지급준비금 예치제
-변동성 유발 자본 거래에 세금 부과를

토빈세란 국경을 넘나드는 자본에 부과하는 금융 거래세로 노벨 경제학상 수상자인 미국의 경제학자 제임스 토빈James Tobin이 1972년 프린스턴 대학교 강연에서 "국제 투기 자본을 규제하기 위해 투기성 외환 거래에 세금을 물리자."고 제안한 데서 주목을 받았다. 당시는 고정환율제가 붕괴되면서 환율의 불안정성이 높아졌던 상황이었다. 2008년 금융 위기 이후 급격한 자본 유출입이 다시 문제가 되면서 2009년 열린 G20에서 프랑스와 독일이 단기성 외환 거래에 토빈세를 도입하자는 주장을 제기했다. 그동안 자본시장 규제에 부정적이었던 IMF도 2010년 공식적으로 자본 규제가 통화 정책의 자율성을 높이고 유입 자본의 성격을 건전하게 바꿀 수 있다고 인정했다.[160]

토빈세 부과 대상으로는 주식, 파생금융상품, 채권, 외환 거래 등을 들 수 있다. 우리나라의 경우 주식은 현재 거래 대금의 0.3퍼센트에 대해 거래세가 부과된다. 채권은 특성상 1년 이상의 장기거래가 많기도 하며, 이미 이자소득세가 부과되고 있다. 따라서 주식과 채권은 금융 거래세의 우선 부과 대상이 아니다. 중요한 것은 파생금융상품과 외환 거래다. 워낙 거래량이 많고 외국인들의 단기 자본이 들락날락하는 통로가 되고 있기 때문이다. 이들에 0.01퍼센트라는 매우 미미한 거래세만 부과해도 2조 7,000억 원의 세금을 거둘 수 있다는 연구 결과도 있다.[161]

지급준비금 예치제는 외환 가변 유치제라고도 불리는데 국내에 들어오는 외국자본의 일정 비율을 일정 기간 중앙은행에 의무적으로 예치하도록 규정하는 것이다. 1992년 칠레가 외국인 금융투자에 대해 1년 동안 30퍼센트의 지급준비금을 부과하면서 처음 도입하였다. 예를 들어 외국인이 1억 달러를 칠레에 투자하려면, 그중의 30퍼센트인 3천만 달러는 무이자로 칠레 중앙은행에 맡겨놓아야 한다. 투자한 지 1년이 채 되지 않았을 때 자금을 회수하고자 한다면 중앙은행에 맡긴 3천만 달러는 제외하고 7천만 달러만 가져갈 수 있도록 하는 것이다. 외국자본이 단기 투기 수익을 노리고 들락거리는 것을 방지할 수 있다. 또한 유입되는 자본의 성격과 체류 기간에 따라 상이한 세율을 부과하여 정책 당국이 원하는 목표를 달성할 수 있다. 우리도 이 제도를 도입할 필요가 있으며, 금융시장에 주는 충격을 고려하여 초기에는 10퍼센트 수준의 의무 예치가 적절할 것으로 보인다.

수출을 안 하면 우리 경제는 뭘 먹고 살아야 할까? 임금을 올리고, 이를 바탕으로 수요를 늘려서 내수 중심 경제로 변화해야 한다. 임금을 올리면 세계경제에서 경쟁력이 떨어질 것이라 우려하지만, 사실 우리보다는 중국의 임금이 훨씬 빠른 속도로 상승하고 있기 때문에 중국보다 느린 속도라면 큰 문제가 되지 않을 것이다. 한국 사회에서도 임금이 올라가서 소득 불평등이 개선되던 시기가 있었는데 바로 80년대 중후반에서 90년대 초까지다. 당시에는 재벌이 현재처럼 중소기업을 완벽히 통제하지 못하던 시기였으며, 노동조합 운동이 활성화되었고, 생산성 증가가 임금 증가로 이어져, 소비와 저축이 우리 경제를 이끌어가던 때다.

원화절상과 임금 인상이 되면 자연스럽게 산업 구조조정도 이루어진다. 내수 중소기업들이 이를 어떻게 극복하느냐가 앞으로 고민해야 할 산업 정책의 내용이 될 것이다. 결국 앞서 보았던 에밀리아로마냐형 중소기업 네트워크를 얼마나 빨리 만들 수 있느냐가 관건이다. 물론 이를 위해서도 재벌이 자의적으로 하청 단가를 끌어내리고 골목 상권을 침범하는 것부터 막아야 할 것이다.

이와 더불어 산업 정책을 계획할 때 고려해야 할 것들 몇 가지를 꼽자면, 우선 여전히 제조업이 중요하다는 것을 잊지 말아야 한다는 점이다. 금융 허브론이나 서비스 선진화론 등 다양한 주장이 있었지만 우리 실정에는 맞지 않았다. 우리 경제에서 많은 비중을 차지하는 동아시아 국제 분업은 제조업을 중심으로 돌아가고 있다. 우리는 제조업에서 첨단 제품을 시험하는 지역, 중국 수출의 관문과 같은 역할을 맡아야 한다. 두 번째로 중국과의 기술 격차를 유지해야 하며, 동아시아 내에서 기술 선도자 역할을 해야 한다. 이를 위해 기초과학 기술 학문과 인력에 대한 투자를 아끼지 않아야 한다.

자본 통제와 자산세를 통한 자산 가격 안정화

복지국가 건설에서 또 한 가지 중요한 거시경제 정책은 자산 가격 안정화다. 현재 한국에서 대표적인 자산은 부동산과 금융이다. 그리고 사실 부동산과 금융은 주택 담보대출 등에 의해 밀접하게 연결되어 있다. 부동산 시장은 언제 추락할지 모르는 상황에서 정부의 건설경기 부양 정책으로 겨우 현 상황을 유지하고 있다. 자산 가격의 거품이 심해지면 자산 소득에 따른 양극화가 심해진다. 또한 거품은 언젠가는 꺼지게 마련이라는 점에 경제를 불안정하게 만들어 안정적인 복지국가 운영을 어렵게 만든다. 앞에서 본 것처럼 북유럽의 복지국가가 휘청거린 것도 바로 자산 거품 때문이었다.

이제 한국은행은 핵심 목표를 물가 안정에서 자산 가격 안정과 완전고용으로 수정해야 할 것이다. 자산 가격 안정을 위해서는 자본 유입을 조절할 뿐 아니라 부동산 가격을 하향 안정화시키고 자산세를 강화해야 한다. 우선은 종합부동산세를 이전 수준으로 되돌려야 한다. 이명박 정부에서 종합부동산세 과세 기준과 구간, 세율 등이 대폭 개악되었다. 그 결과 참여정부 당시 2조 8,000억 원에 달했던 종합부동산세 납세 실적은 이명박 정부 들어 1조 원대로 떨어졌다.

그리고 현재 중산층 이하 가정은 부동산 대출 부담과 함께 높은 사교육비 부담에 시달리고 있다. 2011년 말 가계 부채는 개인 부문 금융 부채 기준으로 1,100조 원으로 정점을 찍었다. 1991년 가계 부채가 111조 원이었던 것에 비하면 20년 동안 10배가 증가했다. 금융기관의 가계 대출 중 절반 이상이 주택 담보대출이다. 그런데 2008년 이후 집값은 계속 하락하고 있고, 앞으로도 하락할 것이다. 또한 교육과학기술부에 의하면 2011년 기준 우리나라 학생 1인당 사교육비는 월 24만 원으로 사교육비 전체 규모는 20조 1,000억 원이다. 부동산 대출과 사교육비 부담, 그리고 민간의료보험료는 가계가 저축을 하거나 넉넉하게 소비하지 못하는 최대 요인이다.

사실 부동산, 금융, 교육비는 확장하여 생각하면 토지, 돈, 인간을 상품으로 만드는 과정에서 발생한 것들이다. 내수 중심, 임금 주도 경제로의 전환과 자산 가격 안정화라는 거시경제 정책을 토대로 하지 않은 채 복지국가를 만드는 것은 불가능하다. 우선 시장에서의 양극화를 교정하지 않으면 아무리 돈을 부어도 양극화를 해소하기 어렵다. 무엇보다도 지금의 경제로는 더 이상 성장이 불가능하다. 앞으로 우리의 경제성장률은 3퍼센트대를 유지하는 것도 어렵다. 다른 경제성장 방식을 찾아야 한다.

보편 복지를 가능하게 하는 원칙

보편 복지 역시 공공재나 공유 자원과 마찬가지로 사회적 딜레마의 성격을 띠고 있다. 이기적 인간이라면 보편 복지에 무임승차하려 할 것이다. 하지만 다행히 우리가 여태 본 것처럼 인간은 이기적인 것만은 아니다. 우리가 일상에서 관찰하듯, 아니 우리 스스로 그러하듯 우리는 언제나 다른 사람을 고려한다. 맹자의 '측은지심'은 하이에크나 프리드먼이 주장하듯 원시적 감정이 아니라 지금도 엄연히 우리 안에 살아 있는 인간 본성 중 하나다. 또한 대부분의 사람은 상호적으로 행동한다. 칸트가 말한 것처럼 "내가 대접받기 원하는 것처럼 남을 대접"하려고 한다. 나아가서 눈에 띄게 공정함을 벗어나는 사람에 대해서는 내 손해를 감수하고라도, 가까운 미래에 나에게 아무런 도움이 되지 않을지라도 기꺼이 응징을 한다. 이런 속성이야말로 인류 역사에서 끊임없이 협동이 이뤄져온 이유이며 그렇게 우리는 사회적 딜레마를 해결해 온 것이다.

이런 협동을 방해하는 가장 큰 요인, 즉 사회적 딜레마를 해결하지 못하는 이유는 무엇일까? 단순하게 말한다면 책의 앞부분에서 언급한 것처럼 남의 선의를 이용하려는 내 탐욕greed이 그 하나요, 또 하나는 남에게 이용당할지도 모른다는 공포fear가 또 다른 하나다. 복지에 관한 한 후자가 더 중요하다. 다른 사람이 세금은 내지 않고 복지의 이익만 누리려 한다면 아무도 기꺼이 세금을 내려 하지 않을 것이기 때문이다.

첫째는 게임 룰 바깥의 이야기다. 사회적 딜레마게임에는 확실한 규칙이 있다. 예컨대 공공재게임에서는 내가 얼마를 기여하면 공유 자원이 그 액수의 세 배만큼 늘어나므로 모두에게 확실히 이익이다. 그러나 현실은 그렇지 않을 수 있다. 내가 세금을 내 봤자 국가가 복지가 아닌 곳에 쓴다면, 예컨대

4대강 사업에 써버린다면 당연히 증세에 찬성하지 않을 것이다. 더구나 정권이 바뀌는 것이 당연한 대의민주주의 사회에서 지금 정권은 믿는다 해도 만일 다음 정권이 복지 예산을 삭감한다면 또 어찌 할 것인가? 따라서 사회복지세와 같이 복지를 용처로 정해 놓은 목적세를 거두는 것도 하나의 방법이다. 또한 정권이 바뀌어도 전혀 건드리지 못할 정도로 모두에게 확실한 이익과 만족을 주는 복지부터 시행해야 할 것이다.

둘째로는 복지 수혜자(수급자)의 무임승차다. 지난 2012년 총선 때 새누리당이 들고 나온 "공짜 점심은 없다."는 논리가 바로 그것이요, 1990년대 초 스웨덴 경제위기 때 경제학자들이 맹공을 퍼부었던 지점이기도 하다. 내가 낸 세금으로 누군가 놀고먹는다면 그런 복지에는 선의를 지닌 사람도 찬성하기 어렵다. 행동경제학이나 진화심리학이 밝힌 바에 따르면 사람들은 자신의 의도나 노력과 관계없이 가난에 빠진(빠졌다고 판단하는) 사람을 기꺼이 도우려 하며 특히 그가 자립의 의지를 보일 때는 더욱더 그렇다. 따라서 모든 복지에는 자활 프로그램이 동시에 붙어야 한다. 예컨대 실업 급여에는 실효성 있는 적극적 노동시장 정책이 필수적이고, 충분한 노력이 뒤따르지 않을 때는 급여가 중단되도록 해야 한다. 아동 수당과 저축을 결합시킨 아동발달 계좌도 그런 유의 정책이다. 이런 복지가 사회 전체의 생산성을 높이는 산업정책과 결합한다면 금상첨화일 것이다. 90년대 중반 이후 북유럽 나라들은 '공짜 점심'이 매우 유익했다는 것을 훌륭하게 실증했다. 실제로 의료와 교육에 대한 공공 지출은 장기적으로 가장 수익성이 높은 투자임이 증명됐다.

이런 무임승차 문제를 복지 수혜자의 자격 제한으로 해결하려는 것이 잔여 복지 또는 선별 복지다. 잔여 복지란 시장과 가족이라는 '정상적 메커니즘'이 문제를 해결할 수 없을 때에 한해서 국가가 개입하는 것을 말한다. 따라서 시장과 가족으로 문제가 해결되지 않는 사람임을 증명해야 한다. 즉, 자산 조사means test가 필수적이다. 불행히도 이런 방식은 균형해가 없는 '통제게임control game'을 만들어낸다. 정부는 되도록 수급자를 줄이려 하고, 국민은 자신의 자산을 줄이려 할 것이기 때문이다. 이런 방식은 사회의 불신을 늘리는 역할을 한다. 물론 자산 조사가 필수적인 복지도 있다. 최소한의 소득을 보장하는 사회 부조가 그러하다. 그러나 보편 복지가 충분히 제공된다면 그 대상자는 줄어들 수밖에 없고 따라서 자산 조사의 기준도 완화할 수 있다.

셋째는 납세자의 무임승차다. 장관들의 청문회를 보면 이런 의심은 불행하게도 우리의 냉엄한 현실이다. 제4장에서 살펴 본 공공재게임은 보편 복지의 문제를 이해하는 데 매우 중요하다. 실험 결과는 처음에 기꺼이 기여했던 사람들도 남들이 돈을 덜 낸다는 걸 확인하고 나서는 자신도 기여를 줄이다가 결국엔 아무도 한 푼도 내놓지 않는 비극적 결과를 맞게 된다는 것이었다. 이 게임에서는 돈을 안 내는 것이 무임승차자에 대한 유일한 응징 수단이기 때문이다. 한편 이 게임에 응징을 가능하게 하면 다시 기여가 늘어났다.

우리의 목표를 달성하기 위해 필요한 세금을 사회 계층별로, 또는 지역별로 어떻게 부담할 것인지 합의하고 탈세 등 무임승차자를 엄격하게 응징하면 이 문제는 해결될 것이다. 대부분의 사람들은 남들이 응분의 돈을 내면 나도 기꺼이 내겠다는 생각을 가지고 있다. 말하자면 상호적 응징자의 역할을 국가 복지의 경우에는 법이 담당하여야 하는 것이다. 즉, 문제는 증세 자체가 아니다. 부담을 어떻게 배분하느냐, 또 규칙 위반자를 어떻게 응징할 것인지 합의하는 것이 훨씬 더 중요하다. 복지에 기여를 많이 하는 부자들을 사회적으로 존경받도록 하는 제도를 고안하는 것도 하나의 방법이다. 예컨대 사회복지세 상위 기여자 명단을 발표할 수도 있을 것이다. 이것은 간접 상호성, 즉 평판에 의해 협력을 촉진하는 방식이다.

넷째는 나의 이익이다. 인간은 이기적인 존재이기도 하다. 나도 결정적인 혜택을 볼 수 있는 복지라면 더욱더 기꺼이 세금을 낼 것이다. 어떤 복지냐에 따라 보편주의는 서로 다르게 적용될 수밖에 없다. 무상급식은 모든 아이에게, 똑같은 점심을 주는 것이다. 물론 학교별로, 지역별로 조금씩 다를 것이다. 하지만 누구에게나 주는 무상급식도 아이가 없는 사람은 혜택을 보지 못한다. 한편 건강보험은 모든 국민이 대상이 된다. 그러나 누구에게나 똑같은 혜택을 주는 것은 지극히 비합리적이다. 암의 세계적 권위자도 암에 걸릴 수 있는 것처럼 건강은 불확실성이 지극히 크다. 이런 복지라면 국민 모두 기꺼이 납세에 참여할 수 있을 것이다. 특히 건강보험은 비용 부담의 규칙도 정해져 있는 상태이므로 (물론 더 나은 쪽으로 규칙 개정에 합의할 수도 있다.) 쉽게 확대할 수 있을 것이다. 마찬가지로 모든 사람은 늙는다. 따라서 노인복지 역시 모두 혜택을 볼 수 있는 항목이다. 젊은 사람들의 경우 아직 먼 일이라고 생각해서 절박하게 느끼지 않을 뿐이다.(인간은 불행하게도 대부분 근시안이다. 담배를 아직도 피는 나도 그렇다.)

다섯째, 서로 협력하는 사람들끼리 모여 있다면 기꺼이 세금을 납부할 것이다. 진화게임에서 협력적 인간은 이기적 인간에게 언제나 당한다. 결국 이기적 인간이 아니고선 살아갈 수 없는 세상이 되고 만다. 그러나 만일 협력적 인간끼리 모여 있는 네트워크나 집단이 있다면 그 단위 전체는 이기적 인간들의 집단보다 훨씬 더 좋은 성과를 낼 수 있다. 물론 국가 단위로 시행되는 복지라면 나라간 비교만 가능할 것이다. 그러나 모든 복지를 나라가 운영할 이유는 없다. 예컨대 근거리의 친밀 노동이 중요한 사회 서비스는 국가가 자금을 지원하되 지자체가 운영할 수도 있고 나아가서 협동조합과 같은 사회적 경제가 담당할 수도 있다. 만일 그런 지자체나 사회적 경제가 더욱더 바람직한 결과를 낳는다면 다른 집단이 모방하게 될 것이다.

여섯째, 행동경제학과는 무관하게 우리나라의 특성에 비춰 볼 때 복지의 공급 측면도 동시에 고려해야 한다. 예컨대 아동 수당을 획기적으로 늘린다면 보육료가 일시에 높아질 가능성이 높다. 터무니없이 부족한 국공립 보육원의 공급을 늘리는 정책이 동시에 시행되지 않으면 안 된다. 이 점은 의료나 노인복지도 마찬가지다. 복지 전달 시스템을 시장에 맡겨 놓은 채 수당만 늘린다면 오히려 가격을 높이는 결과를 초래해서 원래의 목적을 달성할 수 없게 된다는 점도 잊으면 안 된다.

북유럽 나라들이 이런 세세한 제도를 다 갖추고 있는 것은 아니다. 왜냐하면 많은 부분을 신뢰로 해결하고 있기 때문이다. 사회규범이 상호적 응징자의 역할을 하고 있는 것이다. 서로 믿는다면 많은 경우 거래 비용을 비롯한 각종 비용이 줄어들게 된다. 무임승차자가 사회의 제재를 받게 되고 이런 규범이 내면화된다면 (국가) 제도가 져야 할 부담, 즉 감시 비용이나 처벌 비용은 훨씬 더 줄어들게 된다. 앞에서 본 바대로 보편 복지의 모범인 스웨덴, 노르웨이, 핀란드, 덴마크 등이 사회적 신뢰를 측정하는 세계가치조사에서 항상 최상위를 차지하는 사실은 결코 우연이 아닌 것이다. 우리의 복지 제도도 잔여 복지의 자산 조사처럼 상호 불신에 기초한 것이 아니라 사회적 신뢰를 쌓는 쪽으로 설계되어야 한다. 어쩌면 위에서 말한 모든 것보다 이 사항이 더 중요할지도 모른다.

이런 점들을 다 고려하면 어떤 순서로 복지를 시행하고 어떤 방식으로 재정을 조달하는 것이 좋을까? 우리나라에서는 체계적인 조사가 이뤄진 바 없지만 스웨덴 국민을 상대로 한 20여 년에 걸친 반복 조사에서 1위는 의료, 2위는 초중등 교육, 3위는 노인복지, 4위는 아동 수당, 5위는 고용 정책으로 일관되게 나타났다. 반면 사회부조와 주택 수당은 최하위로 나타났다. 물론 이미 기본 복지가 갖춰진 스웨덴과 우리를 바로 비교할 수는 없다. 최소한의 소득 보장이라는 기본 복지도 갖추지 못한 우리에게는 사회부조가 더 높은 순위를 차지해야 하고 부동산 가격이 지금처럼 흔들린다면 주택 수당 역시 스웨덴보다는 더 중요할 것이다. 그러나 우리의 논의가 예측하는 바와 그리 다르지 않은 결과라고 할 수도 있을 것이다.

지금까지 '협동의 경제학'이 밝혀낸 인간 본성에 맞춘 복지 제도에 관해 아주 거친 그림을 그렸다. 그러나 어느 경로가 완벽하게 우월하기 때문에 전적으로 다른 경로를 배제해야 한다고 주장할 수는 없다. 예컨대 노인복지는 선별 복지가 옳다는 주장도 경청해 보아야 한다. 낙인 효과가 크게 나타나고 투자의 효율성이 높은 아이들에겐 보편 복지가 맞지만 이미 자산과 소득의 불평등이 극심한 노인들에 대해선 가난한 노인을 대상으로 선별 복지를 하는 쪽이 형평성이나 효율성 양쪽에서 모두 우수하다고 볼 수 있기 때문이다. 우리는 앞에서 공공성에 관한 사회적 합의가 무엇보다도 중요하다고 강조했다. 어떤 복지국가를 이룰 것인가 하는 것이야말로 가장 중요한 논의 대상이 될 것이다. 로스슈타인이 주장한 불편부당한 정부가 어쩌면 가장 중요한 요인일지도 모른다. 그 점에서 우리는 18대 대통령 선거에서 매우 불행한 선택을 하고 말았다. 과연 박근혜 대통령이 강조하는 신뢰의 정치가 우리가 말한 일반 신뢰일까, 아니면 편협한 집단에 대한 특수한 신뢰일까? 지난 1년간의 행적과 최근의 인사를 보면 비관적 전망에 빠질 수밖에 없다.

5 생태경제

우리의 최종 목표,
지속 가능한 사회를 위하여

"우리가 살고 있는 사회적 경제 시스템은 중요한 두 가지 흐름으로 구성된다. 하나는 생산과 소비를 통해 가격이 재생산되는 화폐의 흐름이고, 다른 하나는 그러한 경제활동 자체의 기반으로 생태계에서 경제계로 투입되어 물질이 재생산되는 엔트로피의 흐름이다. 그런데 주류경제학은 전자만 주목하고 후자는 무시하고 있다. 이를 두고 생태학자 허먼 댈리(Herman E. Daly)는 주류경제학이 생물체의 신진대사 과정을 연구한다고 하면서 혈액 순환과 같은 순환 기관만 연구하고 외부 환경과 연결되는 투입과 배설에 해당하는 소화 기관에 대한 연구는 외면하고 있다고 비판한다."

기존의 주류경제학은 환경경제학을 통해 생태 문제를 해결하고자 했다. 환경경제학은 시장실패를 피구세나 코즈 정리로 교정하는 것을 목표로 한다. 환경경제학에서 자연은 하나뿐인 존재거나 한 번 망가지면 되돌리기 힘든 존재가 아니다. 과거에 노동을 기계로 대체했듯이 자연이 부족하면 자본을 많이 투입하여 대체할 수 있다고 생각한다. 하지만 이에 반해 생태경제학은 지속 가능성을 추구하며, 자연을 자본이 대체하는 것은 뚜렷한 한계가 있다고 생각한다. 가장 큰 차이는 생태경제학은 경제를 자연 안에 뿌리내린 하위 시스템으로 본다는 사실이다. 그러므로 경제에도 엔트로피 증가의 법칙이 적용될 수밖에 없다.

　생태 문제는 동시대를 살아가는 사람들뿐 아니라 미래 세대의 생명까지 걸린 문제다. 즉, 세대 간 정의, 국가간 정의라는 난제도 해결해야 한다. 실로 생태 문제는 인류가 쌓아온 모든 지식을 총 집결해도 해결할 수 있을까 말까한 문제다. 사회적 경제나 공공경제는 신뢰와 협동, 그리고 공공성을 해결의 실마리로 삼을 수 있었다. 하지만 이제 우리가 다룰 지속 가능성은 아직 오리무중의 상태에 있다. 절대적으로 부족한 연구 속에서 우리가 찾는 최소한의 답은 '예방 우선의 원칙' 과 '다중심 접근법' 이다 그래야 우리가 예측하지 못한 위험을 예방할 수 있고, 더 실천적인 해결책도 찾을 수 있을 것이다. 마지막으로 우리처럼 '네 박자 경제학' 이란 이름으로 4개의 차원에서 경제를 살펴보고 종합적인 답을 찾으려면 복잡 네트워크와 같은 통합 학문이 필요하다는 점을 지적할 것이다.

20장

경제도 결국
자연 속에 존재한다[162]

생태 문제를 포용하지 못하는 경제학

　생태 문제는 기존의 진보적 의제에 단지 의제 하나를 더 추가시키는 문제가 아니다. 생태 문제는 이제 가장 중요하고 절박한 의제라고 할 수 있다. 하지만 생태경제학에 대한 본격적 논의가 나오기 시작한 것은 1980년대 말에 불과하기 때문에 다양한 논의가 아직 정리되지 않은 채 진행 중이다. 여기서는 생태경제에 대한 소개와 주요 논점을 간략하게 짚어보고자 한다. 너무나 빈 구석이 많을 텐데, 이는 생태경제학 논의 수준의 현 단계이기도 하지만 우리의 공부가 절대적으로 부족하기 때문이기도 하다. 생태경제를 연구하면 기존 경제학이 더 이상 우리의 행동을 이끄는 지침이 되어서는 안 된다는 이 책 전체의 주장이 더욱 절실하다는 사실이 드러난다.
　생태 문제는 전형적인 공유 자원의 비극이다. 이는 생태 문제를 해결하는 과정에서 공유 자원 비극처럼 집단행동의 딜레마가 작용한다는 것을 의미한다. 이미 설명한 것처럼 집단 공통의 이해관계가 걸린 문제를 해결할 때 개인은 잘 나서지 않는다. 누구나 한 번쯤 해봤을 생각, 바로 "나 하나쯤이야." 혹은 "내가 이런다고 세상이 달라지겠어?" 하는 생각이 집단행동의 딜레마를 만드는 핵심 요인이다. 지금 내가 에어컨 온도를 좀 낮춘다고, 지금 내가 종이컵 하나 덜 사용한다고 당장 지구온난화가 해결되지는 않기 때문이다. 전 인류의 운명이 걸려 있는 문제지만, 전 인류가 다 이런 생각을 할 수 있기 때문에 해결이 어렵다. 하지만 이런 편견 역시 시장경제의 사고방식에만 매여 있었기 때문에 생겨난 것인지도 모른다.

우선 기존의 경제학이 생태 문제를 어떻게 보고 있는지 살펴보자. 먼저 마르크스 경제학을 보자. 마르크스에게 중요한 것은 생산력과 생산관계의 변증법이었다. 생산력은 기술적 측면 또는 물적 측면에서 정의된다. 한편 생산관계는 인간의 사회적 관계다. 물적 측면인 생산력과 사회적 관계인 생산관계는 언젠가는 충돌한다.[163] 마르크스에게 생산이란 물적 재생산인 동시에 사회적 관계의 재생산이다. 결국 사회적 관계가 생산력을 소화하지 못하는 단계가 되면 새로운 생산양식이 도래하게 된다. 그러나 생태 문제는 생산관계의 제약에 의해 일어나는 것만은 아니다. 물론 자본의 자기 증식 욕구는 생태 문제의 해결 가능성을 가로막는다. 하지만 보편 계급이 사회적 문제를 해결한다 해도 자동적으로 생태 문제를 해결할 수 있는 것은 아니다. 즉, 자본의 수익성 추구가 자연의 착취를 가속화한 것이 사실이지만 근본적으로는 생산관계보다 더 넓은 자연의 제약 때문에 발생한 문제다. 생산력의 과도한 발달로 생태계 자체가 교란되고 심지어 붕괴 위협에 시달리고 있다. 그렇다면 생산관계가 바뀐다고 해서 곧바로 해결될 문제는 아닐 것이다. 물론 마르크스주의에도 생태사회주의자가 존재한다. 하지만 마르크스의 사고 틀 자체에는 생태 문제를 다룰 수 있는 수단이 없다. 무엇보다도 마르크스가 살았던 시대는 자연 자체가 문제가 되던 시기가 아니었다.

둘째로 케인스 경제학 역시 생태 문제를 담지 못한다. 케인스 역시 미래에 대한 낙관론자였다. 그는 《우리 손자들의 경제적 가능성Economic Possibilities for our Grandchildren》이라는 소책자에서, 자신의 손자 세대는 일주일에 15시간만 일해도 살 수 있을 것이므로 남는 시간을 어떻게 보낼 것인지가 중요할 것이라고 예측했다. 케인스가 1946년에 죽었으니, 이미 우리는 케인스 손자 이후의 시대를 살고 있지만 일주일에 15시간만 일하는 꿈같은 세상은 저 멀리 있다. 어쨌든 케인스는 생산력은 계속 발전할 것이고 모든 사람이 적당히 생산력 발전의 결과를 나누어 가지면 노동 시간은 줄어들면서 문화적인 삶을 누릴 수 있을 것이라고 생각했다. 단 하나 우려했던 문제는 총수요의 감소였는데 이는 국가가 나서서 거시경제 정책으로 보완해야 한다고 보았다. 케인스가 우려했던 총수요의 문제는 지금도 큰 과제로 남아 있다. 하지만 그와 함께 환경과 생태라는 새로운 문제도 등장했다. 현재와 같은 장기 침체의 시대에 총수요를 확대하기 위해 소비를 늘리는 것은 케인스 경제학에서 당연한 처방이다. 하지만 소비의 증가는 일반적으로 이산화탄소 배출도 늘릴 것이다. 즉, 적절한 보완 정책 없이는 케인스의 처방과 생태경제는 서로 모순적일 수 있다.

환경경제학, 생태 문제도 외부성의 하나로 취급

시장만능주의 신자유주의의 해결책은 간단하다. 시장에 맡기면 된다는 것이다. 만약 공기나 물과 같은 자연 자원이 희소해지면 가격이 올라가고,

그러면 소비는 줄고 생산은 늘어나서 다시 균형으로 돌아온다는 것이다. 이것이 시장을 통한 해결이다. 이 같은 주류경제학의 방식으로 환경문제를 다루는 경제학을 환경경제학이라 부른다.

환경경제학은 시장 기구를 통해 자원 배분이 최적화된다고 생각한다. 환경경제학자들에게 자연은 수많은 생산 수단 중 하나일 뿐이며 다른 물리적 자본의 투입에 의해 충분히 대체 가능한 존재다. 예컨대 농사를 지을 때 토양의 질은 매우 중요하다. 하지만 질이 나쁜 토양도 좋은 비료를 사용하면 개선될 수 있다. 자본을 투자하고 기술이 발전할수록 인류가 마주하게 되는 물리적, 자연적 제약은 줄어들 수 있다. 실제 70년대 석유 파동이 생겼을 때 유가가 상승하자 에너지 절약 기술이 많이 등장했고, 경차가 인기를 끌었다. 이러한 기술적 발전을 통해 위기가 어느 정도 극복된 것은 사실이다. 그러나 이러한 기술적 발전이 얼마나 자연을 대체할 수 있을까? 기계가 사람을 100퍼센트 대체할 수 없는 것과 마찬가지다. 뿐만 아니라 기술이 발전해서 가격이 떨어지면 오히려 소비가 늘어나서 이산화탄소 배출이 증가할 수도 있다. 이른바 제본스 효과Jevons effect, 또는 리바운드 효과Rebound effect라고 부르는 현상이다. 예컨대 IT의 발전이 종이 없는 사무실을 만들 거라고 했지만 과연 종이의 소비는 줄어들었을까? 그동안 배기가스 배출을 줄이는 자동차 기술은 눈부시게 발전했지만 과연 자동차가 배출한 탄소량은 줄어들었을까? 보통 사람들이라면 당연하게 받아들일 수 있거나, 적어도 심각한 우려를 할 만한 이런 생각을 주류 경제학자들은 완고하게 거부한다.

주류경제학자로서 지구온난화에 관한 책《더워지는 세계Warming the World》를 쓴 윌리엄 노드하우스William Nordhaus와 조셉 보이어Joseph Boyer는 기술적 대체 가능성의 철저한 신봉자다. 사기업에게 탄소 배출 비용을 물리지 말고, 오히려 비용을 줄일 수 있는 기술을 개발하는 데 주력해야 한다고 주장한다.164) 그들이 말하는 기술이란 '햇빛의 후방 산란을 증가시키기 위해 대기 중으로 소립자를 주입하는 기술'이나 '바다가 탄소를 흡수하도록 촉진하는 기술'이다. 이런 기술들을 탄소 포획 및 저장 기술이라고 하는데, 이 중에 현재 실용적인 것은 없으며 앞으로 단기간에 그런 기술이 현실화할 가능성도 논란거리다. 《생태계의 파괴자 자본주의Ecology Against Capitalism》의 저자 존 벨라미 포스터John Bellamy Foster는 이를 두고 스타워즈 계획은 저리 가라 할 만한 계획들이라고 비꼬았다.

유독 경제학자들이 자본과 기술에 대해 이런 과도한 믿음을 가지게 된 데에는 이유가 있다. 자연 문제를 다룬 초기 경제학자로 《인구론An Essay on the Principle of Population》을 쓴 토마스 맬서스Thomas Malthus가 있다. 맬서스는 식량은 산술급수적으로 늘어나지만 인구는 기하급수적으로 늘어나기 때문에 위기가 온다고 주장했다. 그러므로 전쟁을 하거나 위생 상태를 개선하지 않고 열악한 채로 두어서 인구를 줄여야 한다고까지 주장했다. 지금으로서는 허튼소리라고 하겠지만 당시 지식인들은 이에 환호했다. 하지만 맬서스의 우울한 예언은 실현되지 않았다. 맬서스의 인구론을 무력화한 것은 기술, 결국 자본이었다. 경제학자들의 머릿속에는 이런 기억이 깊이 박혀 있다. 기계의 도입에 반대했던 러다이트Luddite 운동이 실패했던 것도 마찬가지다. 경제학자들은 기본적으로 자연의 한계를 믿지 않는다. 계속해서 기술이 발전하면 자연의 한계도 계속 뒤로 미룰 수 있다고 막연하게 믿는 것이다.

또한 이처럼 시장 기구에 의존하는 방식은 미래 세대를 고려하지 않았다는 사실도 지적돼야 한다. 물론 환경경제학자들은 미래 시장이 존재하면 이 문제도 해결할 수 있다고 주장할 것이다. 언제나 시장은 만능의 기계다. 하지만 매장된 자원의 양이나 기후변화, 미래의 인구수 등 모든 것이 불확실한 상태에서 시장이 그 결과를 현재의 가격에 정확히 반영하는 게 과연 가능할까? 우리는 이미 시장이 그다지 완전하지도, 또 효율적이지도 않다는 것을 확인했다.

생태 문제를 시장에 맡겼을 때 문제가 되는 것은 자연과 미래 세대만이 아니다. 동시대를 사는 사람들 사이에도 빈부 격차에 따라 문제의 심각성이 달라진다. 예를 들어 공기오염 문제를 시장에 맡겼다고 하자. 공기가 오염되면 공기의 가격은 올라간다. 치솟는 공기의 가격을 감당할 수 없는 사람들은 어떻게 되는 것일까? 죽어야 하는 걸까? 돈이 없는 사람에게는 자연조차 허용되지 않는 세상이라니 생각만 해도 끔찍하다. 그런데 이미 에너지나 식량, 물을 거래하는 국제시장에서는 이런 일이 일어나고 있다. 어쩌면 저개발 국가들은 에너지나 식량, 깨끗한 물이 부족해서 심각한 경제적 부담과, 엄청난 사회적 혼란, 심지어는 대규모 전쟁을 치러야 할지도 모른다.

실제로 2007년에서 2008년에 세계 식량 가격이 폭등하는 일이 발생했다. 이상기후와 국제 유가 상승으로 인한 경작비, 운송비 인상 때문에 식량 공급이 줄어들었기 때문이다. 또 선진국들이 옥수수, 감자 같은 곡물을 이용한 바이오 에너지 생산에 열을 올려 곡물 수요가 크게 늘었기 때문이기도 하다. 여기에 헤지펀드 등 국제 투기 자본이 대거 곡물 시장으로 몰렸다. 당시 유엔 식량농업기구FAO는 곡물 관련 선물 거래에서 실제 농산물 거래는 2퍼센트에 불과하고, 나머지 98퍼센트가 시세 차익을 노린 투기적 금융자본이라고 밝혔다. 자본의 이런 장난 앞에 후진국 국민들의 삶이 걸려 있다.

무엇보다도 생태 문제는 우리가 시장의 근본적 한계로 지적한 생명의 문제이며, 그것도 전 인류와 동식물의 생명이 걸린 문제여서 시장의 시행착오에 맡겨 둘 수 없다.

경제학의 눈으로 보면 문제는 아주 간단하다. 이 모두 외부성이 문제이니 내부화하면 그만이다. 공기의 시장 거래 과정에서 발생한 죽음이나 전쟁은 시장가격에 반영되지 않는 것, 시장 밖에 있는 것이기 때문이다. 주류경제학에서 외부성을 해결하는 방식은 세금이나 보조금을 동원하여 외부성에 적정 가격을 매겨 다시 시장 안으로 집어넣거나(피구 해법), 아예 공해 시장을 만드는 것(코즈 해법)이다. 하지만 정확한 공해의 양, 공해로 인한 피해의 정도를 어떻게 측정할 수 있는가? 지구온난화가 얼마만큼의 피해를 가져올지 계산할 수 있을까? 환경문제가 가져올 피해와 비용을 정확히 측정하기란 불가능하다. 또한 생태 문제에 의해 발생하는 외부성은 규모와 범위가 방대하고, 영향이 심각하다. 사람의 생명, 인류의 존폐가 달려있기 때문이다. 복잡하고 예측할 수 없는 불확실한 생태계에서는 오히려 균형이 존재하지 않는 복잡성이 정상적인 상태다.

환경경제학은 비용편익 분석Cost-Benefit Analysis을 통해 환경이나 자연의 가치, 환경 파괴로 인한 피해액 등을 계산할 수 있다고 가정한다. 비용편익 분석은 말 그대로 어떤 일을 진행할 때 비용과 편익을 계산하여 적절한 실행 수준을 정하는 것이다. 비용과 편익은 이해관계자들에게 이 사업을 실시하기 위해서 당신이 지불할 용의가 있는 금액willingness to pay이 얼마인지 묻는 설문 조사 방법과 시장에서 형성되는 가격을 관찰하는 방법이 있다. 비용편익 분석은 환경경제학뿐 아니라 사회과학 일반이 특히 국가의 커다란 정책을 결정할 때 자주 사용한다. 비용편익 분석이 가진 한계는 경제학 내에서 많이 지적되고 있다. 대표적인 문제점은 우선, 비교할 수 없는 가치들을 하나의 기준으로 평가하려고 한다는 점이다. 이를 통약불가능성incommensurability라 한다. 예를 들어 에너지 생산 비용과 환경의 질을 놓고 판단할 때, 이 두 가지는 전혀 다른 범주에 속한다. 어떻게 동등한 가치나 단위로 환산할 수 있을까?

둘째, 화폐 단위로 평가하기 때문에 부자에게 유리한 결과가 나온다. 예를 들어 어느 동네가 재개발을 실시하는데, 상대적으로 고소득자인 집주인들은 재개발을 찬성하고, 상대적으로 저소득자인 세입자들은 재개발을 반대한다고 가정해보자. 이때 비용편익 분석은 집주인에게는 재개발을 추진하는 데 얼마만큼의 비용을 지불할 용의가 있냐고 물을 것이고, 세입자들에게는 재개발을 추진하지 않는 데 얼마만큼의 비용을 지불할 용의가 있냐고 물을 것이다. 양쪽의 소득 차이를 고려했을 때 집주인들이 더 높은 비용을 제시할 확률이 크고, 재개발은 실시될 것이다. 무엇보다도 우리가 모집단의 분포를 모른다는 사실도 문제가 된다. 만일 비용편익 분석이 흔히 상정하는 대로 사건의 발생 확률이 정규분포를 따르지 않고 멱함수 형태라면, 이번 금융 위기처럼 두꺼운 꼬리를 가지고 있다면, 또는 부드러운 곡선이 아니라 계단 형식의 불연속 곡선이라면 어떤 일이 발생할까? 자연에서 흔히 관찰되는 복잡계 현상을 비용편익 분석이라는 원시적 수단으로 측정한다는 것은 언어도단에 속하는 일인지 모른다.[165]

생태경제학, 엔트로피 증가의 법칙과 세대 간 정의론

경제학은 생태 문제를 다루는 데 적절하지 않은 도구지만 동시에 생태 문제와 경제 문제가 뒤얽혀 있다는 사실은 경제학이 이 문제를 외면할 수 없다는 것을 의미한다. 이 때문에 환경과 자원경제학을 넘어서 생태경제학이 탄생했다.

생태경제학이 추구하는 핵심 목표는 지속 가능성sustainability이다. 지속 가능성이란 개념은 1987년 〈브룬트란트 보고서Brundtland Report〉가 발표된 이후부터 공론화됐다. 1983년 UN은 환경과 발전에 관한 세계위원회WCED;

World Commission on Environment and Development를 설립하고 '변화를 위한 지구적 의제'를 마련하기 위한 노력을 시작했다. 이 위원회에서 1987년에 2000년대를 향한 지구 환경 보전 전략 보고서로 〈우리 공동의 미래Our Common Future〉를 발간한다. 당시 노르웨이 환경부 장관을 거쳐 수상의 자리에 오른 브룬트란트가 이 위원회의 위원장이었던 이유로 〈브룬트란트 보고서〉라고 불린다.

보고서는 인구, 식량, 생물, 종 보전, 에너지 산업, 도시화, 평화 등의 사안들을 논의하면서 자원 기반을 지속시킬 새로운 경제 발전 형태를 요구하였다. 그것이 지속 가능한 개발sustainable development이었으며, 그 의미는 "현재 인간의 욕구를 충족하는 동시에 미래 세대들이 그들의 욕구를 충족할 수 있는 것을 보장하는 방식의 개발"이라고 정의되었다. 현재 인간의 욕구를 충족시키는 개발은 전통적인 경제학의 경제 개발에 대한 사회적인 목표다. 반면 미래 세대의 욕구가 충족되는 개발은 환경문제를 고려하는 장기적인 관점과 관련돼 있다. 두 가지 욕구와 그에 따른 두 가지 개발이 적정 수준에서

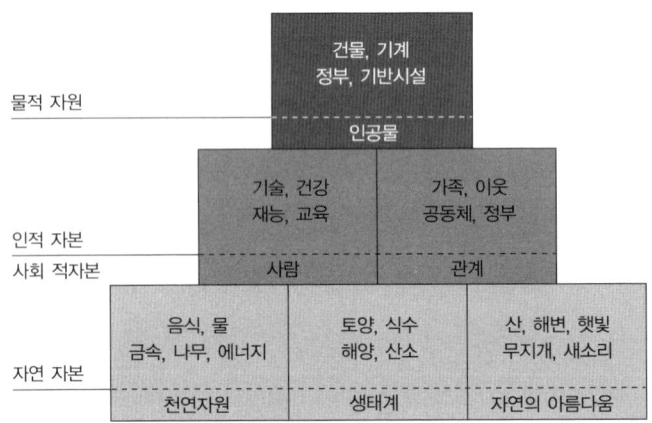

*출처 : Sustainable Measures(http://sustainablemeasures.com)

〔그림 20〕 지속 가능성에 대한 개념도

조화를 이루어야 하는 것이다. 이를 경제학에서는 미래 소비의 현재 가치가 줄어들지 않아야 하는 것이라고 이해하는데, 100년 후에도 우리 아이들이 지금 우리처럼 소비할 수 있으면 된다는 얘기다.

지속 가능성에는 두 가지가 있다. 지속 가능성의 기준이 되는 자본은 자연 자본natural capital, 사회적 자본social capital, 인적 자본human capital, 물적 자본built capita 등 네 가지다. 네 가지 자본을 유지하고 개선시켜나가는 것이 공동체의 지속 가능성을 유지하는 기준이라고 보는 것이다.[166] 이때 네 가지 자본은 서로 대체 불가능하기 때문에, 각각 일정 수준으로 유지되어야 공동체가 지속 가능하다고 보는 관점을 강한 지속 가능성strong sustainability이라 한다. 예를 들어 나머지 세 가지 자본이 일정 수준 이상으로 유지되더라도 물이나 숲, 에너지 같은 자연 자본 한 가지가 일정 수준 이하로 떨어지면 그 공동체는 지속 가능하지 않다고 평가한다. 이 관점은 자연 자본의 중요성을 높이 평가하는 생태주의와 연결된다. 반면에 약한 지속 가능성weak sustainability의 시각은 네 가지 자본을 합친 총량이 일정 수준으로만 유지된다면 그 공동체는 지속 가능하다고 평가한다. 네 가지 자본이 서로 대체 가능하다고 보는 것이다. 앞서 주류경제학자들이 자본을 투자하여 기술을 충분히 발전시키면, 환경오염을 해결할 수 있다고 보는 시각이 여기에 속한다.[167]

생태경제학은 무엇보다도 열역학과 결합할 수밖에 없다. 뿐만 아니라 미래 세대와의 관계인 세대 간 정의 문제도 개입되어 있다. 앞의 문제는 자원의 기술적 대체 가능성과, 후자는 미래 할인율의 설정과 밀접하게 연관되어 있다.

열역학 제1법칙은 에너지 보존의 법칙이라고 불린다. 즉, 우주Universe[168]의 에너지는 일정하며 에너지는 창조되거나 파괴될 수 없다. 모든 일Work은 일련의 에너지 변형이며 이 과정에서 열이 발생한다. 시스템 내의 에너지 변화는 열에서 일을 뺀 나머지, 즉 주변surroundings[169]에 방출된 에너지다.

한편 열역학 제2법칙은 "열의 원천에서 나온 열이 완전히 일로 전환하는 순환과정은 존재하지 않는다(켈빈의 정의)." 또는 "저온체에서 고온체로 열은 자발적으로 이동하지 않는다(클라우지스의 정의)."는 것이다. 즉, 에너지의 이동 방향에 대한 설명으로 열은 높은 온도에서 낮은 온도로만 이동한다는 것이다. 열이 고온에서 저온으로 이동한다는 것을 엔트로피가 증가한다고 표현한다. 엔트로피는 시스템 내의 에너지의 질을 표현한다. 여기서 질이란 '시스템 경계를 넘어 에너지를 변형시킬 잠재력'을 의미하며 따라서 높은 엔트로피는 저질 에너지, 낮은 엔트로피는 고질 에너지다. 즉, 일을 하게 되면 열이 방출되고 이 에너지는 더 이상 사용할 수 없는 저질에너지다.

제1법칙과 제2법칙을 결합하면 가상적인 가역 엔진reversible engine의 효율성은 오로지 온도의 차이에서 비롯된다는 결론이 나온다. 즉, 기술발전이란 가역 엔진에 가능한 한 가까운 기계를 만드는 것이지만 그 가역 엔진마저도 효율성은 1보다 적으며 이는 열을 일로 전환할 때마다 '자연세'를 낸다는 것을 의미한다.

생태경제는 엔트로피 증가의 법칙을 경제학에 반영함으로써 인간의 경제활동 역시 자연법칙을 거스를 수 없다는 것, 경제활동의 가장 기본적인 제약은 자연법칙이라는 점을 강조한다. 제오르제스쿠 로에겐Georgescu Roegen은 엔트로피 경제학 선구자다. 원래 그는 유능한 수리경제학자로 출발하였지만 경제학이 기계론적이고 무시간적이라는 점에 회의를 느껴 결국에는 수리경제학에 대한 비판자가 되었다. 그리고 불가역적인 시간의 흐름 속에서의 경제활동을 분석하기 위해 노력했고, 1971년 《엔트로피 법칙과 경제과정Entropy Law and Economic Process》이라는 역작을 남겼다.

경제학 원론 수준에서 생산함수는 이렇다. Y=f(K, L)로 표현된다. 노동(L)과 자본(K)을 투입해서 생산물(Y)을 만들어낸다. 제오르제스쿠는 여기에 엔트로피 증가 법칙을 추가한다. 투입물로 노동, 자본과 함께 자연 자원(R)을 집어넣는다. 산출물로는 생산물과 함께 쓰레기(W)도 나온다고 가정한다. 그래야 에너지는 보존되면서 엔트로피가 증가하는 열역학 법칙을 만족시킨다. Y+W=f(K, L, R)로 표현된다. 즉, "경제의 모든 과정은 이용 가능한 에너지를 지속적으로 변환하여 쓰레기로 만들거나 환경 공해를 유발하는 과정이다."

즉, 우리가 살고 있는 사회적 경제 시스템은 중요한 두 가지 흐름으로 구성된다. 하나는 생산과 소비를 통해 가격이 재생산되는 화폐의 흐름이고, 다른 하나는 그러한 경제활동 자체의 기반으로 생태계에서 경제계로 투입

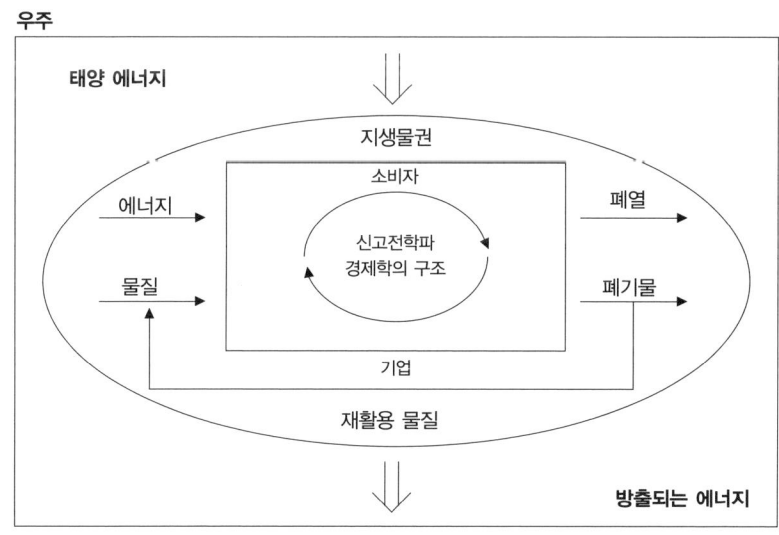

*출처 : Glucina & Mayumi(2010), Connecting thermodynamics and economics

〔그림 21〕 생태경제학 모델

되어 물질이 재생산되는 엔트로피의 흐름이다. 즉, 경제시스템은 우주라는 닫힌 계 안에 존재하는 열린 계다.

〔그림 21〕은 현재 제기되는 생태 문제를 체계적으로 이해할 수 있게 해준다. 먼저 경제시스템으로 투입되는 에너지와 물질의 유한성이다. 기본적으로 에너지는 태양으로부터 나오는데 열역학에 따르면 에너지는 창조되거나 완전히 재활용될 수 없기 때문에 유입되는 에너지 흐름보다 더 빠른 속도로 사용될 수 없다. 그 동안의 연구는 경제성장과 에너지 사용 간의 상관계수가 거의 1이라는 것을 보여준다. 즉, 경제성장률만큼 에너지 사용도 늘어난다는 것을 말한다. 예컨대 태양에너지가 무한하더라도 지생물권에 도달하는 양에는 한계가 있으며 이 에너지를 모두 일로 전환할 수 있다 하더라도 세계가 계속 2퍼센트 경제성장을 하면 360년 뒤에는 경제의 신진대사를 감당할 수 없다. 화석연료는 두말할 나위도 없다. 석유나 석탄이 생성되는 데 수천, 수만 년이 걸리는데 우리는 지난 100년 동안 훨씬 빠른 속도로 퍼올리고 있다. 최근 학자들은 석유정점 시점을 2010년에서 2030년 사이로 예측하고 있다.[170] 핵발전을 대안으로 얘기하고 있지만 우라늄이라는 자원 역시 마찬가지로 한계가 있다.

이미 전 인류의 앞날을 위협하고 있는 이산화탄소는 대표적인 에너지 쓰레기다. 물론 탄소 말고도 각종 폐기물이 존재한다. 이 쓰레기들은 지생물권의 재생산을 위협한다. 이미 심각한 지경에 이른 생물 다양성의 파괴, 토양 파괴, 물 부족이 여기에 속한다. 제오르제스쿠의 생산함수는 모든 생산이 결합생산joint production이라는 것을 보여준다. 즉, 인간에게 유용한 산출과 동시에 쓰레기를 생산하므로 생태경제학에서는 산출에서 쓰레기 처리 비용을 빼야 순산출이 계산될 것이다. 예컨대 우리는 핵발전의 경제성을 계산할 때 몇 십만 년 동안의 핵쓰레기 처리 비용을 고려해야 한다. 뿐만 아니라 각종 쓰레기가 지생물권에 미치는 영향도 계산에 집어넣어야 한다. 그런데 주류경제학은 스스로를 물리학과 같은 자연과학으로 치부하면서도 정작 물리학의 자연법칙인 열역학은 외면하고 있다. 이를 두고 생태학자 허먼 댈리Herman E. Daly는 주류경제학이 생물체의 신진대사 과정을 연구한다고 하면서 혈액 순환과 같은 순환 기관만 연구하고 외부 환경과 연결되는 투입과 배설에 해당하는 소화 기관에 대한 연구는 외면하고 있다고 비판한다.[171] 이에 대한 경제학자들의 대답은 자본과 기술로 극복할 수 있다는 것으로 되돌아간다. 예컨데 기술 개발을 통해 재생 가능한 에너지를 만들면 된다는 것이다. 하지만 생태경제학에서는 재생 가능한 에너지도 실은 재생 가능하지 않다고 주장한다. 예를 들어 재생 가능한 에너지인 풍력 발전을 하기 위해 풍력발전소를 짓는 과정에서 또 많은 재생 불가능한 자본과 자원이 투입된다는 것이다. 열역학 제2법칙에 의하면 그 어떤 것도 완벽하게 재생될 수는 없다. 과연 열역학이 경제성장을 제약하는가는 경제적 산출이 에너지 사용으로부터 얼마나 분리decoupling될 수 있는가에 달려 있다. 경제학자들은 이 분리에 대단히 낙관적이다.

우리가 공공경제를 논할 때 만났던 케네스 애로우는 거의 모든 사회 문제에 개입해서 돌파구를 연 훌륭한 경제학자다. 그는 생태 문제에도 개입했다. 애로우를 비롯한 경제학자들은 최근에 지속 가능성에 관한 논문을 발표했다. 이 논문에는 t시점에서 현재 세대의 효용과 할인율을 적용한 미래 세대의 효용을 도출해서 그 사회가 누릴 수 있는 총효용을 구하는 수식이 들어 있다.[172] 여기서 미래에 대한 할인율의 크기는 중요한 변수가 된다. 미래에 대한 할인율이란 현재 가치와 미래 가치의 비율이다. 여기서는 할인율이 미래 세대의 효용을 얼마나 중요하게 여기느냐를 반영한다. 할인율이 낮을수록 현재 세대의 효용만큼 미래 세대의 효용도 중요하게 여기는 것이다.

할인율이 높을수록 미래 세대의 효용은 중요하지 않다. 이해가 잘 안 된다면 이렇게 생각해보자. 현재 내가 느끼는 효용을 100이라고 하자. 첫 번째는 미래에 대한 할인율이 10퍼센트로 낮은 경우다. 이때 나의 현재 효용 100은 미래에는 110이 된다. 거꾸로 말하면 미래 세대의 효용 110은 나의 효용 100과 같다는 뜻이다. 두 번째는 미래에 대한 할인율이 50퍼센트로 높은 경우다. 이때 나의 현재 효용 100은 미래에는 150이 된다. 거꾸로 말하면 미래 세대의 효용 150은 나의 효용 100과 같다. 즉, 나의 현재 효용 100은 할인율에 따라 110의 가치를 갖기도 하고 150의 가치를 갖기도 하는 것이다. 그리고 할인율이 클수록 내가 느끼는 효용의 가치는 커진다. 반대로 미래 세대가 느끼는 효용의 가치는 줄어든다.

2007년 영국 정부의 수석 경제학자 니콜라스 스턴Nicholas Stern이 발표한 〈스턴보고서Stern Review〉에서는 지금 당장 지구온난화를 막기 위해 들어가는 비용을 계산하면서 미래에 대한 할인율을 1.5퍼센트로 잡았다. 이는 매우 낮은 수치로 미래 세대의 소비를 우리 세대의 소비와 거의 동등하게 생각하고 있다는 뜻이다. 때문에 미래 세대를 위해서 우리가 지금 당장 줄여야 할 소비의 양은 매우 커진다. 현재 경제학자들은 이 할인율을 놓고 논쟁 중이다. 학자마다 그 수치가 매우 달라서 1.5퍼센트에서 90퍼센트까지 이른다. 이는 물론 중요한 논쟁이지만, 한편으로는 답을 구하기 힘든 끝없는 수렁이기도 하다. 경제학자들이 논하는 효용함수는 너무 매끄럽다. 그 매끄럽게 잘 닦인 세계 속에서 경제학자들은 할인율 구하기에 치중하고 있다. 지금 우리의 현실은 거의 자연의 한계에 직면해 있는데도 불구하고 말이다. 이런 상황에서 그런 식의 계산이 무슨 의미가 있을까?

결국 경제학자들에게 생태 문제는 미래 세대의 행복의 가치를 얼마나 할인하느냐의 문제와 자연 자원과 물적 자원의 대체 가능성, 즉 기술적 발전을 얼마나 높게 평가하느냐의 질문으로 좁혀진다. 예컨대 극단적으로 하루살이에게 미래 할인율은 1이 되어 생태 문제는 존재하지 않는다. 또한 기술의 무한한 발전이라는 가정 하에서는 에너지 가격 급등이 자동적으로 에너지 절약 기술을 출현시킬 것이기에 생태 문제란 기우의 영역에 속하게 된다.173) 결국 합리적 미래 할인율과 합리적 대체 가능성의 추정이라는 끝없는 논쟁에 빠져들게 된다. 뿐만 아니라 자원의 대체 가능성을 계산하려면 자원의 가격, 쓰레기로 파괴되는 자연의 가치를 모두 하나의 숫자로 계산해야 한다. 하지만 그런 자원과 자연의 가치를 표현하는 시장이 존재하지도 않을 뿐더러 장차 그런 시장을 만든다고 하더라도 거기서 성립된 가격이 과연 생태적 미래를 제대로 반영할 수 있는지도 의문이다. 뿐만 아니라 자원의 희소성을 반영해서 가격이 급등했을 때 과연 파국을 막을 정도로 빠르게 기술이 대응할 수 있는지는 더욱 의문이다. 최근의 금융위기와 관련해서 문제가 되었던 양의 되먹임과 파국 가능성은 생태 문제에서는 더욱 심각하다. 우리가 앞에서 본 시장의 근본적 한계는 생태 문제에서 적나라하게 드러난다. 모든 살아 있는 것들의 생명이 걸린 문제를 시장의 시행착오나 미적거리는 반응에 맡길 수는 없다.

하지만 불행하게도 우리의 민주주의도 믿음직하지 못하기는 마찬가지다. 만일 민주주의를 다수결로 단순화한다면 생태 문제에 관한 투표 결과는 번번이 실망스러울 것이다. 예컨대 할인율을 낮게 잡는다면, 그리고 기술 개발의 가능성을 의심한다면, 100년 뒤의 아이가 우리와 똑같이 에너지를 쓰게 하려면 우린 당장 우리의 에너지 소비를 제로로 줄이는 결단을 내려야 한다. 미래의 아이들이라면 물론 현재의 소비를 대폭 줄이는 데 투표할 것이다. 반면 보통의 어른들은 경제학자들의 의견 대립을 이유로 결단 유보 쪽을 택할 것이다. 미래를 살아야 할 현재의 아이들은 물론 태어나지 않은 미래의 아이들에겐 투표권이 없다. 손자 정도까지라면 모르지만 아주 먼 미래 세대를 고려한다는 것이 가능할까? 즉, 우리가 공공경제를 논할 때 금과 옥조로 삼았던 공공 이성에 의한 숙의민주주의는 세대 간 정의를 논할 때는 무력할 수도 있다. 과연 세대 간 정의는 어떻게 해결해야 하는 걸까? 뿐만 아니라 생태 문제는 국가 간의 갈등을 유발하며 이 역시 시장이 해결할 수 없는 문제다. 우리가 공공성 문제를 해결할 때 활용한 롤즈의 정의론은 기본적으로 숙의민주주의의 범위인 국민국가를 대상으로 한 것인데 생태 문제는 전 인류의 문제인 것이다. 탄소배출권을 둘러싼 중국과 미국의 갈등, 그로 인한 교토협약의 실패는 이런 어려움을 여실히 드러낸다.

과연 인간은 우리가 도식에서 상정했던 공생의 본성homo symbious을 지니고 있는 것일까? 그렇다면 그 본성을 살리는 사회제도는 무엇일까? 또는 그런 본성을 상정하지 않고 국가 간의 정의, 세대 간의 정의를 해결할 수 있는 길이 따로 있는 것일까?

성장 친화, 성장 무시, 탈성장

과연 기술발전이 경제와 생태 문제를 분리시킬 수 있을까? 이 질문은 기술 차원만 다뤄서 답을 찾을 수 있는 것이 아니다. 생태경제학자들은 우선 1인당 GDP가 2만 달러를 넘어서면 국민소득의 증가가 그 만큼의 행복의 증가로 이어지지 않는다는 '이스털린 역설'을 지지한다. (다음 박스 "행복경제학과 '국민행복시대'" 참조) 물질적 생산의 증가를 표현하는 GDP의 증가는 오히려 쓰레기로 인한 불행을 더 많이 증가시킬지도 모른다.

더구나 경제로부터 환경을 분리시키는 정책 역시 여러 가지 사회적 문제를 안고 있다. 우선 제본스 효과Jevons effect, 또는 리바운드 효과Rebound effect 다. 에너지 효율성을 높이는 기술이 발전하더라도 그것이 오히려 에너지 소비를 늘리거나(에너지 리바운드), 핵에너지처럼 다른 유형의 환경 문제를 증폭시킬 수 있다(환경 리바운드). 예컨대 현재의 신형 자동차는 과거의 구형보다 확실히 에너지 효율이 높아졌지만 자동차 운행으로 인한 휘발유의 사용과 이산화탄소의 배출은 오히려 늘어났다.

뿐만 아니라 이산화탄소와 같은 쓰레기의 단위당 배출을 줄이는 데 드는 비용은 점점 더 늘어날 것이다. 예컨대 석탄 발전으로 인한 이산화탄소 배출을 줄이기 위해 모두 가스 발전을 택한다면 가스 가격은 점점 더 올라갈 것이다. 특히 한국과 같이 자본 집약적 중화학공업('더러운 산업')위주의 산업구조를 가진 나라는 생태 문제를 해결하는 데 드는 비용이 천문학적으로 클 것이다. 산업구조를 근본적으로 뜯어 고쳐야 하기 때문이다. 더구나 한국이 체제 전환에 성공한다 할지라도 세계적인 차원의 생태 문제는 오히려 악화될지도 모른다. 예컨대 중국이나 인도가 더 '더러운 기술'로 그 산업을 담당한다면 글로벌 평균 생태효율성은 더 떨어질 것이다.

다른 무엇보다도 생태 문제의 해결은 기존 에너지와 산업 체제의 이익을 독점하고 있는 집단의 저항에 부딪힐 것이다. 단지 자본가 계급뿐 아니라 대규모 중화학산업의 노동자들도 생태 문제에 반대할 가능성이 높다. 이런 거시 경제적 문제는 생태 위기의 해결을 한층 어렵게 만든다.

생태경제학계 내부의 논쟁으로 탈성장degrowth과 성장 무시a-growth의 대립이 있다. 물론 주류경제학계는 성장 친화적growth friendly 해결책이 가능하다고 믿는다. 성장 친화적 해결에도 녹색혁신과 분배 친화적 해결이 가능하다고 믿는 상대적 진보파가 있다.

우리나라에서도 녹색당과 녹색평론이 탈성장을 명시적으로 내걸었고 진

[표 16] 성장 친화, 성장 무시, 탈성장 비교

명제	성장 친화	성장 무시	탈성장
GDP는 사회 후생 또는 행복을 상당히 정확하게 측정하는 지표다	Y	N	N
GDP 성장은 완전고용의 필요충분조건이다	Y	N	N
소득의 성장은 후생을 증가시킨다	Y	때로는 그렇지만 항상 그런 건 아니다	N
성장은 평등과 환경의 지속 가능성에 해를 끼치지 않거나 촉진시킨다	Y		N
무조건 성장 지향은 사회 후생의 개선을 위한 노력을 제약한다	N	Y	Y
부자 나라 평균소득의 성장은 사회 후생을 증가시키지 않는다. 여기서 성장은 주로 제로섬의 지위 경쟁이며 비공식 부문 활동을 공식 부문으로 옮긴 결과다	N	Y	Y
미시와 거시경제 이론은 후생 증가 전략으로써의 GDP 성장을 지지하지 않는다	N 의견 없음	Y	N 의견 없음
GDP 성장 패러다임은 주로 실증 거시경제학자와 정치가들의 발명품으로 볼 수 있다	N	Y	N 의견 없음
과거의 역사를 보면 소득과 환경에 대한 압력은 높은 상관관계를 지닌다	N 의견 없음	Y	Y
성장은 환경에 해롭다	N	때로는 그렇지만 항상 그런 건 아니다	Y
탈성장은 불평등과 지속 불가능성과 싸우기 위한 핵심 전략이다	N	N	Y
성장은 대체로 많은 에너지와 물적 자원 그리고 오염을 배출하는, 상대적으로 더러운 활동이 만들어낸다	N 의견 없음	Y	N 의견 없음
엄격한 환경 정책은 소득과 환경 압력을 분리할 수 있다. 따라서 과거의 성장 패턴을 지속시킬 수 있다	Y	가능하지만 그렇게 될 거 같지는 않다	N

Y는 '그렇다', N은 '그렇지 않다', 의견 없음은 논리적으로 N으로 추정되지만 명시적 언급은 없다는 뜻.

*출처: Antal & Van den Bergh, 2013, Macroeconomics, financial crisis and the environment: Strategies for a sustainability transition, Environmental Innovation and Societal Transitions, article in press. p4

보신당 역시 이에 동조하는 것으로 보인다. 시장만능론자를 제외하면(불행하게도 경제학자 대부분이 그렇다.) 대체로 생태 친화적 성장론자는 재생 가능 에너지의 확산, 에너지 효율적 주택 개량 등 이른바 '그린 뉴딜'을 강조한다. 즉, 생태경제로의 재편은 장기적으로 투자와 일자리를 늘려서 경제성장을 촉진할 수 있다고 보는 것이다.174) UNEP, 미국의 민주당, 영국의 노동당이 이런 부류에 속한다.

행복경제학과 '국민행복시대'

경제학이 행복에 관심을 가진 건 최근의 일이다. 피구 이래로 경제학은 행복을 소득(GDP)으로 대체했고 대부분의 정부 정책도 GDP 증가, 즉 성장에 맞춰져 있다. 이런 흐름에 최초로 파문을 일으킨 것이 그 유명한 '이스털린 역설Easterlin Paradox'이다. 미국의 경제학자 이스털린은 1974년 일정한 수준(대체로 1인당 GDP 1만 5,000달러에서 2만 달러 정도)을 지나면 국민소득의 증가가 그만큼의 행복의 증가로 이어지지 않는다는 주장을 폈다.

이후 이 명제를 둘러싼 수많은 논쟁이 지금 이 순간까지 이어지고 있다. 반대파는 주로 횡단면 분석과 단기 시계열에서 소득과 주관적 삶의 만족도가 비례한다는 사실을 찾아냈고 이스털린 쪽에서는 장기 시계열에서 둘 사이에 의미 있는 상관관계가 존재하지 않는다고 반박했다.175) 우리는 통계 해석에서도 이스털린 쪽을 지지하지만 직관적으로도 소득이 늘어난다고 해서 꼭 그만큼 주관적 만족도, 즉 행복이 증가할 거라고 보지 않는다. 실제로 이스털린의 위 논문을 보면 한국은 평균 5퍼센트 남짓의 성장마다 0.4퍼센트 정도만 삶의 만족도가 증가하는 것으로 나타났다.

어쨌든 이스털린의 이 주장은 행복경제학의 탄생으로 이어졌다. 사르코지Nicolas Sarkozy 전 프랑스 대통령의 의뢰로 스티글리츠와 센, 그리고 피투시Jean-Paul Fitoussi는 경제성과와 사회진보를 측정하기 위해 GDP

외의 지표를 찾아내는 작업을 했는데 이들은 주관적 지표가 의미있고 신뢰할 만한 자료라고 강조했다. 실제로 미국의 "일반사회조사"나 "세계가치조사", "유로 바로미터" 등의 조사에는 "종합적으로 볼 때 당신은 요즘 얼마나 행복하십니까?", "당신의 최근 건강은 어떻다고 생각하십니까?" 등의 주관적 질문을 포함하고 있다. 이런 주관적 행복도(삶의 만족도)와 소득이나 교육과 같은 객관적 지표를 합치면 '행복지수'를 구성할 수 있다. 어떤 지표를 집어 넣고 얼마의 가중치를 곱하느냐에 따라 결과는 사뭇 다르겠지만.

불행하게도 우리 국민은 별로 행복하지 않다. 스티글리츠 등의 보고서에 따라 주관적 행복 지표를 적극 반영한 OECD의 '더 나은 삶 지표 Better Life Index, BLI'를 단순 가중평균하면 34개국 중 22위, 한성대 이내찬 교수 방식으로 가중치를 곱하면 32위다. 특히 생태의 지속가능성, 사회적 자본 부문이 최하위다. 세계가치조사에서는 37개국 중 28위, 영국 신경제재단의 국가별 행복지수에서는 178개국 중 102위, 보건연구원의 행복지수로는 36개국 중 25위다.

특히 우리의 행복지수를 깎아 내리는 요인은 소득 불평등, 젠더 불평등 등 각종 불평등이다. 일반적으로 소득분배가 잘 되어서 빈곤 가구가 적은 나라가 치안 상태와 성차별에서 나은 성과를 보인다. 우리나라는 1995년경부터 급격하게 소득분배가 악화되고 있어서 이 점을 방치하면서 '국민행복시대'를 여는 건 '나무에서 물고기 잡기'에 가깝다.

탈성장론자들의 주장은 GDP 탈성장(제로성장), 소비 탈성장(축소), 노동시간 탈성장(축소), 근본적 탈성장(생태사회주의), 물리적 탈성장 등으로 분류될 수 있다. 한편 성장 무시론자들은 아예 GDP 자체를 거론하지 말고 다른 사회 지표를 사회적 경제의 목표로 삼자는 전략을 주장한다. 특히 선진국에서는 GDP나 물적 성장이 더 이상 사람들의 후생을 늘릴 수 없으므로 다른 목표를 위해 시장을 활용해야 한다고 주장한다.

지금 우리는 어느 전략을 선택할 만한 정보를 지니고 있지 못하다. 뿐만 아니라 우리의 연구나 운동의 수준이 이런 전략 중 하나를 선택해야 할 시점에 도달했는지도 의문이다. 앞에서 쭉 보아왔듯이 우리는 내수 중심, 분배 강화를 통해 경제 위기를 넘어서야 한다. 이를 위해서 일정한 성장이 필요한 것은 사실이다. 물론 진보 쪽이라면 탈성장 중에서 노동시간의 축소, 즉 일자리 공유에는 누구나 찬성할 수 있을 것이고 이산화탄소 배출 감축과 같은 구체적인 물리적 탈성장에도 동의할 수 있을 것이다. 탈성장 명제의 진정한 핵심은 삶의 방식의 근본적 변화, 밑으로부터의 체제 변화가 없이는, 또 그러한 변화를 끌고 갈 정치운동 없이는 문제를 해결할 수 없을 것이라는 데 있다. 장기적이고 근본적으로 이 방향을 누가 부정할 수 있을까? 하지만 우리가 이 책에서 보아 온 대로 인간은 협동을 할 수 있도록 진화했지만 동시에 이기적이기도 한 존재이며 동시에 근시안적이다.(미래의 할인율이 대단히 높다.) 그런 상황에서 탈성장이라는 구호가 정치적으로 얼마나 수용될 수 있을지는 의문이다. 지금은 몇 가지 원칙과 당장 필요한 최소한의 정책에 최다의 인원이 합의해야 할 때가 아닐까? 예컨대 GDP가 아닌 다른 후생 지표의 사용, 재생 가능 에너지 발전의 확대, 높은 탄소세율 등 생태세제 개혁에 의한 생태 혁신 유도, 노동시간의 축소, 지위재에 대한 중과세를 통한 소비 축소, 토빈세와 종부세 부과에 의한 자산거품의 방지 등등에는 재벌과 핵 동맹 이외에는 모두 찬성할 수 있지 않을까?[176]

특히 현재의 장기침체 속에서 총수요를 증가시키는 일은 무엇보다도 중요하다. 우리는 노동 분배율 상승에 따른 소비의 확대와 함께, 생태 인프라에 대한 투자, 생태 R&D에 대한 대대적 투자가 그 역할을 할 수 있다고 믿는다. 즉, 탄소세 부과 등에 의한 총공급의 축소를 생태혁신 투자로 만회해서 오히려 단기적으로 성장률이 올라갈 수도 있다고 생각한다. 자산과 소득의 재분배, 그리고 사회적 경제를 통해 평등한 사회를 만드는 데 성공한다면 높은 성장률이라는 자본주의의 지상 명령을 어느 정도 제압할 수도 있을 것이다. 그리고 바로 이 과정은 광범한 녹색동맹을 형성하고 실천해나가는 과정이므로 지속가능한 생태경제, 즉 탈성장이라는 목표에 합의해 나가는 길이기도 할 것이다. 요컨대 우리는 사회적 경제와 공공경제에 지금 필요한 정책들과 생태경제가 요구하는 정책이 서로 모순되지 않도록 정책 조합과 시행 순서를 정해야 한다.

다행인 것은 현재 에너지 체제 전환이나 이산화탄소 배출 감축에 성공하고 있는 국가들이 북유럽 나라들이나 독일과 같은 복지국가들이라는 점이다. 이들 나라의 시민들이 어떤 방식으로 상충하는 목표들을 조정하고 있는지 우선 검토해 보아야 할 것이다.[177]

저탄소 경제로의 이행 경로

그럼 지속 가능한 사회로 이행하기 위해서는 어떤 경로를 거쳐야 할까? 이에 대한 우리의 논의는 아직 일천해서 최소한의 합의도 존재하지 않는 것으로 보인다. 여기서는 최근 집중적인 연구가 이뤄진 영국의 논의를 모델로 우리가 가야 할 길을 거칠게나마 그려보기로 한다.

국제학술지 〈에너지 정책Energy Policy〉은 2013년 1월호에서 영국의 저탄소 경제 이행 경로를 특집으로 다뤘다. 티머시 폭슨Timothy Foxon은 시장 주도

	시장 규칙(시장)	중앙 조정(정부)	천 송이 꽃(시민사회)
거버넌스 원리	시장 논리, 시장 참여자들이 자유롭게 상호작용	정부 논리, 정부가 에너지 시스템을 직접 조정	시민사회 논리, 시민이 지방과 국가 에너지 시스템에 관한 의사 결정
핵심 기술	탄소 포획 및 저장 기술(CCS)을 갖춘 석탄과 가스, 원자력, 해양풍력	CCS를 갖춘 석탄과 가스, 원자력, 해양풍력, 내륙풍력, 조력	육지풍력, 해양풍력, 재생 가능 CHP, 태양 PV, 조력
핵심 개념	높은 탄소 가격은 CCS로 해결, 원자력 그리고 대규모 재생에너지의 경제성 제고	전략에너지부가 중앙 계약에 의해 저탄소 투자의 위험 축소	신생 에너지 소기업(ESCO) 모델, 기술 변화와 행동 변화가 최종 수요를 의미 있게 줄임. 소규모 분산 발전 기술, 지역공동체의 발전 시설 소유
핵심 주체	기존 에너지 대기업	에너지 대기업과 긴밀한 관계를 맺은 정부	ESCO, 지역공동체, NGO
핵심 과정	CCS의 상업적 이용, 에너지 대기업은 '고도의 전기(highly electric)' 사회를 전략적 사업 기회로 상정. 전기 난방과 전기 차 수요의 증가	CCS의 상업적 이용, 정부와 에너지 대기업 간의 협력과 긴장, 전기 난방과 전기 차의 증가	분산 발전 기술의 상업적 이용, 소수의 '지배적(표준) 디자인' 출현, 에너지 대기업의 분화와 ESCO화, 지역공동체 주도 재생가능 난방, 난방 수요의 감소와 전기 차 수요의 증가
핵심 하부 구조	2050년까지 발전의 80퍼센트를 고압 전력 송전, CCS를 갖춘 석탄 가스, 원선 신규 건설, 스코틀랜드에 역외 풍력 집중 건설, 스마트 그리드	발전의 80퍼센트를 고압 송전, CCS를 갖춘 석탄 가스, 기존 입지에 신규 원선 건설, 스코틀랜드와 북해에 해양 풍력 건설, 스마트 그리드	발전의 50퍼센트를 분산 발전, 쌍방향 흐름의 스마트 그리드, 스코틀랜드와 북해의 해양 풍력, 원전 신규 건설 중지
목표	2010년에서 2050년까지 전기 수요 50퍼센트 증대. 560TWh 공급	2050년까지 전기 수요 20퍼센트 증대, 448TWh 공급	2050년까지 전기수요 7퍼센트 감축, 328TWh 공급
위험 요인	CCS 실패, 신규 원전 건설에 대한 반대, 스코틀랜드와 잉글랜드 북부의 반대, 소비자 행동 변화 필요의 무시	CCS 실패, 저탄소 투자 증대에 따른 에너지 서비스 비용 상승에 대한 반대, 소비자 행동 변화 경시	분산 발전이 비싸고 건설하기 어려운 것으로 판명 나는 경우, 지역 해법의 취약성(중앙정부와 대기업에 대한 의존 여전), 최종 에너지 수요 감축 노력이 리바운드 효과로 상쇄되는 경우

*출처: Foxon, 2013, Transition pathways for UK low carbon electricity future, Energy Policy

〔표 17〕 저탄소 경제로의 이행 경로

경로(시장규칙), 정부 주도 경로(중앙 조정), 시민사회 주도 경로(천 송이 꽃)를 제시했다[178]. 〔표 17〕은 이 논문을 요약한 것이다.

우리나라의 경우도 이와 그리 다르지 않을 것이다.[179] 우선 시장 논리와 정부 논리에 따르면 저탄소 전기 사회로 가기 위해 전기 사용량의 증가를 전제하는 반면 시민사회 논리는 전기 소비량의 감축, 시민들의 행동 변화를 전제로 한다.

영국에서도 에너지 대기업과 정부의 시각은 대단히 유사하다는 것을 알 수 있다. 대기업들이 "시장에 맡기자."고 주장한다 해도 결국 에너지 투자에 대한 보조금을 요구할 것이며 정부가 정책을 사용하기 위해서도 에너지 대기업이 결국 행동 주체로 나서야 하기 때문이다.

정부와 대기업은 탄소 포획 및 저장(CCS ; Carbon Capture & Storage)과 같은 기술의 발전, 중앙 집중형 대규모 발전과 고압 송전, 핵 발전과 해양 풍력 발전 등을 선호한다. 반면 시민사회는 분산형 소규모 발전과 공동체 내부의 소비를 주장하며 시민들의 행동 변화와 근본적인 경제사회 체제의 변화를 요구한다.

물론 이 세 가지 경로가 전적으로 대립되는 것은 아니다. 흥미롭게도 대기업도 CCS 기술혁신을 위해서는 탄소의 가격이 획기적으로 올라가야 한다고 주장한다. 우리는 에너지 소비를 줄이기 위해서라도 전기 가격이 충분히 올라가야 한다고 생각하며, 가장 간단하고 강력한 정책 수단으로 탄소세를 도입할 것을 주장한다.

그러나 CCS의 상업적 이용이 실패한다면 핵과 석탄 중심의 중앙 집중형 발전은 더 이상 지속 가능하지 않을 수 있다. 특히 위에서 보았듯이 미래에 대한 할인율이 충분히 낮다면, 즉 미래 세대와의 정의를 고려한다면 에너지의 생산과 소비량을 더 증가시켜야 한다는 주장은 더 이상 받아들일 수 없을 것이다. 결국 우리의 이행 경로는, 아니 전 세계의 이행 경로는 폭슨의 '천 송이 꽃'을 중심으로 삼아야 할 것이다.

예방 우선의 원칙과 다중심적 접근

주류경제학의 논의는 완고하거나 지지부진하고 생태경제학 역시 하나의 분과로 볼 수 있을지 의심 받을 정도로 의견이 분분하다.180) 일단 지금 중요한 것은 '예방 우선의 원칙precautionary principle'이다. 어차피 우리는 환경문제가 가져올 피해와 비용을 정확히 측정할 수 없으며, 아직 오지 않은 미래 세대까지 고려해야 한다. 그렇다면 생길 수 있는 모든 위험은 우선 예방하는 것이 상책이다. 예방 우선의 원칙과 반대되는 개념이 '사전 증명의 원칙'이다. 어떤 결정을 내렸을 때 문제가 발생할 것임을 증명해야만 그 결정을 반대할 수 있다는 논리다.

이는 한미 FTA에 적용됐는데, 광우병 쇠고기 수입을 했을 때 어떤 문제가 있을 것인지를 증명해야만 규제할 수 있다는 것이다. 원전 문제도 마찬가지다. 2012년 한 해 동안만 울진, 영광, 고리 등의 핵발전소에서 크고 작은 사건 사고가 끊이지 않고 발생했다. 우려의 목소리가 높다. 이전에도 문제가 많았지만 알려지지 않았을지도 모른다. 그나마 일본의 원전 사고를 옆에서 지켜보았기 때문에 이 정도 우려의 목소리라도 낼 수 있게 되었을 것이다. 원전 역시 가동을 중단하는 것이 가장 현명한 답이다. 원전 사고로 인한 피해와 비용은 한미 FTA보다도 상상하기 어렵다. 안전에는 문제가 없다는 정부의 무성의한 대답에 안심할 수준이 아니다. 원전이 중단되면 전력난이 찾아올 것이라는 우려도 원전 사고가 가져올 문제에 비하면 아무것도 아니다.

이 원칙에 따르면 우리의 미래 할인율은 시장 이자율보다 훨씬 적어야 하는 것은 물론 사회가 합의할 수 있는 최소치여야 한다. 즉, 우리가 미래 세대의 복지를 위해 저축하고 투자해야 하는 양은 최대여야 한다. 그것은 강한 지속성이 상정하는 비선형, 파국의 가능성에 대한 보험을 의미한다.

또 하나 제시할 수 있는 원칙은 '다중심Polycentric 접근법'이다. 이는 공유 자원 문제에 등장했던 오스트롬이 제시한 방법이다.[181] 그녀는 전 인류가 걸린 공유지의 비극을 해소하는 방안으로 개인, 공동체, 국가가 당장 필요한 실천을 하면서 각 지역과 세계의 공동 정책도 동시에 추구하는 다중심 접근을 제안했다. 기후변화 같은 전 지구적 문제를 해결하기 위해서는 물론 교토의정서보다 훨씬 더 강력한 국제 협약이 필요하다. 하지만 국제 협약이 없다거나 별로 효력이 없다고 해서 그런 협약이 체결될 때까지 두 손 놓고 앉아서 기다린다면 인류는 진짜 망한다. 개인, 가족, 학교, 마을, 도시, 국가, 세계로 이어지는 무수히 많은 층에서 저마다의 실천이 진행되어야 한다.

오히려 작은 단위일수록 실천이 쉽다. 그 실천에 의해서 상위 단위가 기존의 정책을 바꿔나갈 수도 있다. 또한 폭슨이 설명한 것처럼 시장과 국가, 그리고 시민사회 각각이 고유의 논리에 따라 제시한 이행 경로 중 서로 합의할 수 있는 정책들을 먼저 실천할 수도 있다. 오스트롬의 평생에 걸친 공유 자원 관리 연구가 도달한 결론이기도 하다.[182] 즉, 개인과 지역공동체, 국가와 국제 사회가 각자 지금 가능한 실천을 해 나가면서 그 힘으로 다시 높은 차원의 실천으로 이어나갈 때 비로소 인류의 앞날은 밝아질 것이다.

마지막으로 강조할 것은 스티글리츠와 센, 그리고 피투시가 첫 발걸음을 내디딘 새로운 통계의 확보다. 우리는 생태 문제를 집약해서 보여주는 지표를 아직 찾지 못했다. 예컨대 생태계 서비스를 어떻게 평가할 것인지, 지금부터 10년 후의 탄소 가격이 어떻게 형성될지 전혀 알지 못한다. 개인, 지역

공동체, 국가, 그리고 글로벌 사회가 구체적인 실천을 하려면 이런 생태지표의 개발에도 박차를 가해야 할 것이다.

당장 무엇을 실천할 것인가?

이명박 정부 시기의 '녹색 성장'은 국내보다 세계에서 더 평가를 받았다. 유엔 환경계획뿐 아니라 버클리 대학의 브리BRIE ; Berkely Roundtable on the International Economy(버클리 국제경제 연구소)가 2012년에 펴낸 〈녹색 성장, 신앙에서 현실로Green Growth ; From Religion to Reality〉도 한국을 주요 사례로 꼽았다.

국내 비판자들의 주장처럼 이명박의 녹색 성장은 사실상 4대강 사업과 핵발전 확대에 덧씌운 '녹색 분칠'임에 틀림없으며 브리 역시 이런 사실을 정확히 인식하고 있다. 그런데도 이들이 한국에 주목하는 것은 한국 정부가 녹색 성장을 '사회적 경제적 패러다임의 변화'라고 명시하고 사회 전반의 녹색 혁신을 위해 필요한 정책을 망라했기 때문이다.

즉, 단순히 생태적 목표와 경제적 목표를 양립시키는 것을 넘어서 생태적 목표의 달성을 통해 사회 변혁을 이루겠다는 야심찬 계획인 것이다. 이명박 전 대통령에 따르면 이제 한국에서 생태를 위한 지출은 비용이 아니라 투자가 되었다. 이명박 정부가 '패러다임의 변화'로 무엇을 의미하려고 했건 이제 한국 사회에서 탄소 배기량 감축은 '에너지 시스템의 전환'을 의미하게 되었다.

에너지 생산의 전환은 분산형 에너지 생산과 '스마트 그리드'(똘똘한 전력망, 재생에너지의 특징인 불규칙성과 분산성을 연결하기 위해 필수적이다.)[183]에 의한 분배, 에너지 이용의 효율화를 의미한다. 과거에 석탄과 전기, 그리고 네트워크로서의 철도와 IT망이 그랬듯이 에너지 체제 전환은 사회적 경제를 송두리째 뒤바꿀 수 있다. 이명박 정부의 녹색 성장 계획에는 이런 인식과 정책, 그리고 이를 위해 필요한 통계 작성부터 각종 인증 제도까지 망라되어 있다. 이런 계획이 얼마나 착착 진행될지 의심스럽지만 생태 문제를 해결하려면 사회 전체의 혁신이 필요하다는 사고를 보수 쪽에서 제시했다는 것만으로도 의미가 있다.

이런 대대적 혁신을 위해서는 기득권과 목숨을 건 싸움을 벌이지 않을 수 없다. 기존 화석연료나 핵 집중형 에너지 시스템은 우리 사회에 강력한 이익 집단을 형성했다. 핵 마피아, 거대 기업이 소유하고 있는 에너지 집약형 산업(철강, 조선, 자동차, 석유화학), 집중 에너지 시스템에 필요한 대규모 건설을 수행하는 토건 마피아, 수익을 위해 '투자자 국가 제소권'까지 만지작거리고 있는 공기업(한전)까지, 이들은 가히 한국의 지배 동맹이다. 이명박 정부는 이들과 싸우기는커녕 거꾸로 이들의 이익을 키워주기 위해서 핵 발전을 확대하고 대규모의 투자 보조금을 대기업에게 주었고 이들에게 직접 부담을 주는 탄소세를 보류했다. 녹색과 전혀 무관한 4대강은 더 말해 무엇하랴? 한마디로 목표는 혁신적이되, 수단은 수구적이었다. 특히 재정이 4대강과 핵 발전, 그리고 대기업 보조금에 집중됐으니 오히려 기존 에너지 체제를 강화시키는 결과를 낳았다. 녹색 분칠을 넘어 가히 '녹색 반혁명'이다.

하지만 이명박 정부가 내걸었던 '패러다임의 전환'은 지금도 유효하다. 당장 에너지가 필요한 중국도 '녹색 혁신'을 내세워 대대적 투자를 하고 있으니 이 전환은 더욱 시급해졌다. 시장은 기존의 에너지 체제에 갇혀 있으므로 기업들의 자유로운 선택에 맡긴다면 생태나 경제 모두 악화될 뿐이다. 정부는 아주 강력하고 단호한 신호를 보내서 시장 안팎의 모든 행위자가 새로운 경로에 적응하여 스스로 수많은 보완 혁신을 이뤄내도록 해야 한다.

수명이 다한 핵발전소의 폐기, 신규 핵발전소 건설 중단은 첫 걸음일 뿐이다. 은근슬쩍 폐지한 발전 차액 지원 제도를 부활시키는 등 분산형 재생에너지 생산을 확대해야 한다. 정부 보조금은 대기업이 아니라 재생에너지 기초 연구 개발과 중소기업 네트워크, 그리고 스마트 그리드에 지원되어야 한다. 경기의 장기 침체를 타개하려면 민간의 대규모 투자 확대가 필요한데 현금이 넘쳐나는 대기업에 보조금을 주는 것은 총수요 확대를 상쇄시킬 뿐이다. 특히 지역공동체의 협동조합형 재생에너지 생산을 적극적으로 장려해야 한다.

기존 에너지 체제의 수익성을 떨어뜨려 새로운 체제로 갈아타도록 하는 데 가장 단순하고 확실한 방법은 탄소세를 부과하는 것이다.[184] 탄소세란 1차 에너지원의 이산화탄소 함유량에 따라 세금을 매기는 것이다. 세율을 매기는 원칙은 배기구 혁신(부가혁신)이 아니라 엔진 혁신(돌파혁신)이 일어날 정도로 높아야 하고, 동시에 제본스 역설이 발생하지 않을 만큼 에너지 가격이 낮아지지 않아야 한다. 또한 '녹색 역설green paradox'(미래의 가격 상승을 예상하여 현재 에너지 공급을 늘려서 소비도 증가시키는 현상)을 막기 위해서는 점진적 증가가 아니라 단번에 인상해야 한다. 정밀한 계산을 필요로 하는 것이긴 하지만 평균 석유 1리터 당 70~80원의 세금만 추가해도 8조 원 정도의 세수를 확보할 수 있다.

이런 행동은 전 시민이 힘을 합쳐야 비로소 가능하다. 수명이 다한 핵발전소의 폐기나 전기 소비의 축소 역시 시민의 참여 없이 불가능할 것이다. 스마트 그리드의 표준 설정에 전 산업과 시민이 참여해야 하고 나아가서 중국이나 일본 등과 협력해야 할 것이다. 대규모의 국내외 '녹색 동맹' 없이는 이런 기초적인 정책도 실천할 수 없을 것이다. 100년 뒤 아이들의 생명까지 고려하는 생태민주주의의 확장 없이는 한 발짝도 나가기 어렵다. '협동의 경제학'은 미래와의 협동을 절실히 요구하고 있다. 인간의 공공 이성이 거기까지 이르지 못한다면 우리는 절멸할지도 모른다.

복잡네트워크의 경제학을 향하여

"인간은 과연 이기적인가?"라는 질문에서 출발한 우리의 여정은 이제 마지막에 이르렀다. 물론 간명한 답은 없다. 우리가 맞닥뜨린 문제가 그리 만만치 않다는 사실, 특히 생태 문제에 이르면 전 인류가 머리를 맞대지 않으면 인류 절멸에 이를 수도 있다는 사실을 인식했다면 이 부족한 책은 나름대로 자신의 사명을 다 했다고 할 수 있을 것이다.

우리는 모든 문제를 시장에 맡기는 것이 얼마나 인간과 사회를 오해하는 일인지 밝혔다. 우리는 이기적 인간이 도저히 해결할 수 없는 사회적 딜레마 해결의 실마리는 신뢰와 협동에 있다고 주장했다. 최근의 진화생물학, 행동 및 실험경제학, 진화심리학 등은 상호성이 인간의 본성 중 하나고 그것이 인간의 협동을 가능하게 했다는 증거를 쏟아내고 있다. 호모 에코노미쿠스는 이런 복합적 인간 본성의 일부일 뿐이며 사회를 그런 가정에 의해 조직하면 파멸을 맞게 마련이다.

책 곳곳에서 강조했듯이 '역사로서의 현재'는 위기의 시대를 맞았다. 이 위기에서 빠져 나가려면 경제학, 나아가서 사회과학 전체를 다시 써야 할지도 모른다. 적어도 그런 단순한 학문으로는 현재의 문제를 해결할 수 없다는 것만은 확실하다.

우리는 복잡성 과학에서 희망을 찾아 볼 요량이다. 복잡 네트워크는 개별 행위자(개인)와 전체(사회)의 관계를 조망할 수 있게 해 준다. 개인 간의 상호작용이 사회를 형성하는 원리, 그리고 사회가 개인의 행동을 제약하는 방식을 하나의 메커니즘으로 보여 줄 수 있다. 그리고 그 속에서 새로운 현상이 출현하며 이런 현상이 누적되면서 사회는 계단형 진화를 하거나 파국을 맞게 된다. 우리는 바로 그런 분기점, 또는 티핑 포인트에 도달했다.

인간이 자신과 가족을 위하여 경쟁하면 시장이 모든 갈등을 조정해 줄 것이라는 300년 묵은 신앙을 이제는 버릴 때가 되었다. 우리는 구 소련의 사회주의처럼 공공경제의 원리, 또는 평등의 가치 하나로 세상을 조직해서도 안 된다는 뼈저린 교훈도 얻었다. 지난 20세기는 여러 가치의 공존과 정치, 즉 숙의민주주의에 의한 조정이 잠정적 답이라고 가르쳐 주었다. 새로운 사회는 여기서부터 열릴 것이다.

녹색혁명당 선언[185]

❶

　우리에게 녹색은 기존 진보적 가치에 하나 더 추가되는 요소가 아니라 가장 중요한 진보 재구성의 원리입니다. 먼저 이론적인 측면을 간단하게 살펴봅니다. 아직 녹색과 관련된 이론을 본격적으로 검토한 것이 아니라서 기본 방향만 다룹니다.

　첫째, 마르크스 경제학은 적절하게 녹색을 다루지 못할 가능성이 높습니다. 자본주의 초기에 살았던 마르크스는 기본적으로 생산력은 자연을 변형시키는 인간의 능력에 따라 거의 자동적으로 발전하며, 특히 자본주의 사회에서는 이윤의 추구로 비약적으로 발전한다고 정당하게 가정합니다. 마르크스가 주목한 것은 발전한 생산력이 기존의 생산관계와 부딪히게 된다는 사실입니다. 결국 생산관계를 변혁하는 것은 필연적인 일이 됩니다. 혁명이란 이 진리를 앞당기는 일일 뿐입니다.

　마르크스의 이런 사고는 노동자 중심성으로 이어집니다. 군대와 같이 대규모로 규율을 갖추게 되는 집단이 대공장 노동자입니다. 많은 나라의 초기 근대화 과정을 군대가 쿠데타로 시작하는 것처럼 사회주의도 대공장 노동자가 주도하게 된다는 거죠. 레닌의 '한 공장 사회주의'는 이런 사고의 기계적 확장입니다. 자본주의의 사회화는 거대한 공장으로 그려지고 단지 소유만 바꾸면 되는 겁니다.

　이런 사고의 오류는 "낭만적 사회주의에서 과학적 사회주의로"라는 말로 집약됩니다. 공동체 민주주의는 낡은 것으로 치부되고 오로지 굴뚝 산업의 프롤레타리아 독재만이 진보로 생각하게 되는 겁니다. 민주노총이 사실상 대공장 노동자의 소시민적 이기주의(사교육과 아파트를 위한 잔업과 임금 상승)에 지배되는 현실에 과학적 사회주의란 존재할 수 없습니다. 다만 자산 버블 경제의 든든한 공범일 뿐입니다.

그러나 현실에서 더 중요해진 것은 발전된 생산력이 자연의 한계를 돌파한다는 사실입니다. 기후온난화에 의한 지구의 파멸은 그 첫 번째이자 거의 마지막 증거입니다. 생산관계와 자연의 한계는 결코 동일하지 않습니다. 따라서 좁은 의미의 생산관계를 변혁하는 것, 즉 생산수단이 생산자의 소유로 된다고 해서 해결될 문제가 아닙니다. 생산수단의 추상화인 자본보다 더 중요하고 절박한 것은 삶의 최종 수단인 자연이기 때문입니다. 물론 혁명 후의 노동자 국가가 녹색 실천을 할 수 있다고 말할 수 있습니다만, 그때의 노동자계급은 전지전능의 어떤 기계로 상정된 허구일 뿐, 현실의 노동자가 아닙니다. 적어도 공장의 규율이 삶을 포괄하는 생명의 문제를 알려주지는 않습니다.

이 점은 케인스주의와 같은 자유주의 경제학도 마찬가지입니다. 케인스 역시 생산력에 관해서는 무한한 낙관론자였고 모든 사람이 적당히 생산력 발전의 결과를 나누어 가질 수 있다면 아름다운 문화적 삶을 누릴 수 있다고 생각했으니까요.

케인스가 뛰어난 것은 (제대로 경제학 교육을 받지 않은 덕에) 현실의 움직임을 맨눈으로 통찰할 능력을 가졌다는 데 있습니다. 그 역시 생산관계보다 조금 더 기술적인 거시경제의 문제만 해결되면 인류의 이상은 실현된다고 생각했습니다. 그러나 역사적 상상력에 관한 한 소박하기 그지없습니다. 그는 자신의 손자가 살 즈음에는 스스로 블룸즈베리[186]에서 누렸던 삶이 보편화할 것이라고 굳게 믿었습니다. 그야말로 아름다운 낙관이죠.

시장 만능 경제학은 최악의 해결책을 제시합니다. 만일 공기나 물 같은, 과거의 자유재가 귀해진다면 희소성의 원리에 따라 가격이 급등할 것이고 이에 따라 사람들은 이런 생명의 필수재를 자동적으로 덜 소비하게 될 겁니다. 그러나 이 해결책은 대다수 사람들의 생명을 빼앗아 갑니다. 예컨대 공기의 값이 치솟으면 부자들만 신선한 공기를 마시고 돈 없는 사람들은 '공기 시장'(이미 산소방이라는 형태로 초기 시장이 형성되고 있습니다)에서 쫓겨나서 죽음을 맞이하겠죠. 이미 물과 에너지, 식량 시장에서 일어나고 있는 현상입니다. 앞으로 10년 내에 저개발 국가들은 깨끗한 물, 에너지, 식량 부족으로 이전의 대규모 전쟁이 초래했던 것과 같은 규모의 대량 살상을 맞게 될지도 모릅니다.

이러한 명명백백한 사실은 녹색혁명이 다뤄야 할 대상이 대단히 강력한 외부성을 가지고 있다는 것을 의미합니다. 대량 살상이야말로 극도의 외부성입니다. 다 죽으면 나 혼자 돈이 많거나 능력이 많아도 같이 죽을 수밖에 없으니까요. 외부성을 시장이 해결하지 못한다는 것은 주류경제학에서도 인정합니다만, 이렇게 강력한 외부성은 언제나 가변적인 국가가 아니라 숙고하는 민주주의 공동체만 해결할 수 있습니다.

단지 예외로 치부되던 외부성이 미래 경제학의 중심에 등극한다는 것은 이제 '시장경제의 원리'라는 과거의 사고방식이 주변으로 밀려나고 완전히 새로운 사고와 행동방식이 필요하다는 것을 의미합니다.

둘째, 녹색혁명은 현 단계 자본주의의 한계를 극복할 수단이기도 합니다. 모든 것을 시장에 맡기자는 간단한 원리가 불러온 것이 현재의 자산 거품경제입니다. 2008년의 유가, 곡물 가격 급등은 앞으로 파생상품 시장이 자연을 주 대상으로 삼을 것이라는 사실을 보여줍니다.

자산의 더 많은 소유가 삶의 목표가 되고, 자산 가격 상승이 임금 상승을 앞지르게 되면 이제 삶에서 노동시장보다는 자산시장이 훨씬 더 중요해집니다. 오로지 노동조합은 자산시장에 뛰어 들기 위한 기초 자산을 확보하는 데 진력하는 집단으로 바뀌고 있습니다. 몇몇 실천가들이 변혁을 얘기한다고 해서 이 경향을 바꾸지는 못합니다. 마르크스는 노동 과정을 관찰하면서 '형식적 포섭'(절대적 잉여가치의 생산)에서 '실질적 포섭'(상대적 잉여가치의 생산)을 얘기했지만 이제 생산된 잉여가치의 재분배 경쟁에 뛰어드는 생활 과정의 포섭이 완성된 겁니다. 그리고 정치는 이런 대중의 열망에 부응하려고 노력하게 됩니다. 한나라당이나 민주당만 그런 게 아닙니다. 과거의 자본주의는 물질에 관한 기초적 욕망을 무기로 지배했지만 이제는 정신까지 지배합니다.

녹색혁명은 이 문제를 자산 재분배로 해결합니다. 이제 소득이 문제가 아니라 자산이 문제라는 인식으로 이 개념은 만들어졌지만, 자연을 시야에 넣으면, 임금 등 유량流量, flow이 현재 당면한 문제가 결코 아니라, 저량貯量, stock이 문제라는 게 명백해집니다. 자연은 말 그대로 저량입니다.

우선 자산의 가격이 서서히 끊임없이 내려가도록 종합부동산세와 종합금융자산세를 부과하고, 여기에서 풀려나오는 자산, 특히 자연은 공동체가 소유하도록 합니다. 공동체가 소유한 자산은 철저하게 녹색의 개념으로 관리합니다. 예컨대 새로운 주택의 공급은 철저한 녹색 주택이며 공동체의 소유입니다.

우리는 이제 재개발의 대안으로 원주민이 입주할 수 있는 재개발을 넘어서 녹색 재개발을 얘기할 수 있습니다. 원주민의 최소한의 물질적 권리를 만족시켜야 한다는 정책 목표를 넘어서 이제 자연과 우리 스스로를, 그리고 아이들을 살리기 위해서 삶의 보금자리를 만들어야 합니다. 아주 간단한 예를 들면 에너지를 기술적으로 가능한 최대한까지 절약하는 설계(예컨대 단열재의 도입, 1인당 주택 평수의 제한, 빗물을 모으고 활용하는 시설, 옥상 공원 등등 무수히 많습니다.), 또한 재생에너지에 의한 에너지 공급, 주택부터 직장까지의 동선을 최소화하는 입지 등을 공공 주택부터 도입합니다. 몇 개 모델의 성공에 따라 보조금이나 규제를 통해 민간 건설도 녹색혁명을 따라오도록 할 수 있을 겁니다.

모든 자연은 공동체가 소유해서 철저한 녹색의 철학에 의해 개발하거나 보전합니다. 이를 위해서는 공동체가 기존 자산을 구입하는 경우에는 상속세를 감면할 수 있습니다. 군 단위 정도의 기초 공동체가 녹색민주주의에 입각해서 미래까지 내다보는 운영 방향을 결정합니다. 사실 풀뿌리 정치는 중앙보다 더 심각하게 지역의 건설 자본-언론-관료 연합체가 지방 유지라는 실행자를 통해 철저하게 지배하고 있습니다. 녹색혁명은 새로운 동맹을 통해 이 연합체를 깨뜨릴 수 있습니다.

기존의 '사회 공공성'도 '녹색 공공성'으로 비약적으로 확대되어야 합니다. 자연이야말로 최고의 공공성이고 이는 공동체의 소유와 관리를 요구합니다. 또 자연의 이용은 심각한 외부 불경제(토지의 부족, 대기오염, 물 부족과 오염 등)를 발생시키므로 공동체가 철저하게 규제해야 합니다. 이른바 '공유지의 비극'을 사적 소유로 해결해야 한다는 건 고등학교 교과서에도 나옵니다만, 이는 대표적인 우리 시대의 이데올로기적 오류입니다. 이 개념의 창안자인 하딘조차도 규제되는 공유지가 또 하나의 대안이라는 점을 인정한 바 있죠.

기존 네트워크 산업(전기, 철도, 수도, 가스, 우편 등)은 민영화가 아니라 철저하게 녹색으로 개조해야 합니다. 에너지 등 자연을 극도로 절약하는 녹색 개량이 일어나야 합니다. 산업자본주의 시대의 철도와 고속도로, 그리고 정보자본주의 시대의 정보 고속도로 인터넷에 이어 에너지와 식량 등 녹색 산업의 고속도로가 건설되어야 합니다. 에너지의 전달과 관리 체계인 똘똘한 연결망smart network은 새로운 '고속도로'(물리적으로는 저속이지만 가장 절약적인 도로)의 모범사례일 겁니다.

셋째, 녹색혁명은 현재의 위기를 극복할 대규모 일자리 만들기 프로젝트이기도 합니다. 위기로 인한 재정 투입을 거의 모두(당장 필요한 저소득층에 대한 소득분배는 제외) 녹색혁명에 사용해야 합니다. 재정 적자는 탄소세 등 환경세로 보충합니다. 농촌이나 도시의 빈민 주택부터 에너지 절약형 녹색 주택으로 개량하는 일만 해도 엄청난 투자와 일자리를 보장합니다.

앞에서 거론한 녹색 네트워크의 건설은 나라 안의 모든 지식을 모두 동원해야 가능합니다. 환경세의 부과로 자동차 운행이 줄어들면 차선 하나는 자전거 도로로 만들 수 있습니다. 대운하가 아니라 전국의 아름다운 숲을 연결하는 오솔길 프로젝트를 시행합니다. 공동체가 숲을 증가시키거나 다른 녹색 아이디어를 실천하면 그 성과에 비례해서 보조금을 지급합니다.

넷째, 녹색혁명은 대규모의 교육을 필요로 합니다. 당장 재생에너지 발전소나 스마트 그리드를 설계하고 설치할 대규모의 인력이 필요합니다. 설치나 보수는 간단하니까 짧은 교육으로도 바로 일자리를 얻을 수 있을 겁니다. 뿐만 아니라 녹색혁명 자체를 전파할 대규모의 교육 인력도 필요합니다. 현재 양산될 청년 실업자만큼 이러한 교육에 걸맞은 집단은 없을 겁니다. 녹색혁명의 '그린 전위대'가 탄생해야 합니다.

다섯째, 이런 일이 공동체 차원에서 일어날 수 있도록 금융도 재편되어야 합니다. 여기에는 지역재투자법과 마이크로 크레디트를 비롯한 풀뿌리 금융의 창설 등이 도입되어야 하겠죠.

여섯째, 녹색은 생명입니다. 사실 이게 제일 중요합니다. 생명과 관련된 모든 제도를 생명의 만개에 맞춰서 재설계해야 합니다. 건강보험, 약 등 생명과 관련된 지적 재산권, 광우병 소, LMO(유전자 변형 생물체) 등 먹을거리, 나아가서 로컬 푸드, 아토피 같은 환경 질환 등 우리 아이들의 생명에 관한 모든 문제를 녹색혁명의 개념 안에 넣어서 해결해야 합니다. 생명을 위협하는 어떠한 제도(이윤 추구 때문에 생기는 자본주의적 문제든, 아니면 사고의 자유를 억압하는 무수한 통제 기구든)도 '혁명'으로 바꿔내야 합니다. 모든 제도의 목표는 생명입니다. 자연과 그 부속물인 인간의 생명을 살리고 한껏 피어나게 하는 것, 그것이 녹색혁명당 최고의 가치입니다.

인간은 짧은 시야를 가진, 대단히 부족한 존재입니다. 장기적 문제는 오로지 민주주의적 합의와 동의된 규제에 의해서만 해결될 수 있습니다. 그러지 못하면 우리가 맞이할 것은 파시즘입니다. 실로 파시즘은 바로 우리 앞에 있습니다. 녹색혁명으로 임박한 파시즘을 막아야 합니다.

우리 당의 장기 전략과 정책, 그리고 홍보를 모두 녹색에 맞추는 일을 지금 당장 시작해야 합니다. 당명도 녹색혁명당이 어떨까요? 녹색혁명을 수행할 녹색동맹green alliance은 그 성격상 모든 계급과 인종, 젠더를 하나로 묶지 않으면 안 됩니다. 예컨대 새로운 녹색 산업의 담당자들은 이기적 욕구에 의해서도 녹색혁명을 지지하지 않을 수 없습니다. 우리가 비전을 정리하면 동맹의 모습도 확연히 달라질 겁니다. 우리가 고민하는 폭넓은 지지는 여기에서 해결될 겁니다.

에필로그

협동조합을 꿈꾸는 그대들에게

지금 한국은 집단적으로 꿈을 꾸고 있다. 역시 다이내믹 코리아인가? 전국에서 협동조합 열풍이 불고 있다. 우리가 이 책에서 내내 얘기했듯이 사회적 경제는 신뢰와 협동 없이는 발전할 수 없고 신뢰와 협동은 단기간에 형성될 수 있는 것이 아니다. 하여 일부에서는 이런 열풍이 냉담으로 바뀌는 순간을 걱정하고 있다. 물론 나도 그렇다. 18대 대통령 선거에서 청와대에 사회적 경제위원회를 신설해서 이런 열망을 지원하겠다고 약속한 후보마저 떨어졌으니 더욱 걱정이다. 과연 박원순 서울시장 홀로 이 놀라운 꿈들이 결실을 거둘 수 있도록 도와 줄 수 있을까? 하여 이 책의 에필로그를 대신해서 협동조합을 꿈꾸는 전국의 그대들에게 연서를 쓴다.[187]

2012년 말 협동조합기본법 통과를 계기로 전국 방방곡곡에서 협동조합 붐이 일어나고 있다. 이 뜨거운 열기가 한 순간 냉소로 변하면 어떻게 하나, 슬슬 걱정이 될 정도다. 왜냐하면 협동의 근원인 신뢰는 오랜 기간에 걸쳐

ICA 협동조합의 7원칙	오스트롬 공유자원 관리의 8가지 규칙	노박 인간 협동 진화의 5가지 규칙
1. 공유와 공동이용 2. 민주적 의사결정 3. 참여 4. 자율성 5. 교육 6. 협동조합의 네트워크 7. 공동체에 대한 기여	1. 경제확정 2. 참여에 의한 규칙 제정 3. 규칙에 대한 동의 4. 감시와 제재(응징) 5. 점증하는 제재 6. 갈등 해결 메커니즘 7. 당국의 규칙 인정 8. 더 넓은 가버넌스 존재	1. 혈연선택 2. 직접상호성=단골 3. 간접상호성=평판 4. 네트워크 상호성 5. 집단선택
	*협동촉진의 미시상황변수 추가 1. 의사소통 2. 평판 3. 한계수익 제고 4. 진입 또는 퇴장 능력 5. 장기 시야	*이후 행동 / 실험 경제학, 진화 생물학이 찾아낸 협동의 촉진 수단 1. 소통-민주주의 2. 집단정체성 3. 사회규범의 내면화

[표 18] 신뢰와 협동에 관한 규칙들

서서히 쌓이는 것이기 때문이다. 한꺼번에 수천, 수만 개의 협동조합이 설립되면 그 만큼 많이 파산할 것이고, 이런 과정에서 심지어 사기극도 벌어질 것이다. 뜨거운 열정과 함께 협동조합의 원리에 대한 깊은 이해가 필요한 시점이다.

이 책에서 소개한 대로 2006년 노박은 게임이론을 이용하여 협동이 일어나는 5가지 규칙을 추출했고, 오스트롬은 공동으로 이용하는 숲이라든가 강과 같은 공유 자원 관리의 전 세계적 사례를 연구해서 8가지 규칙을 찾아낸 공로로 2009년 노벨 경제학상을 받았다. 국제 협동조합연맹 ICA의 7원칙은 1840년대 로치데일의 경험 이래 그동안 쌓인 수많은 성공과 실패의 경험을 정리한 조직 운영 원리다. [표 18]은 이들을 병렬한 것인데 이 책 전체의 내용이 모두 다 들어 있다고 할 수 있다.

즉, 이 표는 신뢰와 협동에 관한 인류의 지혜를 총집결한 것이라고 할 수 있을 텐데 협동조합에 참여한 분들, 또는 조합원들 간의 협동을 고민하는 어떤 분들은 이 표를 머리맡에 붙여 놓고 시간 날 때마다 음미한다면 시시때때로 무릎을 치는 활로를 발견할 수 있을 것이다.

예컨대 협동조합의 제1원칙인 공유와 공동 이용은 협동조합에 오스트롬의 8가지 규칙이 적용된다는 것을 의미한다. 민주적 의사 결정, 그리고 참여와 교육의 원칙은 자본주의적 기업의 경영에 비해 굼뜨고 중구난방이 되어 비효율적일 것 같지만 오스트롬과 노박의 규칙에서 협동을 촉진하는 필수적 수단들이라는 것을 알 수 있다. 협동조합이 돈과 사람의 동원에서 취약하다는 점을 보완하는 데 필수적인 제6원칙, 협동조합의 네트워크는 오스트롬의 더 넓은 거버넌스의 존재, 그리고 노박의 네크워크 상호성과 집단 선택(집단 정체성)과 긴밀하게 연결되어 있다. 물론 공유 자원 관리의 핵심 주체인 지역공동체는 또한 혈연선택과 집단 선택이 일어나는 공간이기도 하니 협동조합의 생존에 필수적이다.

그러나 당장 어디서부터 시작해야 할지 막막한 분들께 내가 드릴 수 있는 말은 별로 없다. 이럴 때는 오랜 경험과 이론을 겸비한 분들을 만나야 한다. 지역의 각종 시민 단체나 생협의 교육에 참가하면 더 일반적인 얘기를 들을 수 있을 것이다.

박원순 서울시장의 용어로 '중간 조직'이 있다면 조금 더 체계적인 정보를 얻을 수 있다. 말하자면 해당 분야의 특성, 금융이나 기술, 관련 정책에 관한 컨설팅이 필요한 것이다. 이탈리아의 에밀리아로마냐 지방에서는 CNA(중소기업과 수공업자 연합회)나 레가, 그리고 리얼 서비스 센터가, 캐나다의 퀘벡 지역에서는 데자르댕 같은 금융기관과 샹티에라고 불리는 연합 조직이 그런 역할을 했다. 이런 중간 조직은 협동조합이나 사회적 기업 네트워크의 접속점node 역할을 한다. 우리나라 협동조합의 첫 번째 전략으로 손 꼽히는 네트워크화가 창업자에게 갖는 의미는 그런 접속점을 찾아야 한다는 것이다.

당장 어떤 일을 선택하고 누구와 할 것인지에 대한 답은 자신이 살고 있는 지역공동체에 있다. 현재의 협동조합 붐이 성과를 거두려면 지역공동체의 발전 전략과 궤를 같이 해야 한다. 지역 주민들이 그런 전략 수립에 참여한 다면 금상첨화일 것이다. 떼돈을 벌 생각만 아니라면 우리가 할 수 있는 일, 또 해야 할 일은 바닷가 모래알처럼 널려 있다. 예컨대 동네 어르신의 집을 에너지 절약형으로 수리하는 일부터 마을 전체를 재개발하는 일까지 사회적 경제가 담당하면 효율과 평등, 연대를 동시에 이룰 수 있다. 지역공동체의 모든 사회적 수요는 곧 사회적 경제의 사업 대상이다. 이것이 두 번째 전략이다. 지역공동체에 뿌리박은 사회적 경제는, 위에서 제시한 인간 협동의 조건들 중 상당수를 일거에 만족시킨다는 사실도 확인할 수 있을 것이다.

세 번째는 현재의 보편 복지 요구와 연관시켜서 봐야 한다는 점이다. 서구에서는 80년대 말 이후 재정 위기로 많은 복지 프로그램을 민영화했다. 공공성을 지닌 사업을 시장에 맡기면 당연히 요금이 폭등하고 값싼 서비스가 사라진다거나 대형 사고가 발생한다. 특히 의료, 보육, 교육, 문화, 교통 등 사회 서비스 분야가 그러한데 협동조합이나 사회적 기업은 이런 문제를 효과적으로 해결할 수 있다. 이제 본격적으로 복지 사업을 설계해야 할 한국 정부는 처음부터 사회적 경제를 마지막 복지 전달의 주체로 삼을 수 있을 것이다.

이론은 '협동조합을 꿈꾸는 그대'에게 이렇게 말한다. 먼저 동네에서 가장 큰 문제가 무엇인지 살펴서 주민들과 해법을 모색하라. 지방정부나 중앙정부의 사업 중에 해당 항목을 찾아서 담당 부서와 의논하라. 정부가 하는 일 중 우리가 할 수 없는 일은 없다. 무엇보다도 상상력을 발휘해야 한다. 절대로 정부 공무원의 머릿속에서는 나올 수 없는 사업들도 수없이 튀어 나올 것이다. 우리의 꿈이 주민들 스스로의 에너지로 실현되는 곳이 바로 사회적 경제다. 바글바글한 에너지야말로 우리의 가장 큰 자랑이 아닌가?

후주

1) "경제학에서 이기적 선호라는 것이 중심 가정이 되어가는 과정은 시장에 대한 일정한 관점의 확립과 연결되어야만 이해될 수 있다. 즉 시장이 완전하지 않은 상태를 전제했다면 경제학자들이 완전히 이기적인 개인을 출발점으로 내세울 수 있었을까? 즉, 경제학에서 경제주체의 탈윤리화 과정은 시장을 완전한 계약이 이루어지는 장소로 인식하는 과정과 결합되어야만 이해가 가능하다. 결국 '시장이 효율적'이라는 인식이 문제가 아니라 시장이 완전하다는 인식이 문제이다. 모든 재화가 가격을 가진 교환의 대상이 되고, 계약에는 아무런 불확실성도 존재하지 않는 '완전한 계약 상황'이 중요하다". 《이타적 인간의 출현》을 쓴 경북대 경제학과 최정규 교수의 지적인데 이에 동의한다. 앞으로 별도의 표시가 없는 한, 이기적 인간과 시장의 효율성에 대한 비판은 "완전한 시장과 완전한 계약에 대한 비판"을 의미한다.

2) 다니엘 하우스만 외(1992. 2. 8.), 〈이코노미스트The Economist〉, 다니엘 하우스만·마이클 맥퍼슨(2010), 《경제 분석 도덕철학 공공정책》, 나남. 독자의 이해를 위해 원문을 쉽고 간결하게 변형하여 재구성했다.

3) 샌델(2010), 《정의란 무엇인가》, 김영사

4) 생산량이 늘어날수록 평균생산비용은 줄어드는 경우를 말한다. 주로 철도·통신·수도·가스와 같은 망 산업이 해당된다. 초기의 망 구축에 많은 비용이 들어가지만, 이후에는 추가 비용이 거의 들어가지 않기 때문에 생산량이 늘어나고 사용자가 늘어날수록 평균비용이 감소하게 된다. 혼자 살면서 1인분의 음식을 차릴 때보다 결혼해서 2인분의 음식을 차리는 것이 비용이 적게 들어간다. 혼자 먹던 밥상에 밥 한 공기 더 푸고, 숟가락 하나 더 놓으면 둘이 먹을 수 있지 않은가? 음식뿐 아니라 주거 및 생활환경 유지에 있어서도 마찬가지다.

5) 스미스의 '보이지 않는 손'이 《국부론》에서 차지하는 역할, 그리고 《국부론》과 《도덕감정론》의 관계는 무엇인가'는 현재 논쟁의 대상이다. 최정규 교수는 스미스의 저작에서 '보이지 않는 손'이 특권적 지위를 차지하게 된 과정 자체가 흥미로운 연구 대상이라고 지적했다.

6) 공공경제를 다룬 제4부에서 다소 자세하게 설명하겠지만 노벨경제학상 수장자 센은 개인 간 효용의 비교불가능성이라는 이 가정이 '사회적 선택'을 불가능하게 만들었다고 비판한다.

7) 경제학의 호모 에코노미쿠스라고 하면 스크루지 영감이 떠오를 것이다. 하지만 경제학의 이기적 인간이란 뭔가 탐욕스럽다는 뜻을 담고 있는 selfish보다 '자기만 생각하는' self regarding에 가깝다. 떠나간 사랑에 연연하기보다 '쿨'하게 잊으려는 요즘 아이들을 연상하는 것이 낫다.

8) 최정규(2010), 《이타적 인간의 출현》, 뿌리와이파리, 불공정한 분배를 거부하는 것은 사람들이 파레토 효율을 규범으로 받아들이지 않는다는 것을 의미한다.

9) 국내에는 《정의론》만 출판됐으며, 《공정으로서의 정의》는 출판되지 않았다.

10) 국내에서 출판된 그의 저서 《초협력자》에는 저자 이름이 마틴 노왁으로 표기되어 있다. 노박은 오스트리아 사람인데 그 나라 식으로 발음하면 노박, 미국식으로 읽으면 노왁이다. 이 책에선 노박으로 표기했다.

11) 이규상 외(2009), 〈자유온정주의와 자유방임주의〉, 《경제학연구》(제57집 제3호), 173쪽

12) Levin 외(2002), A Tale of Two Pizzas: Building Up from a Basic Product Versus Scaling Down from a Fully-Loaded Product, Marketing Letters(Volume 13, Issue 4)

13) 기대 효용이란 어떤 일이 발생할 확률과 그로 얻게 될 보수를 곱해서 얻어진다. 이 경우 전자는 0.9의 확률과 1억 원의 보수를 곱하여 9,000만 원의 기대 효용을 얻게 되고, 후자는 1의 확률과 9,000만 원의 보수를 곱하여 역시 9,000만 원의 기대 효용을 얻게 된다.

14) 리처드 H. 세일러(2007) 《승자의 저주》, 이음

15) 국내에서는 리차드 탈러라고 표기하기도 한다. 탈러는 독일식 발음이고 세일러는 미국식 발음이다. 리차드 세일러는 국내 언론과의 인터뷰에서 자신의 집안이 독일에서 이민 왔으나 지금은 미국식 발음인 세일러로 불린다고 밝혔다.

16) 정태인(2010), 《리얼진보》, 레디앙, 〈경제대안의 출발점, 사회적 경제〉

17) 하지만 공공재 중에도 국가가 가져다 줄 수 없는 것들이 있다. 예를 들면 민주주의가 그렇다. 민주주의는 공공재다. 내가 민주주의를 누린다고 해서 다른 사람이 민주주의를 누릴 수 있는 기회가 줄어드는 것은 아니므로 비경합적이다. 오히려 더 많은 사람이 민주주의를 누릴수록 내가 누릴 수 있는 몫도 커진다. 과거 독재자 휘둘렀던 사람들은 빼놓고 민주주의를 적용하고 싶지만 그럴 수 있는 방법은 없으므로 비배제적이다. 즉, 민주주의와 같은 제도들도 공공재인 것이다. 그래서 모든 제도의 도입에는 무임승차의 문제가 발생한다. 학자들은 이를 제2종 무임승차라고 부른다. 언론이나 민주주의와 같은 공공재는 국가가 만들어서는 안 된다. 즉, 정확히 말하면 "공공재는 시장이 공급할 수 없다."는 건 맞는 말이지만 꼭 국가가 해야 하는 것은 아니다. 마을에 가로등 세우는 문제에 꼭 동장이 나서서 정부로부터 돈을 받아야 하는 것도 아니다. 인간은 자발적 협동에 의해 꽤 많은 문제를 해결한다. 코즈는 새뮤얼슨이 대표적 공공재의 예로 든 등대가 실제로는 선주들의 자발적 기부에 의해 세워지고 관리되었다는 영국의 역사적 사례를 제시한 바 있다. 물론 이런 사례를 일반화하고, 또 거래 비용이론이 0이라고 가정해서 모든 문제를 민간이 해결할 수 있다는 이른바 '코즈의 정리' 또한 항상 옳은 것은 아니다.

18) 스티글러가 정리한 '코즈 정리'는 거래 비용이 없는 상황을 상정한다. 코즈가 자신의 논문, 〈사회적 비용의 문제The problem of social cost〉에서 거래 비용이 없는 상황부터 시작한 건 사실이지만 이는 거래 비용이 도입되면 어떤 일이 발생하는지 보여주기 위한 기준점이었다. 기실 볼펜 공장의 오염을 민간이 자발적으로 해결하려면 피해액의 추정부터 난관에 부딪힐 것이고 양자는 전략적으로 행동할 가능성이 100퍼센트다. 코즈가 이 정리를 묵인한 것은 피구를 비판하려는 자신의 원래 목적을 달성하는 데 매우 편리했기 때문일 것이고 또 자신의 주장이 유명해지는 걸 누가 마다할 것인가? 케인스 역시 자신의 이론을 수학으로 만드는 것을 탐탁지 않게 여겼지만 일반인들이 쉽게 이해하는 데 도움이 된다고 판단해서 아무 말도 하지 않았다.

19) 정확히 말하면 이런 한계 방식은 비용곡선이 우상향할 때, 즉 한계비용이 체증할 때만 성립한다.

20) 폴 크루그먼 외(2009), 《크루그먼의 경제학 입문》, 시그마프레스

21) 그러나 최근의 경제학교과서에서는 세계시장에서 경쟁하는 독점기업에서는 비효율이 발생하지 않는다고 주장한다. 만일 수출 시장가격과 국내 가격이 같다면 그렇다고 할 수 있다. 국내 가격이 더 높다면 독점력을 이용해서 가격을 높였다고 할 수 있을 것이다. 경제학자들은 기술적인 이유의 독점, 즉 규모의 경제에 의한 자연독점 외에는 시장실패로 인정하지 않는 경우가 많다.

22) Akerlof, "The Market for 'Lemons': Quality Uncertainty and the Market Mechanism", The Quarterly Journal of Economics(Vol. 84. No.3)

23) 이런 대응을 스크리닝screening이라고 한다.

24) 경제학자들은 도덕적 해이는 도덕적 문제가 아니라고 강조한다. 이기적 인간의 기회주의는 합리적 행동인 것이다. 하지만 우리처럼 이기적인 인간을 상정하지 않는다면, 되도록 계약을 지키려는 의무를 다 하지 않는 행위는 명백히 도덕적인 문제다. 누구나 도덕적으로 행동하는 사회라면 도덕적 해이나 역선택은 문제가 되지 않을 것이다.

25) 거꾸로 말하면 이런 현상은 원래 상품으로 만들면 안 되는 재화나 서비스를 시장에서 거래하기 때문이라고 할 수 있다. 마르크스와 폴라니는 노동(사람), 토지(자연), 화폐는 원래 상품이 될 수 없는 것들이라고 지적한다.

26) 그림에서 균형가격 위쪽의 수요곡선 부분에 대해서 경제학은 가격차별의 이론을 제시한다. 예컨대 카페모카나 라떼와 같은 다양한 제품을 제시해서 커피에 대해 더 많은 돈을 낼 용의가 있는 사람들을 꾀면 소비자 잉여 부분(위 그림에서 삼각형)을 모두 이윤으로 흡수할 수 있다는 것이다. 반면 돈을 낼 수 없는 사람들을 반영하는 부분에 관해서는 별다른 경제학이 없다는 건 무엇을 의미할까?

27) 책에서 빌 게이츠는 여러 명의 경제학자들과 토론을 벌이는데, 경제학자들보다 훨씬 더 신선하고 훌륭한 생각을 보여준다.

28) 미래 세대의 목소리를 반영할 방법이 뚜렷하지 않다는 점에서 생태 문제는 숙의민주주의로도 해결되지 않을지 모른다. 공공 이성이 미래를 충분히 반영할 수 있다는 근거를 찾지 못한다면 그러하다. 제5부 참조

29) 합리적 기대가설이란 사람들은 과거와 현재의 정보뿐 아니라 미래에 관한 정보까지 효율적으로 사용하여 예측오차 없이 합리적으로 기대를 형성하고 행동한다는 것이다. 물론 언제나 모든 사람들이 미래에 대해 옳은 전망을 하지는 못하겠지만, 평균적으로는 옳은 전망을 하게 됨을 뜻한다. 때문에 정부가

어떤 경제정책을 펼치더라도 경제주체들은 이를 미리 예상하고 행동하기 때문에 정책은 효력을 발휘할 수 없다는 정책무력설로 이어진다. 주류경제학이 기본적으로 상정하는 이기적이고 합리적인 인간에 기반하고 있는 논리다. 새고전학파 경제학자이며 1995년 노벨 경제학상을 받은 로버트 루카스Robert Lucas JR.에 의해 1970년대에 체계화되었다. 합리적 기대가설과 대립되는 시각으로는 적응적 기대가설이 있다. 이는 사람들은 과거의 경험과 현재의 변화를 통해서 예측오차를 겪으면서 점진적으로 기대와 행동을 바꿔 나간다는 주장이다.

30) Garret Hardin(1968), The Tragedy of the commons, Science

31) cooperation을 어떻게 번역하는 것이 좋을까? 전공학자들끼리도 엇갈린다. 누구는 협력으로, 누구는 협조로 번역한다. 이 책에서는 협동으로 통일하기로 한다. '협동적으로'처럼 어색한 표현 때문에 꺼림칙하지만 협력은 collaboration에 더 어울릴 것이기 때문이다. 협동은 한자로 協動으로 해야 operation의 의미에 더 다가설 것이다. 한편 협동조합의 협동은 한자로 協同인데 그렇게 번역할 만한 이유가 있었을 것이다.

32) 내시가 죄수의 딜레마를 발견한 건 물론 아니다. 이런 유의 딜레마는 동서양의 옛 문헌에서도 얼마든지 찾을 수 있을 것이다. 내시가 발견한 것은 '균형'의 성격과 존재다.

33) 최정규(2010), 《이타적 인간의 출현》, 뿌리와이파리

34) Glances 외(1994), The dynamics of social dilemmas, Sci. Am. (Mar)

35) "경쟁적 자유화"를 전략으로 삼은 이후 미국은 싱가포르, 호주 등과 FTA를 맺었다. 하지만 경제 규모로 보든, 전략적 가치로 보든 경쟁적 자유화 전략의 이정표는 한국과의 FTA였다. 미국의 입장에서 한미 FTA는 나프타에 버금가는 위치를 차지한다.

36) 최정규의 《이타적 인간의 출현》은 노박의 논문보다 먼저 출간됐으며 노박의 다섯 가지 규칙을 모두 설명하고 있다. 다만 설명이 훨씬 간결하고 형식적인 아름다움마저 갖췄다는 점 때문에 여기서는 노박의 논문을 뼈대로 삼는다.

37) 나와 동생 간의 유전자 공유도는 50퍼센트다. 둘은 같은 부모 2명으로부터 유전자를 물려받는데, 엄마와 아빠 양쪽의 유전자 중 절반씩 물려받기 때문이다. 2×1/2×1/2×100=50퍼센트. 나와 사촌 간의 유전자 공유도는 12.5퍼센트다. 둘은 같은 조부모 2명으로부터 유전자를 물려받는데, 할머니와 할아버지 양쪽의 유전자 중 절반씩을 아빠와 작은 아버지가 물려받았으며, 다시 아빠와 작은 아버지의 유전자를 나와 사촌이 절반씩 물려받았기 때문이다. 2×1/2×1/2×1/2×100=12.5퍼센트.

38) 전략들에 따라 우월 전략이 변화하는 양상은 노박의 《초협력자》에 소설처럼 쓰여 있으므로 관심 있는 독자들은 참조하시기 바란다.

39) Kollock(1998), Annual Reviews of Sociology (Vol. 24)

40) Dawes(1980), Social Dilemmas, Annual Reviews of Psychology(Vol.31)

41) Messick 외(1986), Social values and cooperative response to a simulated resource conservation crisis, Journal of Personality(Volume 54, Issue 3)

42) McClintock 외(1988), Role of interdependence structure, individual value orientation, and another's strategy in social decision making: a transformational analysis, American Psychological Association

43) McClintock 외(1983), Social values: their definition, their development, and their impact upon human decision making in settings of outcome interdependence, Small groups and social interaction

44) Frank 외(1993), Does studying economics inhibit cooperation?, The Journal of Economic Perspectives(Vol. 7, No. 2)

45) Marwell 외(1981), Economists Free Ride, Does Anyone Else?, Journal of Public Economics(Volume 15, Issue 3)

46) 또 하나 재미있는 사실은 이 실험에 참가한 경제학과 학생들의 대부분이 남자였다는 점이다. 반면 다른 전공의 학생들은 남녀의 수가 비슷했다. 코넬 대학교의 프랭크Frank는 이 실험을 인용하면서 성별의 문제도 고려해야 한다고 지적했다.

47) Orbell 외(1988), Explaining discussion-induced cooperation, American Psychological Association

48) Messick 외(1983), Solving social dilemmas, Review of personality and social psychology

49) Kramer 외(1986), Social group identity and the emergence of cooperation in resource conservation dilemmas, Graduate School of Business

50) Kollock P(1998), Transforoming Social dilemmas: group identity and cooperations, Oxford University Press

51) Bornstein 외(1990), Intergroup competition as a structural solution to social dilemmas, Social Behaviour

52) 그러나 통합진보당은 이런 작업에 실패해서 결국 분당에 이르렀다. 진보 쪽이 숙의에 의한 합의에 이르지 못하는 이유도 앞으로 고민해봐야 할 것이다. 이 책의 가설에 따르면 진보 쪽은 상호성에 입각해서 불공정한 행위를 응징하는 집단이다. 이 응징이 내부로 향할 때 분열에 이르기 십상이다. 반면 보수 쪽은 이기성에 입각해서 행동하는 사람이 많을 텐데 서로 견해가 다르더라도 자신에게 이익이 된다면 합의에 이를 것이다.

53) Rapoport A(1967), Optimal policies for the prisoner's dilemma, Psychological Review, 노박의 5가지 규칙을 수학적으로 살펴보면 모두 죄수의 딜레마를 사슴사냥게임으로 바꾸는 방식이다.

54) Yamagishi 외(1994), Prisoner's dilemma networks: selection strategy versus action strategy, 《Social dilemmas and cooperation》, Springer Berlin Heidelberg

55) Ostrom 외(1994), 《Rules, Games, and Common-Pool Resources》, University of Michigan

56) Isaac 외(1988), Group size effects in public goods provision: the voluntary contribution mechanism, The Quarterly Journal of Economics(Vol.103, No.1)

57) Alfano 외(1980), Experiments on the provisions of public goods by groups. Ⅲ : Nondivisibility and free riding in real groups, Social Psychology Quarterly

58) Kerr(1992), 《Efficacy as a causal and moderating variable in social dilemmas》, Pergamon Press

59) Komorita 외(982), Cooperative choice among individuals versus groups in an n-person dilemma situation. Journal of Personality and Social Psychology

60) Olson(1965), 《The Logic of Collective Action: Public Goods and the Theory of Groups》, Harvard University Press

61) Yamagishi 외(1993), Generalized exchange and social dilemmas, Social Psychology Quarterly(Vol. 56, No. 4)

62) Samuelson 외(1986), Alternative structural solutions to resource dilemmas, Organizational Behavior and Human Decision Processes(Volume 37, Issue 1)

63) Cass 외(1978), The commons dilemma: a simulation testing the effects of resource visibility and territorial division, Human Ecology(Vol.6, No.4)

64) Ostrom(1990), 《Governing the Commons》, Cambridge University Press.

65) Olson(1965), 《The Logic of Collective Action: Public Goods and the Theory of Groups》, Harvard University Press

66) Hechter(1984), When actors comply:Monitoring costs and the production of social order, Acta Sociologica(Vol. 27 No. 3)

67) Yamagishi(1992), 《Group size and the provision of a sanctioning system in a social dilemma》, Pergamon Press

68) Russell Hardin(2004), TRUST & TRUSTWORTHINESS, Russel Sage Foundation

69) Yamagishi 외(1994), Trust and commitment in the United Satets and Japan, Motivation and emotion(Volume 18, Issue 2)

70) 강인규, 〈경쟁만능주의가 몰락을 부른다〉 월간중앙 2011년 8월호

71) 다음 연구에 의하면 신뢰와 교육수준의 상관관계는 유의 수준 0.1퍼센트, Paxton(2007), Associaton memberships and generalized trust : A multilevel model across 31 countries

72) Alesian 외(2002), Who trusts others?, Journal of Public Economics(Volume 85, Issue 2)

73) Patterson(1999), Liberty against the democratic state : On the historical and contemporary sources of American distrust

74) Brehn 외(1997), Individual Level Evidence for the Causes and Consequences of Social Capital

75) Alesian 외(2002), Who trusts others?, Journal of Public Economics(Volume 85, Issue 2)

76) Kawachi 외(1999), Income inequality and health : Pathways and mechanisms

77) Putnam(1993), Making democracy work : Civic traditions in modern Italy

78) Uslaner(2006), The Bulging Pocket and the Rule of Law : Corruption, Inequality, and Trust

79) Uslane(2002), The moral foundations of trust

80) Halpern(2001), Moral Values, Social Trust and Inequality

81) Uslaner(2002), The moral foundations of trust

82) 2012년 기준으로 노동자 평균 임금의 절반은 시급 약 5,600원이다. 2013년 최저임금은 4,680원이다.

83) 근로장려세제Earned Income Tax Credit, EITC란 정부가 저소득 근로자 또는 근로 빈곤층(워킹 푸어, working poor)에게 근로소득 금액에 따라 생계비를 지원하는 제도다. 국민기초생활보장 대상자가 노동을 해서 돈을 벌면 수급 자격이 없어질 수 있다. 따라서 복지 혜택을 받기 위해 일을 포기할 수 있는데 근로장려세제는 이런 단점을 없애서 일을 하면 복지 혜택 이상의 돈을 받을 수 있도록 설계된 제도이다. 현재 한국의 근로장려세제는 부부 합산 연간 총 소득이 1,700만 원 미만인 근로자 가구를 대상으로 800만 원 이하까지는 근로소득의 15퍼센트를 추가로 지급하여 최대 120만원까지 받을 수 있고 800만 원에서 1,200만 원까지는 120만 원 그리고 1,200만 원에서 1,700만 원까지는 120만 원에서 24퍼센트씩 감소해서 1,700만 원 이상이 되면 보조금은 없어지도록 설계되어 있다.

84) 더 자세한 논의는 새로운 사회를 여는 연구원(2012), 《리셋 코리아》 1부와 2부를 참조하면 된다.

85) 이 측면은 사회적 자본의 축적이 경제성장률을 높인다고 설명할 수도 있다. 이에 대한 다스굽타의 설명은 제9장을 참조하라.

86) Gneezy 외(2000), A Fine is a Price, Journal of Legal Studies(Vol.29 No.1)

87) Gneezy 외(2000), A Fine is a Price, Journal of Legal Studies(Vol.29 No.1)

88) 관심 있는 분은 이 문제를 천착한 Bowles(2006), Social Preferences and Public Economics:Are good laws subsitute for good citizens?를 읽어 보시기 바란다.

89) 이와 관련하여 미국 경제학자 엘리자베스 호프만Elizabeth Hoffmann의 실험을 소개한다. 호프만은 A와 B 중 누가 제안자가 되고 응답자가 될지를 무작위로 정했던 원래의 최후통첩게임을 살짝 변형하여, 퀴즈를 내고 그것을 맞힌 결과에 따라 제안자와 응답자로 나누어지도록 하였다. 총 12명의 참가자에게 10개의 퀴즈를 내고 점수를 매겨서 1등부터 12등까지를 정했다. 1등부터 6등은 금액을 제시하는 제안자가 되었고, 7등부터 12등은 제시된 금액을 받아들일지 말지를 결정하는 응답자가 되었다. 10개의 퀴즈는 게임과 전혀 상관없으며 2+5-3 같이 매우 쉬운 문제였다. 1등은 7등과, 2등은 8등과 짝이 되는 식으로 6쌍의 짝을 지어준 후 제안자로 하여금 응답자에게 줄 금액을 제시하도록 했다. 그 결과 대부분의 경우 아주 낮은 금액을 제안했고, 응답자들은 이를 순순히 받아들였다. 앞서 보았던 원래의 최후통첩게임의 결과와는 다른 모습이다. 참가자들은 퀴즈를 맞힌 사람이 더 높은 금액을 갖는 것이 정당하다고 받아들인 것이다. (Hoffman(1994), Preferences, Property Rights and Anonymity in Bargaining Games, Games and Economic Behavior)

90) Acemoglu 외(2007), Incentives in Markets, Firms, and Governments, Journal of Law, Economics, and Organization

91) Rothstein 외(2003), 〈Generating Social Capital: Civil Society and Institutions in Comparative Perspective〉, Palgrave Macmillan

92) 다스굽타는 굳이 분류하자면 주류경제학자에 속한다. 주류경제학자들은 새로 발견된 요소들에 자본이라는 이름을 붙여서 생산함수에 넣는다. 예컨대 내생성장이론의 폴 로머Paul Romer는 인간 자본을 생산함수에 추가했고 다스굽타는 사회적 자본과 자연자본을 추가했다.

93) http://www.ihdp.unu.edu

94) Coleman(1988), Social capital in the creation of human capital, American journal of sociology

95) Putnam(2001), Social capital: Measurement and consequences, Canadian Journal of Policy Research

96) Bowles 외(2002), Social Capital And Community Governance, The Economic Journal (Volume 112, Issue 483)

97) 팀 생산은 사회적 딜레마에 속한다. 여기서도 협동해를 얻으려면 서로를 신뢰해야 한다. 신뢰의 네트워크 속에서 팀 생산은 따뜻하면서도 높은 성과를 거두게 될 것이다. 뒤에 보겠지만 팀 생산이론은 협동조합 등 사회적 경제를 설명하는 데 필수적이다.

98) 다스굽타의 네 가지 조건은 노빅의 다섯 가지 규칙과 긴밀하게 얽혀있어 있다. 상호 애성은 혈연선택과 소규모 집단에서의 반복 거래, 친사회적 태도는 다섯 가지 규칙이 사회규범으로 되는 과정, 그리고 상호 강제는 응징과 보상의 제도화를 의미한다.

99) 다스굽타의 외적 강제란 노박의 다섯 가지 규칙의 제도화, 그리고 오스트롬의 8원칙 모두에 해당한다. 즉, 보상과 응징의 제도화를 말한다. 물론 그중 가장 강력한 제도는 국가다.

100) 앞에서 본 제2차 무임승차의 문제는 제도를 만들 때 발생하는 문제이고 대리인 딜레마는 제도가 원래 목적대로 수행되느냐의 문제, 즉 제도를 시행할 때 발생하는 문제다. 경제학에 나오는 대리인 이론은 기업에서의 대리인 딜레마다.

101) 여기서는 계산의 편의를 위해 미래 이익에 대한 할인율은 적용하지 않았다.

102) 노박의 직접 상호성이 협동을 자아낼 조건은 거래가 반복될 확률(k)에 좌우되었지만 조금 더 복잡한 모델에서는 다스굽타처럼 미래 할인율을 추가할 수 있다.

103) 노동생산성은 노동이 증가할 때 생산량이 늘어나는 정도를 의미하고, 자본생산성은 자본이 증가할 때 생산량이 늘어나는 정도를 의미한다. 이처럼 노동이나 자본이라는 하나의 생산요소가 증가할 때 늘어나는 생산량을 측정하는 것을 단일요소 생산성이라 한다. 이와 달리 총요소 생산성은 자본, 노동, 에너지, 원재료, 서비스 투입, 법과 사회적 제도 등 모든 요소의 증가에 의한 생산량 변화를 의미한다. 때문에 주로 경제학에서 총요소 생산성의 증가는 생산기술의 발전으로 해석된다.

104) Putnam 외(1995), Economic growth and social capital in Italy, Eastern Economic Journal

(Vol. 21, No. 3)

105) 사회적 경제의 성공사례로 이 책에서 뒤에서 살펴볼 지방이다.

106) Narayan 외(1999), Economic development and cultural change (Vol. 47, No. 4)

107) 다스굽타의 이 설명은, 우리가 앞에서 집단 경쟁과 집단 정체성에 의한 협동이 위험할 수 있다는 점을 지적할 때 사용한 논리와 동일하다.

108) 여기서부터 간단한 수학 모델로 기업이 이익공동체인 동시에 착취 관계일 수 있다는 것을 보일 수 있다. 사회적 자본이 많은 기업, 즉 협동자가 많은 집단이 더 효율적이라는 집단 선택의 논리와 마르크스의 착취론이 결합될 수 있는 것이다. 하나의 기업 안에 두 관계가 동시에 존재하며 그것이 노동자와, 때로는 기업가의 머릿속에 공존한다는 것은 그리 놀라운 일이 아니다.

109) W. Powell 외(1992), Competitive Cooperation in Biotechnology: Learning through Networks, Harvard Business School Press. 이것이 클러스터의 원리이다.

110) 이 단순화를 마르크스는 물신성이라고 불렀다. 주류경제학에는 파레토 효율이라는 단 하나의 가치만 존재한다.

111) 물론 네 개의 영역이 칼로 자른 두부처럼 구분되어 있는 것은 아니다. 현실에서 협동의 경제학은 시장경제에도 적용될 수 있다. 장기거래의 이점(직접 상호성)이나 평판 효과(간접 상호성)를 강조하거나 기업문화(집단 정체성)를 강조하는 논의, 그리고 산업경제학의 클러스터 이론이 그런 예다.

112) 2012년의 논문에서는 '사회경제'라고 번역했는데 최근에는 '사회적 경제'라는 용어로 굳어진 듯하다.

113) 이처럼 시장, 국가, 공동체로 나누어 각각 효율, 평등, 연대를 추구하는 영역의 조합으로서 사회를 이해하는 방식은 여러 곳에서 찾아볼 수 있다. 헝가리의 경제학자 칼 폴라니 역시 저서 《거대한 전환 The Great Transformation》에서 시장, 재분배, 선물이라는 세 가지 교환양식이 존재한다고 보았다. 시장경제는 사회조직의 일부에 불과한데, 사회의 모든 영역을 시장경제의 원리로 일원화한 결과 대공황이 나타났다고 갈파한 것이다. 프랑스 혁명의 가치가 자유, 평등, 박애라는 점도 시장경제, 공공경제, 사회적 경제의 구분과 연관시킬 수 있을 것이다. 우리가 살펴 본 다스굽타의 논문에 다소 비아냥거리는 논평을 했던 스티글리츠도 최근에 사회적 경제의 중요성을 인정했다.

114) 시장경제를 주도하는 인간의 본성이 이기심이라면 사회적 경제를 이끄는 인간의 본성은 상호성이다. 그렇다면 생태경제를 구성하는 인간의 본성은 무엇일까? 내 알량한 지식 창고 안에서 찾는다면 최재천 교수의 Homo Symbious이다. 행동/실험 경제학이 이 속성을 증명할 수 있다면 금상첨화일 것이다.

115) 강수돌 외(2010), 《리얼 진보》, 레디앙에 실린 정태인의 원고 〈경제 대안의 출발점, 사회적 경제〉 중 일부와 정태인 외(2012), 《리셋코리아》, 미래를 소유한 사람들에 실린 정태인의 원고 〈새로운 가치, 새로운 사회〉 중 일부가 포함되어 있다. 그 외에 정태인이 언론 매체에 기고한 다수의 글의 내용이 포함되어 있다.

116) 장원봉(2006), 《사회적 경제의 이론과 실제》, 나눔의 집, 30쪽. 프랑스에서 주로 쓰는 연대경제는 공공경제와 사회적 경제의 결합을, 이탈리아 학자들이 선호하는 시민경제는 시장경제와 사회적 경제의 결합을 상정하고 있다.

117) Ninacs 외(2002), A Review of the Theory and Practice of Social Economy in Canada, SRDC Working Paper Series02-02.

118) 사람들 사이의 관계 속에서 상품이나 서비스가 전달될 때 더 높은 질이 보장되는 재화를 뜻한다. 이에 대비되는 재화는 지위재position goods이다.

119) 중앙정부가 민간이나 지방자치단체 예산을 지원할 때 자구 노력에 연계하여 자금을 배정하는 방식을 말한다.

120) Meade(1989), Agathopia : The Economics of Partnership, The David Hume Institute에서 재인용

121) 스테파노 자마니 외(2012), 《협동조합으로 기업하라》, 북돋움

122) 스테파노 자마니(2012),《협동조합으로 기업하라》, 북돋움

123) 이탈리아의 행정구역은 주state-현province-시municipality 3단계로 구성된다.

124) Restakis, The Emilian Model-Profile of a Co-operative Economy

125) 포드주의는 대량생산과 대량소비를 결합한 체제이다. 이에 비해 이들 지역에서는 소량의 전문적 생산을 하면서 외부의 변화에 유연하게 대응한다는 뜻이다.

126) 볼로냐의 협동조합에 대한 구체적 사례는 2010년 7월과 8월에 걸쳐 〈오마이뉴스〉에 연재된 "유러피안 드림, 볼로냐의 조용한 혁명" 기사를 인용했다.

127) '파르티잔partisan'은 프랑스어의 '파르티parti'에서 비롯된 말이며, 스페인어에서 나온 게릴라와 거의 같은 뜻이다.

128) 민중의 집에 관해서는 최근 나온 정경섭의 책《민중의 집》을 추천한다. 이탈리아, 스웨덴, 스페인의 민중의 집을 방문 취재한 내용을 자세하게 소개하고 있다.

129) 권오현(2003), 〈제3이탈리아 산업 지구 발전과정에 대한 비교 연구 : 모데나와 미란돌라를 중심으로〉, 한국경제지리학회지

130) 나는《리셋 코리아》에서 한국의 클러스터 정책이 실리콘 밸리를 모델로 할 것이 아니라 에밀리아로마냐를 본받아야 한다고 제안했다.

131) 2012년 9월 25일 정태인과 이수연이 〈한겨레〉에 기고한 글 "퀘벡의 사회적 경제모델 들여다보니, 기금과 풀뿌리운동 결합한 시민참여경제"의 일부가 포함되어 있다.

132) iCOOP 협동조합연구소의 지원 아래 〈시사IN〉, 〈오마이뉴스〉, 〈한겨레〉 기자들과 함께 다녀왔다. 세 언론에서 관련 기사를 다루고 있으니 찾아보면 도움이 될 것이다.

133) 일반적으로 협동조합은 매출액으로 회계를 작성하므로 GDP 통계로 바로 환산하기 어렵다. 한편 사회적 경제에는 돈과 재능의 자발적 기부가 언제나 존재하므로 시장경제에 비해 과소평가되는 경향이 있다.

134) 2012년 8월 19일 〈오마이뉴스〉에 실린 김종철 기자의 "1억 명 열광 '태양의 서커스'가 성공한 비결, 퀘벡의 조용한 혁명이 세상을 바꾸고 있다" 기사 중 일부를 발췌한 글이다.

135) 이 문단은 2012년 8월 19일 〈오마이뉴스〉에 실린 김종철 기자의 "1억명 열광 '태양의 서커스'가 성공한 비결, 퀘벡의 조용한 혁명이 세상을 바꾸고 있다" 기사 중 일부이다.

136) 당시 상황은 일반적인 노동자의 주급이 20~30센트로 조합비 5달러를 한 번에 낼 수 없는 사람들이 대부분이었다. 이에 1년간 일체주일에 한 번 10센트씩 할부 납부가 가능하도록 했다. 이렇게 1년 간 납부하면 총 52주 동안 5달러 20센트를 납부하게 되는데 이 중 5달러는 조합비로 내고 나머지 20센트는 조합원의 저축예금으로 남겨두었다.

137) 현재 인민금고인 은행 외에도 자산 관리 및 건강보험 등 다양한 자회사를 갖고 있는데 자회사들은 조합원이 아니라도 이용할 수 있다.

138) 이 장은 2012년 공공노조와 함께 진행한 프로젝트의 일부를 담고 있다.

139) 훗날 경제학자들이 지적한 바대로 "무지의 장막"은 대부분의 사람들이 위험 기피자여야 정의를 도출하는 데 도움을 줄 수 있다. 그래야 자신이 최악의 상태로 태어난다 해도 인간답게 살 수 있는 사회를 선택할 것이기 때문이다. 반대로 사람들이 대부분 위험애호자라면 극단적 불평등을 선택할 수도 있다.

140) 센이 스스로를 공동체적 자유주의로 구분한 적은 없다. 그는 롤스의 정의론은 사회계약론의 전통에 서 있는 "초월적 제도주의"의 정의론이고 애덤스미스와 애로우 및 자신의 정의론은 사회적 선택이론의 전통에 선 "실현에 초점을 맞춘 비교realization-focused comparison"의 정의론이라고 주장한다. Sen, 2011, The Idea of Justice, Havard Univ. Press.

141) 대부분의 경제학자들은 노직의 정의론을 암묵적으로 채택한 것이나 다름 없다. 초기의 부존자원이 강탈한 것만 아니라면 그 이후에는 시장이 분배를 결정할 것이고 이는 가장 바람직한 결과이기 때문이다. 배리언Hal Varian은 이런 견해를 강력하게 비판한다. 어떤 소유도 거슬러 올라가면 원시적 축적기의 강탈이 나타날 것이므로 노직의 정의론에 따르면 모든 소유는 부정의한 것이 되고 만다.

142) 니콜라스 바(2008), 《복지국가와 경제이론》, 학지사, 102쪽. 위 표는 바의 견해를 정리한 것이다.

143) 럼프섬 재분배란 상대 가격체계에 영향을 미치지 않고 한 사람의 돈을 다른 사람에게 이전시키는 것을 말한다. (그림 14)에서 정부가 최초의 분배 상태를 A에서 B로 바꾸었는데 그 때 옷과 음식의 상대가격체계가 바뀌지 않는다면 럼프섬 재분배이다.

144) 정치철학자들이 본다면 틀림없이 과잉 단순화라고 비판할 이런 비교는 순전히 그림으로 표현하기 위해 니콜라스 바의 책에서 따온 것이다.

145) 물론 공산주의 사회에서는 필요에 따른 분배가 원칙이므로 최종 분배는 A점이 아닐 수도 있다. 한편 롤스가 정의로운 사회로 상정한 '재산 소유 민주주의'와 '자유로운 사회주의'는 마르크스의 사회주의와 큰 차이가 없을지도 모른다. 롤스는 재산 소유의 불평등을 들어 스웨덴 식 복지국가를 맹비난한 바 있다.

146) 사회적 수요곡선은 개별 수요곡선을 각 가격에 대해 더하는 것, 즉 수평으로 더해서 얻어진다. 반면 린달 해법에서 사회적 수요곡선은 개별 수요곡선을 수직으로 더해서 얻는다.

147) Arrow(1951), 〈Social Choice and Individual Values〉 애로우의 정의를 따른다면 "개인의 선호 서열의 모든 집합에 대해 사회적 서열 R을 특정하는 함수 관계"다.

148) 사회적 선호는 완전한 순서 매김이어야 하며 이행성을 가져야 한다.

149) 모든 사람이 x보다 y를 선호한다면 사회적으로 x를 선택해야 한다.

150) independence of irrelevant alternatives(IIA). 선택과 무관한 변수에 의해 선호가 바뀌지 않는다. 예컨대 세 명의 대통령 후보에 대한 사람들의 선호가 정해지면 한 후보가 사퇴해도 나머지 두명의 순서는 바뀌지 않는다. 그러나 현실에서는 그렇지 않은 경우가 많다. 많은 학자들은 이 공리를 제외시켜서 불가능성을 완화시켰다.

151) 애로우가 처음 논문을 발표할 때는 일반가능성 정리General Possibility Theorem라 이름 붙였지만, 시간이 흐르면서 불가능성 정리 혹은 애로우의 역설Arrow's paradox로 더 많이 불리게 되었다.

152) 다소 기술적이어서 애로우의 불가능성 정리나 센의 주장에 대한 상세한 설명은 생략한다. 애로우의 불가능성 정리에 관한 경제학, 정치학논문은 수도 없이 나왔지만 관심이 있는 독자는 가장 간명하고 평이한 센의 노벨상 수상 강연을 참조하기 바란다. Sen(1988), The Possibility of Social Choice, Nobel lecture. 애로우는 자신의 불가능성 정리를 콩도르세의 역설에 비유했다. 한편 비효용 정보와 사회관계에 대한 강조는 바처럼 센을 공동체적 자유주의로 분류할 근거가 된다. 실제로 센은 훗날 "필수 능력"의 목록을 제시하라는 요구에 그것은 사회에서 민주주의적으로 결정할 일이라고 대답했다.

153) 센은 파레토 효율성 등 주류경제학의 방법론적 개인주의를 비판했지만 그 틀을 벗어난 건 아니다. 사실 사회적 선택이론에서 그의 빛나는 실천적 연구가 연역되는 것은 아니다. 그는 이 문제를 불가능성과 가능성의 경계 문제라고 합리화한다. 철저한 수학적 분석이 기존 방법론을 비판하고 명백한 현실을 정식화하는 데 도움이 된 것은 사실일 것이다.

154) 센은 이런 이유로 능력의 목록을 만드는 데 반대했다. 그런 목록은 특정 시대 특정 사회의 공공 이성이 해야 할 몫이라는 것이다. Sen(2004), Capabilities, Lists, and Public Reason: Continuing the Conversation, Feminist Economics (Vol. 10, No. 3)

155) 이 또한 정의론에 따라 굉장히 달라질 수 있다. 누군가에는 단지 먹고 살 수 있도록 보장하는 것이 기본적 생존권일 수 있지만, 누군가에게는 제대로 교육받고 원하는 직업을 가질 수 있는 것이 기본적 생존권일 수 있다.

156) Acemoglu 외(2007), Incentives in Markets, Firms and Governments, The Journal of Law, Economics & Organization (Vol. 24, No. 2)

157) 신자유주의 경제학에 대응하여 행정학에서도 신공공관리론이 유행한 바 있다. 하지만 최근에는 공공의 가치를 강조하는 공공가치 행정론이 등장했다.

158) '통화주의적 사민주의'란 인플레이션 억제를 주요 정책 기조로 삼는 것을 말한다. 성공회대 신정완 교수가 사용한 용어로 다소 비판적인 느낌을 담았지만 여기서는 그렇게만 보고 있지는 않다. 위에서 보았듯이 안정 정책은 원래부터 렌-마이드너 모델의 한 축이었다. 일반적 오해와 달리 케인스 역시 인플레이션에 대해 비판적이었다.

159) 자세한 정책은 《리셋 코리아》를 참조하라.

160) IMF, Capital Inflows : The Role of Controls, IMF Staff Position Note 10/04

161) 새사연(2012), 《리셋 코리아》, 미래를소유한사람들, 163쪽

162) 《리셋 코리아》의 '새로운 가치, 새로운 사회' 중 일부가 포함되어 있다. 그 외에 정태인이 언론매체에 기고한 다수의 글의 내용이 포함되어 있다.

163) 물적 측면과 사회관계 측면을 대립시키고 이를 통일적으로 바라본 것은 마르크스 고유의 뛰어난 시각이다. 훗날 마르크스주의적 생태주의자들은 마르크스가 물적 측면을 기술하면서 물질적 신진대사를 언급한 것에 주목한다. 하지만 마르크스는 당대의 모든 경제학자와 마찬가지로 이러한 물적 측면, 사용가치 측면은 경제학의 분석 대상에서 명시적으로 제외시켰다.

164) 존 벨라미 포스터(2008), 《생태계의 파괴자 자본주의》, 책갈피

165) 최근에는 물리학 잡지들에 금융 위기를 분석하는 논문이 자주 실리는데 이들은 복잡계 과학을 사용한다. 행위자의 이질성, 창발적emergent 현상, 되먹임 효과, 임계치, 파국, 단계적 이행과 같은 개념들이 금융 위기를 설명하는 데 유효하기 때문이다.

166) http://sustainablemeasures.com.

167) 이제 생산함수는 Y=f(K, L, H, S, N)이 된다(K는 자본, L은 노동, H는 인간자본, S는 사회적 자본, N은 자연자본). 하지만 문제는 이들의 물리적 양과 가격을 어떻게 측정하는가다. 특히 시장 가격이 없는 사회적 자본이나 자연자본의 계측은 사실상 불가능에 가깝다. 지금은 당연한 것으로 받아들이지만 K의 물리적 양을 측정하는 것부터 심각한 논쟁의 대상이었다. 1950년대 '자본 논쟁(캠브리지 대 캠브리지 논쟁)'이 바로 그것이다.

168) 여기서 우주는 코스모스를 가리키는 게 아니며 전체 시스템이라고 이해하면 된다.

169) 〔그림 21〕에서 지생물권geobioshere이 주변에 해당한다.

170) Almeda & Silva(2009), The peak oil production-Timings and market recognition, Energy Policy, v34, i4.

171) 조영탁(2003), 생태경제학 산책:방법론, 비전, 지속 가능성, 한국 사회적 경제학회

172) 수학적으로 표현하면 다음과 같다.

$$V(t) = \int_t^\infty [U(C(s))e^{-\delta(s-t)}]ds, \quad \delta \geq 0.$$

(δ : 행복(효용) 할인율, $U(C(s))$: s 시점의 경제전반에 걸친 행복(효용) 흐름), $V(t)$: 세대 간 웰빙) 이때 지속 가능성은 $dV/dt \geq 0$ 로 정의된다. 아무리 뛰어나다 해도 애로우 역시 주류경제학자의 사고를 하고 있다. 이 정의에 더하여 강한 지속 가능성의 조건을 추가하는 방법은 아직 찾지 못했다. 이는 사회적 경제적 회복성resilience뿐 아니라 생태적 회복성을 동시에 고려해야 한다는 것을 의미한다. 즉, 전체적으로 우리에게 애로우의 조건은 필요조건에 해당할 것이다.

173) 앞에 거론한 윌리엄 노드하우스의 탄소 포획 및 격리 기술이 대표적인 예이다. 경제학자들이 자신의 분야가 아니라면서도 기술의 완전한 대체 가능성을 확신하는 이유는 도대체 무엇일까? 표준 수학 모델의 가정이 그렇다는 것이 가장 큰 이유가 아닐까? 이 가정이 없다면 균형이 존재하지 않을 수 있다.

174) 최근의 깔끔한 정리로는 Okampo, 2011, macroeconomics of green economy, UN DESA.

175) 최근의 것으로 Sacks et.al., 2012, Subjective well-being, income, economic development and growth, CESifo WP series, n3206. 이에 대한 반박은 Easterlin, 2013, Happiness, growth and public policy, Economic Inquiry, (V51 n1).

176) 이런 기본적 발상을 거시 모델에 반영할 수 있을 것이다. 개념적으로 말한다면 소비, 투자, 정부 지출을 각각 생태친화적인 것과 반생태적인 것으로 분리해서 생태친화적인 부분은 늘리고 반생태적인 부분은 줄이는 것이다. 이렇게 하면 '녹색케인스주의'가 가능해질지도 모른다. Harris, J, 2011, Green Keynsianism : Beyond Standard Growth Paradimes, Global Development and Environment Institute, WP N 13-02. 덧붙이자면 생산함수의 성격이나 투자의 성격에 비춰 볼 때 현재 생태경제에 가장 걸맞은 모델은 포스트케인지안 거시경제모델이다.

177) Gough 외(2010), 《Decarbonising the welfare state》, Oxford Handbook of Climate Change and Society / Meadowcroft(2005), From welfare State to Ecostate, 《The State and Global Ecological Crisis》, MIT press

178) Foxon(2013), Transition pathways for UK low carbon electricity future, Energy Policy (Vol. 52) 독자들은 여기서 시장, 국가, 시민사회에 각각 연관되는 경제 영역이 시장경제, 공공경제, 사회적 경제라는 걸 금방 알 수 있으며 이 책에서 계속 강조한대로 이들 경제의 특성에 따라 보완적인 정책 꾸러미를 만들려고 노력해야 할 것이다.

179) 한국의 이행경로에 관해서는 《리셋 코리아》의 "에너지 평등의 시대를 위하여" 참조.

180) 예컨대 생태 문제에 관해 가장 권위를 가지고 있는 〈생태경제학〉(ecological economics)은 '빅 텐트'를 표방하고 있다. 주류경제학이든, 이단경제학이든 문제 해결에 도움이 될 만하면 모두 수용하겠다는 자세다. 하지만 바로 이것은 방법론이나 이데올로기적 지향에서 최소한의 합의도 없는 상태를 표현하고 있다.

181) Ostrom(2010), A Polycentric Approach for Coping with Climate Change, Background Paper to the 2010 World Development Report.

182) Ostrom(2009), Beyond markets and states: polycentric governance of complex economic systems, AER(노벨 경제학상 수상 강연).

183) 한국에서는 스마트그리드가 중앙 집중형 에너지 생산 체제를 보완하는 수단이라고 하여 비판한다. 하지만 스마트 그리드는 스마트 사용자의 감시, 즉 전 시민의 감시에 노출되어야 한다. 이러한 참여가 보장된다면 스마트그리드에 대한 연구개발투자에 반대할 이유는 별로 없다. 유럽 물리학 잡지 특집 The European Physical Journal Special Topics, 2012년 214호는 참여적 복잡계 과학을 다루고 있다.

184) 탄소세는 전형적인 피구 해법이다. 그러므로 우리가 앞에서 논의한 한계를 지니고 있다. 하지만 가장 간단한 처방이며 여기에는 보수적 주류경제학자 일부를 제외하고 모두 찬성한다.

185) 2009년 3월 6일 당시 진보신당 당원이었던 정태인이 당 게시판에 올린 글을 다듬어서 다시 실었다. 생태경제학을 거의 접하지 않은 상태의 글이 어쩌면 더 문제의식을 뚜렷하게 보여줄지도 모른다.

186) 영국 런던의 런던 대학이 있는 지구, 케인스는 블룸즈베리라는 지식인들의 사교 모임을 만들어 지적인 교류를 즐겼다. 소설가 버지니아 울프Virginia Woolf, 수학자이자 철학자였던 러셀Russel, 철학자 비트겐슈타인Wittgenstein, 수학자 램지Ramsey, 경제학자 스라파Sraffa 등이 포함되었다. 기존 체계나 도덕에 대한 거침없는 비판과 독설이 오가던 자유로운 분위기의 모임이었다.

187) 이 장은 〈주간경향〉에 연재했던 글 세 개를 새롭게 정리했다.